Ramziya P. Nihan
Und Er ist Allah

Bismillahirrahmanirrahim
Im Namen Allahs, des Allerbarmers, des Barmherzigen!

Diese Buch widme ich meiner wundervollen Mutter, die mich in meinem Leben sehr inspiriert hat und auf die ich immer zählen konnte und meinem Vater, der mich immer wieder gefordert hat und einen großen Anteil daran hat, was ich heute bin.

Ramziya P. Nihan

Und Er ist Allah
(Koran 28; 70)

Rediroma-Verlag

Bibliografische Information der Deutschen Nationalbibliothek:
Die Deutsche Nationalbibliothek verzeichnet diese Publi-
kation in der Deutschen Nationalbibliografie; detaillierte
bibliografische Daten sind im Internet über
http://portal.dnb.de abrufbar.

ISBN 978-3-96103-479-6

www.rediroma-verlag.de
24,95 Euro (D)

Und Er ist Allah ... [1][i]

von Ramziya P. Nihan

Vorwort

„Wenn du nun sagst: „Wodurch wird denn bewiesen, dass die Glückseligkeit des Menschen in der Erkenntnis Gottes besteht?", so wisse: Die Glückseligkeit besteht für jedes Ding in dem, woran es seine Lust hat und worin es seine Befriedigung findet. Für jedes Ding aber bedeutet Lust das, was seiner Natur gemäß ist; das seiner Natur Gemäße aber ist das, wozu es geschaffen ist. So besteht die Lust der Begierde in der Erfüllung ihrer Wünsche, die Lust des Zornmutes in der Rache an den Feinden, die Lust des Auges in schönen Gestalten, die Lust des Ohres in lieblichen Tönen und Melodien. Dementsprechend besteht auch die Lust des Herzens[2] in dem, was seine besondere Eigenart ist und um derentwillen es geschaffen ist, das ist die Erkenntnis des wahren Wesens der Dinge. Denn das ist die besondere Eigenart des menschlichen Herzens, Begierde und Zornmut, aber und die Wahrnehmung der sinnlichen Dinge mit den fünf Sinnen, das haben auch die Tiere. Daher liegt in der Natur des Menschen ein Drang, nach dem, was er nicht weiß, zu forschen, so lange, bis er es weiß, und an allem, was er weiß, hat er Freude und Lust und ist stolz darauf, mag es etwas noch so Geringes sein. Wenn man z.B. einem, der das Schachspiel kennengelernt hat, verbietet, es andere zu lehren, so wird ihn das schwer ankommen, denn die Freude daran, ein so merkwürdiges Spiel gelernt zu haben, treibt ihn an, sich damit vor anderen zu brüsten. Wenn nun die Lust des Herzens in der Erkenntnis

---

[1] Und Er ist Allah; es ist kein Gott außer Ihm. Ihm gebührt aller Preis am Anfang und am Ende. Sein ist die Herrschaft, und zu Ihm werdet ihr zurückgebracht. Koran 28; 70
www.islamische-datenbank.de

[2] Nach Al Ghasali ist damit das höhere Selbst, der Geist, die Seele gemeint.

der Dinge besteht, so ergibt sich weiter, dass je größer und edler der Gegenstand der Erkenntnis ist, umso größer auch die Lust daran sein wird. Jemand, der die Geheimnisse des Wesirs kennt, wird darüber Freude empfinden, lernt er aber die Geheimnisse des Königs und seine Pläne bei der Verwaltung des Reiches kennen, so wird seine Freude noch größer sein; ... Es gibt aber kein edleres Wesen als Gott, den Erhabenen, denn auf Ihm beruht der Adel aller Dinge, Er ist der Herr und König der ganzen Welt, und alle Wunder der Welt sind Spuren Seines Wirkens. Daher gibt es keine Erkenntnis, die edler und lustvoller wäre als die Erkenntnis Gottes, und keinen Anblick, der schöner wäre als der Anblick der Gottheit. Das aber ist das der Natur des Herzens[3] Gemäße, denn das seiner Natur Gemäße ist für jedes Ding seine besondere Eigenart, um derentwillen es geschaffen ist. Wenn es aber aus einem Herzen der Trieb nach dieser Erkenntnis verschwunden ist, so gleicht es einem kranken Körper, bei dem der Trieb nach Nahrung abgestorben ist und dem der schmutzige Lehm lieber ist als Brot. Wird er nicht geheilt, sodass die natürliche Begierde wieder in ihn zurückkehrt und jene schädliche Begierde ihn verlässt, so wird er unselig in dieser Welt und gerät ins Verderben. So ist auch der Mensch, in dessen Herz die Begierde nach anderen Dingen die Begierde nach der Erkenntnis Gottes verdrängt hat, krank, und wenn sein Herz nicht geheilt wird, so wird er in jener Welt unselig werden und ins Verderben geraten."[4]

---

[3] Nach Al Ghasali ist damit das höhere Selbst, der Geist, die Seele gemeint
[4] Al Ghasali, „Das Elixier der Glückseligkeit", Edition Minarett, Adel El Domiaty, Braunschweig, 2004 S. 65-66

Einleitung

Wir leben in einer Zeit, in der Menschen belächelt werden, wenn sie sich zu einem Glauben bekennen, ja sogar für altmodisch gehalten werden. Alles, was schlecht ist, wird dem Glauben, den Religionen und damit auch Gott zugeschrieben. „Wenn es einen Gott gäbe, dann gäbe es dieses Elend auf Erden nicht." „Gäbe es einen Gott, dann würden nicht tagtäglich so viele Kinder durch Hunger sterben", hört man viel zu oft. Man macht sogar für alles Elend der Welt Gott verantwortlich, der ja so mächtig sei, wieso er denn nicht helfen würde. Sogar für die eigenen Fehler macht man Gott verantwortlich. Ein Jugendlicher hat z.B. entschieden, Drogen zu nehmen, und macht dann Gott für die Konsequenzen in seinem Leben verantwortlich. Für jede kriegerische Auseinandersetzung, für jede Naturkatastrophe, für jeden Missstand wird Gott verantwortlich gemacht, obwohl all die Katastrophen und Missstände durch die Unbewusstheit der Menschen verursacht werden. Unbewusstheit? Während man sich in der westlichen Zivilisation eher mit der Fragestellung beschäftigt, ob es einen Gott gibt, stellt sich diese Frage im Orient gar nicht. Dort beschäftigt man sich eher mit der Frage, in welcher Eigenschaft Gott in dieser Welt erkennbar wird. Dabei spielen die Attribute Gottes eine sehr wichtige Rolle.

Menschen, wenn sie eine gewisse Reife erreicht haben, fragen sich oft nach dem Sinn des Lebens. Warum bin ich auf der Welt? Warum gehe ich jeden Morgen zur Arbeit, wenn ich doch stattdessen zu Hause bleiben könnte und mir den ganzen Tag eine Serie nach der anderen anschauen könnte? Was soll das Leben bringen? Was ist es, was mich ständig treibt? Was muss ich denn tun, um mein Glück im Leben zu finden? Was gibt mir die Kraft, um im Leben voranzukommen? Wozu gibt es Religionen wie den Islam, das Christentum, das Judentum und andere? Warum glauben so viele Menschen an Gott, obwohl sie ihn nicht sehen können? Warum will ich Künstlerin werden oder ein hervorragender Mensch oder ein unbekannter Niemand, ob ehrlich oder unehrlich, wenn mich am Ende doch nur der Tod erwartet? Wozu soll ich im Leben kämpfen, arbeiten, Kinder gebären, leiden und mich freuen, glücklich oder unglücklich sein, wenn das Ende die Vernichtung ist? Wäre es dann nicht einfacher, jetzt gleich zu sterben? Wohin rennt der Mensch? Was erreicht er? Etwa den Tod? Ich bin ein Suchender. Ich will Erklärungen für das Leben haben. Warum werden wir geboren und wachsen unter schwierigen Bedingungen auf, lernen, bilden uns, heiraten, bekommen Kinder, die auch mit Schwierigkeiten erwachsen werden, wir verlieren im Alter die gewonnenen Fähigkeiten, sterben? Es ist eine unendliche Kette ohne Anfang und ohne Ende. Was hat das alles für einen Sinn?

Gott hatte keinen Grund, uns Menschen zu erschaffen. Er braucht uns nicht. Daher beruht das Erschaffen der Menschheit lediglich auf Liebe. Ich hätte keine andere Erklärung dafür. Ihr vielleicht?

Mit diesem Werk versuche ich, diesen Fragestellungen nachzugehen und meine Entdeckungen mit dem Leser zu teilen, denn ich bin überzeugt, dass nur das Leben uns die Antworten gibt. In diesem Zusammenhang sind die Religionen besonders interessant. Denn sie enthalten Botschaften über die Jahrtausende und geben uns Hinweise auf die Wahrheit. Auf der Suche nach Antworten weiß man zunächst nicht, wo man suchen soll. Es sind zunächst die eigenen Eltern, die uns durch ihre Liebe den Weg zeigen, dann aber kommen die Geschwister, die Freunde und Bekannten hinzu. Ganz abgesehen davon ist die Schule der nächste Schritt auf der Suche nach Antworten, dann aber geht es immer weiter. Man wird geboren in einen Kosmos, der aus vielen Aspekten besteht: Wer sind deine Eltern, welche Erfahrungen und welche Bildung bringen sie mit, wer sind deine Geschwister – Bruder oder Schwester – wie ist die Beziehung zu denen? Wer sind deine Freunde, Feinde, Geliebten, Kollegen,

Kinder? Was sind deine Leidenschaften? Was interessiert dich? Was willst du erreichen? Und das alles gibt uns irgendwann einen Hinweis auf die Antworten auf unsere Fragen. Wozu führt das Ganze? Eine Antwort darauf gibt uns einerseits das Leben aber auch die Religionen und, wenn man weiter gehen will, die Mystik. Der Satz, „ich war ein verborgener Schatz und wollte erkannt werden. Darum erschuf ich die Welt" (Hadithu'l'Qudsi), gibt uns Auskunft, wohin die Reise gehen soll. Egal, ob ein Mensch gläubig ist oder nicht, egal, zu welchem Glauben er sich bekennt, egal, welches Lebensziel er anstrebt, am Ende steht immer eins – die Selbsterkenntnis, die mit der Erkenntnis Gottes einhergeht, die auf ihrer höchsten Stufe die Liebe selbst ist. Sogar Einstein soll gesagt haben, dass die Basis des alles existierenden die Liebe sei. Ist es so? In der islamischen Mystik versucht man dem Grund für das Erschaffen der Menschheit nachzugehen. Die Mystiker kommen am Ende zu der Erkenntnis, dass es keinen Grund für den Schöpfer gab, überhaupt den Menschen zu erschaffen, aber er hat es dennoch getan. Also ist die Basis für die Existenz der Menschheit reine Liebe gewesen. Was machen dann Menschen, die überhaupt nicht an Gott glauben bzw. glauben wollen? Sie kommen auch zur Selbsterkenntnis, nur sie bringen es nicht mit Gott in Zusammenhang. Es heißt auch, wer nach Gott sucht, findet ihn auch.

„Warte, bis du in dich selber blickst – Erkenne, was dort wächst. O Suchender. Ein Blatt in diesem Garten bedeutet mehr als alle Blätter, die im Paradies du findest!"[5]

Für die folgenden Erklärungen und Hinweise muss man aber zunächst eines berücksichtigen. Ob Glaube, Bewusstheit, Meditation, Yoga hilfreich sind, innerlich ausgeglichen zu sein oder zu erwachen, kann man wissenschaftlich nicht immer erklären oder messen, obwohl es auf der einen oder anderen Stelle Er-

---

[5] Rumi: Das Lied der Liebe, München: Knaur, 2005, S. 5

kenntnisse gibt, die dahin deuten. In diesem Zusammenhang ist mir ein Buch von Elisabeth Haich aufgefallen, „Yoga und Sex", in dem in der Einleitung einige Tiefenpsychologen zum Thema Yoga ihre Meinung kundtun. Die Tiefenpsychologen kommen unter anderem zu der Erkenntnis, dass es nicht möglich ist, eine Studie zum Thema „Vorteile von Yoga" zu machen, sondern dass man selber Yoga machen muss, damit man beschreiben kann, was man erlebt hat, und somit beurteilen kann, ob Yoga einem wirklich gut tut. D.h. die eigenen Erfahrungen spielen eine große Rolle. So auch im Zusammenhang mit diesem Werk. Denn für den einen oder anderen werden diese Aussagen nicht handfest sein, weil man sich stark auf der metaphysischen Ebene bewegt, man kann diese nur dann nachvollziehen und verstehen, wenn man Erfahrungen im Leben gemacht hat und mit diesen bewusst umgeht. Erfahrungen macht jeder, aber nicht jeder setzt sich bewusst damit auseinander, um es beim nächsten Mal anders zu machen oder für sich daraus etwas zu lernen.

Warum gibt es heute noch Kriege, Menschen fügen einander Leid zu, Kinder sterben durch Hunger, Gewalt ist an der Tagesordnung? Warum stellen wir uns die Frage, warum wir uns jeden Morgen einen guten Morgen wünschen? Wer ist denn für all das verantwortlich? Viele machen Gott dafür verantwortlich. Aber wie kommt das, wenn wir Menschen eigentlich doch der Architekt unseres Lebens sind. Wir allein bestimmen, ob wir das Gute oder Böse in die Welt tragen, denn wir tragen beides in uns. *„Es ist nicht Allah, Der ein Volk irregehen läßt, nachdem Er ihm den Weg gewiesen und ihm klar gemacht hat, wovor es sich zu hüten habe. Wahrlich, Allah weiß über alle Dinge Bescheid."*[6]
Die Hauptrolle spielt in diesem Werk der Eine und Einzige, Wahre und Wahrhaftige Schöpfer des Universums und des Allen, was existiert, was wir sehen und nicht sehen. Dieses Buch

---

[6] Koran 9; 115 http://islamische-
datenbank.de/option,com_quran/action,viewayat/surano,9/min,110/show,10/

handelt von Gott, wenn auch hauptsächlich unter dem Schirm des Islam, aber wir werden im Laufe dieses Buches erkennen, dass institutionelle Unterschiede von Menschenhand kommen und entgegen der universellen Gesetze sind. Gott ist Gott in allen Kulturen und Religionen, nur jeder legt es anders aus. Das wiederum zeigt seine Macht und macht seine Vielfältigkeit aus. Eine seiner Eigenschaften ist der Vielfältige und eine andere Eigenschaft ist „der Eine". Auch wenn es paradox klingt, aber die Vielfältigkeit führt zur Einheit.

„So legen Wir die Zeichen verschiedenartig dar, – und damit sie sagen können: „Du hast (es) erlernt" und damit Wir ihn Leuten klar machen, die Bescheid wissen. "[7]

Projiziert man diese Aussage in die Welt, so kann man in dieser Welt die verschiedensten Religionen und Gesinnungen finden, jede Religion, jeder Glaube hat aber immer ein Ziel, nämlich die Selbsterkenntnis, die die Erkenntnis Gottes bedeutet. Die Wege sind unterschiedlich, aber das Ziel ist immer dasselbe. Gott erkennt man aber in der Welt auf die verschiedensten Weisen. Ihn zu beschreiben, dafür reicht unser beschränkter Verstand nicht aus. Es wäre ihm gegenüber auch Unrecht, ihn nur in eine Kategorie zu packen, denn das würde seiner Größe und Macht nicht gerecht werden. Das ist außerhalb unseres Verständnisses, ihn genau zu verstehen und zu beschreiben.

In diesem Werk habe ich die Rezitationen aus dem Koran und den Hadisen miteingebracht, so wie ich die Dinge verstanden habe und auslege, ohne dabei Menschen in ihren Rechten, Auffassungen und Überzeugungen verletzen zu wollen. Sollte die eine oder andere Auslegung nicht im Ermessen oder dem Verständnis von jemandem sein oder einfach falsch sein, so liegt keine böse Absicht vor, sondern führt lediglich auf meine Un-

---

[7] Koran 6; 105 www.islamische-datenbank.de

wissenheit zurück. Ich werde versuchen, die Dinge so real wie möglich und anhand von Beweisen und Schriften darzulegen, sodass dem Leser am Ende ein klares Bild über das Thema entsteht. Der Leser soll auch die Möglichkeit haben, daraus seine eigene Schlussfolgerung zu ziehen. Dies ist mein Weg, der nicht kopiert werden sollte, sondern es ist jedem selbst überlassen, seinen eigenen Weg durch die gewonnenen Erkenntnisse zu beschreiten. Nun lassen Sie uns offen und ehrlich auf den Weg machen für neue Erkenntnisse im Leben, über Menschen und Kulturen, um ein gewisses Verständnis für die Dinge, die uns im Zusammenhang mit Islam begegnen, zu bekommen. Damit von vorneherein klar ist, jemand, der voller Misstrauen und Ablehnung dieses Buch in die Hand nimmt, der sollte es wieder weglegen, denn er wird am Ende nichts verstehen können.

„Finde das Schöne in deinem Herzen, auf dass du es in jedem Herzen entdeckst.“[8]

Man versteht die Dinge nur dann, wenn man dafür offen und ehrlich mit sich ist, sich ernsthaft damit auseinandersetzen zu wollen. Öffne dein Herz, denn dann gewinnst du Erkenntnis. Denn wenn du das erkennst, dann erkennst du nur, dass nur Gott existiert und du nichts bist.

„Er ist es, Der das Buch zu dir herabgesandt hat; darin sind Verse von entscheidender Bedeutung – sie sind die Grundlage des Buches und andere, die verschiedener Deutung fähig sind. Die aber, in deren Herzen Verderbnis wohnt, suchen gerade jene heraus, die verschiedener Deutung fähig sind, im Trachten nach Zwiespalt und im Trachten nach Deutelei. Doch keiner kennt ihre Deutung als Allah und diejenigen, die fest gegründet im Wissen sind, die sprechen: „Wir glauben daran; das Ganze

---

[8] Rumi: Das Lied der Liebe, München: Knaur, 2005, S. 180

ist von unserem Herrn" – und niemand beherzigt es, außer den mit Verständnis Begabten –"[9]

Der eine oder andere wird sich auch fragen, warum in einigen Stellen von Allah die Rede ist, obwohl Gott und Allah dasselbe meint. Es ist als Synonym zu sehen. Ich jedenfalls meine damit, dass sowohl das Wort Gott als auch Allah alle Eigenschaften, die Gott zugeschrieben werden, umfassen, so wie sie unter dem Kapitel „Der Glaube an Gott" näher beschrieben werden. Denn Gott/Allah selbst ist ein Atemzug, es ist das Ein- und Ausatmen in einem, es ist die Vollkommenheit, die Barmherzigkeit, die Allmächtigkeit, es ist die reine Liebe, es ist die Unendlichkeit, das Offenbarte und Nicht-Offenbarte zugleich[10]. Es umfasst so viele Eigenschaften, dass nicht einmal dieses Werk dafür ausreichen wird, um Ihn zu erklären. Es bedeutet aber nicht Abgrenzung von anderen Religionen und Kulturen. Es ist universell. Allah sagt uns, dass wir alle, egal, welcher Rasse, welchen Glaubens, welcher Hautfarbe, egal, ob Tier oder Pflanze, eins sind.

Wir leben aber auch in einer Zeit, in der der Islam als das Böse schlechthin dargestellt wird. Seit dem 11. September fühlt sich jeder Moslem in der westlichen Kultur verfolgt und ständig an den Pranger gestellt. Jeden Tag gibt es neue Terrormeldungen, wo der Islam in den Dreck gezogen wird und jeder Moslem sich dann die Frage stellen muss, glaube ich noch an das Richtige? Aber ich kann Ihnen versichern, dass ein Moslem nicht lange über diese Frage nachdenkt.

„Ein freier Mann ist der, den die Beleidigungen der Menschen nicht schmerzen, und ein Held ist der, welcher den Beleidigung Verdienenden nicht beleidigt." (Rumi)

---

[9] Koran 3;7 http://kuran.gen.tr/?x=s_main&y=s_middle&kid=7&sid=3
[10] Im Mevlevi Sufismus auch unter Eflaki I:479 bekannt.

„Die Wissenschaft erlernst du mit Hilfe der Schriften, die Kunst durch Übung, aber die Entfremdung kommt dir durch Gesellschaft zu." (Rumi)

Da ich aber in erster Linie den Schöpfer dieser Welt in den Mittelpunkt dieses Werkes stellen will, möchte ich mein Augenmerk lieber auf das Ganzheitliche in der Welt richten. Der Schöpfer, der die Einheit ist, der Mensch, der Teil dieser Einheit, aber ständig bestrebt ist, sich aufgrund seiner Meinung und Religion von dieser Einheit loszulösen, die Tiere, die aufgrund der Missstände auf der Welt zunehmend ausgerottet werden und nicht ganz zu vergessen, die Natur, die zunehmend Zerstörungen durch Menschenhand ausgesetzt sind, sind der Hauptdarsteller dieses Werkes. Wir Menschen sind allein schuld daran, was zur Zeit auf der Welt passiert, oder wollen wir die Schuld dem Ego zuschieben?

Ich möchte auch mit diesem Werk noch eins erreichen, nämlich der Bedeutung meines Namens Ramziya gerecht werden. Denn Ramziya kommt aus dem Arabischen und bedeutet u.a. neben der Trägerin eines positiven Zeichnens auch Passwort, d.h. sie bedeutet das Passwort, um von einer Dimension in die nächste zu gelangen. Herzlich Willkommen in meiner Dimension, die dir vielleicht einige neue Erkenntnisse bescheren wird, vielleicht …

Einführung

Unsere Welt ist durch eine Reihe gewaltiger Katastrophen entstanden. Diese Katastrophen schufen den Planten, auf dem wir heute leben. Die Erde ist etwas ganz besonderes. Alles ist perfekt aufeinander abgestimmt. Könnten auch andere Planeten genau so entstanden sein? Falls ja, könnte das Universum voller Herde und voller Leben sein. Unser Planet Erde bietet alles, was wir Lebewesen brauchen. Es ist wichtig, die Bedingungen zu verstehen, die zur Entstehung der Erde geführt haben. Vor 4,5 Mrd. Jahren gab es im Universum Staubkörner, so wie wir sie als Wollmäuse unter dem Bett vorfinden. Die Staubkörner sind ein Teil einer gigantischen Wolke – Wiege der Sterne genannt. Unser Sonnensystem entstand aus Gas und Staub. Durch Explosion einer Supernova wird eine Molekülwolke erfasst und zerstört sie und schafft dabei neue Welten. Die Schockwelle der Supernova trifft auf das Gas- und Staubgemisch und komprimiert sie zu einem Klumpen und wird so zu Sternen und Planeten verdichtet. Genau vor 4,5 Mrd. verdichtete eine Supernova Staub und Moleküle zu unserer Erde. Eine Menge verschiedener Faktoren muss zusammenkommen, damit ein Planet wie die Erde entsteht – die richtige Entfernung, die richtige Größe, die richtige Art von Mond.

Um eine Welt wie die unsere hinzubekommen, benötigt man viele hundertprozentig passende Bedingungen, die aufeinander treffen. Wie entstehen aus winzigen Staubkörnern ganze Welten? Die Explosion einer Supernova setzt eine Kettenreaktion an. Eine Kugel aus heißem Gas ist das Zentrum wie unsere Sonne, der Staub um sie herum bildet die Planeten, die durch eine Supernova zusammengepresst wird und somit die Materie entstehen lässt.[11]

Gibt es aber nicht Parallelen bei der Entstehung von Leben im Sexualakt, wenn Mann und Frau sich paaren, wenn die sexuelle

---

[11] http://www.youtube.com/watch?v=MOPPh7ynIxg

Kraft in uns aktiv wird? Ist der Mensch nicht als Bestandteil dieses Universums auch so programmiert, dass die Kraft, die in ihm lungert, Leben entstehen lässt? Leben entsteht auch durch das Pressen der eigenen Lebensenergien, so wie es im Sexualakt geschieht. Denn ohne diese Lebensenergie können wir und kein anderes Lebewesen existieren. Es ist das Leben in uns. Genau diese Lebensenergie lässt Leben entstehen, weil sie durch die Paarung weitergegeben wird.

Das ist ihr Lohn, weil sie Unsere Zeichen verwarfen und sagten: „Wie? Wenn wir zu Gebein und Staub geworden sind, sollen wir wirklich zu einer neuen Schöpfung auferweckt werden?"[12]

„dann sollen sie zu weithin zerstreutem Staub werden."[13]

„Wahrlich, Wir haben euch gewarnt vor einer Strafe, die nahe bevorsteht: an einem Tag, da der Mensch erblicken wird, was seine Hände vorausgeschickt haben, und der Ungläubige sagen wird: „O daß ich doch Staub wäre!."[14]

„O ihr Menschen, fürchtet euren Herrn, Der euch erschaffen hat aus einem einzigen Wesen; und aus ihm erschuf Er seine Gattin, und aus den beiden ließ Er viele Männer und Frauen entstehen. Und fürchtet Allah, in Dessen Namen ihr einander bittet, sowie (im Namen eurer) Blutsverwandtschaft. Wahrlich, Allah wacht über euch."[15]

---

[12] Koran 17; 98 www.islamische-datenbank.de
[13] Koran 56; 6 www.islamische-datenbank.de
[14] Koran 78; 40 www.islamische-datenbank.de
[15] Koran 4; 1 www.islamische-datenbank.de

„ Und wahrlich, Wir erschufen den Menschen aus einer Substanz
aus Lehm. "[16]

„Allah erschuf die Himmel und die Erde in makelloser Weise.
Hierin liegt wahrlich ein Zeichen für die Gläubigen. "[17]

„Und unter Seinen Zeichen ist dies, daß Er euch aus Erde erschuf; alsdann, seht, seid ihr Menschen geworden, die sich vermehren. "[18]

„Er schuf die Himmel und die Erde in gerechter Weise. Er läßt
die Nacht über den Tag und den Tag über die Nacht rollen; und
Er hat (euch) die Sonne und den Mond dienstbar gemacht; ein
jedes (Gestirn) läuft für eine bestimmte Frist. Wahrlich, Er allein ist der Erhabene, der Allverzeihende. "[19]

„Er schuf die Himmel und die Erde in gerechter Weise, und Er
gestaltete euch und machte eure Gestalt schön, und zu Ihm ist
die Heimkehr. "[20]

„Wahrlich, in der Schöpfung der Himmel und der Erde und in
dem Wechsel der Nacht und des Tages, liegen wahre Zeichen für
die Verständigen. "[21]

„Seht, euer Herr ist Allah, Der die Himmel und die Erde in
sechs Tagen erschuf, (und) Sich alsdann über Seinen Thron
erhob: Er läßt die Nacht den Tag verhüllen, der ihr eilends folgt.
Und (Er erschuf) die Sonne und den Mond und die Sterne, Sei-

---

[16] Koran 23; 12 www.islamische-datenbank.de
[17] Koran 29; 44 www.islamische-datenbank.de
[18] Koran 30; 20 www.islamische-datenbank.de
[19] Koran 39; 5 www.islamische-datenbank.de
[20] Koran 64; 3 www.islamische-datenbank.de
[21] Koran 3; 190 www.islamische-datenbank.de

nem Befehl dienstbar. Wahrlich, Sein ist die Schöpfung und der Befehl! Segensreich ist Allah, der Herr der Welten. "[22]

[22] Koran 7; 54 www.islamische-datenbank.de

Kapitel I.

Die Intelligenz der Seele und der Sinn des Lebens

Vor einigen Jahren saß ich in einem Wartezimmer und wartete auf meinen Termin und bin auf einen Artikel in einer Zeitschrift für Psychologie gestoßen. Es ging darum, welche Eigenschaften jemand haben muss, um im Leben erfolgreich zu sein. Früher nahm man an, dass Intelligenz und Talent notwendig seien, damit ein Kind später im Leben erfolgreich ist. Untersuchungen aber haben ergeben, dass viele intelligente und talentierte Kinder irgendwann auf der Strecke bleiben und man ihr Leben gar nicht als erfolgreich bezeichnen kann; denn am Ende zählt Selbstdisziplin und die Fähigkeit, Dinge, die man begonnen hat, zu Ende zu bringen, zu den wichtigsten Kriterien, um erfolgreich zu sein, hieß es in dem Artikel.

Ich musste sofort an meine Uni-Zeit zurückdenken; wir können sogar zunächst einmal in meine Zeit von der fünften bis zur zehnten Klasse zurückdenken. Ich kann sagen, dass viele überaus bezüglich Noten erfolgreiche Mitschüler es am Ende nicht so weit gebracht haben wie die durchschnittlichen Mitschüler. Diejenigen, die am Ende der zehnten Klasse sehr gute Noten hatten, wurden bei der Ausbildungsplatzvergabe bevorzugt und die anderen waren am Ende gezwungen ihre Schulbildung durch ein Abitur und ein Studium weiterzuführen. Jetzt können wir die Frage stellen, wer heute mehr Geld verdient. Wenn mehr Geld ein Erfolgskriterium ist?! Ich möchte hier klarstellen, dass studiert zu haben, nicht allein ein Kriterium ist, erfolgreich zu sein, sondern es öffnet einem viel einfacher die Türen für eine erfolgreiche Karriere. Es gibt auch viele, die als Quereinsteiger vorbildliche Karrieren hingelegt haben. Während der ersten Semester in meinem Studium haben ca. ein Drittel (nach meinem Gefühl geschätzt) meiner Kommilitonen in meinem Umkreis aufgegeben, weitere haben dann nach einigen Jahren aufgehört zu studieren. Oft spielten auch dabei Schicksalsschläge eine Rolle. Diejenigen, die ihr Studium zu Ende gebracht haben, begannen danach ihre Karriere als Berater, Vertriebler, Manager etc. Jedenfalls geht es denjenigen, die ihr Studium zu Ende gebracht haben, finanziell besser als denen, die ihr Studium abgebrochen haben und direkt ins Berufsleben eingestiegen sind. Viele unter denen, die aufgegeben haben, waren sehr begabt und durchaus professionell in vielen Dingen. Die Tatsache ist, dass diejenigen, die beharrlich an ihrem Studium festgehalten haben und am Ende ihr Diplom gemacht haben, aber nicht unbedingt zu den besten Studenten zählten, heute mehr Möglichkeiten im Berufsleben haben, Karriere zu machen.

Das Leben nimmt seltsame Wege. Ich bin überzeugt, dass unser Leben dazu dient, dass wir in unserem Leben etwas lernen sollen. Auch wenn man sich für sein Leben eine Karriere gewünscht hat, kommen unvorhergesehene Dinge und das Leben nimmt eine ganz andere Richtung. Ich denke, dass wir lernen müssen zu erkennen, den verborgenen Sinn in unserem Schicksal zu entdecken. Wir müssen aber vorwegnehmen, dass jedes Schicksal, egal, ob man als Manager eine Karriere macht oder eine Hausfrau ist, keine Wertigkeit im Menschsein darstellt. Denn jeder bekommt das Schicksal, was er braucht, um sein Lebensziel zu erreichen. Das heißt wiederum, dass auch wenn die Menschen der Meinung sind, dass ein Manager höherwertiger sei als eine Hausfrau, dies nicht stimmt. Wir werden den Weg gehen, den wir für unser Wachstum brauchen. Hintergrund ist, das Schicksal als Lebensweg oder Leitfaden näher zu betrachten.
Dazu gibt es in der Psychologie die Unterscheidung zwischen dem IQ – verstandesmäßige Intelligenz – und dem EQ – emotionale Intelligenz. Seit neustem gibt es auch eine Erkenntnis über das SQ, was als spirituelle Intelligenz oder auch als die

Intelligenz der Seele erklärt wird. Warum können Menschen, die über hohe verstandesmäßige Intelligenz (IQ) verfügen, das Leben nicht meistern?[23] Warum beachtet man Menschen mit emotionsbestimmter Intelligenz (EQ) selten? Eine mögliche Antwort wäre, das Schicksal als solches anzuerkennen. Dafür benötigt man die geistige Empfindsamkeit, die auch als „die Intelligenz der Seele (SQ) oder auch spirituelle Intelligenz" bezeichnet wird.[24]

Eine kleine Einführung

Die Intelligenz der Seele soll dann helfen, wenn das Leben nicht so möchte, wie wir möchten. Sie gibt uns die Erklärung dafür, weshalb die Dinge so laufen, wie sie laufen. Sie ist Leitfaden. Jeder Mensch hat seinen eigenen Leitfaden im Leben. Es gibt die verstandesmäßige Intelligenz (IQ), die emotionale Intelligenz (EQ) und die Intelligenz der Seele (SQ).

Zur Abgrenzung: **IQ** umfasst das Lernen, Lesen, die persönliche Entwicklung in den Bereichen Artikulations- und Auffassungsfähigkeit, Meinungsbildung, Präsentation, Verstehen, Logik, Mathematik und Musik.
EQ umfasst den Umgang mit Menschen zu erlernen, zu verstehen, soziale Kompetenzen zu erwerben, Empathie zu empfinden, die innere Ruhe und das Talent, sich beliebt zu machen.

Wie oben bereits erläutert habe ich aber die Erfahrung gemacht und ich glaube, das haben wir alle, dass wir sehr intelligenten und talentierten Menschen begegnet sind, deren Lebensverlauf einen ganz anderen Weg genommen hat als angenommen. Da

---

[23] Dr. Muhammed Bozdag, Die Intelligenz der Seele (SQ), die geheime Dimension des Erfolges, Verlag Nesil Yayinlari, Auflage 8, S. 11 ff.
[24] Dieser Begriff des „SQ" wurde von Dr. Muhammed Bozdag geprägt. Quelle: Muhammed Bozdag, Die Intelligenz der See – die geheime Dimension des Erfolges, Verlag Nesil.

aber alles relativ ist, ist natürlich der Erfolg vom Standpunkt des Betrachters zu sehen. Jedenfalls, wenn wir Erfolg aus den Talenten und der Intelligenz ableitend sehen, in dem dieser Mensch am Ende erfolgreich ist, mit dem, was er macht, heißt es nicht unbedingt, dass jemand erfolgreich ist, wenn er besonders talentiert und intelligent ist.

Wir erleben auch, dass Menschen durch ihre Fähigkeiten berühmt werden und kurze Zeit später von der Bildfläche verschwinden. Menschen werden von heute auf morgen reich, verlieren nach einer kurzen Zeit ihr Hab und Gut, sei es durch Fehlspekulationen an der Börse oder durch den Jobverlust. Wir wollen der Sache auf den Grund gehen und versuchen, den verschlungenen Pfad des Schicksals zu verstehen.

„Er ist es. Der euch aus Erde erschuf, dann aus einem Samentropfen, dann aus einem Blutklumpen; dann läßt Er euch als ein Kindlein hervorgehen; dann (läßt Er euch wachsen) auf dass ihr eure Vollkraft erreichet; dann (läßt Er) euch alt werden - wenngleich einige unter euch vorher zum Sterben berufen werden -, und (Er läßt euch leben) damit ihr eine bestimmte Frist erreichet und damit ihr Weisheit lernet.“[25]

Ziel ist es die Weisheit hinter der Intelligenz der Seele zu entdecken. Denn wenn wir dem IQ oder dem EQ den Vorrang geben, dann denken wir, dass unser Leben durch Glück, Unglück oder durch Unfälle bestimmt wird. Die Intelligenz der Seele aber berücksichtigt eine gewaltige Macht, der alles unterliegt, die uns prägt und führt. Während wir bei Schwierigkeiten bei der Intelligenz der Seele (SQ) eine Stütze einzig und allein in der Kraft des Allmächtigen suchen, baut IQ auf unserem Intellekt und dem, was wir persönlich zu schaffen in der Lage sind, auf, und EQ baut auf unserem Selbstbewusstsein, Selbstvertrauen und

---

[25] Koran 40; 67 http://kuran.gen.tr/?x=s_main&y=s_middle&kid=7&sid=40

unserem Mut auf. Da die Wissenschaft sich aber eher damit beschäftigt, was sie wissenschaftlich nachweisen kann, kommt die Intelligenz der Seele (SQ) in der Literatur sehr selten vor.

Was sind denn Unterschiede und Merkmale dieser Begriffe:

IQ:
Für einen Lösungsweg vertraut IQ nur auf den Lösungsweg.

Kann die Logik nicht überwinden.
Glückseligkeit und Zufriedenheit wird in materiellen Dingen gesucht.
Hier spielt Egoismus eine große Rolle.
Glückseligkeit besteht auch durch augenblickliche Momente, Geld, Reichtum und Vergnügen.
Sobald man sein Ziel erreicht, werden alle Bemühungen eingestellt.
Glaubt, er wäre der Grund für den Erfolg.
Die Materie und die so gern als „objektiv" bezeichnete Wissenschaft sind Maßstab allen Seins. Alles, was nicht greifbar oder sichtbar ist wie Engel, Geister, die Auferstehung, das Jenseits oder der Schöpfer, werden abgelehnt.

EQ:
Lösungsweg wird über Gefühle gesucht, betrachtet nicht die Logik. Glückseligkeit und Zufriedenheit wird in Glücksgefühlen gesucht.
Hier spielt die Aufopferungsbereitschaft eine große Rolle und man sieht sich immer als zuletzt.
Die schönen Momente im Leben, welche die Quelle positiver Gefühle ist, ist hier die Glückseligkeit.
Sobald man sein Ziel erreicht, werden alle Bemühungen eingestellt.
Der Erfolg wird auch den Freunden zugebilligt.

Die Materie und die so gern als „objektiv" bezeichnete Wissenschaft sind Maßstab allen Seins.

Alles, was nicht greifbar oder sichtbar ist, wie Engel, Geister, die Auferstehung, das Jenseits oder der Schöpfer, wird abgelehnt.

SQ:

Weisheit wird ins Bewusstsein gerufen.

Glückseligkeit und Zufriedenheit wird im Nachsinnen über die Engel und das, was sich noch weit über das Universum hinaus befindet, gesehen.

Bei jeder Entscheidung wird dem Schöpfer gedacht.

Die Zufriedenheit kann auch in Dingen wie Trauer und Spaß oder in Gedenken an das ewige Leben liegen. Diese Dinge sind hier wertgleich, weil wahre Zufriedenheit ein innerer Zustand ist und mit der persönlichen Einstellung zu den uns umgebenden Ereignissen zusammenhängt.

Der Einsatz hört hier erst dann auf, wenn das ewige Leben erlangt ist, weil es nur die wahrhafte und beständige Zufriedenheit ist.

Der Erfolg ist eine Gabe des Allmächtigen.

Der SQ spürt Engel, Geister im Kosmos und ist dem Verborgenen gegenüber aufgeschlossen. Hier glaubt man, dass jede Tat, Anstrengung und Absicht neu gewandelt zu uns zurückkehren wird.

Dieser Mensch kann auf die metaphysische Ebene hinaus denken und fühlen.

Wir wollen untersuchen, wie viel Einfluss unser Wille auf unser Schicksal hat.

Was passiert wirklich um uns: Materie und Immaterie?[26]

Das Universum hat laut Physikern mehrere Dimensionen, unter anderem die Dimension der Materie sowie die Dimension der Seele, der sogenannten transzendenten Welt, also der Welt der Engel und Dämonen aus der Welt der Theologie, die auch in der modernen Welt als positive oder negative Energie gesehen werden. Die Materie besteht aus Atomen, Mikro- und Makromolekülen, aus denen tausende verschiedene Geschöpfe hervorgehen. Die Materie selbst besitzt keine Eigenständigkeit, keinen Willen und keine Kraft außer der Kraft des sich Zusammenziehens und Dehnens. Die Intelligenz der Seele hilft uns, wie wir von unserem materiellen Zustand auf eine seelische, immaterielle Ebene gelangen können. Je mehr wir uns aber den materiellen Dingen zuwenden, umso mehr entfernen wir uns vom Verständnis der immateriellen Gesetzmäßigkeiten (dazu kommen wir weiter noch unter den Schwingungsstufen). Daher können wir unserer materiell ausgerichteten Gesellschaft sehr schwer die Existenz eines Gottes vermitteln. Jedoch benötigt man vielmehr Kraft und Energie, wenn man sich in seinem Handeln nur auf die Materie stützt. Diejenigen, die Wissen um immaterielle Gesetzmäßigkeiten haben, sind fähig, ihren Körper durch ihre Seele zu kontrollieren, und können sich völlig losgelöst von aller Materie bewegen. Für sie gibt es keine Grenzen in ihrem Kopf. Von daher sind Engel und Teufel nichts anderes als Energien, die wir Menschen durch bestimmte Gedanken zulassen oder nicht.

„Jedem Gedanken wohnt eine entsprechende Wirkung inne."
(Rumi)

Die Beziehungen zwischen Seele, Emotionen und Materie sind im Universum interessant und seltsam.

---

[26] Immaterie meint das Formlose, das Nichtmaterielle, wobei es in der deutschen Sprache nur „immateriell" als Wort existiert.

Da wir die Materie durch unser Sehvermögen also unmittelbarer wahrnehmen und als greifbarer annehmen, denken wir, dass die Materie uns näher ist als unsere Seele. Eigentlich ist die Materie in ihrer Begrenztheit im Vergleich zu der seelischen und emotionalen Dimension von minderer Qualität. Beispielsweise kann der menschliche Körper unter 100 kg ächzen, während eine Mutter aufgrund ihrer Muttergefühle notfalls in der Lage ist, ein Auto anzuheben, wenn ihr Kind in Gefahr ist. Nach der Entwicklung der Teilchenphysik wurde die Theorie Newtons von der Feststofflichkeit der Materie verworfen. Danach hat man spätestens nach der Entwicklung der Theorie zum Elektromagnetismus festgestellt, dass die Teilchen nicht aus Materie, sondern aus Energiewellen bestehen. Aber seit der Quantentheorie weiß man, dass die Materie aus kleinen „Energiepaketen" besteht.

Wissenschaftliche Studien haben nachgewiesen, dass die Energiewellen, aus denen die Materie besteht, kontinuierlich aus dem Nichts in die Existenz treten und sich dann wieder auflösen. D.h. genau wie das Licht der Sonne gepflegt wird, wird auch die Materie kontinuierlich von einem unbekannten Ort aus im Universum gepflegt, also es besteht ein Hin- und Rückfluss vom Universum.

Demnach wird jede Zelle unseres Körpers quasi jede „Sekunde" einem Erneuerungsprozess ausgesetzt. Der Allmächtige und ewige Richter erneuert das Universum in einem ständigen Wechsel von der Nichtexistenz zur Existenz. Das Universum erhält Energie, die von der absoluten Urquelle allen Lebens entstammt. Im Koran heißt es: *„Und es gibt nichts, von dem Wir nicht einen Vorrat angelegt hätten. Und wir senden es nur in festgelegtem Maß hinab."* [27]

---

[27] Koran 15; 21 (Anmerkung: aus Mohammed (s.a.s.) Bozdag; Intelligenz der Seele, Se. 116) Egal welchen Koran sie vorliegen haben, werden sie eine ungefähre Übersetzung vorliegen haben.)

„Alles, was auf (Erden) ist, wird vergehen. Aber das Angesicht deines Herrn bleibt bestehen – des Herrn der Erhabenheit und der Ehre. Welche der Wohltaten eures Herrn wollt ihr beide da leugnen? Ihn bitten alle, die in den Himmeln und auf Erden sind. Er ist tagtäglich in jeglichem Einsatz. "[28]

„Allah ist das Licht der Himmel und der Erde. Sein Licht ist gleich einer Nische, in der sich eine Lampe befindet: Die Lampe ist in einem Glas; das Glas gleich einem funkelnden Stern. Angezündet (wird die Lampe) von einem gesegneten Ölbaum, der weder östlich noch westlich ist, dessen Öl beinahe leuchten würde, auch wenn das Feuer es nicht berührte. Licht über Licht. Allah leitet zu Seinem Licht, wen Er will. Und Allah prägt Gleichnisse für die Menschen, und Allah kennt alle Dinge. "[29]

„Und Allahs ist das Verborgene in den Himmeln und auf der Erde, zu Ihm werden alle Angelegenheiten zurückgebracht werden. ... "[30]

In der oberflächlichen Betrachtung erscheint uns das Universum ungeordnet und diffus. Beim genaueren Hinsehen entdecken wir eine ästhetische Ordnung bzw. ein harmonisches Ineinandergreifen aller vorhandenen Elemente. Wenn wir ein Kind im Sandkasten spielend betrachten, dann erscheint uns jedes Element Kind und Sandkasten in unterschiedlicher Gestalt, obwohl beide aus Atomen und Molekülen bestehen. Im seelischen Bereich aber erkennen wir, dass alles eins ist und dieses eine alles ist.

---

[28] Koran 55; 26-29 http://quran.al-islam.com/Targama/DispTargam.asp?nType=1&nSeg=0&l=eng&nSora=55&nAya=26&t=ger

[29] Koran 24; 35 http://quran.al-islam.com/Targama/DispTargam.asp?nType=1&nSeg=0&l=eng&nSora=24&nAya=35&t=ger

[30] Koran 11; 123 http://quran.al-islam.com/Targama/DispTargam.asp?nType=2&nSora=11&nAya=123&nSeg=1&l=eng&t=ger

Allem, was im Universum zu sehen, zu fühlen, zu hören, zu riechen und zu schmecken ist, liegt Spiritualität zu Grunde. Wir werden immer an die Gegenwart eines Schöpfers und Gestalters erinnert, sobald wir in den Sternenhimmel schauen, einen Schmetterling in seiner ganzen Schönheit betrachten, dem Gesang der Vögel unsere Aufmerksamkeit geben. Wären Sie nicht auch beleidigt, wenn man Ihre Kunstwerke geringschätzt? Welche Wertschätzung würden Sie einem Menschen entgegenbringen, wenn er ihre Werke geringschätzen würde, sie zerstören würde.

„Allah ist es, Der die Himmel und die Erde erschuf und Wasser niederregnen ließ von den Wolken und damit Früchte hervorbrachte zu eurem Unterhalt, und Er hat euch die Schiffe dienstbar gemacht, dass sie das Meer durchsegeln nach Seinem Gebot, und Er hat euch die Flüsse dienstbar gemacht.“[31]

„Haben die Ungläubigen nicht gesehen, dass die Himmel und die Erde in einem einzigen Stück waren, dann zerteilten Wir sie? Und Wir machten aus Wasser alles Lebendige. Wollen sie denn nicht glauben?“[32]

„Und Wir machten den Himmel zu einem wohlgeschützten Dach; dennoch kehren sie sich ab von seinen Zeichen.“[33]

Halten wir fest, dass die Materie kontinuierlich von der Existenz in die Nichtexistenz gebracht wird und umgekehrt. Den Ort, woher sie kommt und wohin sie geht, hat die Wissenschaft nicht lokalisieren können. Nach den aktuellen Erkenntnissen befindet sich das gesamte Universum in einem ständigen Prozess des

---

[31] Koran 14; 32 http://kuran.gen.tr/?x=s_main&y=s_middle&kid=7&sid=14
[32] Koran 21; 30 http://kuran.gen.tr/?x=s_main&y=s_middle&kid=7&sid=21
[33] Koran 21; 32 http://kuran.gen.tr/?x=s_main&y=s_middle&kid=7&sid=21

Entstehens und Vergehens, der durch zahlreiche mathematische
Formeln nachgewiesen wurde. [34]
Weil ihm Nichts und niemand ähnlich ist, kann sich kaum einer
den Schöpfer in seiner Unbegrenztheit vorstellen, nicht wahr?
Man stelle sich vor, dass die Erde trocken und leblos ist, doch er
fügt dieser leblosen Substanz Samenkörner, Wasser und Licht
hinzu und bringt die unterschiedlichsten Früchte, Gerüche, Farben und Geschmacksrichtungen hervor, obwohl all diese Dinge
aus den gleichen Atomen und Molekülen bestehen.

*„Auf dass Wir damit ein totes Land lebendig machen und es zu
trinken geben Unserer Schöpfung – dem Vieh und den Menschen
in großer Zahl." [35]*

Der Schöpfer schafft den Zustand der Materie ständig neu mit
Berücksichtigung der örtlichen Verschiebung derselben. Wenn
z.B. Wasser fließt, dann wird jedes sich bewegende Atom und
Molekül neu erschaffen. Jede existierende Energie wird immer
wieder neu erschaffen und füllt den Platz ihrer Vorgängerin aus.
Nach jeder vergehenden Energie wird die gleiche Energie wieder an demselben Platz positioniert und mit entsprechender Wir-
krichtung versehen. Alles, was wir sehen, wird immer wieder
erneuert, ohne dass dabei eine Positionsänderung erfolgt. Jede
Erneuerung entspricht dem Zustand der jeweiligen Materie, an
verschiedenen Orten und zu verschiedenen Zeiten. D.h. dass
eine Wolke unter der diesem Prozess zu Grunde liegende
Schnelligkeit anders erschaffen ist als eine Blume. Niemand auf
Erden ist in der Lage, die Materie immer wieder aufs Neue identisch zu erschaffen außer Ihm.

---

[34] Geht auf die Aussagen von Robert M. Oates zurück: einem Professor der MIU
Universität und aus seinem Buch „Creating Heaven on Earth".
[35] Koran 25; 49 http://kuran.gen.tr/?x=s_main&y=s_middle&kid=7&sid=25

In der modernen Physik ist das Licht das schnellste, was es gibt. Lijoun Wang, ein Physiker des NEC-Instituts, ist der Meinung, dass die Lichtgeschwindigkeit in Wahrheit noch höher ist, als wir es bisher angenommen haben, was dann bedeutet, dass der Faktor Zeit nur noch eine untergeordnete Rolle spielt. Man geht davon aus, dass die Geschwindigkeit des Lichts zum Zeitpunkt des Urknalls unendlich gewesen ist, aber durch die Zeit immer langsamer geworden ist, bis es schließlich die Geschwindigkeit erreicht hat, die Einstein in der Lage war zu messen.

Wenn wir diese Erkenntnis nun weiter betrachten, so erklärt es, warum jemand in Sekundenschnelle sich von einer Stelle zur nächsten Stelle bewegen kann. Das erklärt die Himmelfahrt des Propheten Mohammed (s.a.s.), die in vielen Hadisen erwähnt wird. Jesus wollen wir hier nicht vergessen, dessen Tag der Himmelfahrt im Westen als Feiertag gefeiert wird. Wenn die Materie nun aus seelischen Faktoren hervorgegangen ist, erklärt sich auch, wie der Prophet Mohammed (s.a.s) von seinen Händen Wasser hervorkommen ließ und mit wenig Datteln 70 seiner Gefährten sättigte. Vergessen wir nicht, dass Jesus tausende von Menschen mit etwas Brot satt machen konnte. Die Materie ist nichts anderes als ein dienender Soldat der Immaterie. Durch unsere Seele und unsere Gedanken können wir also nicht ohne Grund Dinge positiv oder negativ beeinflussen. In der seelischen Welt existieren die Seelen der Menschen, Engel, Jinn, Dämonen und der Teufel, die in ihrer Substanz Energien sind. Diese können Einfluss auf unseren Kosmos nehmen, denn die häufigsten Krankheiten sind seelischer Natur.

Ali, ein Gefährte des Propheten Mohammed (s.a.s), hat mal gesagt: *„Nie habe ich etwas gesehen, ohne nicht zuvor Gott gesehen zu haben."*

Die universalen Gesetze

Wenn man sich mit den universalen Gesetze beschäftigen will, dann stößt man auf die sogenannten Hermethischen Gesetze. Sie sind auch bekannt als kosmische Gesetze oder Lebensgesetze. Es handelt sich um machtvolle Prinzipien, die auf allen Ebenen des Lebens universale Gültigkeit haben.[36] Bei näherem Hinschauen stellt man aber auch fest, dass die heiligen Bücher auf diesen Prinzipien aufbauen. Die Geschichte der Menschheit umfasst von Adam bis zum Propheten Mohammed viele Ereignisse und Prinzipien anhand deren Menschen versucht haben, eine Erklärung für den Sinn des Lebens zu finden. Anscheinend waren sogar die alten Ägypter auf dieser Spur, die heute noch ihre Gültigkeit hat.

Bei der Erkenntnis, Verständnis und richtiger Anwendung dieser universellen Gesetze sind wir in der Lage, alles zu erreichen, was wir zu erreichen wünschen. Und zwar für alle Bereiche unseres Lebens!

Hermetische Gesetze beschreiben die unumstößlichen Gesetzmäßigkeiten, nach denen das Universum funktioniert, und ihre Kenntnis erlaubt einen übergeordneten und ganzheitlichen Blick auf die Vorgänge in dieser Welt im Allgemeinen und des Lebens im Besonderen.

Die Bezeichnung „Hermetische Gesetze" geht zurück auf die (vermutlich fiktive) Gestalt des Hermes Trismegistos („Der dreimal große Götterbote"). Er soll im alten Ägypten als erster diese Schöpfungsprinzipien formuliert haben. Es wird davon ausgegangen, dass wahrscheinlich eine Gruppe Intellektueller unter diesem Pseudonym die Aufzeichnungen verfassten.

---

[36] http://www.clavisio.de/erfolgslexikon/h/hermetische-gesetze.html

Über allen Gesetzen stehen die Liebe und das Licht. Die bedingungslose Liebe bzw. universelle Liebe ist göttlich und beinhaltet die immerwährende, allgegenwärtige Gnade, das „Ja" zu allem, was existiert, das unbedingte Annehmen, das alle Gesetze transzendiert. Das Licht ist göttlich, Struktur, Ordnung und Gesetzesmäßigkeit. Dieses wunderbare, liebende Universum bewirkt beides, indem jedes Geschöpf einen freien Willen haben darf und bedingungslos angenommen wird, so wie es ist.

„Des Liebenden Herz ist angefüllt mit einem Ozean. In seinen rollenden Wogen wiegt sanft sich das All."[37]

„Ihr Beispiel ist dem Beispiel dessen gleich, der Ein Feuer anzündet; und als es nun alles um ihn herum erleuchtet hatte, ließ Allah ihr Licht verschwinden und ließ sie in Finsternissen zurück, und sie sahen nichts"[38]

„Der Blitz raubt ihnen beinahe ihr Augenlicht: Sooft er ihnen Licht gibt, gehen sie darin voran, und wenn es dunkel um sie wird, so bleiben sie stehen. Und wenn Allah wollte, hätte Er ihnen gewiß Gehör und Augenlicht genommen. Wahrlich, Allah ist über alle Dinge mächtig."[39]

„O ihr Menschen, gekommen ist zu euch in Wahrheit ein deutlicher Beweis von eurem Herrn, und Wir sandten hinab zu euch ein klares Licht."[40]

„Er (ist es), Dessen das Königreich der Himmel und der Erde ist, Der Sich keinen Sohn genommen hat und Der keinen Partner

---

[37] Rumi: Das Lied der Liebe, München: Knaur, 2005, S. 56
[38] Koran 2; 17 http://islamische-datenbank.de
[39] Koran 2; 20 http://islamische-datenbank.de
[40] Koran 4; 174 http://www.kuran.gen.tr/?x=s_main&y=s_middle&kid=7&sid=4

im Königreich hat und Der jegliches Ding erschaffen und ihm das rechte Maß gegeben hat."[41]

1. Gesetz: Das Prinzip des Geistes

Dieses Prinzip wird auch als das „Gesetz des Ursprungs" verstanden. Ihm liegt die Auffassung zugrunde, dass „alles Geist ist". Alles ist auf eine Urquelle zurückzuführen, die wir in der heutigen Zeit als Energie bezeichnen. Das heißt, wenn wir von Geist reden, dann ist damit Energie gemeint, die durch Gedanken auch entstehen kann.

So lässt sich alles im Universum existierende auf denselben Ausgangspunkt zurückführen: die Urquelle, die Basis des Seins. Dies lässt sich auch in den verschiedensten Religionen sowie in neueren wissenschaftlichen Erkenntnissen wiederfinden.

Das bedeutet, dass wir in diesem Geist, in dieser Energie existieren und uns darin bewegen. Auch die Materie, die uns umgibt, ist geistigen, energetischen Ursprungs und korrespondiert mit unseren Gedanken. Das Hermetische Gesetz des Ursprungs legt also die geistige Beschaffenheit des Universums fest – und bildet die Basis für sämtliche geistige und seelische Vorgänge, die sich wissenschaftlich nicht eindeutig belegen oder erklären lassen.
Im Prinzip besagt das Hermetische Gesetz des Ursprungs nichts anderes, als dass jeder Mensch in der Lage ist, sein (Er-)Leben selbst zu bestimmen und nach seinem Verständnis zu gestalten.

Alles basiert auf Geist/Energie. Die Quelle des Lebens ist unendlicher Schöpfergeist, das ist eine Urquelle. Die Schöpfung ist mental und der Geist herrscht über Materie.

---

[41] Koran 25; 2 www.islamische-datenbank.de

Das Leben ist somit ewig seiender lebendiger Geist, es ist unvergänglich, weil der Geist Gottes so ist und nur erschaffen kann, was er selbst ist. Er schaffte nach seinem Ebenbild. Also ist alles, was Gott erschafft, lebendiger Geist wie Gott und wirkt so schöpferisch wie Gott, der also lebendig geistiges schafft, dass auch unvergänglich ist. Alles, was geistig und geistig geschaffen ist, unterliegt einem ständigen Wandel durch geistiges Wachstum und alles geistig Erschaffene besitzt einen freien Willen und unterliegt keinem Stillstand, nur unentwegte Bewegung.

Das, was höherschwingt, verändert und hebt das Niedrigschwingende. Der Geist/die Energie, der Gedanke verändert und hebt also die Materie. Daher sind Licht und Liebe die kraftvollsten Mächte der Schöpfung und man kann mit ihnen alles verändern bis zur Vollkommenheit.

Durch unser Bewusstsein bestimmen wir unser Sein. Durch unsere Gedanken können wir schaffen und verändern, weil sie reine Schöpferkraft sind. Durch die Intensität des inneren Wollens können wir durch Visualisieren schaffen. Unsere Worte erschaffen als Tat der Gedanken, so wie Gottes Wort. Wenn es Gott so will, dann kann jeder Mensch jederzeit aus der Unwissenheit in das Wissen des Lebens eintreten und bewusst das Erbe der Vollkommenheit des Menschen (insan-il kamil) annehmen. In dem Moment verändert er seine Welt und schafft sie neu, weil er durch die Bewusstheit sein Leben in andere Richtungen lenken kann. Man muss auf seine Gedanken achten, weil sie sowohl schaffen als auch zerstören können. Jeder muss sich dabei seiner Verantwortung bewusst sein. Denn wir müssen darauf achten, ob unsere Gedanken Welten der Liebe erschaffen oder nicht.

Der Prophet des Islam (s.a.s.) und dessen Gefährten haben folgendes überliefert: *„Würdet ihr Gott wahrhaftig kennen, würde euer Bittgebet Berge versetzen."*[42]

Es heißt: *„Wenn Er (der Schöpfer) ein Ding will, lautet Sein Befehl nur: Sei! – und es ist."*[43]

Sprich: „Wer ist der Herr der Himmel und der Erde?" Sprich: „Allah." Sprich: „Habt ihr euch Helfer außer Ihm genommen, die sich selbst weder nützen noch schaden können

„Es sind jene, die glauben und deren Herzen Trost finden im Gedenken an Allah. Wahrlich, im Gedenken Allahs werden die Herzen ruhig."[44]

„Und die, denen Wir die Schrift gegeben haben, freuen sich über das, was zu dir herabgesandt wurde. Und unter den Gruppen sind einige, die einen Teil davon leugnen. Sprich: „Mir wurde befohlen, Allah zu dienen, und nicht, Ihm Götter zur Seite zu stellen. Zu Ihm rufe ich und zu Ihm werde ich heimkehren."[45]

„Alles Lob gebührt Allah, dem Herrn der Welten."[46]

„Und streitet mit den Leuten der Schrift nie anders als auf eine möglichst gute Art - mit Ausnahme derer von ihnen, die Frevler sind! Und sagt: „Wir glauben an das, was (als Offenbarung) zu uns, und was zu euch herabgesandt worden ist. Unser und euer Gott ist einer. Ihm sind wir ergeben (muslim)."[47]

---

[42] Cami'ü sagir 5:319; Hadis Nr. 7448

[43] Koran 36:82; Rassoul M.: Die ungefähre Bedeutung des Al-Qur'an Al-Karim in deutscher Sprache, Islamische Bibliothek, Köln 2000

[44] Koran 13; 28 http://islamische-datenbank.de/option,com_quran/action,viewayat/surano,13/min,20/show,10/

[45] Koran 13; 36 http://islamische-datenbank.de/option,com_quran/action,viewayat/surano,13/min,30/show,10/

[46] Koran 1; 2 http://islamische-datenbank.de/option,com_quran/action,search/?text=Allah

[47] Koran 29; 46 http://www.koransuren.de/koran/sure29.html

Das 2. Gesetz - Das Gesetz der Entsprechung

Bei diesem Gesetz geht es darum, dass der Mikrokosmos dem Makrokosmos entspricht, will sagen: Wie oben, so unten; wie unten, so oben.

Zwischen allen Dingen und auf allen Ebenen (physisch, geistig und spirituell) existieren Analogien, d.h. es gibt übertragbare Entsprechungen. Alles, was sich im Kleinen vollzieht, vollzieht sich auch im Großen - alles, was sich innerlich vollzieht, vollzieht sich auch äußerlich.

Man kann das einfach erklären. Durch die Kenntnis bekannter Variablen (beispielsweise auf der physischen Ebene) lassen sich Rückschlüsse auf das Unbekannte (z.B. auf der geistigen Ebene) ziehen. Beispielsweise: „Jemand, der sich selbst nicht wertschätzt, pflegt sich auch äußerlich nicht."

Jede aber auch geringste Erkenntnis, kann diesem Prinzip entsprechend auf einen großen, übergeordneten Zusammenhang übertragen werden und findet dort seine Entsprechung. Es ist daher verständlich, dass dieses Prinzip als eines der machtvollsten der Hermetischen Gesetze verstanden wird, denn mit seiner Hilfe lässt sich ergründen, was sonst unergründbar bliebe.

Du kannst darum das Große im Kleinen und im Kleinen das Große erkennen; denn so, wie du innerlich bist, erlebst du auch deine Außenwelt, und die von dir erlebte Außenwelt entspricht immer dem, was du selbst innerlich bist: Die Außenwelt stellt also immer deinen Spiegel dar. Das heißt, wiederum bist du also in Harmonie mit dir selbst, bist du gleichermaßen in Harmonie mit der Außenwelt. Wenn du dich veränderst, ändert sich alles um dich herum auch, d.h. auch so wie du dich fühlst, so empfindest du Ereignisse in deiner Umwelt dementsprechend. Somit definiert jeder Ereignisse anders. Jeder hat seine eigene Wahrheit.

„In ihren Herzen ist eine Krankheit, und Allah mehrt ihre Krankheit, und für sie ist Eine schmerzliche Strafe dafür (bestimmt), daß sie logen."[48]

„Er sendet Wasser vom Himmel herab, so daß die Täler nach ihrem Maß durchströmt werden, und die Flut trägt Schaum auf der Oberfläche. Und ein ähnlicher Schaum ist in dem, was sie im Feuer aus Verlangen nach Schmuck und Gerät erhitzen. So verdeutlicht Allah Wahrheit und Falschheit. Der Schaum aber, der vergeht wie die Blasen; das aber, was den Menschen nützt, bleibt auf der Erde zurück. Und so prägt Allah die Gleichnisse."[49]

„Sie versuchen, Allah und die Gläubigen zu betrügen, und doch betrügen sie nur sich selbst, ohne daß sie dies empfinden."[50]

„Unter den Leuten sind solche, die sagen: „Wir glauben an Allah und an den Jüngsten Tag", und sind gar nicht Gläubige. Sie möchten Allah betrügen und diejenigen, die gläubig sind; doch sie betrügen nur sich selbst; allein sie begreifen es nicht."[51]

„Kann der Lohn für Güte (etwas) anderes sein als Güte."[52]

---

[48] Koran 2; 10 http://islamische-datenbank.de
[49] Koran 13; 17 http://islamische-datenbank.de/option,com_quran/action,viewayat/surano,13/min,10/show,10/
[50] Koran 2; 9 http://islamische-datenbank.de/option,com_quran/action,search/?text=Allah
[51] Koran 2; 8-9, http://www.kuran.gen.tr/?x=s_main&y=s_middle&kid=7&sid=2
[52] Koran 55; 60 www.islamische-datenbank.de

3. Gesetz - Das Gesetz der Polarität

Dieses Hermetische Gesetz besagt, dass jedes Teil sein Gegenteil hat, d.h. dass wir in einem dualen System leben. Also ist alles zweifach und hat zwei Pole. Z.B.; „Wo Licht ist, ist auch Schatten." Sogar paradox scheinende Sachverhalte lassen sich so zusammenbringen, denn jedes Ding vereint gegensätzliche Aspekte in sich. D.h. dass Gegensätze eins sind. Die Wahrheit Gottes ist zugleich männlich und weiblich und zugleich eins. Gegensätze zeigen nur das Extrem ein und desselben Dinges in verschiedener Graduierung. Z.B. beschreiben Hitze und Kälte in Wirklichkeit ein und dasselbe Phänomen: Temperatur. Jede Bewertung ist von den eigenen Erfahrungen und Glaubenssätzen geprägt. Gleiches gilt auf allen anderen Ebenen: Liebe und Gleichgültigkeit beispielsweise sind ebenso nur zwei extreme Emotionsausschläge.

Solange jemand sich in Bezug auf etwas in einem positiven oder negativem Bewusstseinszustand befindet, ist es für ihn nicht wahrzunehmen, was tatsächlich vor sich geht, da der voreingestellte Filter seiner Überzeugung dies verhindert.[53]

In Wirklichkeit gibt es mehr als Polarität. Positiv, Negativ und Neutral.

Positiv bedeutet Zunahme, Erweiterung, Wachstum, gut, konstruktiv.

Negativ bedeutet Reduktion, Abnahme, Einschränkung, Rücknahme, schlecht, destruktiv.

---

[53] http://www.aktion-kehrwoche.com/de/wp-content/uploads/2009/11/Das_Prinzip_der_Polaritaet.pdf

Neutral bedeutet Steuerung, Kontrolle, Nutznießer, Konstrukteur, Anwender, gelassen sein.

Dazu gibt es eine Geschichte über einen Indianer:
Ein alter Indianer hat seinen Enkel auf dem Schoß sitzen und erklärt ihm die Welt. Der kleine Junge fragt also seinen Großvater: „Großvater, wieso sind manche Menschen negativ und wieso sind manche Menschen positiv?"
Und der Großvater antwortet: „In meinem Inneren ist eine weite Welt. Dort gibt es zwei Wölfe, einer ist schwarz und er verkörpert das Negative und der andere ist weiß, dieser verkörpert das Positive. Beide kämpfen miteinander."
Und der Enkel fragt: „Großvater, welcher dieser Wölfe in deinem Inneren wird gewinnen? Und der weise Alte sagt zu seinem Enkel „Der, den ich am meisten füttere".[54]

Polarität ist nur dann möglich, wenn eine neutrale Kraft diese steuert. Man muss sich lediglich die Frage stellen, wem nutzt es am meisten, wenn man eine polare Meinung einnimmt. Gehört der Nutzen mir oder spielt hier eine dritte Partei eine Rolle, die mehr davon hat, dass man eine polare Haltung einnimmt?

Kontrollfragen
Wieso nehme ich in Bezug auf <xy> eine polare Haltung ein (+ oder-)
Wem nützt meine polare Haltung in dieser Situation?
Wem schadet meine polare Haltung in dieser Situation?
Wie kann ich in dieser Situation die Führung übernehmen?
Was wird passieren, wenn ich mich in dieser Situation neutral verhalte?
Kann ich es mir leisten, in dieser Situation unbeteiligt zu bleiben und mit welcher Wirkung ist das verknüpft?

---

[54] http://www.aktion-kehrwoche.com/de/wp-content/uploads/2009/11/Das_Prinzip_der_Polaritaet.pdf

Dann bemerkt man, dass man in ein Netz von Abhängigkeiten verstrickt ist. Wir stellen aber auch fest, wer diese Abhängigkeiten in uns auslöst, nutzt und steuert.
Somit liegt die Entscheidung ganz bei uns, ob wir das zulassen oder nicht. Damit kommt der freie Wille des Menschen wieder ins Spiel.

„Alsdann schuf Er aus ihm ein Paar, den Mann und die Frau.“[55]

„Und den Himmel hat Er emporgehoben. Und Er hat das (richtige) Abwiegen zum Gebot gemacht.“[56]

„O ihr Menschen, Wir haben euch aus Mann und Frau erschaffen und euch zu Völkern und Stämmen gemacht, auf daß ihr einander erkennen möget. Wahrlich, vor Allah ist von euch der Angesehenste, welcher der Gottesfürchtigste ist. Wahrlich, Allah ist Allwissend, Allkundig.“[57]

„Preis (sei) Ihm, Der die Arten alle paarweise geschaffen hat von dem, was die Erde sprießen läßt, und von ihnen selber und von dem, was sie nicht kennen“.[58]

Da der menschliche Verstand dreidimensional orientiert ist, erscheint ihre Gleichheit dem polaren Denken paradox. Aber da jedes Paradoxon in Einklang gebracht werden soll – in die Mitte – können wir nur so uns der Wahrheit nähern. Andernfalls sind unsere Wahrheiten nur halbe Wahrheiten. Wahrheit kann nicht verstanden werden – nur mit dem Herzen erfasst werden!

---

[55] Koran 75, 39 www.islamische-datenbank.de
[56] Koran 55; 7 www.islamische-datenbank.de
[57] Koran 49; 13 www.islamische-datenbank.de
[58] Koran 36; 36 http://islamische-datenbank.de/index.php?option=com_quran&action=display

An der 3. Dimension lernen wir die Einheit von allem wieder zu erkennen, indem wir bedingungslose Liebe lernen und diese Liebe leben. Wir sind auf der Erde mit dem Lernziel, die bedingungslose Liebe zu leben, denn dann leben wir in der Nicht-Polarität. Dadurch urteilen und werten wir nicht und sind in der Lage, auch die Gegenmeinung anzuerkennen. Daher haben alle Recht und alles und jeder hat seine Existenzberechtigung und ist gut. Daher gibt es auch keine schlechten Menschen, weil jeder Mensch seine Position und Meinung aufgrund seiner Erfahrung bildet.

4. Gesetz - Das Gesetz der Resonanz oder Anziehung

Dem Gesetz der Resonanz liegt die Erkenntnis zugrunde, dass alles im Universum in Bewegung ist, somit Stillstand unmöglich ist, da „alles schwingt". Sogar die moderne Wissenschaft pflichtet dieser Tatsache bei und auch jede neue wissenschaftliche Entdeckung bestätigt dieses Prinzip. Bemerkenswert ist es aber, wenn man bedenkt, dass dieses Hermetische Gesetz schon vor Tausenden von Jahren von den alten ägyptischen Meistern verkündet wurde. Auf der physischen, geistigen und spirituellen Ebene bestehen die Unterschiede der Manifestationen nur in dem Grad der Schwingung der Energien. Angefangen beim „All", welches reiner Geist ist, bis hinunter zu den niedersten Formen der Materie, alles schwingt in einer bestimmten Energiefrequenz. Das bedeutet, dass Gleiches Gleiches anzieht und durch Gleiches verstärkt wird. Ungleiches stößt einander wiederum ab. Das heißt auch, dass dein persönliches Verhalten deine persönlichen Verhältnisse und deine gesamten Lebensumstände bestimmt.

„Nun, heute wird keine Seele im geringsten ein Unrecht erleiden; und ihr sollt nur für das entlohnt werden, was ihr zu tun pflegtet. "[59]

Negativität zieht Negatives an, Dunkles zieht Dunkles an, Hass zieht Hass an, Angst zieht Angst an, Sucht zieht Sucht an, Aggressivität zieht Aggressivität an. Wenn wir nicht innehalten und umkehren, setzen wir eine Spirale nach unten in Gang, die irgendwann nicht mehr zu stoppen ist und zu Depression, Verzweiflung, Unglück und Tod führt. Die Gedanken, die wir denken, die Gelüste, die wir haben, die Gefühle, die in uns brodeln, ziehen entsprechende Energien an (Seelen Verstorbener, die durch uns noch ihre früheren Gelüste ausleben möchten; dunkle Wesenheiten, die zu uns kommen können, weil wir hassen und betrügen; Angst- und Wut-Energien von außen), die unsere eigenen Wesenszüge verstärken. Daher fühlen sich Menschen nach einem Wutausbruch oder nach irgendeiner anderen niederen Energie ausgelaugt und unglücklich, weil sie dadurch ihre Energie vergeuden. Wir müssen nur eins bedenken, alles ist in seinem Ursprung Energie, auch die Seele, die Gedanken, Gefühle. D.h. wenn eine Seele den Körper verlässt dann ist er Energie. Er ist die Art Energie, die er zu seinen Lebzeiten war – sei es positiv oder negativ. Diese Energien aber existieren weiterhin.

„Die Geister sind wie eine ausgehobene Truppe; die sich bekannt fühlen, tun sich zusammen; und die sich fremd fühlen, streben voneinander fort. "[60]

Said Nursi hat dazu gesagt: *„Derjenige, der wahren Glauben besitzt, vermag sich furchtlos gegen die ganze Welt zu stellen. "*
[61]

---

[59] Koran 36; 54 http://islamische-datenbank.de/index.php?option=com_quran&action=display
[60] Al Ghasali, „Das Elixier der glückseligkeit", Edition Minarett, Adel El Domiaty, Braunschweig, 2004 S. 82

„Denen, die da glauben und gute Werke tun, wird Glück und eine treffliche Heimstatt zuteil sein."[62]

Das 5. Gesetz - Das Prinzip des Rhythmus

Diesem Prinzip liegt die Wahrheit zugrunde, dass alles seinen eigenen Rhythmus hat wie hin und her, auf und ab, hinein und wieder herausfließen, denn alles besitzt seine Gezeiten. Nichts bleibt stehen, weil alles sich bewegt. Alles im ganzen Universum folgt einem präzisen Takt. Diesem Rhythmus unterliegen das Hin- und Zurückfließen der Gezeiten von Ebbe und Flut, die pendelgleichen Bewegungen des Atems, des Herzschlags, wie auch der Wechsel von Tag und Nacht. Alles ist Schwingung wie bei einem Pendel, denn das Ausmaß des Schwunges nach rechts entspricht dem Ausmaß des Schwunges nach links. Dieses Prinzip offenbart sich in der Entstehung und Vergehung von Welten auf energetischer wie auch auf materieller Ebene. Der Rhythmus ist ausgleichend und kompensiert. Die Kenntnis dieses Prinzips erlaubt den Menschen, sich über diese Rhythmen zu erheben, sie einzukalkulieren und ihnen nicht hilflos ausgeliefert zu sein. Es gilt, die Starrheit zu überwinden und die Flexibilität zu leben. Wenn etwas starr ist, muss es zerbrechen.

Die Sonne und der Mond kreisen nach einer festgesetzten Berechnung.[63]

Das Gesetz der Polarität und dieses Prinzip sind eng miteinander verbunden. Die Polarität geht ihrem Ende entgegen, wir können die Polarität niemals abschaffen, aber wir können Herr über den Pendelschwung werden. Wenn wir den Pendelschwung verstehen und akzeptieren, ihn zulassen und in unser Denken und

---

[61] Mohammed (s.a.s.) Bozdag, Intelligenz der Seele, S. 31

[62] Koran 13; 29 http://islamische-datenbank.de/option,com_quran/action,viewayat/surano,13/min,20/show,10/

[63] Koran 55; 5 www.islamische-datenbank.de

Handeln integrieren, können wir uns über ihn erheben. Wenn wir dieses Prinzip erkennen, dann können wir andere Prinzipien hiergegen einsetzen.

Wenn wir Menschen mit großer Freude begegnen, dann handelt es sich um Menschen, die viel Schmerz erfahren haben. Dieser Mensch hat die Angst vor seinem Schmerz überwunden und kann somit die Tür zur Freude öffnen. Die Tatsache, dass dieser Mensch heute Freude erleben kann, ist der Lohn seines Schmerzes in seiner Vergangenheit. Oft werden wir mit unseren Schmerzen konfrontiert, die wir als Schicksalsschläge bezeichnen, die aber im Grunde genommen von uns selbst verursacht wurden.

„(Er ist) der Herr der beiden Osten und der Herr der beiden Westen. "[64]

„In beiden (Gärten) fließen zwei Quellen. "[65]

„Darin wird es von jeglicher Fruchtart zwei Arten geben. "[66]

„Und Allah wünscht Sich in Gnade zu euch zu kehren, die aber den niedern Gelüsten folgen, wünschen, dass ihr euch erniedrigt. "[67]

„Wenn ihr euch von den schwereren unter den euch verbotenen Dingen fernhaltet, dann werden Wir eure geringeren Übel von euch hinwegnehmen und euch an einen ehrenvollen Platz führen. "[68]

---

[64] Koran 55; 17 www.islamische-datenbank.de
[65] Koran 55; 50 www.islamische-datenbank.de
[66] Koran 55; 52 www.islamische-datenbank.de
[67] Koran 4; 27 http://www.kuran.gen.tr/?x=s_main&y=s_middle&kid=7&sid=4
[68] Koran 4; 31 http://www.kuran.gen.tr/?x=s_main&y=s_middle&kid=7&sid=4

„Und wenn du der Mehrzahl derer auf Erden gehorchest, werden sie dich wegführen von Allahs Weg. Sie folgen nur einem Wahn, und sie vermuten bloß. Wahrlich, dein Herr weiß am besten, wer von Seinem Wege abirrt; und Er kennt am besten die Rechtgeleiteten."[69]

„Die da folgen dem Gesandten, dem Propheten, dem Makellosen, den sie bei sich in der Thora und im Evangelium erwähnt finden – er befiehlt ihnen das Gute und verbietet ihnen das Böse, und er erlaubt ihnen die guten Dinge und verwehrt ihnen die schlechten, und er nimmt hinweg von ihnen ihre Last und die Fesseln, die auf ihnen lagen –, die also an ihn glauben und ihn stärken und ihm helfen und dem Licht folgen, das mit ihm hinabgesandt ward, die sollen Erfolg haben."[70]

„Dies sind die Schranken Allahs; und wer Allah und Seinem Gesandten gehorcht, den führt Er in Gärten ein, durch die Ströme fließen; darin sollen sie weilen; und das ist die große Glückseligkeit. Und wer Allah und Seinem Gesandten Gehorsam versagt und Seine Schranken übertritt, den führt Er ins Feuer; darin muß er bleiben; und ihm wird schmähliche Strafe."[71]
„Wahrlich, wer da übel tut und verstrickt ist in seinen Sünden – diese sind die Bewohner des Feuers; darin müssen sie bleiben. Die aber glauben und gute Werke tun – diese sind die Bewohner des Himmels; darin sollen sie bleiben."[72]

Auch hinsichtlich der Schaffenskraft des Menschen ist dieses Gesetz hilfreich. Er kann von der geistigen bis zur materiellen Ebene in jedem Grade als positive und negative Energie gesondert seine Schaffenskraft offenbaren. Wenn er seine Kräfte nach innen negativ in Richtung der göttlichen Strahlung empfangend

---

[69] Koran 6; 116-117 http://www.kuran.gen.tr/?x=s_main&y=s_middle&kid=7&sid=6
[70] Koran 7; 157 http://www.kuran.gen.tr/?x=s_main&y=s_middle&kid=7&sid=7
[71] Koran 4; 13-14 http://www.kuran.gen.tr/?x=s_main&y=s_middle&kid=7&sid=4
[72] Koran 2; 81-82 http://www.kuran.gen.tr/?x=s_main&y=s_middle&kid=7&sid=2

ausstrahlt und nach außen positiv geben diese Menschen, erschaffen und bringen hervor, dann ist dieser Mensch ausgeglichen. Wenn der Mensch nach innen die göttliche Energie durch seinen Glauben aufnimmt, vertraut er seine eigenen Ich und nach außen hin gebend und spendend sind sie voller Frohsinn, Sonnigheit, Vertrauen ausstrahlend, Liebe, Güte und Wärme spendend. Dies hat positive Auswirkungen auf die körperliche Gesundheit; denn die Lebensenergie – das Brennen des Körpers – befindet sich im Gleichgewicht mit dem Widerstand, mit der Materie des Körpers. Wenn man diese Kräfte verkehrt anwendet, also weil sie nicht an das höhere Selbst glauben, somit ihre Persönlichkeit nicht beleben, fallen sie aus ihrem eigenen Ich heraus und leiden unter Mangel an Selbstvertrauen. Ein solcher Mensch will immer, dass andere ihm helfen, er ist unbeholfen und sieht in allem das Schlechte und das Negative. Da er an nichts glaubt, kann er auch nichts Schaffen. Er versagt, wo andere erfolgreich sind. Ein solcher negativer Mensch ist wie ein Vakuum, dass alles verschlingt und verschwinden lässt, er ist ein hoffnungsloser Fall.[73]

Das 6. Gesetz - Das Gesetz von Ursache und Wirkung

Jede Wirkung hat ihre Ursache, und jede Ursache eine definitive Wirkung, da „Zufall" nicht existiert. Alles erfolgt der Gesetzmäßigkeit dieses Prinzips in absoluter Konsequenz.
Den Zusammenhang von Ursache und Wirkung zu verinnerlichen und durchdringen, birgt einen großen Schatz für den, der diese Gesetzmäßigkeit als unausweichlich akzeptiert, weil er weiß, dass jede Handlung, jeder Gedanke, seine unweigerliche Konsequenz hat. Handeln oder denken wir schlecht, so wird dies in der Wirkungsfolge etwas ebenso Schlechtes zu uns zurückbringen. Alle guten Handlungen wiederum bringen positive

---

[73] Elisabeth Haich, Sport und Yoga, S. 39-40

Konsequenzen mit sich, und wenn man das festgestellt hat, birgt dies für denjenigen einen unglaublichen Reichtum, für den Alltag in sich, nämlich die Erkenntnis, alles Leiden ist selbst verursacht. Das Gesetz von Ursache und Wirkung mahnt uns, die Verantwortung für uns selbst zu übernehmen; d.h. „was du säest, erntest du und wie du dich bettest, so liegst du". Jede Aktion erzeugt eine bestimmte Energie, die mit Sicherheit mit gleicher Intensität zum Ausgangspunkt, also zum Erzeuger zurückkehrt. Die Wirkung entspricht der Ursache in Qualität und Quantität, denn Gleiches muss Gleiches erzeugen. Die Ursache kann auf vielen Ebenen liegen, weil alles geschieht in Übereinstimmung mit der Gesetzmäßigkeit. Jeder Mensch ist somit Schöpfer, Träger und Überwinder seines Schicksals. Es gibt also nur Ursache und Wirkung und diese können mit uns so lange konfrontieren, bis sie von uns in Liebe angenommen und somit aufgelöst worden sind. Man redet nur von Glück und Zufall, wenn man dieses Gesetz noch nicht erkannt hat.

Im Fernen Osten nennt man das Karma oder, wie es in der Bibel vorkommt, „Auge um Auge und Zahn um Zahn", was nichts anderes heißt, als was du jemandem zufügst, wirst du selbst erleiden müssen, was du jemandes Kind zufügst, wird dein Kind erleiden müssen. Man tut sich immer etwas an. Wenn du andere betrügst, so wirst du betrogen. Dieses Prinzip kann nur durch die bedingungslose Liebe durchbrochen werden, die zugleich das Prinzip der Gnade ist. Nur die Liebe kann die energetischen Überreste unseres früheren Irrtums auflösen! Wenn man sich dieses Gesetz verinnerlicht, dann muss man sich fragen, warum man bestimmte Eigenschaften hat. Woher kommen meine Verhaltensmuster? Wir müssen bei all unserem Denken, Fühlen, Handeln die Wirkung bedenken. Wenn wir für jemanden Hass empfinden, dann kehrt dieser sofort als Hass in mindestens gleicher Intensität wieder zurück. Allein wenn man die Absicht hat, jemandem zu schaden, dann schaden wir in derselben Weise uns. Wenn wir uns um unsere Kinder sorgen, dann beziehen wir alle Sorgen auf sie. Hass, Wut, Angst, Zweifel müssen losgelassen werden und wir müssen uns dem Vertrauen und der Liebe öffnen. Wir sind für uns verantwortlich.

„Wahrlich, Gott fügt den Menschen kein Unrecht zu, die Menschen aber begehen Unrecht an ihren eignen Seelen. " [75]

„Wenn Gott jemanden liebt, dann lässt Er alle Engel und alle Menschen auf der Welt diese Person lieben und wenn Er jemanden hasst, so lässt Er alle Engel und Menschen diese Person hassen. [76]

„Und wer eine Sünde begeht, der begeht sie nur gegen seine eigene Seele ..." [77]

Der Prophet Mohammed (s.a.s) hat folgendes gesagt: *„Ein ausgesprochener Fluch steigt erst zu den Himmeln auf. Diese verschließen sich daraufhin, weshalb er zur Erde zurückkehrt und denjenigen trifft, für den er bestimmt war. Es sei denn, der betreffende hätte es nicht verdient. In einem solchen Fall fällt er auf den zurück, der ihn ausgesprochen hat. "* [78]

„Diese sind es, die das Irregehen gegen die Rechtleitung Eingetauscht haben, doch ihr Handel brachte ihnen weder Gewinn, noch werden sie rechtgeleitet. " [79]

„Und es sind jene, die im Verlangen nach dem Wohlgefallen ihres Herrn geduldig bleiben und das Gebet verrichten und von dem, was Wir ihnen gegeben haben, im Verborgenen und öffent-

---

[75] Koran 10; 44
[76] Cami'üs Sagir, Hadis nr. 356
[77] Koran 4; 111 http://kuran.gen.tr/?x=s_main&y=s_middle&kid=7&sid=4
[78] Cami'üs Sagir, 2:370; Hadis Nr. 2069 aus Mohammed Bozday, Die Intelligenz der Seele, S. 257.
[79] Koran 2; 16 http://islamische-datenbank.de

lich spenden und das Böse durch das Gute abwehren – diese sind es, denen der Lohn der Wohnstatt zuteil wird."[80]

"In ihren Herzen war Krankheit, und Allah hat ihre Krankheit vermehrt; und eine qualvolle Strafe wird ihnen, weil sie logen. Und wenn ihnen gesagt wird: "Stiftet keine Unruhe auf Erden", antworten sie: "Wir sind nur Förderer des Friedens." Höret! gewiß sind sie es, die Unruhe stiften; allein sie begreifen es nicht.[81]

7. Gesetz – das Prinzip des Geschlechts

Diesem Prinzip liegt die Wahrheit zugrunde, dass das männliche und weibliche Prinzip in allem, das existiert, vertreten ist und sich ergänzt. Alle Geschlechtlichkeit ist Einheit, die sich auf allen Ebenen manifestiert. Dieses Gesetz beschreibt die zur Entwicklung notwendige Dualität auf einer höheren Ebene. Ohne dieses Prinzip ist keine Schöpfung möglich. Das Prinzip arbeitet auf die gegenseitige Produktivität erzeugende Befruchtung hin. D.h. Zeugung, Wiedererzeugung und Schöpfung. Das bedeutet auch, dass alles männliche und weibliche Elemente besitzt und somit beides zugleich ist. Die Geschlechtlichkeit drängt zur Einheit, weil die Geschlechtlichkeit Einheit ist. Man kann einen Berg von einem Tal nicht trennen, weil das eine ohne das andere nicht möglich ist. Der Mensch ist auch männlich und weiblich zugleich. Wenn wir den männlichen und weiblichen Aspekt gleichermaßen leben, dann sind wir ausgewogen im Gleichgewicht in unserer Mitte. Wir sind dann Eins.

---

[80] Koran 13; 22 http://islamische-datenbank.de/option,com_quran/action,viewayat/surano,13/min,20/show,10/
[81] Koran 2; 10-12, http://www.kuran.gen.tr/?x=s_main&y=s_middle&kid=7&sid=2

„O ihr Menschen, fürchtet euren Herrn, Der euch aus einem einzigen Wesen erschaffen hat; aus diesem erschuf Er ihm die Gefährtin, und aus beiden ließ Er viele Männer und Frauen sich vermehren. Fürchtet Allah, in Dessen Namen ihr einander bittet, und (fürchtet Ihn besonders in der Pflege der) Verwandtschaftsbande. Wahrlich, Allah wacht über euch. "[82]

„Darin wird es von jeglicher Fruchtart zwei Arten geben. "[83]

---

[82] Koran 4; 1 http://www.kuran.gen.tr/?x=s_main&y=s_middle&kid=7&sid=4
[83] Koran 55; 52 http://islamische-datenbank.de

Kapitel II.

Eine Einführung in den Islam

Wir wollen zunächst einmal auf die Basis des Islam eingehen, die im ersten Blick sehr dogmatisch und trocken erscheint. Aber im weiteren Verlauf dieses Werkes erkennt man den Sinn für all diese Dogmen und Rituale, die sich über die Jahrhunderte verfestigt haben. Sie sind Bestandteil einer Gesellschaft geworden – einer Gesellschaft, die einerseits so lebt wie vor über 1500 Jahren, aber auch einer Gesellschaft, die mit der Zeit gegangen ist und in diesen Rahmenbedingungen die Regeln des Islam zu leben versucht. Der Islam ist durchaus fähig, sich an eine veränderte soziale Umgebung anzupassen. Sie ist durchaus mit der Demokratie in den westlichen Gesellschaften vereinbar, ja sogar viel besser auszuleben als in manchen islamischen Staaten, in denen die Menschen geradezu gezwungen werden, sich an Rituale und Dogmen zu halten. In dem Falle wird sie lieblos und dogmatisch umgesetzt, was am Ende ihrem ursprünglichen Ziel nicht gerecht werden kann. Was ist ihr Ziel?

Wie kann man auch einem Menschen von heute Engel und Teufel erklären oder dass da eine große Macht ist? Wo ist die moderne Wissenschaft hilfreich, um Antworten zu bekommen? Wir werden am Ende erkennen, dass die Geschichten und Beschreibungen im Koran und anderen heiligen Büchern einen Hinweis auf die Wahrheit geben, welche, das werden wir sehen.

Said Nursi hat die Schrift Risale-i Nur („Botschaft des Lichts") verfasst. Sie ist ein Korankommentar und besteht aus 130 Schriften und umfasst 14 Bände mit 6000 Seiten. Dort heißt es: „Die Wissenschaft von der Religion ist das Licht des Gewissens. Die Naturwissenschaft spiegelt das Licht der Vernunft wider. Die Wahrheit wird offenbar durch die Vereinigung der beiden. Wenn sie getrennt sind, kommt es zu Fanatismus in der Religion. Und es entstehen Fehlschlüsse und Skeptizismus in der Wissenschaft." (Münazarat)[84]

Begriffsbestimmungen aus dem Islam

Zunächst einmal möchte ich die im Islam bekannten wichtigsten Begriffe definieren. Diese Definitionen werden in der allgemeinen Literatur verwandt. Im Laufe dieses Werkes aber werden die Definitionen und eigentlichen Bedeutungen dieser Begriffe verdeutlicht.

Islam
Islam bedeutet übersetzt „Unterwerfung" und „völlige Hingabe (an Gott)".
Im weitesten Sinne bedeutet das, dass in dem Moment, in dem man die Existenz Gottes annimmt, man sich damit zum Islam bekennt bzw. den Islam lebt.
„Wahrlich, die Religion bei Allah ist der Islam."[85] Interessant in diesem Koranvers ist es aber, dass die Religion bei Allah der Islam sei, sondern nicht die Religion nach Meinung Allahs der Islam sei, oder was man auch immer hinter diesem Vers verstehen könnte. Interpretiert man nun Islam, handelt es sich nicht um eine Institution/Religion, sondern es ist ein Zustand, in den sich ein Mensch begibt, wenn er sich zu Gott bekennt. In dem Begriff Islam ist das Wort Salam/Selam versteckt, was Frieden bedeutet. Wenn wir nun das nochmal weiter ausführen, dann ist der innere Frieden die Nähe zu Gott? Das würde erklären, warum es im Koran heißt: „… die Religion bei Allah ist der Islam." Wenn du im Frieden mit dir bist, wenn du dich ausgeglichen fühlst, dann bist du bei Gott!

---

[84] http://de.wikipedia.org/wiki/Risale-i_Nur
[85] Koran 3; 19 http://quran.al-islam.com/Targama/DispTargam.asp?nType=3&nSora=3&nAya=20&nSeg=22&l=eng&t=ger

„Wer Gott liebt, hat keine Religion außer Gott." (Rumi)

Moslem/Muslim[86] (Mumin/Munafiq[87])

Es gibt einige viele Definitionen für das Wort „Moslem". Die einen verstehen darunter einen Monotheisten, der Mohammed (s.a.s) als letzten Propheten Gottes anerkennt. Sie glauben daran, dass der Koran offenbartes Wort Gottes ist, und dass dieser vom Erzengel Gabriel (Friede sei auf ihm) an Mohammed (s.a.s) übermittelt wurde.

Übersetzt wird auch Moslem als „der sich Unterwerfende" oder „sich Hingebende" analog zum Wort Islam.

Wenn man aber den Moslem im Gesamtkontext sieht, bedeutet es eigentlich „guter Mensch", was als Ziel eines jeden Menschen zu sehen ist. Denn er/sie soll sein Leben nach diesem Ziel leben.

Gänzlich falsch aber ist es, Moslems als Mohammedaner zu bezeichnen. Denn im Islam gibt es keinen Personenkult. Im Islam erkennt man den Propheten Mohammed lediglich als Gesandten Gottes an. Er wird nicht angebetet, denn das ist nur Gott vorbehalten. Nach den Überlieferungen hat der Prophet an seinem Sterbebett darauf bestanden, dass die Menschen ihn sehen, damit sie ihn später nicht für eine Gottheit erklären, wie man das mit Jesus gemacht hat. Er hat den Menschen deutlich machen wollen, dass er wie jeder von ihnen sterblich und somit menschlich ist.

„Abu Salama berichtete: „ `A´ischa, Allahs Wohlgefallen auf ihr, Gattin des Propheten, Allahs Segen und Friede auf ihm, sagte folgendes zu mir: „Abu Bakr, Allahs Wohlgefallen auf ihm, kam von seiner Wohnung in As-Sunh, geritten auf seiner Pferdestute. Er stieg ab und betrat die Moschee, ohne mit einem Menschen

---

86 In diesem Werk verwendet die Autorin diese Begriffe als Synonyme.
87 Es gibt dazu mehrere Schreibweisen wie u.a. Munafik

gesprochen zu haben. Er trat bei mir ein und ging weiter in Richtung des Propheten, Allahs Segen und Friede auf ihm, der leblos in einem schönen Obergewand lag. Abu Bakr machte das Gesicht des Propheten frei, bückte sich und küßte ihn. Er weinte und sagte: „Mein Vater und meine Mutter mögen für dich als Opfer sein, o Prophet Allahs! Allah wird dich nicht zweimal sterben lassen. Was das Sterben angeht, das Allah für dich vorbestimmt hat, das hast du jetzt erlebt.`` Auch Ibn `Abbas, Allahs Wohlgefallen auf ihm, sagte folgendes zu mir: Abu Bakr, Allahs Wohlgefallen auf ihm, ging dann hinaus und fand dort `Umar, Allahs Wohlgefallen auf ihm, zu den Menschen sprechend vor. Abu Bakr forderte ihn auf sich hinzusetzen, er aber lehnte es ab und blieb bei seiner Ablehnung, als er von ihm zum zweiten Mal zum Hinsetzen aufgefordert wurde. Da sprach Abu Bakr, Allahs Wohlgefallen auf ihm, das Glaubensbekenntnis (Schahada), und die Menschen begaben sich zu ihm, indem sie `Umar verließen. Hier dann sagte Abu Bakr: „Sodann, wer von euch Muhammad, Allahs Segen und Friede auf ihm, anbetet, der soll wissen, dass Muhammad, Allahs Segen und Friede auf ihm, tot ist. Wer aber von euch Allah anbetet, (der tut Recht) denn Allah ist Lebendig und unsterblich. Allah, Erhaben ist Er sagt: „Und Muhammad ist nur ein Gesandter schon vor ihm gingen die Gesandten dahin. Und ob er stirbt oder getötet wird, werdet ihr auf euren Fersen umkehren? Und wer auf seinen Fersen umkehrt - nimmer schadet er Allah etwas aber Allah wird wahrlich die Dankbaren belohnen (Qur`an 3:144).`` Bei Allah, es sah so aus, als ob die Menschen nicht wüßten, dass Allah diesen Vers offenbart hatte, bis ihn Abu Bakr, Allahs Wohlgefallen auf ihm, rezitierte. Die Menschen nahmen das von ihm auf, und im nachhinein gab es keinen Menschen, der nicht diesen Vers rezitieren konnte.``[88]

---

[88] Sahih Al-Bucharyy Nr. 1241 und 1242] auch unter http://islamische-datenbank.de/option,com_buchari zu finden

Wenn man nun diese Begriffsdefinition auf andere Religionen bezieht, wäre doch ein „Christ" nicht auch so zu definieren? Wenn jemand etwas Böses tut, sagt man ihm nicht auch, „das gehört sich nicht für einen Christen, was du getan hast"? Dies bedeutet auch, „das gehört sich nicht für einen guten Menschen …". Also könnte man doch im weitesten Sinne die Begriffe gleichsetzen.

Nach islamischer Auffassung wird jeder Mensch als Moslem geboren, also als guter Mensch ohne Sünde. Die Erbsünde, die nach christlicher Auffassung gilt, existiert im Islam nicht. Ferner sind nach islamischer Auffassung Jesus, Moses, Adam und alle anderen Heiligen und Propheten Moslems gewesen. D.h. wiederum, dass es Moslems nicht erst nach dem Propheten Mohammed gibt, sondern jeder Gläubiger und Heiliger als Moslem bezeichnet wird. Das heißt wiederum, dass die Definition, dass nur an Mohammed als Propheten glaubende Menschen als Moslem bezeichnet werden, nicht stimmt. Denn Mohammed ist der letzte Prophet nach Adam, Moses und Jesus.

Es wird im Koran aber zwischen Moslems, die sich rein formal zum Islam bekennen (munafiq[89]), und wirklich an den Islam (von Herzen) glaubenden Moslems und somit danach lebenden Moslems (mumin) unterschieden. Damit wird der Glaube höher eingestuft als die formale Bekenntnis zum Islam, d.h. es zählen die Taten und nicht die Worte. Einen Moslem macht das aus, was er am Ende mit seinen Taten bewirkt und hinterlässt. Diesen Unterschied könnte man auch mit Religiosität und Spiritualität weiter vertiefen. Denn religiös ist jemand, der nur nach den Dogmen lebt, aber Spiritualität ist die vollkommene Bewusstheit eines Menschen, der die Eigenschaften Gottes in sich entdeckt und in die Welt hinausträgt. Beispielsweise: Wenn jemand von sich behauptet, ein guter Mensch zu sein, dann ist das zunächst

---

[89] Andere Schreibweise munafik

nur eine Behauptung, dass er gläubig ist. Entdeckt dieser Mensch aber die Güte in sich und trägt sie in die Welt hinaus, dann handelt es sich um einen spirituellen Menschen.

„Kann der Lohn für Güte (etwas) anderes sein als Güte.“[90]

„Wie? Würden sie doch, wenn sie euch besiegten, weder Bindungen noch Verpflichtungen euch gegenüber einhalten! Sie würden euch mit dem Munde gefällig sein, indes ihre Herzen sich weigern würden; und die meisten von ihnen sind Frevler.“[91]

Was aber verstehen Moslems unter „Ungläubigen“?[92] Das Wort „Ungläubiger“ stammt ursprünglich aus dem deutschen Sprachgebrauch und ist ein Synonym für Gottloser, Atheist, Heide. Nach islamischer Auffassung aber wird das für „Kufr“ übersetzte Wort „Unglaube“ nicht unbedingt mit Atheismus oder Gottlosigkeit gleichgesetzt. Man meint mit den so bezeichneten Personen in erster Linie solche, die den Islam nicht als ihren Glauben anerkennen oder solche, die den Islam als richtig erkannt haben, aber seine Wahrheit dennoch leugnen. Somit bedeutet „Ungläubiger“ nicht Gottloser, sondern nur Nichtmoslem. Man übersetzt den arabischen Begriff „Kafir“ oft als „Ungläubiger“, weil es keine genauere Übersetzung dafür in der deutschen Sprache gibt. Weil nach islamischer Auffassung Christen, Juden und Moslems an denselben Gott glauben, würde eine Bezeichnung dieser als Ungläubige die Leugnung des eigenen Gottes bedeuten, somit ist es islamische Pflicht eines jeden Moslems, Andersgläubige (besonders Christen und Juden) zu respektieren und zu schützen. Das zeigt auch die Geschichte des Propheten und seiner Gefährten.

---

[90] Koran 55; 60 http://islamische-datenbank.de
[91] Koran 9; 8 http://islamische-datenbank.de
[92] http://islam.de/1641.php#juc/unglaube.html

„Wahrlich, Wir hatten die Thora, in der Führung und Licht war, herabgesandt. Damit haben die Propheten, die sich (Allah) hingaben, den Juden Recht gesprochen, und so auch die Rabbiner und die Gelehrten; denn ihnen wurde aufgetragen, das Buch Allahs zu bewahren, und sie waren seine Hüter. Darum fürchtet nicht die Menschen, sondern fürchtet Mich; und gebt nicht Meine Zeichen um einen geringen Preis hin. Und wer nicht nach dem richtet, was Allah herabgesandt hat – das sind die Ungläubigen.“[93]

Die wichtigsten islamischen Begriffe bei der Anwendung des islamischen Rechts:

Es gibt die Dinge im Islam, die unbedingt zu erfüllende Pflicht (also Farz) für jeden Moslem sind. Dazu gehören u.a. die 5 Grundpfeiler des Islam.

Eine andere Form der Unterteilung der Anwendung ist „Vacib"[94], was nichts anderes heißt als „Verpflichtendes". Vacib ist das, was nur der Tat nach und nicht dem Glauben nach Pflicht ist. D.h., wenn jemand diese Pflicht der Tat nach ohne Entschuldigungsgrund nicht erfüllt, ist das zwar eine größere Sünde, aber keine große Sünde. Diese Form der Pflicht kommt hinter Farz[95].

---

[93] Koran 5; 44 http://islamische-datenbank.de/index.php?option=com_quran&action=search&text=Licht&min=10&show=10

[94] Es gibt dazu unterschiedliche Schreibweisen, u.a. Wajib.

[95] Auch unter Fard aus dem arabischen bekannt.

Die nächste Form ist die Sunna[96] und bezeichnet das, was besser getan werden sollte, also der Pflicht nähersteht als dem „mübah" (Wertfreies, Unbestimmbares). Allerdings ist das Unterlassen einer Sunna zulässig und keine Sünde im Gegensatz zu Farz. Hygienevorschriften stammen aus der Sunna wie z.B. die Entfernung des Schamhaares, die Beschneidung, das Kürzen des Schnurrbartes, die Entfernung des Achselhaars und das Schneiden der Fingernägel. [97]

Mubah, also Wertfreies, ist alles, was weder Pflicht (Farz, Vacib) noch Verbot (Haram), noch wünschenswert (mandub), noch abzulehnen (makruh) ist. Es bezeichnet Dinge, die man tun oder lassen kann, wie man möchte, ohne dass Lohn oder Schaden im Jenseits davon zu erwarten ist.

Makruh (oder auch als Mekruh bekannt) kennzeichnet Handlungen, die zwar noch nicht verboten (haram), jedoch schon abzulehnen sind. Handlungen, die zu Makruh gehören, sind im islamischen Sinne nicht sündhaft bzw. nicht strafbar, doch abzulehnen, weil sie die Menschen an zweifelhaftes Verhalten gewöhnen können bzw. dazu führen können, dass der Mensch sich von den lobenswerten Dingen fernhält. Als Beispiel kann man hier

---

[96] Auch unter Sünnet oder Sunnah zu finden.
[97] http://islam.de/1641.php#nahrung/schwein01.html

das Rauchen nennen, weil das Rauchen dem Körper schadet.

Halal bedeutet rein bzw. erlaubt, also alles nach islamischer Auffassung Erlaubte.

Haram ist alles Verbotene. In der islamischen Auffassung ist alles, was nicht verboten ist, erlaubt. Beispielsweise ist der Verzehr von Schweinefleisch oder der Genuß von Alkohol haram. In diesem Bereich aber treten oft Missverständnisse auf, weil man im Volksmund dazu neigt, oft Handlungen, die „Makruh" sind, als Haram abzulehnen. Das kommt von Unwissenheit. Die meisten Gelehrten sind sich einig, dass dauerhaftes Rauchen haram ist. Einige Gelehrte sehen das Rauchen eher als makruh (also verpönt) an. Dies gilt nicht für Haschisch. Haschisch und andere Drogen sind berauschend und genau wie Alkohol verboten – also haram. [98]

Das führt oft dazu:
1) dass Unterdrückung gegenüber Menschen entsteht, denen etwas zu Unrecht verboten wird, und der Islam wird bei ihnen zu einem System der Unfreiheit. Vor Gott ist das eine große Sünde, da dadurch die Kinder solcher unwissenden Leute zu Feinden des Islam werden. Die Kinder sind oft auch nicht in der Lage zu erkennen, wie falsch diese selbsterfundenen Verbote sind, und

---

[98] http://islam.de/1641.php#nahrung/schwein01.html

machen sich später auch nicht die Mühe, sich mit der verhassten Sache intensiv zu befassen.

2) Es gehört auch zu den schweren Sünden, sich zu weigern, Wissen zu sammeln. Wer aus Unwissenheit Dinge verbietet, ohne die Möglichkeit zu haben, Wissende zu fragen, der ist vor Gott nicht schuldig. Wer aber die Möglichkeit hat zu fragen, dieses aber aus Bequemlichkeit, Hochmut oder dem Bewusstsein heraus nicht tut, begeht Sünde. Wer aber bewusst etwas verbietet, was Gott geboten hat, der wird sogar ungläubig.

Die islamischen Regeln sollen nicht dazu dienen, Menschen einzuschränken, sondern geben Hilfe zur Orientierung in unserer Welt der Gegensätze und Widersprüche. Sie sollen dazu dienen, sich einigermaßen im Leben zu Recht zu finden, legen damit Normen fest, wie das miteinander vereinfacht werden soll. Stellen Sie sich eine Gesellschaft ohne Normen und Benimmregeln vor. Das würden wir heute als unzivilisierte Gesellschaft bezeichnen. Daher muss man sich in die Zeit zurücksetzen, als es solche Regeln und Normen nicht gab. Der Islam hat damit lediglich versucht, Normen festzulegen, um das Miteinander bei Versammlungen sowie in Moscheen zu verinfachen. Daher verhüllt man sich in Moscheen bzw. man muss eine Kopfbedeckung tragen oder Männer dürfen nicht in Shorts Moscheen betreten. In

Italien dürfen sie auch nicht ohne angemessene Kleidung in die Kirche gehen. Das Bedecken der Schulter ist bspw. in Kirchen Pflicht.

Welche Rolle spielen Absichten?

Die Absicht (Niya im arabischen) ist beim Verrichten von Handlungen sehr wichtig. Ohne die Absicht gelten im islamischen Recht normalerweise keine Handlungen.[99]

Wenn man das Gebet verrichten will, fasten will, jemandem Almosen geben will etc., muss man dies im Namen Gottes beabsichtigen zu tun. Das ist auch so, wenn man einfach jemandem helfen will. Damit die Absicht und damit die folgende Handlung sich nicht negativ auswirkt, legt man damit fest, dass man eine gute Absicht hat, denn sonst würde man es ja auch nicht im Namen Gottes tun, oder?

„Euer Herr weiß am besten, was in euren Seelen ist: Wenn ihr rechtgesinnt seid, dann ist Er gewiß Verzeihend gegenüber den Sich-Bekehrenden.“[100]

Mit der Bedeutung der Absicht ist die innerliche Absicht gemeint, d.h. dass jemand ein Gebet für die Annäherung zu Gott und für Gott allein beabsichtigt oder wenn jemand eine gute Tat vollbringt. Es muss also aus dem Herzen und voller Überzeugung kommen. Also kommt damit im weitesten Sinne die Be-

---

[99] Ahmad A. Reidegeld, Handbuch Islam, Verlag Spohr, Herausgegeben von Hasan Özdogan, S. 820
[100] Koran 17; 25 http://quran.al-islam.com/Targama/DispTargam.asp?nType=1&nSeg=0&l=eng&nSora=17&nAya=25&t=ger

wusstheit ins Spiel, d.h., mit der Absicht, etwas tun zu wollen, ist bewusstes Handeln gemeint.

Der Prophet Mohammed (s.a.s) hat folgendes gesagt: *„Wenn zwei Muslime einander gegenüber (zum Kampf) mit ihren Schwertern stehen, so gehört jeder von den beiden zu den Bewohnern des Höllenfeuers!" Die Leute sagten zum Propheten: „Hier geht es um denjenigen, der getötet hat, worum geht es bei demjenigen, der getötet wurde?" Der Prophet entgegnete: „Dieser auch wollte ja seinen Gefährten umbringen."*[101]

Hier wird es besonders klar, dass die Absicht ohne Handlung auch sehr wichtig ist. Wie kann man auch nur annehmen, dass solche Absichten keine Auswirkungen haben können? Es ist auch darauf hinzuweisen, dass, wenn jemand eine böse Absicht hegt, diese aufgrund anderer Umstände nicht umsetzen kann, dann wird ihm das auch zu Lasten gelegt, nimmt er absichtlich von seiner Absicht Abstand, dann wird ihm verziehen.

Wenn jemand arbeitet, um viel Geld zu verdienen, um damit zu prahlen oder um Menschen helfen zu können oder damit die Welt ein Stück besser zu machen, dann sind das gute Beispiele für Absichten, die unterschiedliche Ergebnisse nach sich ziehen können. Der eine wird wahrscheinlich in Depressionen enden und der andere womöglich ein glücklicher Mensch werden. *„Was aber diejenigen angeht, die glücklich sind, so werden sie im Paradies sein, und sie werden darin auf ewig verweilen, solange die Himmel und die Erde dauern, es sei denn, dein Herr will es anders – eine Gabe, die nicht unterbrochen wird."*[102]
Bei den islamischen Mystikern, den sogenannten Sufis gibt es eine Redewendung: „Wenn du unglücklich bist, dann gehe und

---

[101] [Sahih Al-Bucharyy Nr. 7083] www.islamische-datenbank.de
[102] Koran 11; 108 www.islamische-datenbank.de

mache einen anderen glücklich, dann wirst du glücklich."

Wie Taten und Absichten zusammenhängen, wird in der folgenden Überlieferung beschrieben: „Die Taten entsprechen den Absichten. Für den Menschen gibt es nur, was er beabsichtigt hat."[103]

Wir müssen immer die Reinheit unserer Absichten kontrollieren. Wenn wir wollen, dass zwei Menschen nicht zusammenkommen, weil wir es ihnen nicht gönnen, ist dies eine böse Absicht. Wenn wir dies aber nicht wollen, weil wir wissen, dass er keine guten Absichten mit ihr hat, dann ist es recht und billig, dies nicht zu wollen. Jede Handlung entspricht einem Samenkorn auf dem Acker der Absichten; wenn der Boden unfruchtbar ist, dann wird das Saatgut nicht aufgehen. Wenn wir fragen, was unsere Taten und Handlungen bringen werden, dann ist die Antwort zu erahnen. Das Ergebnis wird unseren Absichten, unserem Lebenssinn, unserer Aufrichtigkeit, unserer Willensstärke sowie den Eigenschaften unserer Seele entsprechen.

Wir geben ein Beispiel: Wenn Sie beabsichtigen, einem Waisenkind zu helfen, ist das eine gute Absicht. Wenn Sie sich aber fest vornehmen, allen Kindern der Welt zu helfen, wird dies als Ihre Absicht angerechnet. Von der guten Tat, dass Sie einem Kind zu helfen beabsichtigten, erfährt niemand. Aber wenn Sie dagegen die Absicht hatten, allen Waisen der Welt zu helfen, hat dies Auswirkungen auf Ihre Gefühle, Ihre Seele und Wünsche und lässt Sie zu einer vorbildlichen Persönlichkeit heranreifen.

Wenn Kinder den Wunsch träumen, der Welt zu helfen, dann sollten wir ihre Träume nicht zerstören, in dem wir ihnen versuchen einreden zu wollen, die Welt sei nicht zu retten. Allein ihre

---

[103] [Sahih Al-Bucharyy Nr. 0054] www.islamische-datenbank.de

Absicht wird sie glücklich machen und sie zu einer positiven Persönlichkeit werden lassen.

Wenn ein Vogel versucht, den Mond zu erreichen, wird er ihn niemals erreichen, aber er wird höher fliegen als alle anderen Vögel.

Wenn Sie an das Jenseits glauben und entsprechend handeln, werden Sie entsprechend ansehnliche Ergebnisse erzielen können, weil Sie darauf hinarbeiten. Wenn wir uns den zuletzt zitierten Hadis wieder ansehen, dann ist die Absicht, allen Waisenkindern der Welt helfen zu wollen, so, als hätte man es getan. „Die Taten entsprechen den Absichten. Für den Menschen gibt es nur, was er beabsichtigt hat.“
Wenn Sie sich für ein Ziel entschieden haben, und es sprechen viele Gründe dafür, hat dies eine ergebnisfördernde und begünstigte Wirkung. Zum Beispiel: Wir wollen einen Baum pflanzen. Von den Früchten des Baumes können sich Menschen und Tiere ernähren. Von dem Schatten des Baumes können wir und Tiere auch einen Vorteil haben, wenn es zu heiß ist. Weiterhin bringt der Schatten einen Schutz für den Boden, damit er vor dem Austrocknen geschützt ist. Der Baum bringt auch einen Vorteil für Vögel, damit sie ihre Nester dort platzieren können. Wir wollen auch nicht vergessen, dass der Baum unsere Luft zum Atmen reinigt. Je mehr Gründe es für das Anpflanzen eines Baumes gibt, umso mehr wird unser „Ich“ uns dazu bringen, tatsächlich einen Baum zu pflanzen. Der Prophet (s.a.s.) hat seine Glaubensgemeinschaft aufgefordert, sich zu pflegen. Er hat es ihnen vorgemacht, indem er jedes Mal, wenn er zu seiner Ehefrau gegangen ist, seine Zähne gereinigt hat. Wenn Sie es tun, mit der Absicht, dem Propheten das nachzumachen, was am Ende eine Sunnah ist, dann ist das eine gottesähnliche Handlung. Natürlich hat die Reinigung der Zähne die Beseitigung von Mundgeruch und Verunreinigungen auch zum Sinn. Mit dieser Handlung

würden Sie sowohl eine gottesähnliche Handlung vollziehen und andererseits schaffen Sie der Liebe und dem gegenseitigen Respekt eine weitere schöne und fruchtbare Grundlage. Natürlich würde sich nun in diesem Zusammenhang jeder Mensch zunächst fragen, warum es für einen Menschen wichtig sein würde, eine gottesähnliche Handlung zu vollziehen. Das wird sich im Laufe dieses Werkes herauskristalisieren.

Und verfolge nicht das, wovon du keine Kenntnis hast.[104]

Die sechs Glaubensgrundsätze

Glaubensgrundsätze im arabischen Aqida genannt, bedeutet übersetzt „Grundlage" bzw. hier „Glaubensgrundlage". Damit sind alle Glaubensgrundlagen gemeint, auf denen der Islam als Glaube beruht. Niemand kann sich als Moslem bezeichnen, wenn er diese Glaubensgrundlagen nicht ausdrücklich anerkennt und bestätigt. Wenn man aber auch nur eine einzige Glaubensgrundlage ablehnt oder nur in ihrem Sinne verändert annimmt, so kann man nicht mehr als gläubiger Moslem bezeichnet werden. Warum nimmt man nun das Ganze so streng und wie eine Vorschrift? Du musst glauben! Dies ist lediglich als Hilfestellung für den Menschen zu verstehen, der damit kämpft, ob er nun glauben soll oder nicht. Aber wenn wir anfangen zu zweifeln, dann verschwenden wir einfach Zeit. Von daher ist diese Vorgabe „du musst daran glauben" lediglich als Hilfestellung zu verstehen, damit man nach vorne gucken kann und sich nicht aufhalten lässt, sich selbst zu erkennen.

Ich habe auch Menschen kennengelernt, die auf der Suche nach einem Glauben sind. Sie kritisieren in der Regel, dass im Islam und den übrigen Religionen immer Vorschriften, Vorgaben, Gebote, Verbote, festgelegte Rituale gibt. Sie fragen sich, ob ihr Glaube denn davon abhängig gemacht werden kann. Nein, selbstverständlich nicht. Wenn der Mensch auf der Suche nach der Wahrheit ist, dann werden ihm am Anfang viele Dinge nicht plausibel und logisch sein, wie der Glaube an die Engel z.B., was von der Gesellschaft nicht immer angenommen wird. Wenn

---

[104] Koran 17; 36 http://quran.al-islam.com/Targama/DispTargam.asp?nType=1&nSeg=0&l=eng&nSora=17&nAya=36&t=ger

man sich aber auf der Suche befindet, diese Frage schon dadurch für sich klärt, indem man sich bewusst macht, dass die Grundsätze Voraussetzung für die Antworten sind, dann wird man eher weiterkommen und wird eher in der Lage sein, Antworten auf gewisse Fragestellungen zu finden. Dazu bedarf es Vertrauen und Überzeugung. Eine Ablehnung im Vorhinein wäre destruktiv und würde ein Weiterkommen blockieren.

Was ist nun Glaube?

Im Glauben selber befindet sich die Kraft des Schaffens. während der Zweifel dagegen zerstörerische Kraft bedeutet. Das, woran man nicht glaubt, wird nie verwirklicht werden können, denn unser Wesen würde sich dagegen sträuben. Die spirituelle Intelligenz ist der wichtigste Faktor für den Glauben. Wenn man an etwas fest glaubt, braucht man nicht so viel Kraft aufzuwenden und zudem werden die äußeren Umstände unser Vorhaben unterstützen.

Jedes Phänomen im Universum basiert auf den Attributen unseres Schöpfers, nämlich Schönheit, Ästhetik, Barmherzigkeit, Macht usw. Wir Menschen können Gewissheit nur dann erlangen, wenn wir uns bewusst sind, dass unser Schöpfer der zur Gewissheit Verhelfende ist. Was ist denn nun der Unterschied zwischen Glaube und Überzeugung?

Der Glaube hat drei Stufen:
Die Stufe des Wissens, des Bezeugens und die Überzeugung durch das Verinnerlichen.[105] Wenn wir von jemandem erfahren, dass das Feuer einen verbrennt, dann ist das die Stufe des Wissens, wenn wir aber das Verbrennen von Menschen erleben und

---

[105] Dieses stützt sich auf „Die Worte" von Said Nursi eingeführte Terminologie „ilmel Yakin, Aynel Yakin, Hakkal Yakin

dabei erschaudern, ist das die Stufe des Bezeugens und schließlich ist das sich selbst Verbrennen die Stufe der Verinnerli-
chung, also der Überzeugung, welches die höchste Stufe des
Glaubens ist.

Der Grund für den Erfolg in unseren Vorhaben liegt also nicht
nur in unserem Elan und unserem Arbeitsaufwand begründet,
sondern daran, etwas überzeugt anzugehen. Der Prophet des
Islam (s.a.s.) und dessen Gefährten haben folgendes überliefert:
*„Würdet ihr Gott wahrhaftig kennen, würde euer Bittgebet Ber-
ge versetzen."*[106]

Wie kommen wir vom Wissen zur Überzeugung? Der Schöpfer
hat die Seele des Menschen als Teil des kosmischen Glaubens
geschaffen. Die Grundlagen der Seele existieren von Geburt an.
Sie wird aber durch das Leben, durch unsere Erfahrungen und
Erlebnisse weiterentwickelt. Wenn wir unseren Glauben stärken,
können wir erst die Tiefe unserer Seele erfahren.

Wir lernen etwas (Wissen) und beobachten, nutzen und wiederholen das Gelernte und entwickeln ein umfassendes Denken.
Diese Denke pflegen wir durch Wiederholung und bilden daraus
unsere Meinung. Darauf basierend gelangen wir zu ganz persönlichen Wahrheiten. Was ist nun wahr oder unwahr? Wir können
prinzipiell nicht erlernen, was wahr und unwahr ist, sondern sie
ist von Geburt an der Seele eigen. Wir erlernen im Laufe unseres
Lebens, was wahr und unwahr ist, was dazu führt, dass jeder
eine andere Meinung von wahr und unwahr hat.

Wenn wir nun unsere Meinungen weiterentwickeln, entwickeln
wir unseren Glauben. Wenn wir uns seelisch widersetzen, kann
in diesem Stadium alles ins Wanken kommen und zerstört werden. Wenn man aber seinen Glauben behutsam weiterentwickelt,

---

[106] Cami'ü sagir 5:319; Hadis Nr. 7448

führt dies zur Überzeugung, worauf die Gewissheitsebenen folgen.

Der Zustand der Überzeugung kann nicht durch „direkte Angriffe" vernichtet werden. Wenn wir überzeugt sind, dann kann der Verstand, die Vernunft und Logik ausgeschaltet sein, da die Überzeugung „lebendig" ist und ein Teil von uns wird. Wie kann man einen Teil von uns in unserem Selbst angreifen?

Unsere Überzeugung läuft in uns automatisch ab, denn sie reguliert unsere eigenen Maßstäbe.

Während der Mensch der Nehmende ist, ist der Schöpfer der Gebende, wobei der Mensch noch dazu in seinen Möglichkeiten natürlicherweise begrenzt ist und der Schöpfer nicht. Der Glaube ist aber die einzige Quelle, in der wir die Unbegrenztheit des Schöpfers entnehmen können.

Wir wissen, dass der Schöpfer des Universums die Quelle aller Attribute ist, wie u.a. Leben, Schönheit, Intelligenz und Reichtum, die sich in unseren Seelen und Körper manifestieren. Je mehr wir die Eigenschaften des Schöpfers in uns entdecken und in die Welt hinaustragen, umso mehr Unterstützung werden wir erfahren, wenn wir uns etwas wünschen. Wie das? Der Schöpfer ist auf einer Ebene absoluter Gewissheit. Es heißt: *„Wenn Er (der Schöpfer) ein Ding will, lautet Sein Befehl nur : Sei! – und es ist."*[107]

Wenn wir nun glauben, dass der Schöpfer unsere Intelligenz einengt, dann wird es genauso geschehen. Wenn wir sagen, wir seien traurig, dann wird das Ausgesprochene zum Wunsch, traurig sein zu wollen.

---

[107] Koran 36:82; Rassoul M.: Die ungefähre Bedeutung des Al-Qur'an Al-Karim in deutscher Sprache, Islamische Bibliothek, Köln 2000

Wenn wir glauben, etwas schaffen zu können, glauben wir im Grunde genommen daran, dass letztendlich der Schöpfer durch unsere Hände ein Werk erschafft, weil er die absolute Urquelle allen Wirkens ist. Der Erfolg eines Managers ist in erster Linie auf den Fleiß seiner Mitarbeiter zurückzuführen. Auf dem Weg zu unserem Erfolg werden wir uns nicht an die eigene Kraft anlehnen, sondern an die, die mit uns ist.

Der Prophet des Islam (s.a.s.) hat dazu gesagt: *„Bete Allah in fester Überzeugung an, dass Dein Gebet angenommen wird. Bedenke aber, dass die Gebete eines unachtsamen und mit anderen Dingen beschäftigten Herzens, Allah nicht annimmt."*[108] Diese Stelle zeigt eindeutig, dass zum Wünschen die Überzeugung notwendig ist.

Natürlich kann es vorkommen, dass der Verstand und die Logik mit unserem Glauben in Konflikt stehen können. Zunächst müssen wir daran glauben, wenn wir etwas schaffen wollen. Es findet ein Tausch des Glaubens von der rechten Gehirnhälfte auf die linke Gehirnhälfte in die Zone der Logik statt. Glaube ist Teil des Kosmos und Logik Teil seiner Materie, was nicht heißt, dass sich Glaube und Logik immer miteinander vereinbaren lassen. Denn da, wo der Glaube uns Türen offen lässt, kann die Logik diese verschließen. Während unsere Logik lediglich auf die bisher gewonnenen Erkenntnisse basiert, werden die noch nicht entdeckten Wissenschaften von diesen Logikern auch nicht akzeptiert. Wir haben auch gedacht, dass es unmöglich wäre, den Mond zu bereisen, so wie wir auch denken, dass es unlogisch sei, die eigene seelische Intelligenz zu vermehren, weil es nicht möglich sei. Daher ist es wichtig, dass wir sowohl die Logik als auch unseren Glauben bemühen, wenn wir handeln. Denn nur so ist es möglich, der Logik zur Überzeugung zu verhelfen,

---

[108] At-Tirmidhi, Daa'wat: 65; Musnad 2: 77; oder auch die Mohammed (s.a.s.) Bozdag, Die Intelligenz der Seele, S. 28.

dass alles machbar ist. Said Nursi hat dazu gesagt: *„Derjenige, der wahren Glauben besitzt, vermag sich furchtlos gegen die ganze Welt zu stellen.“* [109]

Wenn wir nicht überzeugt sind, dann begünstigt das die Entwicklung schädlicher Gefühlsregungen, die einem das Leben sogar zur Hölle machen können. Durch eine starke Überzeugung dagegen werden positive Gefühle entwickelt, wodurch das Leben zur Freude wird.

Wir können Glückseligkeit erfahren, unabhängig vom Besitz. Das können wir an den Kindern besonders gut beobachten. *„Die Kinder finden im Nichts das Gesamte, die Erwachsenen im Gesamten das Nichts.“* [110]

Und auch wiederholte Handlungen erzeugen Glauben: Wenn wir Dinge stetig wiederholen, dringen sie in uns und werden ein Teil von uns. Wenn wir es nun auch schaffen, durch unsere wiederholten Handlungen Glauben entstehen zu lassen, dann stellt sie die künftige Handlungsgrundlage dar, denn der Glaube beeinflusst maßgeblich unsere Handlungen.
Wenn wir immer helfen, dann stärkt sie unseren Glauben daran, hilfsbereit zu sein. Sich an Versprechen zu halten, stärkt unseren Glauben, zuverlässig zu sein. Wir brauchen keinen Unterschied zwischen kleinen Handlungen und großen Handlungen zu machen, jedenfalls nicht bezüglich der Wirkung auf unseren Geist Jeder kleine Erfolg, jede kleine Handlung ist der Vorreiter von großen Erfolgen von großen Handlungen.

Bevor Edison die Glühbirne erfand, glaubte er, dass sie möglich und machbar war.

---

[109] Mohammed (s.a.s.) Bozdag, Intelligenz der Seele, S. 31
[110] Giacomo Leopardi (1798-1837) ital. Dichter

Je mehr wir an unsere Fähigkeiten glauben, umso weniger mentale Anstrengungen werden uns abverlangt. Wenn wir uns beim Tippen eines Textes auf jeden Buchstaben konzentrieren müssten, würden wir kaum vorankommen. Wenn wir uns einfach dem Rede- bzw. Schreibfluss hingeben, dann kommen wir besser und schneller voran.

Wenn Gläubige sich in ihrer Überzeugung an den Koran, die Bibel oder die Thora festklammern, weil sie darin ihr Glück gefunden haben, dürfen sie aber niemals denken, dass einer, der beispielsweise Alkohol trinkt, dieses Glück nicht kennt. Wir nehmen nun an, dass hier der Trinkende es für unwichtig hält, sich mit seinem Glauben auseinanderzusetzen bzw. seinem Glauben keinen großen Wert beimisst. Ich nehme bewusst das Beispiel mit dem Alkohol, weil im Islam der Genuss von Alkohol grundsätzlich verboten ist. Da unsere Wahrnehmung von Glück auf einer Skala von 1 bis 10 vielleicht unserer Meinung nach bei 9 oder 10 liegt und aus unserer Sicht das Glück des Genusses von Alkohol vielleicht bei 1 bis 3 ist, kann aber das aus der Sicht derjenigen, der seinen Alkohol genießt und dabei Glück empfindet, durchaus anders sein; vielleicht aus seiner Sicht sogar bei 9 und 10. Der Gläubige muss also immer vor Augen führen, dass, so sehr er sich an seinen Glauben klammert, der Alkohol-Trinkende auch seine Flasche Alkohol umklammern wird. Aus der Sicht des Gläubigen sieht die Sache nämlich so aus: Während derjenige, der glaubt, auf das Licht des Schöpfers vertraut, begnügt sich derjenige nur mit seinem eigenen Licht, der auf seine natürlicherweise begrenzten Fähigkeiten Verstand und Logik vertraut. Das können wir damit vergleichen, indem wir versuchen, in der Dunkelheit nur mit dem Licht einer Kerze unseren Weg zu finden, während wir das Licht der Sonne im Angebot hätten. Wenn wir auf das Licht des Schöpfers vertrauen, können wir die ganze Welt haben, was nur mit Ihm möglich ist.

Die sechs Glaubensgrundlagen[111] sind der Glaube an Gott, der Glaube an die Engel, der Glaube an die geoffenbarten Bücher und Schriften, der Glaube an die Propheten, der Glaube an die Vorherbestimmung, der Glaube an den jüngsten Tag.

„Nicht darin besteht Tugend, dass ihr euer Antlitz nach Osten oder nach Westen kehrt, sondern wahrhaft gerecht ist der, welcher an Allah glaubt und an den Jüngsten Tag und an die Engel und das Buch und die Propheten und aus Liebe zu Ihm Geld ausgibt für die Angehörigen und für die Waisen und Bedürftigen und für den Wanderer und die, die um eine milde Gabe bitten, und für (Loskauf der) Gefangenen, und der das Gebet verrichtet und die Zakat zahlt; sowie jene, die ihr Versprechen halten, wenn sie eins gegeben haben, und die in Armut und Krankheit und in Kriegszeit Standhaften; sie sind es, die sich als redlich bewährt haben, und sie sind die Gottesfürchtigen.“[112]

„O ihr Gläubigen, glaubet an Allah und Seinen Gesandten und an das Buch, das Er Seinem Gesandten herabgesandt hat, und an die Schrift, die Er zuvor herabsandte. Und wer nicht an Allah und Seine Engel und Seine Bücher und Seine Gesandten und an den Jüngsten Tag glaubt, der ist wahrlich weit irregegangen.“[113]

Der Glaube an Gott[114]

Im finstern Hause war der Elefant,
wo von den Indern ausgestellt er stand.

---

[111] Die folgenden Ausführungen zu den Glaubensgrundlagen sind aus dem folgenden Werk entnommen und wurden dazwischen mit weiteren Informationen gemäß der Fußnoten ergänzt : Ahmad A. Reidegeld, Handbuch Islam – Die Glaubens- und Rechtslehre der Muslime S. 32 ff.
[112] Koran 2; 177 http://kuran.gen.tr/?x=s_main&y=s_middle&kid=7&sid=2
[113] Koran 4; 136 http://kuran.gen.tr/?x=s_main&y=s_middle&kid=7&sid=4
[114] Ahmad A. Reidegeld, Handbuch Islam – Die Glaubens- und Rechtslehre der Muslime, Verlag Spor, S. 32 ff.

Und viele Leute kamen, ihn zu sehen -
sie alle mussten in das Dunkel gehen.
Da sie ihn in der Dunkelheit nicht sahen,
berührten sie ihn nur mit ihren Händen.
Der, dessen Hand an seinen Rüssel rührte,
sprach: „Wie 'ne Regenrinne ist der wohl!"
Der, dessen Hand an seine Ohren traf,
rief: „Wie ein Fächer sieht das Wesen aus!"
Der, dessen Hand berührte nur sein Bein,
sprach: „Wie ein Pfeiler wird das Tier wohl sein."
Der, dessen Hand den Rücken rührte schon,
sprach: „Sicherlich, er ist gleichwie ein Thron."
So kam ein jeder nur zu einem Teil
und er verstand nur dies, und nicht das Ganze,
denn je nach dem Gesichtspunkt war verschieden
wie A und Z, was sie zu sehen glaubten.
Doch hielte jeder einer Kerze Licht,
so gäbe es die Unterschiede nicht![115]

Wichtig ist, dass man nur Gott allein als seinen Herrn, Erhalter, als Anzubetenden, zu Verehrenden bezeugt. Wir sagen zwar der Gott, aber im Islam hat Gott kein Geschlecht. Er gebärt nicht und wurde auch nicht geboren. Er ist der Ursprung von allem, was existiert. Dies ist ein Fakt, was für den Menschen schwierig ist zu verstehen, weil für ihn alles beschränkt, befristet und begrenzt ist. In diesem Werk benutze ich das Wort Gott und Allah als Synonym ohne also einen Unterschied zu machen.

„Allah hat Sich keine Kinder genommen, und keinen Gott gibt es neben Ihm, sonst würde fürwahr jeder Gott das wegnehmen, was er erschaffen hat, und die einen von ihnen würden sich den an-

---

[115]Zitat von Rumi:
http://www.eslam.de/manuskripte/gedichte/rumi/rumi_der_elefant_im_dunklen_haus.ht
m

Ferner muß der Moslem Gott als einzigen Gott bezeugen. Darin
sind verschiedene Unterpunkte erfasst:

- die ausschließliche, reine Hinwendung zu Gott
d.h. dass jeder sich – wenn es sich um reine Rechte Gottes des
Erhabenen handelt – nur und ausschließlich Gott zuwenden
muss. Die reinen Rechte Gottes sind das Gebet oder das Fasten,
d.h. man muss das tun, um Gottes Wohlgefallen zu erlangen,
man darf es aber nicht tun, um sich vor den Menschen hervorzutun.

- Bei Bittgebeten und beim festen Vertrauen und Wünschen um
Dinge, zu deren Erfüllung nur Gott mächtig ist, sich an Gott zu
wenden.

Es kommt nur Gott zu, dass man sich mit Fürbitten und Wünschen an Ihn wendet. Das heißt aber auch, dass wenn man einen
Menschen um Hilfe bittet oder man durch die scheinbare Auswirkung von Menschenhand etwas erhält, so hat Gott etwas
durch die Hand anderer bewirkt.

- dass man nur Gott allein fürchtet
Es ist am Ende lediglich Gott allein zu fürchten. Es ist zwar
natürlich und unvermeidlich, dass man sich vor Gewalt und
Gewaltanwendung seitens der Menschen fürchtet, aber letztlich
darf man nur Gott als Alleinherrscher und zur Gewaltausübung
Berechtigten anerkennen. Daher ist es wichtig in Notsituationen
oder wenn man sich vor Gewalt und Ungerechtigkeit fürchtet,
wie folgt um Hilfe zu bitten: „La havla lwala kuvvete illa billahil

---

[116] Koran 23; 91

aliyil azim." Übersetzt heißt das: „Es gibt weder Kraft noch Macht außer bei Gott (dem Hohen, dem Gewaltigen ...)"

- dass man nur Gott in den verschiedenen Formen des Gottesdienstes anbetet
Die direkte Anbetung, wie sie in Gottesdiensten stattfindet, ist ausschließlich Recht Gottes. Wer irgendeinem Wesen Gottesdienste erweist, ist Polytheist, Götzendiener.

- Gottes Absolutheit in seinen Eigenschaften zu bezeugen

Dazu gehört, dass man die Eigenschaften, die Gott sich selbst im Koran zuschreibt, ohne Wenn und Aber als wahr bezeugt. Diese Eigenschaften sind die 99 Namen oder Attribute Gottes.

Versteh' deinen Gott!

„Und auf Erden sind Zeichen für jene, die fest im Glauben sind, Und in euch selber. Wollt ihr denn nicht sehen?[117] "

Gott ist absolut transzendent, also nichts ist Ihm auch nur ähnlich. Jeder Mensch besitzt die Fähigkeit Ihn zu erkennen, wenn er wirklich aufrichtig nach Ihm sucht. Jeder bewusst lebende Mensch findet in der Natur und in sich selbst viele Zeichen, welche die Existenz Gottes beweisen. Der letzte Koranvers beinhaltet einen wichtigen Hinweis, auf dem der Islam basiert, nämlich, dass der Mensch alle Eigenschaften Gottes in sich trägt. Das wiederum gilt ohne Einschränkung. Allerdings trifft man in islamischen Büchern auch oft auf die Meinung einiger Gelehrter, dass nicht alle Eigenschaften, die Gott hat, beim Menschen zu finden seien wie z.B. die des Erschaffers. Das wiederum kann nicht korrekt sein, denn der Koranvers lässt erst einmal keine Einschränkung zu und außerdem kann der Mensch

---

[117] Koran 51, 20-21 http://kuran.gen.tr/?x=s_main&y=s_middle&kid=7&sid=51

auch die Rolle eines Erschaffers übernehmen. Der Mensch baut z.B. Gebäude, gründet Unternehmen, er kann Recht schaffen (Sure El-Fatiha) etc. Diese Einschränkung kann aber auch daher rühren, dass man sich nicht mit Gott messen will und somit seine Demut offen zeigen will. Der Mensch erschafft alles im Namen und mit Erlaubnis des Schöpfers.

Nach einer Erzählung heißt es, dass Moses Gott darum gebeten hat, sich ihm zu zeigen, weil er ständig nach Gott gefragt wurde. Gott hat ihm darauf geantwortet, dass der Mensch gar nicht dafür geschaffen sei, den Anblick Gottes zu ertragen. Jeder, der Gott zu Gesicht bekommen würde, würde in dem Moment dahinfließen. Als Beispiel hat Gott sich einem Berg gezeigt und dieser Berg sei in Sand zerfallen. Gott hat ihm aber auch gesagt, er möge den Menschen weitergeben, dass, wenn sie Ihn sehen wollten, in die Natur schauen sollen. Der Anblick einer wunderschönen Blume lässt das Herz eines jeden Menschen schneller schlagen und das sei der Teil Gottes. Denn Gott hat in alles was er geschaffen hat, ein Teil von sich gegeben. Wenn ein Mensch schon bei dem Anblick einer Blume, der einen unvorstellbar kleinen Anteil von Gott in sich trägt, diese Freude versprüht, dann kann man sich ungefähr vorstellen, wie es wäre, wenn wir Ihn in seinem Ganzen erblicken würden.

„Und als Moses zu Unserem Termin gekommen war und sein Herr zu ihm gesprochen hatte, sagte er: „Mein Herr, zeige (Dich) mir, auf dass ich Dich schauen mag." Er sprach: „Du wirst Mich nicht sehen, doch blicke auf den Berg; wenn er unverrückt an seinem Ort bleibt, dann wirst du Mich sehen." Als nun sein Herr dem Berg erschien, da ließ Er ihn zu Schutt zerfallen, und Moses stürzte ohnmächtig nieder. Und als er zu sich

kam, sagte er: „Gepriesen seist Du, ich bekehre mich zu Dir, und ich bin der Erste der Gläubigen. "[118]

Nun möchte ich die 99 Attribute Gottes nennen und gleichzeitig dazu ihre Bedeutungen wiedergeben. Die 99 Attribute beschreiben Gott und sind wichtig für unser Verständnis über Gott.[119] Die Attribute Gottes beschreiben die Welt, das Leben, das Universum und sind uneingeschränkt, d.h. es sind mehr als 99.

Die 99 Namen ALLAHs heißen in Wirklichkeit die „schönsten Namen" und die Beschränkung auf 99 hat sich historisch entwickelt und geht auf einige im Koran erwähnte Namen zurück. Die Bezeichnung „schönste Namen" geht auf den Koranvers 7:180 zurück, in dem es heißt: *„ Und ALLAH hat die schönsten Namen, so benennt Ihn damit. "*
Auch in einer Überlieferung heißt es, dass ALLAH 99 Namen habe, und derjenige, der sie verinnerliche, ins Paradies [dschanna oder cennet] komme. Der Gedanke der Einheit [tauhid oder tevhid genannt] führt allerdings zu dem Schluss, dass jeder Name in seiner Vollkommenheit die gleiche Bedeutung hat, wie der andere Name und nur die menschliche Begrenztheit Unterschiede erkennt. Manche Orientalisten haben versucht die Namen in Kategorien einzuordnen, was allerdings dem Einheitsgedanken widerspricht. Von den 99 Namen Allahs stehen 84 wörtlich im Heiligen Koran und werden insgesamt 1.286 Mal erwähnt. Manche nutzen die 99 Namen, um sie mittels des Lobpreisungskranzes [tasbih oder tespih], den man im Westen als Rosenkranz kennt, mit seinen 99 bzw. 33 Gliedern als Lobpreisung zu rezitieren. Nach Dschafar Subhani gibt es 132 Namen Allahs im Heiligen Koran, sodass es bei der Auflistung der 99

---

[118] Koran 7; 143 http://islamische-
datenbank.de/option,com_quran/action,viewayat/surano,7/min,140/show,10/
[119] Allah's 99 Namen und ihre Bedeutungen nennt man auch al-Asma, al-husna, Esmaül Hüsna.

Namen – insbesondere in historischen Werken – gewisse Unterschiede geben kann. Daneben gibt es allerdings auch Anrufungen Gottes, wie das Dschauschan-ul-Kabir mit 1000 Namen, worin sich die 99 Namen ebenfalls wiederfinden.

Allah	Allah ist der Eigenname für „Gott". Allah steht nicht für einen Gott der Muslime, sondern der Gott der ganzen Schöpfung. In den islamischen Ländern nennen auch die Christen Allah als ihren Gott. Namensgebung: „Abdullah" (Knecht Allahs) Der Träger dieses Namens erinnert an die Einheit und Einzigkeit Allahs.
ar-Rahman	mitleidig, gütig, milde, barmherzig Namensgebung: Rahman (Barmherzige)
ar-Rahim	der Gnädige Namensgebung: Rahim (Gnädig)
al-Malik	der König, der Herrscher Nur Allah alleine kommt der Titel des Herrschers zu. Der Name steht für Macht, die nur Allah hat. Er ist der Herrscher und Eigentümer des Menschen. Namensgebung: Malik (König)
al-Quddus	der Heilige, der Geheiligte, der Reine Dieser Name sagt eindrucksvoll aus, dass Allah frei ist von jeder Unvollkommenheit. Namensgebung: Quddus (Heilige)

as-Salam	der Friede, das Heil Allah ist derjenige, der Friede und Heil gibt. Friede ist ein Zustand, den man erst im künftigen Leben ganz erlangen wird. Namensgebung: Selam (Friede)
al-Mu'min	der den Glauben hat, der der Inhaber des Glaubens ist, der Sicherheit gibt, der beschützt Glaube ist ein angeborener Drang, das Streben des Menschen zu seinem Schöpfer. Glaube ist das größte Geschenk, das der Mensch von Allah erhalten kann. Namensgebung: Mumin (Glauben)
al-Muhaymin	der Wachsame Allah ist der allgegenwärtige Zeuge, dessen Wissen über allem wacht. Namensgebung: Muhayin (Wachsame)
al-Aziz	der Kostbare Allah ist der Seltene, der überaus kostbare, der absolut Einzige. Namensgebung: Aziz (Kostbar)
al-Dschabbar	der Gewaltige, der Unzugängliche, der überaus Starke Allah ist derjenige, der das Zerschlagene verbinden kann, die Wiederherstellung der Ordnung. Namensgebun:. Dschabbar (Gewaltige)
al-Mutakabbir	der Stolze, der Seiner eigenen Größe.

	Namensgebung: Mutakabbir (Stolze)
al-Khaliq	der Schöpfer Das Universum, das nicht zufällig, sondern nur mit einem nur dem Schöpfer bekannten Ziel entstanden ist. Alles bedarf einen Schöpfer. Namensgebung: Khaliq (Schöpfer)
al-Bari	der Erschaffer, der Urzeuger In Sure 55 Vers 26 steht: „alle, die auf Erden sind, werden vergehen, nur Allahs Angesicht bleibt bestehen". Wir sind eine geschaffene, vergängliche Form und die Seele gehört „ausschließlich" Allah. Namensgebung: Bari (Erschaffer)
al-Musavvir	der Gestalter, der Formgeber Allah ist der Gestalter, ohne von einem Vorbild auszugehen, und dass Er nicht zwei Dinge ganz gleich formt. Jeder Mensch ist eine individuelle Schöpfung, wohingegen alles, was der Mensch schafft, von seinem Werkzeug und der vorher erdachten Technik abhängt. Namensgebung: Musavvir (Gestalter)
al-Ghahffar	der Verzeihende Aus den verschiedenen Formen des Verbs „gahara" (verzeihen) leiten sich verschiedene Gottesnamen ab, die im Zusammenhang mit der göttlichen Eigenschaft des

	Verzeihens stehen. Al-Ghafur - der Nachsichtige, al-Ghaffar - der nicht aufhört zu verzeihen. Allah tilgt die Sünden der Menschen und das kann nur Er, denn nur Er kennt die Umstände und Mechanismen, die zu einer Verirrung und somit zur Sünde führten. Namensgebung:. Ghaffar (Verzeihende)
al-Qahhar	der Bezwinger, der Allgewaltige, der Unbesiegbare Allah, der der Absolute Herrscher über alles ist, kann selbst niemals von etwas beherrscht werden. Der Mensch aber, der selbst herrscht und beherrscht wird, erkennt, dass es eine überragende Dimension gibt, die Ihn übertrifft. Namensgebung: Qahhar (Bezwinger)
al-Wahhab	der Schenkende, der Spender aller Gnaden Allah ist derjenige, der fortwährend und unentgeltlich schenkt. Namensgebung: Wahhab (Schenkende)
ar-Razzak	der Bescherer, der den Unterhalt beschert Allah gibt jeden seine Gabe. Dass es jedoch Menschen auf Erden gibt die Hungern müssen, liegt im System der Menschen. Die Nahrungsmittel auf der Welt reichen für alle aus, hätten sich ihrer nicht einige Nationen über ihren Bedarf bemächtigt und ließen andere Völker bewusst verhungern.

	Namensgebung: Razzak (der Bescherer)
al-Fattah	der Trennende, derjenige, der öffnet, aufschließt und löst Allah bietet den Menschen die Loslösung an durch den Weg des Friedens. Namensgebung: Fattah (Trennende)
al-Alim	der Allwissende, der über alles Bescheid weiß Nur Allah ist der Kenner, der Wissende. Wir sind von Ihm abhängig. Das Wissen, welches wir Menschen haben, geht auf Allahs Allwissenheit zurück. Namengebung: Alim (Allwissender)
al-Qabid	der Abmessende, der zurückhält Allah, Er gibt und Er nimmt. Das bezieht auch auf das Strafen oder das Verzeihen. Allah ist auch Der, Der ein Übermaß an Lebensunterhalt gewährt. Namensgebung: Qabid (Abmessende)
al-Basit	der reichlich Zuteilende, der weit macht Allah gibt Seinen Geschöpfen soviel, dass sie reichlich auskommen damit. Er lässt, was Er will, in einem Maße herabkommen. Namensgebung: Basit (Zuteilende)
al-Chafid	der Erniedringende Die Geschichte hat uns gezeigt, dass jede Herrschaft und Macht auf Erden entsteht,

	wächst und schließlich untergeht. Das Unvermögen der Mächtigen, zum Wohle der Menschen Maß zu halten, und stattdessen ihre Befugnisse systematisch zu übertreten, führt unweigerlich zum Sturz aller menschlichen Regierungssysteme. Die Menschheit könnte in größerer Harmonie leben, wenn die Regierenden, die ja aus sich selbst heraus keine Gewalt oder Herrschaft haben, sondern Allah und Seine vertreten, dies immer aufrichtig und ohne Frömmigkeit vor Augen hätten. Daher wird Allah - wenn die Zeit kommt - die Mächtigen in die Knie zwingen. Namensgebung: Chafid (Erniedriger)
al-Rafi	der Auszeichnende, derjenige, der zu Würde und Macht aufsteigen lässt Alle Macht auf Erden ist vergänglich, nur die von Allah verliehene wirkt über den Tod hinaus. Die Erhöhung eines Menschen erfolgt nach den inneren Werten eines Menschen. Namensgebung: Rafi (Würde und Macht)
al-Muizz	der Ehrende, der die Herrschaft gibt Sure 3 Vers 26: *„...sag: Rab, der DU über die Herrschaft verfügst! Du gibst die Herrschaft wem DU magst, und Du nimmst die Herrschaft wem Du magst. "* Namensgebung: Muizz (Ehrend)
al-Mudhill	der Demütigende

	Allah schämt sich nicht, irgendein Gleichnis zu prägen, sei es auch nur mit einer Mücke. Der Demütigende bezieht sich auf jene Menschen, die die Mächtigen in Politik und Wirtschaft achten und ehren, die sich vor ihnen erniedrigen, um doch nur von ihnen geknechtet und gedemütigt zu werden. Sie sollten sich stattdessen vor Allah demütigen. Namensgebung: Mudhill (Demütigende)
al-Sami	der Hörende, der alles hört, der zuhört Allah hört, aber nicht vergleichbar dem Hören der Menschen. Das Hören Allahs übersteigt unser verstandesmäßiges und menschliches Begreifen, denn Allah ist jenseits aller vermenschlichten Vergleiche. Namensgebung: Sami (Hörende)
al-Basir	der Sehende, der alles sieht Unser menschliches Dasein besteht aus unseren Gedanken. In das innere der Wahrnehmungen können unsere Sehorgane nicht hineinblicken. Daher ist das Sehen von Allah mit dem menschlichen Sehen nicht vergleichbar. Allah sieht in unser Innerstes. Namensgebung: Basir (Sehende)
al-Hakam	der Richter, der Schiedsrichter, der seine Souveränität ausübt Ein Richter sollte über Weisheit wie auch

	über Vorsehung verfügen. Diese Eigenschaften können wir Menschen nicht haben, weil wir nur den äußeren Tatbestand wahrnehmen können. Allah blickt aber in die Herzen der Menschen. Namensgebung: Hakam (Richter)
al-adl	der gerecht und billig ist Adlu besagt die absolute unanfechtbare Entscheidung des Richters. Wenn Allah Seine Entscheidung getroffen hat, gibt es nichts mehr zu sagen. Er ist die Gerechtigkeit. Namensgebung: Adl (Gerecht)
al-Latif	der Freundliche, der Zartfühlende, der Huldvolle Der Name zeigt, dass Allah Seine Geschöpfe freundliche Huld schenkt um ihnen beizustehen. Namensgebung: Latif (Freundliche)
al-Chabir	der Scharfsinnige, der Wohlunterrichtete Allah ist der Kenner der tiefsten Geheimnisse aller Seiner Geschöpfe. Er durchdringt alles und gelangt bis in die entferntesten Winkel des Universums, dessen kleinste Einzelheiten Er vollkommen kennt. Namensgebung: Chabir (Scharfsinnige)
al-Halim	der Milde, der Langmütige Würde Allah den Sünder nicht die Zeit

	geben zur Reue, hätte der Sünder nicht die Zeit zur Einsicht. Doch Allah gewährt jeden Menschen Zeit. Namensgebung: Halim (Mide)
al-Adhim	der Erhabene, der Glänzende, der Unmessbare Viele Menschen verfolgen ein Ideal irdischer Größe. Und dennoch sind die Größen, wie das Mongolenreich oder der Ruhm von Alexander des Großen nichts im Vergleich zum überwältigenden Sonnenuntergang. Viele Menschen können große Taten verbringen, aber Allah ist es, der Leben schenkt. Namensgebung: Adhim (Erhabene)
al-Ghafur	der Nachsichtige, der Nachsichtübende Allah der Gütige, der immer wiederkehrende Sünden verzeiht. Allah gibt den Menschen Seine Bereitschaft zum vergeben der Sünden, wenn der Sünder nur Reue zeigt. Namensgebung: Ghafur (Nachsichtige)
al-Schakur	der Dankbare, der Vergelter Dieser Name kommt von „schukr" und ist sinnbildlich aufzufassen. Auf Allah bezogen kann man sagen, Er ist derjenige, der für weniges großen Lohn gibt. Da Allah uns mit Vergeltung begegnet, sollen auch wir Menschen Allah und den anderen Geschöpfen „Dankbarkeit" ent-

	gegenbringen. Namensgebung: Schakur (Dankbare)
al-Aliyy	der Höchste, der Oberste Allah ist der Höchste. Er steht absolut über allem, was sich Menschen an Hohem, Großartigem, Unermeßlichem vorstellen können. Von Ihm hängt alles ab. Namensgebung: Aliyy (Höchste)
al-Kabir	der Große Allah ist nicht nur unübertreffbar, sondern auch unvergleichbar, wie implizit jeder Begriff, den frt Mensch auf Allah anwendet. Die ganze Schöpfung ist ein Beweis für die unermessliche Größe Allahs. Daher sollen wir nicht vergessen, dass unsere Bemühungen um die Gunst der Großen auf dieser Welt, letztlich nichts anderes ist als eine Erniedrigung vor einem einfachen Knecht des Allerhöchsten. Namensgebung: Kabir (Große)
al-Hafidh	der Hüter, der Bewahrer Es gibt keinen Augenblick wo das Universum unbeobachtet wäre. Allah umfasst alle Geschöpfe in ihrer Form und ihrer Substanz. Namensgebung: Hafidh (Hüter)
al-Muqit	der Erhalter, der Bestimmer Allah ist der Ernährer aller Seiner Geschöpfe. Er bestimmt den Unterhalt eines

	jeden, sei er gläubig oder ungläubig. Namensgebung: Muqit (Erhalter)
al-Hasib	der Genügende, dem es an nichts mangeln lässt Allah hat für Seine Geschöpfe alles erschaffen, was für sie notwendig ist. Einem jeden noch so geringen Teil hat Allah in der Schöpfung berücksichtigt. Namensgebung: Hasibu (Genügende)
al-Schalil	der Majestätische, der Anbetungswürdige Allah ist die Schönheit in Sich. Allahs Majestät ergibt sich aus der Vollkommenheit Seiner Eigenschaften, die durch Seinen Namen versinnbildlicht wird. Namensgebung: Dschalil (Majestät)
al-Karim	der Vortreffliche, der höchst Edelmütige Von Allah geht alles Edle aus. Allah ist in Seiner grenzenlosen Güte und gewährt den Menschen Aufschub, um Reue zeigen zu können. Im Bezug zum Koran verwendet man die Eigenschaft Kerim, „Kur'ani Kerim" Namensgebung: Karim (Vortreffliche)
al-Raqib	der Wacht, der Aufpasser, der Beobachtet Allahs allwissender Schutz umfasst die aufmerksame Wachsamkeit und gleichzeitig das vollkommene Wissen um jede Handlung mit all ihren Rückwirkungen und Folgen.

	Namensgebung: Raqib (Wächter)
al-Mudschib	der Erhörer Sure 2 Vers 186: „ ... *und wenn dich Meine Diener nach mir fragen, so bin Ich nahe und erhöre, wenn einer zu Mir betet, sein Gebet. Sie sollen nun auf mich hören und an mich glauben. Vielleicht werden sie den rechten Weg einschlagen.*" Namensgebung: Mudschib (Erhörer)
al-Wasi	der Allumfassende, der Allgegenwärtige Sure 2 Vers 25: „*... Allah, Es gibt keinen Gott außer Ihm. (Er ist) der Lebendige und Beständige. Ihm überkommt weder Ermüdung noch Schlaf...*" Namensgebung: Wasi (Allumfassende)
al-Hakim	der Weise, der Kluge Allah ist voller Weisheit und hat umfassende Kenntnis aller Dinge und Handlungen. Namensgebung: Hakim (Weise)
al-Wadud	der Liebreiche, der Zärtliche, der Vielgeliebte Allah ist derjenige der Seine Geschöpfe liebt. Er hat die Gesetze so angelegt, dass diese möglichst viel Gutes und am Ende der Tage das Gute an sich erlangen mögen. Namensgebung: Wadud (Liebreiche)
al-Madschid	der Preiswürdige

	Alles Erschaffene preist Seine Herrlichkeit, denn der Lobpreis gebührt Ihm alleine. Und doch kann nichts Allah berühren, weder Blicke noch Gedanken. Namensgebung: Madschid (Preiswürdige)
al-Ba'ith	der Erwecker Die Auferstehung nach dem Tod gehört zu den sechs Glaubenssätzen der Moslems. Sure 20 Vers 55: „...*aus ihr haben Wir euch geschaffen, in sie bringen Wir euch zurück und aus ihr bringen Wir euch ein anderes Mal hervor...*" Namensgebung: Baith (Erwecker)
al-Schahid	der Zeuge, der Bezeugte Allah ist der Gegenwärtige, der immer Erscheinende. Allah ist daher derjenige, der einen absoluten Zeugnischarakter besitz. Nur Er kennt alle Geheimnisse. Namensgebung: Schahid (Zeuge)
al-Haqq	der Wahre, der Wirkliche Der Name bezeichnet alles Wahre und Wirkliche. So die Belohnung und die Bestrafung am Jüngsten Tag. Namensgebung: Haqq (Wahre) oder Hakk als andere Schreibweise
al-Wakil	der Sachwalter, der Verwalter Allah ist alles anvertraut, Ihm entgeht nichts. Er kümmert sich um alle Belange

	und Bedürfnisse Seiner Geschöpfe. Namensgebung: Wakil (Verwalter)
al-Qawiy	der Starke, der Gewaltige Sure 11 Vers 66: *„Dein Herr ist der Starke, der Mächtige. Allahs Stärke wird mit der Zeit nicht schwächer, wie es bei uns Menschen vorkommt."* Namensgebung: Qawiy (Starke)
al-Matin	der Kraftvolle, der Festigkeit hat Allah ist der Vollkommene in Seiner grenzenlosen Macht. Namensgebung: Matin (Kraftvolle)
al-Waliy	der die Herrschaft innehat, der Autorität besitzt Sure 2; 107: *„Weißt du nicht, dass die Herrschaft der Himmel und der Erde Allah allein gehört? Und es ist kein Beschützer noch Helfer für euch als Allah."* Namensgebung: Waliy (Herrschaft besitzt)
al-Hamid	der Gelobte, der Preisenswerte Sure 1: *„Lob sei Allah, dem Herrn der Menschen in aller Welt."* Das heißt, Allah ist der Höchstgelobte aller Zeiten, aller Völker, aller Schöpfung. Deshalb ist es Pflicht für jedes Ding, Allah zu lobpreisen. Namensgebung: Hamid (Gelobte)
al-Muhsi	der Zählende

	Allah enthält alles Gezählte in Sich und kennt allumfassend die Schöpfung. Namensgebung: Muhis (Zählende)
al-Mubdi	der Beginnende, der Erneuerer, der Zuvorkommende Allah ist Der, der alles Lebendige aus nichts erschaffen hat. Sure 7 Vers 29: *„So wie Er euch ein erstes Mal gemacht hat, werdet ihr zurückkehren.“* Namensgebung: Mubdi (Erneuerer)
al-Muid	der Wiedererwecker, der neu belebt Sure 29 Vers 20: *„Sag: Zieht im Land umher und schaut, wie Er die Schöpfung ein erstes Mal vollzogen hat!“* Sure 85 Vers 13: *„Er erschafft ein erstes Mal und wiederholt die Schöpfung.“* Namensgebung: Mudi (Wiedererwecker)

Quelle: http://www.ansary.de/Islam/AllahNamen.html

Zu den 99 Attributen Gottes zählt z.B. der des Liebenden nicht, allerdings nimmt die Liebe auch im Islam eine besondere Rolle ein, insbesondere die Liebe zum Schöpfer, die nach islamischer Auffassung zunächst in der materiellen Welt entsteht und wenn die Hülle, d.h. die Materie sich loslöst, bleibt die wahre Liebe, die nur Gott vorbehalten ist, zurück.

Die Überlieferung besagt: *„Wenn Gott der Allmächtige einen seiner Diener (gemeint ist ein frommer Mensch) liebt, so ruft Gabriel (Friede sei auf ihm) aus: Gott liebt diesen Menschen* *und (hat mir gesagt) „Also empfinde Liebe und Zuneigung für ihn", darauf liebt auch Gabriel diesen Menschen und ruft dann im Himmel aus. „Gott liebt diesen Menschen, also liebt auch ihr ihn", und darauf lieben ihn auch die Bewohner des Himmels ...*"[120]

Das heißt, dass wir die Liebe durchaus zu den Namen Gottes mitaufnehmen können.

„Ich kann die Rätsel alle dir der Schöpfung sagen: denn aller Rätsel Lösungswort ist mein, die Liebe. (Rumi)

Die Liebe hat eine besondere Bedeutung im Islam durch Rabia, eine Sufistin, gewonnen. Rābiʿa al-ʿAdawiyya al-Qaisiyya (geb. 714, 717 oder 718 in Basra; gest. 801 in Basra) war eine berühmte islamische Mystikerin (Sufistin) und Heilige. Oft findet man ihren Namen auch in der europäisierten Form Rabia von Basra.[121]

Rabia wurde einmal gefragt: „Liebst du Gott?" Sie antwortete: „Ja." – „Hasst du den Teufel?" Sie antwortete: „Nein. Meine Liebe zu Gott lässt mir keine Zeit, den Teufel zu hassen."

Man sah Rabia in den Straßen von Basra mit einem Eimer Wasser in der einen Hand und einer Fackel in der anderen Hand. Als sie gefragt wurde, was dies zu bedeuten sei, antwortete sie: „Ich will Wasser in die Hölle gießen und Feuer ans Paradies legen, damit diese beiden Schleier verschwinden und niemand mehr Gott aus Furcht vor der Hölle oder in Hoffnung aufs Paradies anbete, sondern nur noch um Seiner ewigen Schönheit willen."[2]

---

[120] [Sahih Al-Bucharyy Nr. 3209]
[121] Quelle http://de.wikipedia.org/wiki/R%C4%81bi%CA%BFa_al-%CA%BFAdawiyya_al-Qaysiyya

Ein Gebet, das ihr zugeschrieben wird, lautete wie folgt: „O Herr, wenn ich Dich aus Angst vor der Hölle liebe, verbrenne mich dort, und wenn ich Dich in der Hoffnung auf das Paradies liebe, schließe mich dort aus, doch wenn ich Dich aus Liebe zu Dir selbst liebe, entziehe mir nicht Deine göttliche Schönheit."

Der Glaube an die Engel[122]

Zu den wichtigsten Glaubensgrundsätzen gehört auch der Glaube an die Engel und im Koran wird ausdrücklich auf die Engel – auf ihr wirkliches Vorhandensein und die Notwendigkeit, an sie zu glauben – hingewiesen.

„Warum bringst du nicht Engel zu uns, wenn du der Wahrhaftigen einer bist?"

„Wir senden keine Engel hernieder, außer mit triftigem Grunde, und dann wird ihnen kein Aufschub gewährt."[123]

„Aller Preis gehört Allah, dem Schöpfer der Himmel und der Erde, Der die Engel zu Boten macht, versehen mit Flügeln, zweien, dreien und vieren. Er fügt der Schöpfung hinzu, was Ihm gefällt; Allah hat Macht über alle Dinge."[124]

„Und Wir haben einzig und allein Engel zu Hütern des Feuers gemacht. Und Wir setzten ihre Anzahl nicht fest, außer zur Prüfung derer, die ungläubig sind, auf dass die, denen das Buch gegeben ward, Gewissheit erreichen, und die, die gläubig sind, an Glauben zunehmen, und die, denen die Schrift gegeben ward, und die Gläubigen nicht zweifeln, und die, in deren Herzen Krankheit ist, und die Ungläubigen sprechen: „Was meint Allah

---

[122] Ahmad A. Reidegeld, Handbuch Islam – Die Glaubens- und Rechtslehre der Muslime, Verlag Spohr, S. 32 ff.
[123] Koran 15; 7-8 http://kuran.gen.tr/?x=s_main&y=s_middle&kid=7&sid=15
[124] Koran 35; 1 http://kuran.gen.tr/?x=s_main&y=s_middle&kid=7&sid=35

*mit diesem Gleichnis?" Also erklärt Allah zum Irrenden, wen Er
will, und führt richtig, wen Er will. Keiner kennt die Heerscha-
ren deines Herrn als Er allein. Dies ist nur eine Ermahnung für
den Menschen. "[126]*

*„Der Gesandte glaubt an das, was ihm von seinem Herrn (an
Offenbarung) herab gesandt wird, und (auch) die Gläubigen.
Alle glauben an Gott, seine Engel, seine Schriften und seine
Gesandten. (Sie sprechen) Wir machen bezüglich keines einzi-
gen von ihnen einen Unterschied ..." (Sur al-Baqara, Vers
258).[128]*

Weitere Hinweise im Koran siehe [129] und [130]

Die Schöpfungseigenschaften der Engel
Die Engel sind von Gott aus Licht erschaffen und ihre Natur
folgt dem Guten. Sie kennen weder das Böse noch befehlen sie
dazu böse zu sein. Sie lügen nicht, sind nicht hochmütig oder
überheblich. Da es nicht in ihrer Natur ist, können sie sich den
Anordnungen Gottes nicht widersprechen.

Die Engel unterteilen sich auch nach Stufen. Zu den Oberhäup-
tern der Engel gehören die auch in der christlichen Lehre bekannten Engel Gabriel, Michael, Israfil und Azrail (Todesengel).
Neben den Engeln, die im Paradies ihre Aufgaben wahrnehmen
müssen, gibt es auch Engel, die Gott damit beauftragt hat, über
das Höllenfeuer zu wachen, in ihm die zur Hölle Verurteilten zu

---

[126] Koran 74; 31 http://kuran.gen.tr/?x=s_main&y=s_middle&kid=7&sid=74
[128] Ahmad A. Reidegeld; Handbuch Islam, Spohr Verlag, Seite 50
[129] Koran 6; 61 http://kuran.gen.tr/?x=s_main&y=s_middle&kid=7&sid=6; Wobei hier
Engel durch Wächter ins Deutsche übersetzt wurde.
[130] Koran 41; 14 http://kuran.gen.tr/?x=s_main&y=s_middle&kid=7&sid=41

bestrafen und darauf zu achten, dass diese Verdammten nicht aus dem Feuer entweichen.

Im Islam sind auch die „ehrenwerten Schreiberengel" bekannt. Sie begleiten den Menschen und zeichnen seine Taten in Büchern auf. Der Engel zur Linken schreibt die schlechten Taten auf und der Engel zur Rechten die guten Taten. Am Jüngsten Tag treten diese Engel zutage, und je nachdem, wie man gelebt hat, übergibt einem der eine oder der andere das Buch der Taten.

Jedem Menschen werden auch „Schutzengel" zugeteilt. Ihre Aufgabe ist es, den Menschen, dem sie zugeteilt sind, vor den Nachstellungen der Geistwesen (Jinn[131]) und Teufel zu schützen. Diese Engel behüten den Menschen gemäß der Bestimmung, die Gott diesem Menschen bestimmt hat, bei Tag und Nacht. Wenn aber im Schicksal eines Menschen etwas an Übel vorsieht bzw. Gott ihm den Tod oder Heimsuchung (im Sinne von Qadr[132]) bestimmt hat, entfernen sich die Schutzengel und verlassen ihn, bis das in ihrem Schicksal (Qadr) Bestimmte sich erfüllt hat.

Dann gibt es Engel, die mit der Entstehung der Kinder beauftragt sind. Diese Engel warten bis in der Gebärmutter der Frau sich etwas (der Fötus) heranbildet und fragen dann Gott, ob daraus ein Mensch entstehen soll. Wenn Gott das bejaht, dann fragt der Engel Gott:
- Soll es ein männliches oder weibliches Kind werden?
- Soll es in seinem Leben Glück oder Unglück erfahren?
- Wie soll es um seinen Lebensunterhalt bestellt sein?
- Wie lang soll seine Lebenszeit sein?

Weitere Engel sind „die Engel des Bittgebetes", „die Engel des Aufsteigens" und die „umherziehenden Engel". Die „befragen-

---

[131] Es gibt unterschiedliche Schreibweisen auch als Cin bekannt.
[132] Es gibt unterschiedliche Schreibweisen auch als Kader bekannt.

den Engel" sind damit beauftragt, den Menschen nach seinem
Tod im Grab zu befragen.
- Wer ist dein Herr (Gott)?
- Was ist deine Religion? (Islam)
- Wer ist dein Prophet? (Mohammed (s.a.s.))

Die wichtigsten Eigenschaften der Engel

- Schamgefühl, denn vor frommen Menschen zeigen sie Schamgefühl, d.h. sie zeigen aus Respekt eine gewisse Scheu, ihnen zu
nahe zu treten.

- von bestimmten Dingen belästigt zu werden, d.h., das, was für
den Menschen unangenehm und abstoßend ist, das ist auch für
die Engel so. Das gilt auch für unangenehme Gerüche wie starker Zwiebelgeruch, Knoblauchgeruch und aber auch Abbilder
von Lebewesen.

- Freisein von menschlichen Bedürfnissen und bestimmten
menschlichen Eigenschaften
Sie werden nicht krank, brauchen nicht zu essen, zu trinken, zu
schlafen und ermüden auch nicht.

- Gottesfurcht
*„Und was in den Himmeln ist und was auf Erden ist an Ge-
schöpfen, unterwirft sich Allah, also die Engel, und sie betragen
sich nicht hoffärtig. Sie fürchten ihren Herrn über ihnen und
tun, was ihnen geheißen ist. "[133]*

- Gehorsam gegenüber Gott

---

[133] Koran 16; 49-50; http://kuran.gen.tr/?x=s_main&y=s_middle&kid=7&sid=16

„O die ihr glaubt, rettet euch und die Euren vor einem Feuer, dessen Brennstoff Menschen und Steine sind, darüber Engel gesetzt sind, streng, gewaltig, die Allah nicht ungehorsam sind in dem, was Er ihnen befiehlt, sondern alles vollbringen, was ihnen geheißen wird.“[134]

- Liebe und Zuneigung für die zu empfinden, die ihren Herrn lieben

Die Überlieferung besagt: *„Wenn Gott der Allmächtige einen seiner Diener (gemeint ist ein frommer Mensch) liebt, so ruft Gabriel (Friede sei auf ihm) aus: Gott liebt diesen Menschen und (hat mir gesagt): „Also empfinde Liebe und Zuneigung für ihn“, darauf liebt auch Gabriel diesen Menschen und ruft dann im Himmel aus: „Gott liebt diesen Menschen, also liebt auch ihr ihn“, und darauf lieben ihn auch die Bewohner des Himmels ...“*

- Fürbitten für jemanden zu halten oder ihn zu verfluchen

Lt. Koran legen Engel auch Fürbitten für fromme Menschen und bitten Gott darum, ihnen zu vergeben. Wenn auf der anderen Seite aber Gott Menschen wegen einer bestimmten (großen) Sünde zürnt, dann verfluchen die Engel auch diejenigen.

- die Gewaltigkeit ihrer Schöpfung und Gestalt

Nach den meisten Überlieferungen fürchtet der Mensch sich vor Engeln aufgrund ihrer gewaltigen Gestalt, wenn er ihnen begegnet.

„Aller Preis gehört Allah, dem Schöpfer der Himmel und der Erde, Der die Engel zu Boten macht, versehen mit Flügeln, zweien, dreien und vieren. Er fügt der Schöpfung hinzu, was Ihm gefällt; Allah hat Macht über alle Dinge.“[135]

---

[134] Koran 66, 6 http://kuran.gen.tr/?x=s_main&y=s_middle&kid=7&sid=66
[135] Koran 35; 1 http://kuran.gen.tr/?x=s_main&y=s_middle&kid=7&sid=35

Engel nehmen aber auch des öfteren verschiedene Gestalten an. Dem Todesengel Azrail z.B. sagt man nach, dass je nachdem wie der Mensch gelebt hat, er sich ihm in furchterregender oder schöner Gestalt erscheint. So kann man vielleicht auch erklären, warum manche Menschen Angst vor dem Tod haben und andere nicht.

Gute Nachrichten für diejenigen, die an Außerirdische glauben.

Zu diesem Glaubensgrundsatz „Der Glaube an die Engel" gehört noch „der Glaube an die Existenz des Teufels, der Teufelswesen und der Geistwesen (Jinn)".

Die Existenz dieser Wesen und dass sie von Gott geschaffen wurden geht eindeutig aus dem Koran und den Hadisen des Propheten hervor. Jinn bedeutet „das Verborgene".

„Und Ich habe die Jinn[136] und die Menschen nur darum erschaffen, dass sie Mir dienen."[137]

„Er hat den Menschen aus trockenem Lehm erschaffen, der klingt (und ausschaut) wie ein Tongefäß. Und die Jinn[138] schuf Er aus der Flamme des Feuers."[139]

Und hier geht eindeutig hervor, dass es mehrere Welten (Dimensionen) gibt:
„Dies sind die Zeichen Allahs; Wir verkünden sie dir in Wahrheit. Und Allah will keine Ungerechtigkeit gegen die Welten."[140]

---

[136] Auch als Cin oder Dschinn geschrieben. Es handelt sich dabei um Geistwesen.
[137] Koran 51; 56 http://kuran.gen.tr/?x=s_main&y=s_middle&kid=7&sid=51
[138] Gibt es in verschiedenen Schreibweisen Cin, Jinn
[139] Koran 55; 14-15 http://kuran.gen.tr/?x=s_main&y=s_middle&kid=7&sid=55

„Und (gedenke der Zeit) da Wir zu den Engeln sprachen: „Bezeuget Adam Ehrerbietung“, und sie bezeugten Ehrerbietung. Nur Iblis[141] nicht. Er war einer der Jinn, so war er ungehorsam gegen den Befehl seines Herrn. Wollt ihr nun ihn und seine Nachkommenschaft zu Freunden nehmen statt Mich, und sie sind eure Feinde? Schlimm ist der Eintausch für die Frevler.“[142]

Die Überlieferungen besagen, dass zunächst der Vater der Jinn, „Cann“, auf die Erde geschickt wurde. „Cann“ wurde aus Rauchfeuer geschaffen.[143] Dies hat sich Millionen Jahre zurück ereignet. Hier haben sie sich vermehrt. Ihnen wurde aufgetragen, an Gott zu glauben und seinen Weg zu gehen. Diese Jinn sind irgendwann vom Wege Gottes abgekommen, nachdem sie einige Gesandte, also Warner, erhalten haben, damit sie nicht Unrecht tun. Nach einigen Generationen Gehorsam sind sie wieder vom Wege Gottes abgewichen und wurden schließlich auf Befehl Gottes vernichtet bis auf einige junge Jinn. Einer von ihnen war Azazil. Azazil war durch seinen Glauben aufgefallen und er wurde aufgrund der Fürbitten des Engels Ridvan als das Oberhaupt der Engel zu den Lehrern der Engel ernannt. Azazil ist der ursprüngliche Name des Teufels und ist laut Koran ein von Gott erschaffenes Geistwesen, aber kein Engelswesen.

Nachdem Gott Adam den Menschen erschaffen hatte, hat er dem Teufel befohlen, sich vor Adam niederzuwerfen, was der Teufel verweigert hat. Sein Einwand war, warum Gott von ihm als Wesen, das aus Feuer geschaffen wurde, verlange, vor einem Wesen niederknien zu müssen, welches nur aus Ton erschaffen

---

[140] Koran 3; 108 http://islamische-datenbank.de/index.php?option=com_quran&action=search&text=welt&min=10&show=10

[141] Iblis ist der Name des Teufels heißt übersetzt „der Enttäuschte“.

[142] Koran 18; 50 http://kuran.gen.tr/?x=s_main&y=s_middle&kid=7&sid=18

[143] https://yukarikayalar.wordpress.com/2009/12/12/cinlerin-babasi-cannin-yaratilisi-ve-kavmi/

wurde.

„Und als dein Herr zu den Engeln sprach: „Ich will einen Statthalter auf Erden einsetzen", sagten sie: „Willst Du denn dort solche Wesen haben, die darauf Unfrieden stiften und Blut vergießen? - und wir loben und preisen Dich und rühmen Deine Heiligkeit." Er antwortete: „Ich weiß, was ihr nicht wißt." Und Er lehrte Adam alle Namen; dann stellte Er (die Benannten) vor die Engel hin und sprach: „Nennt Mir ihre Namen, wenn ihr im Recht seid." Sie sprachen: „Heilig bist Du! Wir haben kein Wissen außer dem, was Du uns gelehrt hast; wahrlich, Du allein bist der Allwissende, der Allweise." Er sprach: „O Adam, nenne ihnen ihre Namen"; und als er ihnen ihre Namen genannt hatte, sprach Er:„Habe Ich euch nicht gesagt: Ich weiß die Geheimnisse der Himmel und der Erde, und Ich weiß, was ihr offenbart und was ihr verhehlt"? Und (gedenke der Zeit) da Wir zu den Engeln sprachen: „Verneigt euch vor Adam", und sie alle verneigten sich; nur Iblis nicht. Er weigerte sich und war zu stolz, denn er war der Ungläubigen einer."[144]

„Und (gedenke der Zeit) da dein Herr zu den Engeln sprach: „Ich bin im Begriffe, den Menschen aus trockenem, tönendem Lehm zu erschaffen, aus schwarzem, zu Gestalt gebildetem Schlamm; Wenn Ich ihn nun vollkommen geformt und ihm von Meinem Geiste eingehaucht habe, dann fallet mit ihm dienend nieder." Da fielen die Engel alle zusammen nieder. Nicht also Iblis; er weigerte sich, unter den Niederfallenden zu sein. (Gott) sprach: „O Iblis, was ist dir, dass du nicht unter den Niederfallenden sein wolltest?" Er antwortete: „Nimmermehr werde ich niederfallen auf die Art eines Menschenwesens, das Du aus trockenem, tönendem Lehm erschaffen hast, aus schwarzem, zu Gestalt gebildetem Schlamm." (Gott) sprach: „Hinaus denn von

---

[144] Koran 2; 30-34; http://kuran.gen.tr/?x=s_main&y=s_middle&kid=7&sid=2

hier, denn wahrlich, du bist verworfen. Fluch soll auf dir sein bis zum Tag des Gerichts." Er sprach: „Mein Herr, so gewähre mir Aufschub bis zum Tage, an dem sie auferweckt werden." (Gott) sprach: „Du bist unter denen, die Aufschub erlangen, Bis zum Tage der bestimmten Zeit." Er antwortete: „Mein Herr, da Du mich als verloren erklärt hast, will ich ihnen wahrlich (das Böse) auf Erden herausschmücken, und wahrlich, ich will sie alle irreleiten, Bis auf Deine erwählten Diener unter ihnen." (Gott) sprach: „Dies ist ein gerader Weg zu Mir. Fürwahr, du sollst keine Macht haben über Meine Diener, bis auf jene der Verführten, die dir folgen." Und die Hölle ist wahrlich ihnen allen der verheißene Ort. Sieben Tore hat sie, und jedem Tor ist ihrer ein Teil zugewiesen.[145]

Daher hat Gott den Teufel verflucht und sofort verurteilt, in der Hölle bestraft zu werden – wie jedes andere Geschöpf auch, das sich Gott widersetzt. Seit dem Moment, als der Teufel aus Hochmut und enttäuschter Eitelkeit Gott Ungehorsam zeigte, wird er „Iblis" (der Enttäuschte) genannt, sonst aber nur Teufel (auf arabisch ash-Saitan).

„Er sprach: „Was hinderte dich, dass du dich nicht unterwarfest, als Ich es dir gebot?" Er sagte: „Ich bin besser als er. Du hast mich aus Feuer erschaffen, ihn aber erschufst Du aus Lehm!" Er sprach; „Hinab mit dir von hier; es ziemt sich nicht für dich, hier hoffärtig zu sein. Hinaus denn; du bist wahrlich der Erniedrigten einer." Er sprach: „Gewähre mir Aufschub bis zum Tage, wenn sie auferweckt werden." Er sprach: „Dir sei Aufschub gewährt." Er sprach: „Wohlan, da Du mich als verloren verurteilt hast, will ich ihnen gewisslich auflauern auf Deinem geraden Weg. Dann will ich über sie kommen von vorne und von hinten, von ihrer Rechten und von ihrer Linken, und Du wirst die Mehrzahl von ihnen nicht dankbar finden." Er sprach:

"Hinweg mit dir, verachtet und verstoßen! Wahrlich, wer von ihnen dir folgt - Ich werde die Hölle füllen mit euch allesamt." "O Adam, weile du und dein Weib in dem Garten und esset, wo immer ihr wollt, nur nähert euch nicht diesem Baume, sonst seid ihr Ungerechte." Doch Satan flüsterte ihnen Böses ein, dass er ihnen kundtun möchte, was ihnen verborgen war von ihrer Scham. Er sprach: "Euer Herr hat euch diesen Baum nur deshalb verboten, damit ihr nicht Engel werdet oder Ewiglebende.""[146]

"Er sprach: "Fort mit dir! und wer von ihnen dir folgt, fürwahr, die Hölle soll euer aller Lohn sein, ein ausgiebiger Lohn. Und betöre nun von ihnen, wen du vermagst, mit deiner Stimme und treibe gegen sie dein Roß und deinen Fuß und sei ihr Teilhaber an Vermögen und Kindern und mache ihnen Versprechungen." - Und Satan verspricht ihnen nur Trug. "Über Meine Diener aber wirst du gewiss keine Macht haben." Und dein Herr genügt als Beschützer.[147]"

Der Teufel war von Anfang an der Feind aller Menschen und wird es immer sein. Gott hat ihm allerdings einen Aufschub gegeben. Er hat die Möglichkeit bis zum Jüngsten Tag zu versuchen, die Menschen irrezuleiten und sie zu dem zu bringen, was auch ihm selbst bestimmt ist – auf ewig in der Hölle bestraft zu werden.

"Und: "Scheidet euch heute (von den Gerechten), o ihr Schuldigen. Habe Ich euch nicht geboten, ihr Kinder Adams, dass ihr nicht Satan dienet - denn er ist euch ein offenkundiger Feind -, Sondern dass ihr Mir allein dienet? Das ist der gerade Weg. Und doch hat er eine große Menge von euch irregeführt. Hattet

---

[146] Koran 7; 12-20 http://kuran.gen.tr/?x=s_main&y=s_middle&kid=7&sid=7
[147] Koran 17; 63-65 http://kuran.gen.tr/?x=s_main&y=s_middle&kid=7&sid=17

ihr denn keine Einsicht? Das ist die Hölle, die euch angedroht ward. " [148]

Doch was bedeuten nun Engel und Teufel wirklich für uns Menschen? Wir haben ihre Definition gelesen, aber sollen wir uns das vorstellen?

Der Mensch besteht aus der Materie, also seinem Körper, und den natürlichen Bedürfnissen und aus der Immaterie, also der Seele und seinem Verstand. Aufgrund dieser Beschaffenheit hat der Schöpfer dem Menschen zwei Arten von Gefühlen gegeben. Einerseits die Gefühle, die den Menschen in seiner seelischen Verfassung eher positiv beeinflussen und andererseits die Gefühle, die oft mit seinen materiellen und physischen Bedürfnissen zusammenhängen, also die einfachen Gefühle. Diese Art Gefühle und Wertvorstellungen für die materiellen Dinge können wenn sie eine zu große Rolle spielen, dem Menschen die seelische Stärke nehmen und der Mensch wird primitiv. Zu diesen beiden Zuständen hat das Universum zwei Wesen erschaffen: die Engel und die Teufel. Während die Engel bei dem Menschen himmlische (hochschwingende) Gefühle in Bewegung bringen und das Gute einflüstern, beeinflussen die Teufel die im Menschen vorhandenen niedrigen, gemeinen und niederträchtigen Gefühle, um ihn ständig zum Bösen zu bewegen. Der Mensch wird in seinem Herzen von zwei Dingen beeinflusst. Der eine Einfluss ist von den Engeln, die ihm Gutes sagen, die Wahrheit bestätigen. Wer das vorfindet, soll wissen, dass das von Gott ist. Der andere Einfluss ist vom Teufel, er nötigt zum Bösen, stellt die Wahrheit als Lüge dar und versucht den Menschen von guten Taten und Dingen fernzuhalten. Wer dies in seinem Herzen vorfindet, sollte sich sofort vom Teufel abwenden und Zuflucht bei Gott suchen. Daher sollte jeder, der psychisch aufsteigen und seelisch reifen will, sich von bösen bzw.

---

[148] Koran 36; 59-63 http://kuran.gen.tr/?x=s_main&y=s_middle&kid=7&sid=36

negativen Dingen fernhalten. Ergo, das Böse wird durch den Teufel dargestellt. Man braucht nach ihm nicht in der Ferne suchen, sondern er ist Bestandteil vom Menschen. Das heißt aber auch, dass wir Herr über das Gute und das Böse sind.

Gespräch zwischen dem Propheten Mohammed (s.a.s.) und dem Teufel auf Befehl und Anweisung Gottes[149]

Im Christentum ist das Gespräch zwischen Jesus und Satan bekannt:

„Da wurde Jesus vom Geist in die Wüste geführt, damit er von dem Teufel versucht würde. Und da er vierzig Tage und vierzig Nächte gefastet hatte, hungerte ihn. Und der Versucher [das ist der Teufel] trat zu ihm und sprach: Bist du Gottes Sohn, so sprich, dass diese Steine Brot werden. "[150]

Im Islam ist das Gespräch zwischen dem Propheten Mohammed und Satan bekannt und als Hadis (also als ein außerkoranisches Wort) bekannt. In diesem Gespräch soll verdeutlicht werden, wo an welcher Stelle in unserem Leben Satan sichtbar wird. Wir werden im Laufe dieses Werkes erkennen, dass Satan als Nafs oder als Ego auch bekannt ist, obwohl einige Islamgelehrte die Gleichstellung des Ego mit Satan ablehnen. Aber im Laufe dieses Werkes werden wir die Ähnlichkeiten aufzeigen. Dazu mehr in den folgenden Kapiteln:
Nach Überlieferungen heißt es:
Der Prophet Mohammed (s.a.s.) war zu Gast bei Eyyub El-Ensari. Dann kam eine Stimme von draußen:
„Gesandter Gottes! Ich muss etwas erledigen. Erlaubst du mir den Zutritt?"
Der Prophet (s.a.s.) wandte sich zu den Anwesenden:
„Wisst Ihr, wem diese Stimme gehört?"

---

[149] Muhyiddin'i Arabi, ŞEYTANIN HİLELERİ, "Seceret'ül Kevn, S.1 ff.
[150] Matthäus 4, 1-3

Und die Anwesenden: „Nur der Gesandte Gottes weiß es am besten. Wir wissen nicht, wem die Stimme gehört."

„Das ist der verdammte Iblis. Gott möge ihn verfluchen."

„Oh Gesandter Gottes, erlaube mir ihn auf der Stelle zu töten." sagte Ömer (ein Weggefährte des Propheten).

„Halt an, Ömer! Weißt Du denn nicht, dass ihm eine bestimmte Frist gegeben wurde. Es ist in niemanden Ermessen, diese in Frage zu stellen. Streich dir das aus dem Kopf", antwortet der Prophet (s.a.s.).

„Macht die Tür auf. Ihm wurde befohlen, hierher zu kommen. Versucht zu verstehen, was er uns zu sagen hat", fügte der Prophet (s.a.s.) hinzu.

Nachdem der Prophet (s.a.s.) ihm erlaubt hat hereinzukommen, tritt Iblis ein. Beschrieben wird er folgendermaßen: Seine Augen sind nach oben geöffnet, der Kopf sieht dem eines Elefanten ähnlich. Die Lippen entsprechen dem eines Büffels, er schielt, an seinem Kinn hängen sechs, sieben Haare wie die eines Pferdes. Der Anblick löst bei einem Menschen eher Ekel aus.

„Friede sei mit Euch, Mohammed (s.a.s.). Friede Euch allen Gefährten des Propheten." Keiner nimmt seinen Gruß an.

„Friede sei mit Gott Verdammter. Warum bist Du hier?"

„Mir ist es auch nicht Recht, dass ich hierher kommen musste. Ein Engel hat mich hierher geleitet. Gott hat mir folgende Botschaft mitgegeben: „Geh zu Mohammed (s.a.s.) und erzähle ihm wie du die Menschen betrügst. Du musst alle Fragen beantworten und wenn du nur eine Lüge hinzufügst, werde ich dich in Anwesenheit deiner Feinde blamieren und bloßstellen."

„Du, verruchter! Wenn du nun aufrichtig sein willst, dann sage mir. Wen magst Du unter den Menschen am wenigsten?"

„Dich, Mohammed (s.a.s.)", antwortet er.

„Wen magst du nach mir nicht?"

„Die gerechten Staatsmänner, den Gelehrten, der sein Wissen weitergibt und den gottesfürchtigen jungen Menschen, der sein Dasein Gott widmet. Den geduldigen armen, der seine Not drei

Tage hintereinander niemanden wissen lässt und sich nicht beklagt. Den Reichen, der sein Vermögen auf dem rechten Weg erlangt hat und es für gute Zwecke im Namen Gottes ausgibt und noch dazu Bedürftige und Waise beschützt."

„Wen magst Du außerdem nicht?", fragt der Prophet (s.a.s.).

„Den Prediger aus dem Koran und den Muezzedin, der im Namen Gottes den Gebetsruf ausführt, den Frommen, der an seinem Glauben festhält, sich ständig rituell reinigt und denjenigen, den sich vor Haram[151] schützenden Gütigen; denjenigen, der Reines isst und großzügig ist und sich für die Gerechtigkeit einsetzt, der eine schöne Moral- und Ethikvorstellung hat; denjenigen der zum Gebet aufsteht, während alle schlafen. Die jungen Pärchen, die sich im Namen Gottes lieben und den Gläubigen, der gerne und darauf bedacht ist, in der Gemeinschaft zu beten. Denjenigen, der guten Herzens ist und seinen Freunden gute Ratschläge gibt. Diejenigen, die aufrichtigen, hilflosen und geschiedenen Frauen helfen. Und den Moslem, der sich immer darüber im Klaren ist, dass der Tod jeden Moment eintreten kann, mag ich nicht."

Das Gespräch zwischen dem Propheten und dem Teufel verlief wie folgt weiter:

„Wenn meine Glaubensgemeinschaft sein verpasstes Gebet nachholt, was passiert dann mit dir?"

„Ich bekomme einen Anfall, ich zittere am ganzen Leibe."

„Was, wenn sie fasten?"

„Dann werden mir die Füße und Hände gebunden bis sie ihr Fasten brechen."

„Was, wenn sie aus dem Koran lesen?"

„Ich schmelze wie das Salz im Wasser, wie das Blei auf dem Feuer."

„Und, wenn sie ihre Wallfahrt nach Mekka machen?"

„Mir werden Ketten um den Hals gelegt und ich werde wahnsinnig."

---

[151] Bedeutet „verboten."

„Was, wenn sie ihre Almosen entrichten?"

„Da geht es mir sehr schlecht. Als ob der Spender mich durch die Mitte zersägt."

„Heißt das, dass das im Namen Gottes gegebene Almosen dir das antut?"

„Ja, da in der Abgabe der Almosen an Bedürftige viel Gutes passiert: derjenige der spendet wird noch mehr gesegnet, wird unter seinen Mitmenschen beliebt und diese Almosen trennen ihn vom Fegefeuer in Form eines Vorhangs, alles Unglück, alle Sorgen und Trauer werden von ihm ferngehalten, seine Gebete werden erhört und zum jüngsten Gericht wird er mehr gute Taten vorweisen können."

„Was sagst du zu Ebubekir?" (Ein Weggefährte des Propheten).

„In der Zeit der Zurückgebliebenheit und Unwissenheit ist er nicht meinen Weg gegangen. Würde er das denn tun, wenn er zum Islam konvertiert ist?"

„Was sagst Du zu Ömer? (ein Weggefährte des Propheten)."

„Wenn ich ihn sehe, haue ich sofort ab."

„Und Osman?" (ein Weggefährte des Propheten)

„Ich schäme mich vor ihm."

„Und Ali?" (ein Weggefährte)

„Es wäre schön, wenn ich mit ihm fertig werden könnte. Ich wünschte, er würde mich in Ruhe lassen und ich ihn. Aber er wird mich nicht in Ruhe lassen."

„Ich danke Gott. Durch deine Antworten hast du meiner Glaubensgemeinschaft die Augen geöffnet und dass sie ihre Glückseligkeit finden werden, indem sie sich gut auf das Leben danach vorbereiten."

Und Iblis darauf: „Mohammed (s.a.s.), wie kannst du nun beruhigt sein um deine Glaubensgemeinschaft? Solange ich bis zu der besagten Zeit am Leben bin, werde ich in ihrer Blutlaufbahn sein, werde ihnen schlechtes zuflüstern. Ich schwöre im Namen Gottes, meines Schöpfers, dass ich die Gelehrten und Unwissenden, die Frommen und Üblen alle vom rechten Weg abbringen werde. Nur die, die Gott treu sind, kann ich nicht verderben.“

„Wer sind diese frommen und rechtschaffenen Diener?“
„Das sind diejenigen, die nicht auf Vermögen und Geld aus sind und sich nicht gerne rühmen. Diese verlasse ich auf der Stelle. Der, der nach Vermögen, Geld und Lob strebt, dessen Herz ist an irdische Wünsche gebunden. Diese sind meine besten Freunde. Weißt du denn nicht, dass die Liebe für Geld und Vermögen und das Streben nach Macht zu den größten Sünden gehören.“

„Ich habe siebzigtausend Kinder. Ich habe ihnen alle bestimmte Aufgaben gegeben. Jedes meiner Kinder hat dann wieder siebzigtausend Teufelswesen. Einige von ihnen habe ich Gelehrten und Theologen und einige an alte Frauen als Unheil bringend übertragen und einige Jugendliche und Kinder. Zu den Jugendlichen haben wir ein gutes Verhältnis. Mit den Kindern spielen unsere so, wie sie es wollen. Einige von ihnen habe ich an die Frommen und Gottesfürchtigen geschickt. Sie greifen sie von allen Seiten an und nötigen sie dazu, zu fluchen; denn in dem Moment wird ihr Glaube geschwächt. Also werden ihre Gebete nicht mehr anerkannt und sie bemerken es nicht einmal. Weißt du denn nicht, dass ich den Sohn Israels, Rabiner Barsis, der 70 Jahre lang voller Überzeugung an Gott geglaubt hatte, verführt habe. Durch seine gesegneten Gebete sind kranke gesund geworden. Ihn habe ich nie in Ruhe gelassen, bis ich ihn dazu verführt habe, Ehebruch zu begehen, zu morden und er schließlich ungläubig wurde.“

Den Überlieferungen zur Folge, hat der Teufel den Rabiner wie folgt manipuliert. Er verflucht die schöne Tochter einer reichen Familie. Dann flüstert er der Familie zu, dass nur der Rabbi ihr helfen könne. Er bringt den Rabbi dazu, das Mädchen zu verführen und sie wird dadurch schwanger. Der Teufel flüstert dem

Rabbi zu, er werde sich nun blamieren und der einzige Ausweg wäre die Ermordung des Mädchens. Und schließlich tötet der Rabbi das Mädchen. „Wenn die Eltern kommen, kannst du den Eltern mitteilen, dass die Tochter verstorben ist." Den Eltern aber flüstert er zu, dass hier irgendwas nicht stimmen würde. Wenn die Eltern dann auf Rache aus sind, geht der Teufel zum Rabbi und teilt ihm mit, dass er all das getan hat und er ihn nur dann da herausbringt, wenn er von nun an ihn anbetet. Dies tut der Rabbi und dann sagt der Teufel, dass er nun ihm nicht mehr helfen könne, und verlässt ihn. Folgende Stelle im Koran deutet auf den Hinweis Gottes: *„Gleich Satan, wenn er zu dem Menschen spricht: „Sei ungläubig!"; ist er aber ungläubig, so spricht er: „Ich habe nichts mit dir zu schaffen, denn ich fürchte Allah, den Herrn der Welten. ""*[152]

Iblis erzählte weiter, wie er von den schlechten Eigenschaften profitieren würde: „Weißt du nicht, dass lügen zu meinen Tugenden gehört. Ich war der erste, der gelogen hat. Ich habe Adam und Eva auch belogen, als ich ihnen sagte: „Ich gebe euch ganz bestimmt einen guten Rat." Und ich leistete einen Eid auf Gottes Namen. Deshalb ist jeder mein bester Freund, der lügt. Hinsichtlich Lästerei und Klatsch und Tratsch … diese sind meine Früchte und meine Unterhaltung. Wenn einer sich von seiner Frau scheiden lässt (talak = mündliche Scheidung) und dies beschwört, dann ist seine Frau für ihn haram[153]. Alle Kinder, die sie dann zeugen, werden für die Ewigkeit verdammt sein, nur wegen diesem einen Talak."

Derjenige, der ständig sein Gebet verrichtet: Sobald er sich vornimmt, sich zu seinem Gebet zu begeben, flüstere ich ihm zu und versuche ihn aufzuhalten. „Lass dir Zeit. Du bist doch eigentlich mit etwas anderem beschäftigt. Mach erstmal dies und jenes. Du kannst immer noch später beten." So bringe ich ihn

---

[152] Koran 59, 16 http://kuran.gen.tr/?x=s_main&y=s_middle&kid=7&sid=59

[153] Haram: Bedeutet „Verboten"

dazu, das Gebet verspätet zu verrichten. Dieses Gebet wird ihm quasi vor das Gesicht geworfen. Wenn ich es nicht schaffen sollte, dann versuche ich ihn über die Menschen-Teufel davon abzubringen das Gebet zu verrichten." (Menschen-Teufel sind diejenigen, die einem von guten Taten (hier das Beten) abzubringen versuchen.) „Wenn ich das auch nicht schaffe, dann versuche ich den Betenden während des Gebetes dazu zu bringen, nach rechts und links zu gucken. In dem Moment streiche ich über sein Gesicht und küsse ihn auf die Stirn. Wenn jemand ohne Grund während des Gebetes oft nach rechts oder links schaut, dessen Gebet wird ihm gegen das Gesicht geschlagen. Wenn ich das auch nicht schaffe: Wenn er alleine betet, dann gehe ich zu ihm und befehle ihm er möge sich beeilen. Dann fängt er an so zu beten, wie der Hahn sein Futter vom Boden pickt. Wenn ich dann auch scheitere, dann verfolge ich ihn. Ich sorge dafür, dass er vor dem Imam den Kopf von der Ruku[154] und Secde[155]-Stellung hebt und vor dem Imam den Kopf nach unten neigt in die Ruku- und Secde-Stellung. Und weil der Gläubige das gemacht hat, wird sein Kopf am Tage des Jüngsten Gerichts durch den eines Esels ersetzt werden. Wenn ich das nicht schaffe, dann sorge ich dafür, dass er während des Gebetes mit seinen Fingern schnippt. Somit würde er für mich den Rosenkranz nutzen. Wenn das nicht klappt, puste ich ihm auf die Nase, dann fängt er an zu gähnen; wenn er seinen Mund nicht mit der Hand zudeckt, dann versteckt sich ein Teufelswesen in seinem Mund, das seinen Willen zum Ehrgeiz und der irdischen Verbundenheit erhöht. Nach alldem ist dieser uns jederzeit verbunden.

Wie kannst du nun sicher sein, dass deine Glaubensgemeinschaft vor mir sicher ist. Ich stelle ihnen verschiedene Fallen. Ich sage denen, die lustlos, arm und hoffnungslos sind: „Das Gebet ist doch nichts für euch. Das ist für die reichen und freigiebigen

---

[154] Ruku: Das Beugen des Oberkörpers während des Gebets
[155] Secde: Die Niederwerfung im Gebet.

112

bestimmt." Dann sage ich zu den kranken: „Lass das Gebet sein, denn Gott hat gesagt, dass Kranke nicht zu beten brauchen. So sorge ich dafür, dass sie das Gebet unterlassen. Das kann bis zum Fluch und Aufbegehren (Rebellion) führen.

So ist es, Mohammed (s.a.s.). Und wenn ich hier gelogen habe, dann bitte Gott darum, dass er mich vernichtet. Bist du immer noch beruhigt um deine Religionsgemeinschaft? Ich schaffe es, jeden sechsten von ihnen vom Glauben abzubringen."

Daraufhin hat ihn der Prophet folgendes gefragt:

„Verdammter. Wer sind deine Freunde, mit denen du zusammen sitzt?"

„Diejenigen, die Zinsen nehmen."

„Wer sind deine Freunde?"

„Die, die Ehebruch begehen, Lügen erzählen."

„Wer sind deine Bettgefährten und deine Diener?"

„Die die Alkohol trinken und die Betrunkenen."

„Wer sind deine Gäste?"

„Diebe".

„Wer sind deine Gesandten und Boten?"

„Zauberer"

„Was sticht dir positiv ins Auge?"

„Diejenigen, die darauf schwören sich von ihren Frauen zu scheiden (Talak[156])."

„Wer ist dein Liebling?"

„Die, die das Freitagsgebet auslassen."

„Wer sind deine Schatzmeister?"

„Die die keine Almosen geben."

„Was bricht dir das Herz?"

„Das Wiehern der Pferde, wenn sie zum Cihad[157] aufbrechen."

---

[156] Mündliche Scheidung

[157] Auch unter Jihad zu finden. Lt. „Ralf Elger, Kleines Islam-Lexikon, Verlag C. H. Beck bedeutet dieser arab. Begriff die Bemühung, ein bestimmtes Objekt zu erreichen. Auch wird darunter eine individuelle Bemühung um den Glauben oder zum moralischen Handeln und Mission verstanden." Oft findet man aber die Übersetzung, dass es eine zulässige Form des Krieges zur Verteidigung des Islam sei", was gänzlich falsch ist. Dazu weiter in diesem Werk.

„Was bringt dich zum Schmelzen?"

„Das Bußgelöbnis."

„Was zerreißt dir dein Leib?"

„Gebete über Tag und Nacht für Gott."

„Was schwärzt dir das Gesicht?"

„Das Almosen, welches insgeheim gegeben wird."

„Was macht dich blind?"

„Das Gebet in der Nacht."

„Was lässt deinen Kopf beugen?"

„Das Gebet in der Gemeinde und das „Preisen" deines Namens."

„Welche Menschen sind aus deiner Sicht die Glücklichsten?"

„Diejenigen, die ihr Gebet bewusst auslassen."

„Wer sind deiner Meinung nach Räuber?"

„Die Großzügigen."

„Was hält dich von deiner Arbeit ab?"

„Die Versammlung der Gelehrten."

„Wie speist du?"

„Mit meiner linken."

„Wenn der heiße Wüstenwind weht und es heiß wird, wo lässt du deine Kinder in den Schatten?"

„Zwischen den Fingernägeln und Bärten der Menschen." „
Was hast du von Gott verlangt?„

„Zehn Dinge."

„Was sind diese?"

„Erstens: Ich wollte an dem Vermögen und Kindern Adams Söhne beteiligt sein. Diesem Wunsch hat er entsprochen."

Als Wir zu den Engeln sprachen: „Bezeuget Adam Ehrerbietung", da bezeugten sie Ehrerbietung. Nur Iblis nicht. Er sprach: „Soll ich mich beugen vor einem, den Du aus Ton erschaffen hast?"

Er sprach (weiter): „Was dünket Dich? Dieser ist's, den Du höher geehrt hast als mich! Willst Du mir Frist geben bis zum

Tage der Auferstehung, so will ich gewisslich Gewalt erlangen
über seine Nachkommen, bis auf wenige. "
Er sprach: „Fort mit dir! und wer von ihnen dir folgt, fürwahr,
die Hölle soll euer aller Lohn sein, ein ausgiebiger Lohn.

Und betöre sie nun, wen du vermagst, mit deiner Stimme und
treibe gegen sie dein Roß und deinen Fuß und sei ihr Teilhaber
an Vermögen und Kindern und mache ihnen Versprechungen. " -
Und Satan verspricht ihnen nur Trug.[158]

„Ich esse von jedem Fleisch mit, was nicht rituell geschlachtet
wurde, von jeder Speise, die ungerechtfertigt verdient wurde.
Wenn während des Geschlechtsverkehrs die „ Besmele"[159] nicht
rezitiert wird, dann bin ich an der Zeugung des Kindes mitbetei-
ligt. Dieses Kind wird dann immer meinen Weg gehen.
Wenn jemand sich auf den Weg macht, irgendeinen Weg zu
gehen, der falsch ist, dann begleite ich ihn.

Zweitens: Ich habe mir von Gott eine Behausung gewünscht
und er gab mir die Hamams (Hygienestätten).

Drittens: Ich habe mir eine Gemeinde gewünscht. Er gab mir
den Bazar.

Viertens: Ich wollte ein Buch. Er gab mir die Bücher über Ge-
dichte zum Lesen.

Fünftens: Ich wollte einen Muezzeddin. Er gab mir die Musik-
instrumente.

Sechstens: Ich wollte einen Bettgenossen. Er gab mir die Betrunkenen.

---

[158] Koran 17; 61-64 http://kuran.gen.tr/?x=s_main&y=s_middle&kid=7&sid=17
[159] Besmele: Im Namen Allahs, des Allerbarmers, des Barmherzigen.

Siebtens: Ich wollte ein Team. Er gab mir die, die ihr Geld nutzlos ausgeben und die ihr Geld für Sünden ausgeben.

Achtens: Ich wollte Geschwister. Er gab mir die Verschwender.

„Und gib dem Verwandten, was ihm gebührt, und ebenso dem Armen und dem Sohn des Weges, aber sei (dabei) nicht ausgesprochen verschwenderisch.[160] *[17:27] Denn die Verschwender sind Brüder der Satane, und Satan war undankbar gegen seinen Herrn.“*

Neuntens: Ich wollte die Söhne Adams sehen können, sie aber mich nicht.

Zehntes: Ich wollte in den Adern der Söhne Adams durchgehen, immer, wann ich wollte. Und er akzeptierte meinen Wunsch. Somit kann ich immer in deren Adern durchgehen, wann ich will. Am Jüngsten Tag werden die Söhne Adams, die mit mir dorthin gehen werden, in der Zahl mehr sein als diejenigen, die dich begleiten werden.

Daraufhin hat der Prophet folgendes gesagt:
„Wenn du mit deinen Worten die Worte des Korans nicht bestätigt hättest, dann würde ich das nicht bestätigen.“
Satan fuhr folgendermaßen fort:
„Ich habe einen Sohn namens Ateme. Wenn einer sein Nachtgebet nicht verrichtet, dann geht er hin und uriniert in dessen Ohr. Wenn es ihn nicht geben würde, würden die Moslems nicht schlafen können ehe sie ihr Gebet nicht verrichtet haben. Mein Sohn Mütekazi sorgt dafür, dass, wenn jemand etwas Gutes tut,

---

[160] Koran 17; 26-27 http://islamische-
datenbank.de/index.php?option=com_quran&action=display

er diesen ein schlechtes Gewissen einflüstert und auch noch diese gute Tat jeden wissen lässt. Eine gute Tat, die insgeheim verrichtet wird, ist hundert Mal mehr wert. Wird sie öffentlich gemacht, ist sie nur noch eine gute Tat wert. Ein anderer Sohn von mir – Kühayl – hat die Aufgabe in Versammlungen der Gelehrten und Gottesdiensten dafür zu sorgen, dass die Anwesenden schnell ermüden und unkonzentriert werden. Somit bringt diese Versammlung keinen Nutzen.

Ich habe noch einen Sohn, der die Aufgabe hat, Frauen zu schikanieren. Teufel sorgen dafür, dass die Frauen besonders schön auf andere wirken. Diese flüstern den Frauen ein, sie mögen sich immer mehr entblößen bzw. freizügiger werden, damit sie weiter sündigen.

Mohammed (s.a.s.), ich habe zwar nicht die Macht dazu, die Menschen zu führen, aber ich schaffe es durch mein Zuflüstern, ihnen schlechte Dinge als gut erscheinen zu lassen. Wenn ich die Macht hätte, sie zu führen, würde es auf der Erde keinen einzigen Menschen geben, der an Gott und die Propheten glauben würde und sie wären alle verdammt.

So wie du nicht die Macht hast zu führen; denn du bist lediglich der Gesandte Gottes und bist für die Kundgebung verantwortlich. Wenn die Führung in deiner Hand gewesen wäre, dann gäbe es auf der Welt keinen Ungläubigen.

Du bist für die Gläubigen ein Beweisstück … und ich bin seit Ewigkeiten der Grund für ihre Klage. Sowohl der richtige Weg als auch die Führung sind in Gottes Ermessen.“

Was hat nun dieses Gespräch zwischen dem Propheten und dem Teufel für eine Bedeutung für uns Menschen? Ich wage eine Erklärung. Wir werden im Laufe dieses Werkes sehen, dass der Teufel, der ein Teil des Menschen ist, nichts anderes als das Ego ist, und auf das Ego gehen wir später ein.

Der Glaube an die Propheten[161]

Zum Glaubensgrundsatz des Islam gehört auch der Glaube an die Propheten, d.h. dass Gott den Menschen durch Gesandte und Propheten mitgeteilt hat, wie sie leben sollen, was die Religion, was der Glaube vor Gott ist.

„Dieser Gesandte glaubt an das, was zu ihm herabgesandt wurde von seinem Herrn, und (also) die Gläubigen: sie alle glauben an Allah, und an Seine Engel, und an Seine Bücher, und an Seine Gesandten (und sprechen): „Wir machen keinen Unterschied zwischen Seinen Gesandten"; und sie sagen: „Wir hören, und wir gehorchen. Uns Deine Vergebung, o unser Herr! und zu Dir ist die Heimkehr. ""[162]

Wir müssen festhalten, dass nach islamischer Auffassung das Phänomen Prophetentum mit dem letzten Propheten Mohammed (s.a.s.) nicht mehr vorkommen kann. D.h. jeder, der sich nach dem Propheten Mohammed (s.a.s.) als Prophet ausgibt, gilt als Lügner und Betrüger.

Die folgende Darstellung gilt nicht nur für den Propheten Mohammed (s.a.s.), sondern für alle Propheten, die ich noch aufzählen werde.

Der Prophet ist nach islamischer Auffassung ein Mensch, der durch Gott dazu bestimmt wurde, für sein Volk ein Rechtleiter zu sein, der auf ausdrückliche Erlaubnis Gottes und Seinen Befehl hin den Menschen eine Botschaft von Gott überbringen muss. Diese Propheten waren – damit man ihnen glauben konnte

---

[161] Ahmad A. Reidegeld, Handbuch Islam – Die Glaubens- und Rechtslehre der Muslime, Verlag Spohr, S. 64 ff.
[162] Koran 2; 285 http://kuran.gen.tr/?x=s_main&y=s_middle&kid=7&sid=2

– als Menschen von tadellosem Wesen von Gott erschaffen, vertrauenswürdig, anständig, ehrlich. Dies sollte als logische Grundlage für die Menschen dienen, dass die Menschen ihm glauben. Ein Prophet ist also auch vor Sünden geschützt (Isma = Sündlosigkeiten), aber er kann dennoch Fehler machen, da er ja auch Mensch ist. Zu sündigen, d.h. von der Schlechtigkeit einer Sache zu wissen und es dennoch zu tun – ist für einen Propheten unmöglich. Im Koran gibt es Stellen, an denen der Prophet von „meinen Sünden" spricht; damit sind aber in Übereinstimmung aller Gelehrten des Islam Fehler gemeint, die der Gesandte schwer bereut.

Der Allmächtige Gott hat jedem Volk zumindest einen Propheten entsandt, wie es auch im Koran bestätigt ist. Bei den sogenannten „Banu Isra'il", also den Kindern Israels, wurden allerdings viele Propheten und zwei Gesandte (Moses und Jesus) geschickt. Sowohl im Koran als auch in der Sunna wird bekräftigt, dass die Botschaft eines Propheten und Gesandten nur für das eigene Volk galt. Nach islamischer Auffassung aber gilt die Botschaft des Gesandten Mohammed (s.a.s.) für alle Völker. Die Botschaften der Propheten und Gesandten haben nicht nur eine gemeinsame Basis, sondern bezogen sich immer aufeinander. Die Abfolge der Propheten wird daher als die „Kette der Propheten" genannt, die geeint wird durch das grundsätzliche und allen gemeinsame Anliegen, nämlich den Menschen die Einheit Gottes zu verkünden und ihnen den Weg zu zeigen, dem sie nach göttlichem Willen folgen sollen.

Die genaue Anzahl der Propheten ist nicht bekannt, aber man geht davon aus, dass es mehrere Tausende sind. Es gilt, zwei Arten von Propheten zu unterscheiden.

Die Risala (Gesandschaft) ist die höchste Art des Prophetentums. Das heißt, dass ein Prophet nicht nur mit einer bestimmten

Botschaft als Warner, Aufklärer und Rechtleiter entsandt wird, sondern auch eine besondere Offenbarungsschrift erhält.
Nach islamischer Auffassung waren folgende Personen Gesandte Gottes:

1. Adam
2. Abraham
3. Moses
4. David
5. Jesus
6 Mohammed (s.a.s.)

Eine weitere Grundart des Prophetentums ist „Nubuwwa". Ein Prophet (Nabiy) erhält eine Botschaft von Gott, bezieht sich aber auf die Offenbarungsschriften seines vorgegangenen Gesandten, um die Menschen wieder auf den richtigen, gottgefälligen Weg zurückzuführen. Die Propheten des Volkes Israel, die nach Moses kamen, haben sich ja auch immer auf die Thora von Moses bezogen.

An Propheten sind lt. Koran folgende bekannt, allerdings sind hier noch die Gesandten in der Liste aufgeführt:

1. Adam
2. Idris*[163]
3. Noah
4. Hud*
5. Salih*
6. Abraham
7. Lot
8. Ismael

---

[163] *Diese Propheten werden nur im Koran als Propheten angegeben, nicht aber in den heutigen Evangelien und der Thora, weshalb es demnach keine im Deutschen gebräuchliche Namensform gibt. Idris ist auch bekannt als Henoch.

9. Isaak

10. Jakob

11. Josef

12. Hiob

13. Shu'aib*

14. Moses

15. Aaron

16. David

17. Salomon

18. Elias

19. Elisa

20. Jonas

21. Dhu l-Kifl*

22. Zacharias

23. Johannes der Täufer

24. Jesus

25. Mohammed (s.a.s.)

Diese drei Namen kommen im Koran vor, allerdings weiß man nicht genau, ob es Propheten waren: 1. Ezra, 2. Luqman*, 3. Dhu l-Qarnain. Ferner heißt es nach islamischer Auffassung, dass auch die übrigen Völker außerhalb des Orients Propheten gesandt bekommen haben. Man bedenke die Völker in China, Indien etc. Unter denen in ihrer Auslegung sehr offenen Theologen, auch islamischen, geht man davon aus, dass Persönlichkeiten wie Buddha z.B. Propheten waren. Die Betonung liegt aber ganz klar auf „offene Theologen", d.h. nicht jeder Gelehrte teilt diese Meinung.

Im Koran hat Jesus einen besonderen Platz und das geht auch aus diesem Koranvers hervor:

„Und (denke daran) wie die Engel sprachen: „O Maria, Allah hat dich erwählt und dich gereinigt und dich erkoren aus den

Weibern der Völker. O Maria, sei gehorsam deinem Herrn und wirf dich nieder und bete an mit den Anbetenden." Dies ist eine der Verkündigungen des Ungesehenen, die Wir dir offenbaren. Du warst nicht unter ihnen, als sie [losend] ihre Pfeile warfen, wer von ihnen Marias Pfleger sein solle, noch warst du unter ihnen, als sie miteinander stritten. Wie die Engel sprachen: „O Maria, Allah gibt dir frohe Kunde durch ein Wort von Ihm: sein Name soll sein der Messias, Jesus, Sohn Marias, geehrt in dieser und in jener Welt, einer der Gottnahen. Und er wird zu den Menschen in der Wiege reden und im Mannesalter und der Rechtschaffenen einer sein." Sie sprach: „Mein Herr, wie soll mir ein Sohn werden, wo mich kein Mann berührt hat?" Er sprach: „So ist Allahs (Weg), Er schafft, was Ihm gefällt. Wenn Er ein Ding beschließt, so spricht Er zu ihm: "Sei!"", und es ist. Und Er wird ihn das Buch lehren und die Weisheit und die Thora und das Evangelium;"[164]

„Sprich: „ Wir glauben an Allah und an das, was auf uns herabgesandt worden ist, und was herabgesandt worden ist auf Abraham und Ismael und Isaak und Jakob und die Stämme (Israels), und was gegeben worden ist Moses und Jesus und den Propheten von ihrem Herrn; wir machen keinen Unterschied zwischen ihnen, und Ihm sind wir ergeben. " "[165]

Ich möchte an dieser Stelle nicht missen zu erwähnen, wie Juden und Araber „zusammenhängen" bzw. wie Islam und Judentum „zusammenhängen". Gemäß der Überlieferungen hatte Abraham mit der ägyptischen Magd einen Sohn namens Ismael bekommen, weil seine Frau keine Kinder gebähren konnte. Nach einer Weile aber wurde seine Frau doch schwanger und schenkte ihm einen zweiten Sohn – Isaac. Da sich die beiden Brüder nicht

---

[164] Koran 3; 42-48 http://kuran.gen.tr/?x=s_main&y=s_middle&kid=7&sid=3
[165] Koran 3; 84; http://quran.al-islam.com/Targama/DispTargam.asp?nType=1&nSeg=0&l=eng&nSora=3&nAya=83&t=ger

verstanden, hat Abrahams Frau Sara seinen Erstgeborenen Ismael mit seiner Mutter weggeschickt. Ismael wurde der Stammesvater der heutigen Araber und Isaac ist der Stammesvater der Juden. Es gibt Quellen, die behaupten, dass die heutigen Palästinenser die wahren Juden seien. Wer ist denn nun Jude? Die einen sagen, dass wenn man biologisch also gemäß seiner DNA jüdisch sein kann – demnach der jüdischen Rasse angehört, egal welcher Religion man angehört, die anderen dagegen sagen, dass die Glaubensausübung festlegt wer Jude ist.

In der islamischen Welt erkennt man die Rassenzugehörigkeit nicht an, weil die Rasse nicht den Glauben eines Menschen ausmacht. Die Identifikation mit einer Rasse o.ä. ist immer dem Ego zuzuordnen. Die islamische Welt schließt somit eine Rassentrennung aus, da Rassismus nicht in den Islam gehört. Das hat der Prophet ganz klar ausgeschlossen. Im Rahmen der Wallfahrt wird jedem Moslem vor Augen geführt, dass der Islam eine Religion über alle Rassen hinweg ist, weil alle Menschenrassen dort zusammenkommen. Es wird jedem klar, dass es keinen Unterschied zwischen Asiaten, Afrikanern, Europäern gibt. Sie sind alle versammelt im Angesicht des einen Schöpfers. Also zählt für jeden Moslem, dass jemand, der sich dem Judentum als Religion zuordnet als Jude. Was bedeutet das nun wirklich? In dieser Zeit, in der man über die DNA genau feststellen kann, wer jüdischer Herrkunft ist, ist es interessant, dass herausgekommen ist, dass nicht wenige in der islamischen Welt – DNA technisch – als Rasse jüdisch sind, aber heute dem Islam als Religion nachgehen. Das gilt selbstverständlich auch für andere Religionen. Das wiederum bestätigt, dass jeder Versuch Menschen in Bezug auf Rassen voneinander unterscheiden zu wollen, schwachsinnig und nur verwirrend ist und dem Ego zuzuordnen ist. Wenn wir auf der einen Seite aber das Ego mit einer rassenneutralen Sichtweise – in diesem Fall im Islam – ausschalten wollen, schleicht sich das Ego selbstverständlich von einer

Seite heran und wird da aktiv. In der islamischen Welt werden dann dafür Stammeszugehörigkeiten oder Familien immer sehr hoch gehalten. Man entkommt damit einer Falle und ertappt in die nächste Falle.

Der Glaube an die heiligen Bücher[166]

Der Koran ist nach islamischer Auffassung die einzige noch vollständig in ihrer ursprünglichen Form erhaltene Offenbarungsschrift. Der Koran ist in der Sprache erhalten, in der er offenbart wurde, also in arabisch, d.h. es gilt nur diese ursprüngliche Form und nicht irgendeine Übersetzung, damit keine Fehlinterpretationen auftreten. In der Tat wird man in der einen oder anderen Übersetzung des Korans unterschiedliche Wortlaute und Übersetzungen finden, daher können Übersetzungen nicht als Koran bezeichnet werden. Die Begründung liegt darin, weil eine volle sprachliche Übertragung des Koran unmöglich ist und weil die Reimprosa-Form, in der der Korantext gehalten ist, nicht mit gleichzeitiger korrekter Übersetzung einhergehen kann. Annemarie Schimmel schreibt dazu: „Der Koran ist das Zentrum des Islam; er ist das „buchgewordene Gotteswort", dessen Sprache für alle Gläubigen von staunenerregender Schönheit und daher unübersetzbar ist; Jede Übersetzung kann nur eine Annäherung an den Sinn des heiligen Buches geben, und im Gebet müssen seine Verse auf arabisch rezitiert werden."[167]

„... Und Wir haben dir das Buch hernieder gesandt zur Erklärung aller Dinge, und als Führung und Barmherzigkeit und frohe Botschaft den Gottergebenen."[168]

Die im Koran mit besonderem Namen genannten Offenbarungsschriften sind die Thora des Gesandten Moses, die Psalmen des Gesandten David und das Evangelium des Gesandten Jesus.

---

[166] Ahmad A. Reidegeld, Handbuch Islam – Die Glaubens- und Rechtslehre der Muslime, Verlag Spohr, S. 62 ff.

[167] Annemarie Schimmel, Sufismus – Eine Einführung in die islamische Mystik, Verlag C.H. Beck, 4. Auflage 2008, S. 12.

[168] Koran 16; 89 http://kuran.gen.tr/?x=s_main&y=s_middle&kid=7&sid=16

*„Er hat herabgesandt zu dir das Buch mit der Wahrheit, bestäti-
gend das, was ihm vorausging; und vordem sandte Er herab die
Thora und das Evangelium als eine Richtschnur für die Menschen; und Er hat herabgesandt das Entscheidende[169]. Die Allahs Zeichen leugnen, ihnen wird strenge Strafe; und Allah ist
allmächtig, Besitzer der Vergeltungsgewalt."[170]*

*„Wahrlich, Wir schickten Unsere Gesandten mit klaren Bewei-
sen und sandten mit ihnen das Buch und das Maß herab, auf
dass die Menschen Gerechtigkeit üben möchten. ...."[171]*

Der Moslem muss also daran glauben, dass das Wort des Koran
die direkte Offenbarung und Wort Gottes ist, dass er wortwörtlich vom Engel Gabriel (Friede sei auf ihm) von Gott dem Allmächtigen mit dem Wort des Korans kommend, dem Propheten
und Gesandten Mohammed (s.a.s.) offenbart worden ist. Wer
also auch nur ein Wort aus dem Koran als nicht annehmbar deklariert, der gilt als Ungläubiger im Sinne des Islam. Das gilt
auch für denjenigen, der behauptet, dass der Koran wortwörtlich
offenbart wurde, der Koran aber in seiner heute vorliegenden
Form aber in seinem Wortlaut verändert oder verkürzt oder erweitert ist

Der Koran hat 114 Suren und 6236 Verse, wobei es auch unterschiedliche Quellen gibt, die die Verse anders zählen und daher
auf eine andere Zahl kommen. In diesem Werk wurden aus dem
Koran zunächst die Nummer der Sure und dann die Nummer der
Verse angegeben. Zusätzlich wurden die vom Autor hinzugezo-
genen Quellen aus dem Internet aufgezeigt.

---

[169] Damit ist der Koran gemeint.
[170] Koran 3; 3-4 http://kuran.gen.tr/?x=s_main&y=s_middle&kid=7&sid=3
[171] Koran 57; 25 http://kuran.gen.tr/?x=s_main&y=s_middle&kid=7&sid=57

Damit der Koran nicht verfälscht wird, liegt ihm ein mathematischer Code zugrunde, der beweist, dass der Koran immer noch in seiner ursprünglichen Form erhalten ist. Hier habe ich als Beispiel nur einige Fälle aufgenommen.

Beispielsweise kommen folgende Wörter so oft im Koran vor[172]:

Tag = 365 mal
Tage = 30
Monat = 12 mal
Pflanze = 26 mal
Baum = 26 mal
Strafe = 117 mal
Gnade = 2 x 117 mal also 234 mal
Sprich = 332 mal
sie sprachen = 332
Diesseits/das Leben = 115 mal
Jenseits = 115
Satan = 88 mal
Engel = 88 mal
Paradies = 77 mal
Hölle = 77 mal
die Guten = 6 mal
die Schlechten = 3 mal
Zekat (Almosen) = 32 mal
Segen = 32 mal
Wein = 6 mal
Betrunken sein = 6 mal
Liebe = 83 mal
Gehorsam = 83 mal
Sonne = 33 mal
Licht = 33 mal
Mann = 23 mal

---

[172] Übersetzt aus http://www.kuranmucizeleri.com/matematik01.html

Frau = 23 mal

Der Mensch kommt 65 mal vor, und die Bestandteile des Menschen kommen als Summe auch auf 65:

Erde/Ton = 17 mal
Sperma = 12
Embryo = 6 mal
vorgekaute Speise Fleisch = 3 mal
Knochen = 15 mal
Fleisch = 12 mal
das macht in der Summe auch 65

Während das Wort Land 13 Mal vorkommt, kommt das Wort Meer 32 mal vor. Wenn man diese addiert und prozentual miteinander in Relation setzt, dann liegt der Anteil für Land bei 28,888 % und für Meer bei 71,1111 %. Das ist das Verhältnis von Land und Wasser auf dem Globus.

„Sie machen sich keine Gedanken über den Koran. Wäre er von einem anderen als Allah, so würden sie darin gewiss viel Widerspruch finden"[173].

„Abwenden aber will Ich von Meinen Zeichen diejenigen, die sich im Lande hochmütig gegen alles Recht gebärden; und wenn sie auch alle Zeichen sehen, so wollen sie nicht daran glauben; und wenn sie den Weg der Rechtschaffenheit sehen, so wollen sie ihn nicht als Weg annehmen; sehen sie aber den Weg des

---

[173] Koran 4; 82 http://quran.al-islam.com/Targama/DispTargam.asp?nType=2&nSora=4&nAya=82&nSeg=11&l=eng&t=ger

*Irrtums, so nehmen sie ihn als Weg an. Dies (ist so), weil sie
Unsere Zeichen für Lügen erklärten und sie nicht achteten.* "[174]

Neben dem Koran gelten aber auch die Hadisen[175], also außerkoranische Verse. Sie erzählen meistens, wie der Prophet Mohammed (s.a.s) gelebt hat und wie er die Dinge gesehen hat. Hadis bezeichnet die Aussprüche, Anordnungen und Handlungen des Propheten, deren Überlieferung auf seine Gefährten zurückgeführt wird. Die Hadisen sind die zweitwichtigste Quelle nach dem Koran. Es gibt verschiedene Werke dazu, wobei man die Hadisen nach unterschiedlichen Kriterien unterteilt. Wie stark eine Hadis ist, hängt einmal von der Anzahl der Überlieferungsketten und der Stärke und Vertrauenswürdigkeit jeder einzelnen Kette ab. Schließlich wird der Text untersucht, zur rechtlichen Bedeutung des Hadis und zur Frage, ob er aufgehoben bzw. aufhebend ist, z.B. ob er in Zusammenhang mit Koranversen steht etc.

Ein großes Ansehen unter den Hadis-Sammlungen genießen die Sammlungen von al-Bukhari (gestorben 870) und Muslim (gest. 875), die nur Hadisen enthalten, die von den Autoren als „gesund" eingestuft wurden. Es folgten noch weitere Werke. Jedenfalls sind alle Werke thematisch nach den Bereichen der islamischen Glaubens- und Pflichtenlehre geordnet und ermöglichen so die Einordnung des Hadis in deren Rahmen.

Da der Koran heilig ist, muss ein Moslem mit dem Koran sehr behutsam umgehen. Ein Moslem bewahrt den Koran an einer besonderen Stelle seiner Wohnung auf und würde ihn auch nicht wie irgendeinen Gegenstand (respektlos) behandeln.

Warum aber gibt es Verse im Koran, die „kriegerisch" sind?[176]

---

[174] Koran 7; 146 http://quran.al-islam.com/Targama/DispTargam.asp?nType=1&nSeg=0&l=eng&nSora=7&nAya=146&t=ger
[175] Auch als Hadith geschrieben.
[176] http://islam.de/1641.php#juc/unglaube.html

Wir müssen hier berücksichtigen, dass der Koran in einem Zeitraum von 20-24 Jahren entstanden ist. In dieser Zeit gab es aktuelle Situationen bzw. Probleme, zu denen entsprechende Suren und Verse herabgesandt wurden, denn zu jedem Vers ist die Frage zu stellen, in welcher Situation dieser herabgesandt wurde und nicht blind anzuwenden ist Über Jahrhunderte haben viele Gelehrte immer wieder darauf hingewiesen, dass Moslems Nichtmoslems nicht töten dürfen. Die meisten „kriegerischen" Verse stammten aus einer Zeit, in der die Moslems von Mekka nach Medina auswanderten, da sie dort von Unterdrückern von ihrer Glaubensausübung gehindert und gefoltert wurden und ihr Leben bedroht war. In dieser Zeit war für die Moslems die Kampfhandlung zur Verteidigung auferlegt. Der Koran aber ist als Ganzes zu sehen und man kann immer einzelne Verse kontextlos herausreißen und ein völlig verzerrtes Bild zeichnen, was passiert, wenn man sich nur auf einen Vers konzentriert und diese als Maßstab nimmt.

Die Thora gehört zu der heiligen Schrift des Judentums, die Evangelien zum Christentum und der Koran zum Islam. Während die Thora im 13. Jahrhundert vor unserer Zeit von Moses geschrieben wurde, sind die Evangelien der Bibel lt. Kirchentradition im 1. und 2. Jahrhundert n.u.Z. entstanden. Der Koran wurde im 7. Jahrhundert n.u.Z. zu den Menschen herabgesandt.[177]

Neben der Thora, den Evangelien und dem Koran sind der Talmud[178] und die Kabbalah[179], die Apokryphen[180] und die Gnostik[181], die Scharia[182] und der Sufismus[183] wichtige Bezugsquellen

---

[177177177] Grippo, Giovanni; Gott, Schöpfung und Mensch, Giovanni Grippo Verlag, 1. Auflage, S. 11 ff.

[178] Talmud ist die Niederschrift von Geschichten und Gesetzen, die nur teilweise aus der Thora ersehen werden können.

[179] Kabbalah ist eine mystische Tradition, Verständnisweise und Lehre des Judentums.

[180] Die Apokryphen sind prophetischen Schriften, die nicht offiziell von rabbinischen Instanzen oder christlichen Kirchen anerkannt werden.

[181] Die Gnostik ist die mystische und innere Lehre des Christentums.

um die Gemeinsamkeiten zu entdecken, die verblüffenderweise sehr groß sind.

Die Bezugsquellen sind das Fundament der Bände. Wir geben hier drei Beispiele, die aufzeigen, dass die Bezugsquellen zusammenhängen, und ignoriert man diese, dann verlieren sich die Gelehrten in Erklärungsnöte.

Beispiel aus dem Judentum:
Satan wird in der Thora nicht als das personifizierte Böse betrachtet. Im Judentum gehört sowohl das Gute als auch das Böse zu den zwei Seiten des einen Gottes (Jahwe). Satan handelt stets im Auftrage Gottes. Lt. des Judentums hat Satan nicht gegen Gott aufbegehrt, also ist er auch nicht zum personifizierten Bösen oder zum Fürsten der Finsternis geworden. Nach der Erschaffung der Welt durch Gott setzte Gott Adam und Eva auf die Erde. Sie durften alles tun, bis auf eine Sache; sie durften nicht vom Baum der Erkenntnis von Gut und Böse essen. Die Schlan-

---

[182] Die Scharia ist das interpretierte Gesetz des Islam. Teile der Scharia sind islamische Traditionen und die Wissenschaft des islamischen Gesetzes, namens Fiqh.

[183] Sufismus, veraltet auch Sufitum oder Sufik, bezeichnete bis zum 9. Jahrhundert eine asketische Randgruppe. Sufismus wird seither als Sammelbezeichnung für Strömungen im Islam verwendet, die asketische Tendenzen und eine spirituelle Orientierung prägen, die oft mit dem Wort Mystik bezeichnet wird. Im 12. Jahrhundert bildeten sich Sufi-Orden aus, die auch religionspolitische Funktionen tragen, darunter Organisation der Volksfrömmigkeit und Mission. Einen Anhänger des Sufismus nennt man **Sufi** (arabisch) oder auch Derwisch (persisch). Spätestens mit der Organisation in Orden ist eine Identifikation von Mystik und Sufismus problematisch, da sich ersteres meist auf einen spezifischen Typus von Spiritualität bezieht, letzteres nun aber auch auf Institutionen. Das Wort Sufismus wird in Europa erst seit dem 19. Jahrhundert verwendet.
Für die Ausarbeitung ihrer praktischen und theoretischen Lehren beziehen sich Klassiker des Sufismus auf einen „inneren Sinn" des Korans und insbesondere auf Verse, welche sich auf eine individuelle Beziehung oder Unmittelbarkeit zu Gott beziehen lassen, sowie auf Traditionen und Vita von Mohammed, die in diesem Sinne als Vorbild gedeutet werden. Seit dem 10. Jh. werden systematische Handbücher zum spirituellen Weg des Sufi ausgearbeitet, welche die Nähe zum orthodoxen Sunnitentum betonen. Für die systematische Ausformulierung von Theologie und Epistemologie wurden Philosophen und Theologen wie Ghazali, Suhrawardi und Ibn Arabi prägend. (Quelle: Wikipedia http://de.wikipedia.org/wiki/Sufismus)

ge hat Eva verführt und sie und Adam aßen vom Baum der Erkenntnis von Gut und Böse und wurden deshalb aus dem Paradies vertrieben. Wenn nun die Schlange, die Eva verführte, Satan gewesen wäre, und wenn im Umkehrschluss Satan immer im Auftrag Gottes handelt, so wäre die Vertreibung aus dem Paradies ein von Gott gewolltes Ereignis. Nach dem Talmud war die Schlange nicht Satan, sondern der Engel Samael. Gemäß dem Talmud ist Satan kein gefallener Engel, weder das Gegenteil von Gott noch das personifizierte Böse noch der Fürst der Finsternis. Gemäß dem Talmud wird er als Ankläger und Engel des Todes beschrieben. Er hat die Aufgabe, die Seelen der Toten von der Erde zu holen und sie zu einem himmlischen Gerichtshof zu führen. Dort ist er Ankläger. All diese Informationen stehen in der Talmud und nicht in der heiligen Schrift des Judentums, der Thora. Im Islam hat lt. Koran Satan Adam und Eva verführt und von einer Schlange ist nicht die Rede (auch nicht im Koran).

Beispiel aus dem Christentum
Im Glaubensbekenntnis der Christen gibt es den Satz: „abgestiegen in das Reich des Todes" (Halbsatz aus dem katholischen Glaubensbekenntnis). Jesus soll während der drei Tage bis zu seiner Auferstehung in das Reich des Todes bzw. in die Hölle abgestiegen sein. Gemäß der Evangelien (Neues Testament) wird nichts dergleichen gesagt. Die „Höllenfahrt Christi" wird in den Nidodemus-Evangelium erzählt. Dieses Evangelium gehört zu den apokryphischen Schriften, die nicht von den christlichen Kirchen anerkannt werden. Die Apokryphe war eine Bezugsquelle für die katholische Kirche und bis zu eine Milliarde katholischer Christen zitieren das bis heute und das obwohl das Nikodemus-Evangelium bis heute nicht von den christlichen Kirchen anerkannt wird.

Beispiel aus dem Islam

Im Koran liest man von vier Hauptbüchern und von 100 Urschriften, die als Suhuf bezeichnet werden. Die Thora heißt im Koran Tevrat, die Moses zugeschrieben wird, die Psalter, die ein Teil der Bibel sind, werden Zebur genannt und König David zugeschrieben. Indschil (Incil) bezeichnet der Koran als die Evangelien, die Jesus zugeschrieben werden, und der Koran wird Mohammed zugeschrieben. Die 100 Urschriften aber werden im Koran nicht erwähnt. Die Scharia aber erwähnt sie und schreibt sie Personen zu. 10 Urschriften erhielt Adam, 50 Urschriften erhielt Seth (der dritte Sohn von Adam und Eva nach der Verbannung aus dem Paradies), 30 Urschriften erhielt Henoch (Ein wichtiger Prophet in allen drei Abrahamitischen Religionen. Er ist der erste Mensch, der nicht gestorben ist. Er wurde von Gott lebendig entrückt) und 10 Urschriften erhielt Abraham.

„Dies stand wahrlich in den ersten Schriften, den Schriften Abrahams und Moses‘"[184]

Diese Beispiele sollen aufzeigen, dass man sich nicht nur auf die Hauptwerke beschränken kann. Denn das Judentum erklärt sich nicht nur durch die Thora, das Christentum nicht nur durch die Evangelien und der Islam erklärt sich nicht allein durch den Koran. Die Religionen wären ohne ihre Bezugsquellen unvollständig. Die Hauptschriften haben nicht nur Einfluss auf die anderen genommen, sondern auch der Talmud und die Kabbalah nahmen Einfluss auf Christentum und Islam. Die Apokryphen und die Gnostik nahmen Einfluss auf Judentum und Islam. Die Scharia und der Sufismus beeinflussten wiederum Judentum und Christentum. Der Ursprung all dieser heiligen Schriften und Zusatzwerke und der esoterischen Lehren ist ein Gott, ein rechtschaffenes Verhalten und Leben und Tod. Moses, Jesus und Mohammed waren Menschen, die vom Geist der Urschriften

---

[184] Koran 87; 18-19 http://islamische-datenbank.de/option,com_quran/action,viewayat/surano,87/min,10/show,10/

erfasst wurden, und befolgten ihre Aufgaben. Moses sollte das
jüdische Volk aus der Knechtschaft führen, Jesus sollte das Judentum modernisieren und Mohammed wollte das Judentum und Christentum wieder zu einer religiösen Einheit zusammenführen.

Sprecht: „Wir glauben an Allah und an das, was uns herabgesandt worden ist, und was Abraham, Ismael, Isaak, Jakob und den Stämmen (Israels) herabgesandt wurde, und was Moses und Jesus gegeben wurde, und was den Propheten von ihrem Herrn gegeben worden ist. Wir machen zwischen ihnen keinen Unterschied, und Ihm sind wir ergeben.“ [185]

Dann gilt es noch, die Entstehung der Geschlechter insbesondere die Erschaffung der Frau in den jeweiligen Schriften zu untersuchen. Lt. der Bibel wird über die Schöpfung Evas folgendes gesagt: „Da ließ Gott der Herr einen tiefen Schlaf fallen auf den Menschen, und er schlief ein. Und er nahm seiner Rippen eine und schloß die Stätte zu mit Fleisch. Und Gott der Herr baute ein Weib aus der Rippe, die er von dem Menschen nahm, und brachte sie zu ihm. Da sprach der Mensch: „Das ist doch Bein von meinem Bein und Fleisch von meinem Fleisch; man wird sie Männin heißen, darum dass sie vom Manne genommen ist.“ (Genesis 2;21-23)

Die Schöpfungsgeschichte im Koran ist an mehreren Stellen verstreut.[186] In erster Linie erzählt der Koran, wie Gott den Engeln befahl, sich vor Adam niederzuwerfen, nur Satan tat das nicht (Koran 2; 34). Satan beschloss, die Menschen und all seine Nachkommen in die Irre zu führen, angefangen bei Adam und

---

[185] Koran 2; 136 http://islamische-
datenbank.de/index.php?option=com_quran&action=display
[186] Nahed Selim., Nehmt den Männern den Koran S. 28 ff

Eva. Und genau dann taucht Eva auf (Koran 7;19). Zur Schöpfung der Frau ist die folgende Stelle im Koran interessant:

„O ihr Menschen, fürchtet euren Herrn, Der euch erschaffen hat aus einem einzigen Wesen; und aus ihm erschuf Er seine Gattin, und aus den beiden ließ Er viele Männer und Frauen entstehen. Und fürchtet Allah, in Dessen Namen ihr einander bittet, sowie (im Namen eurer) Blutsverwandtschaft. Wahrlich, Allah wacht über euch. "[187]

Eine andere Übersetzung ist aber: *„O ihr Menschen, fürchtet euren Herrn, der euch erschaffen aus einer einzigen Seele und aus ihr erschuf ihren Gatten, und aus den beiden ließ er viele Männer und Frauen entstehen. "*

Andere Übersetzungen aber nehmen statt Wesen eine Seele, die dem arabischen, in dem der Koran geschrieben ist, viel näher kommt. Dieser Interpretation zufolge wurden alle Menschen aus einer Seele erschaffen, der manchmal als Adam interpretiert wird, aber die Mystiker gehen davon aus, dass damit Gott gemeint ist. Denn wenn wir davon ausgehen, dass die Seele des Menschen von Gott stammt, dann ist diese Interpretation passender. Damit sind alle Menschen auf Erden gleich. Interessant ist aber der zweite Teil des ersten Satzes: Anschließend wird aus der Seele ihr Gatte erschaffen. Wenn wir von dieser Übersetzung ausgehen, dann ist davon auszugehen, dass die Frau früher erschaffen wurde als der Mann. Aber der Koran verwendet an vielen Stellen häufig das Wort Gatte anstelle von Gattin. Damit bezieht sich Gatte also auf Eva. Nun können wir sagen, dass aus einer einzigen Seele zunächst Adam erschaffen wurde und dann Eva und aus ihnen Männer und Frauen hervorgingen. Warum wurde dann in der zweiten Übersetzung oben das weibliche Possessivpronomen „ihre" verwendet. Die Seele ist im Arabischen auch weiblich. Das wäre dann die Erklärung, dass aus ihr – der

---

[187] Koran 4;1 www.islamische-datenbank.de

Seele – „ihr Gatte" erschaffen wurde. Es gibt viele Koranübersetzungen, die sowohl einerseits sagen, dass zuerst Eva erschaffen wurde und dann Adam oder andersherum. Es gibt aber auch die Übersetzung, dass beide aus einer Seele gleichzeitig erschaffen wurden. Folgender Vers unterstützt diese Interpretation: *„Und von jeglichem Wesen haben Wir Paare erschaffen, auf dass ihr euch vielleicht doch besinnen möget.* "[188]

Gemäß des Korans wurde Eva nicht aus der Rippe des Mannes erschaffen. Allerdings gibt es eine Überlieferung wonach der Prophet Mohammed gesagt hätte: *„Behandle Frauen freundlich, denn Frauen sind erschaffen aus einer Rippe, und der krummste Teil einer Rippe ist ihr oberster Teil. Wer versucht, die Rippe geradezubiegen, würde sie brechen, aber wenn man sie läßt, wie sie ist, bleibt sie krumm. Also behandle Frauen freundlich.* "[189]
Aufgrund dieser widersprüchlichen Aussagen gibt es die eine Gruppe, die dem Koran eher Glauben schenkt als der Überlieferung, weil der Koran nun mal eine viel wichtigere Rolle spielt als die Überlieferungen. Vielleicht hat der Prophet sich bezüglich der Erschaffung der Frau aus der Rippe des Mannes auf die Bibel bezogen.

Eine interessante Schöpfungsgeschichte gibt es im Judentum. Demnach hatte Adam vor Eva eine andere Frau – nämlich Lilith.[190]

Die einzige Erwähnung der Lilith in der Bibel erfolgt bei Jesaja 34,14:

---

[188] Koran 51; 49 www.islamische-datenbank.de
[189] [Sahih Al-Bucharyy Nr. 3331]
[190] http://anthrowiki.at/Lilith

„Es werden Wildkatzen auf Schakale treffen, ein ziegenbehaarter Dämon wird seine Gefährten rufen und dort wird auch die Lilit verweilen und ihre Behausung finden."

„Die Legenden um Lilith werden in verschiedenen, ähnlich gearteten Varianten geschildert.
Laut traditionellem Midrasch erschuf Gott Adam und Lilith aus demselben Lehm, um Adam eine Partnerin zu schenken. Gott holte Lilith vor der ersten Nacht noch zu sich und sagte ihr, sie solle Adam untertan sein (einige deuten dies so, dass sie beim Geschlechtsakt unten zu liegen habe). Dies wurde von Lilith nicht akzeptiert, denn der Lehm, aus dem Lilith erschaffen worden war, war durch den Speichel des verstoßenen Samael verunreinigt worden. Lilith stritt sich mit Adam und verschwand dann aus dem Paradies in die Wüste. Dort verkehrte sie jeden Tag mit tausend Mischwesen und brachte tausend Kinder pro Tag auf die Welt. Adam beklagte sich bei Gott über seine Einsamkeit, welcher ihm dann Eva aus seiner Rippe erschuf. Lilith aber blieb unsterblich, da sie nie die verbotene Frucht vom Baum der Erkenntnis aß. In einigen jüdischen Sagen wird Lilith als der letzte Engel der zehn unheiligen Sephiroth beschrieben und gefürchtet; denn der Legende nach wurden alle Kinder der Lilith getötet, da sie sich mit der Flucht aus dem Paradies Gottes Willen widersetzte. Man sagt, Lilith raube aus Vergeltung nachts die Kinder der Menschen aus ihren Krippen und töte sie. Um sich davor zu schützen, befestigten die Menschen früher Pentagramme an den Krippen, auf denen die vier Flüsse des Paradieses, sowie die Namen der Engel Sanvai, Sansanvi und Semangloph, die Lilith einst im Auftrag Gottes jagten und ihre Kinder mordeten, zu sehen waren.
„Als der Herr Adam erschaffen hatte, sprach er: Es ist nicht gut, dass ein Mensch allein sei. Und er schuf ihm ein Weib aus der Erde, aus der auch Adam gebildet war, und hieß ihren Namen Lilith. Alsbald hatten beide Streit miteinander, und Lilith

sprach: Bist doch nur meinesgleichen, beide sind wir von Erde genommen; und hörte nicht eins auf den Willen des andern.

Und wie nun Lilith sah, dass kein Friede war, sprach sie den wahrhaften Namen Gottes aus und flog davon in die Lüfte. Da stand Adam und betete vor seinem Schöpfer und sprach: Herr der Welt! das Weib, das du mir gegeben hast, es ist von mir gegangen. Da schickte der Herr drei Boten, um die Lilith zurückzubringen, und er sprach zu ihnen: Will sie zurückkommen, so ist es gut, will sie aber nicht, so muss sie es auf sich nehmen, dass täglich hundert von ihren Kindern sterben.

Und die Engel verließen den Herrn und gingen der Lilith nach und fanden sie im Meer, in reißendem Wasser stehen, an derselben Stelle, wo dereinst die Ägypter ertrinken sollten. Und die Engel erzählten der Lilith, was der Herr gesprochen hatte. Aber sie wollte nicht umkehren; da sprachen die Engel: Wir ertränken dich im Meer. Sprach Lilith: Lasset ab von mir, wisset ihr nicht, dass ich nicht umsonst erschaffen bin, und dass es meine Bestimmung ist, Säuglinge zu verderben; ist's ein Knabe, so habe ich bis zu seinem achten Tage über ihn Gewalt, ist's ein Mägdlein, so habe ich bis sie zum zwanzigsten Tage. Doch schwor sie den Engeln im Namen des lebendigen Gottes, dass sie allezeit, wenn immer sie ihre Gestalten oder ihre Namen erblicken wird, von dem Kinde lassen würde. Auch nahm sie es auf sich, dass täglich ihrer eigenen Kinder hundert sterben sollten. Das geschieht auch. Die drei Boten aber hießen mit ihren Namen: Senoi, Sansenoi und Samangelof. Und diese drei Namen schreiben wir auf die Amulette der Neugeborenen, damit Lilith sie sehe, an ihren Schwur erinnert werde und das Kind verschone." (Lit.: Die Sagen der Juden I, S 323f)

Nach anderen Überlieferungen wurden Samael (hier Semael genannt) und Lilith gemeinsam beim Bruch der Gefäße (hebr. שבירת הכלים, Schvirat ha-Kelim) geschaffen: „Nachdem das erste Licht der Schöpfung verhüllt worden war, ward die Kelippa, das Urböse, erschaffen. Und von der Kelippa kam ein

Doppelwesen, das ihr glich (dies war Semael, der böse Geist, und Lilith, sein Weib). Und wie die Lilith da war, stieg sie auf und erreichte die Sphäre des kleinen Gesichtes (hebr. זעיר אנפין, Zeir Anpin oder Mikroprosopon). Und es überkam sie ein Verlangen, sich mit dem Gesicht zu vereinigen, und wollte nicht davon lassen. Der Herr aber trennte sie davon uns stieß sie nach unten.

Und es geschah, nachdem Adam erschaffen worden war - und der Herr schuf ihn, auf dass er der Lilith Vergehen wiedergutmachte in der Welt -, da sah Lilith einmal Eva ihren Mann Adam in Liebe umarmen, und sie sah, dass Adam von himmlischer Schönheit war, und sein Bild war vollendet. Da flog sie wieder nach oben und wollte sich abermals mit dem kleinen Gesicht zusammentun. Aber die zwei Himmelswächter ließen sie nicht hinein, und der Herr schrie sie an und warf sie in die Tiefe des Meeres; dort blieb sie auch wohnen.

Und es geschah, nachdem Adam und Eva Sünde getan, da zog der Herr Lilith wieder aus des Meeres Tiefe hervor und gab ihr die Gewalt über das Leben der Kinder, und es sollten an ihnen die Sünden ihrer Väter heimgesucht werden.
Seit jener Zeit schweift Lilith in der Welt umher; sie versucht immer, den Toren des unteren Edens nahe zu kommen, aber da erblickt sie sogleich die zwei Cherubim, welche das Tor bewachen; sie setzt sich dem flammenden Schwert gegenüber, aber in dem Augenblick, da das Schwert sich wendet, flieht sie davon, kehrt in die Welt zurück und schweift dort wieder umher. Findet sie dann Kinder, die gestraft werden sollen, so fängt sie mit ihnen ein Spiel an und tötet sie; ihre Macht währt aber nur in der Zeit des abnehmenden Mondes, wo sein Licht sich vermindert."
(Lit.: Die Sagen der Juden I, S 325f)
Die spätere jüdische Tradition bringt Lilith auch mit König Salomo und mit dem Dämonenfürsten Asmodäus in Beziehung. So soll die legendäre Königin von Saba, die Salomo zur Zeit des

Tempelbaus besuchte, in Wahrheit Lilith gewesen sein. Und die beiden Dirnen, die Salomo um ein Urteil baten (1 Kön 3,16-28 EU), wem das Neugeborene, um das sie stritten, gehören solle, seien Lilith und deren Tochter Na'ama gewesen.

In jüdisch-feministischer Theologie wird Lilith im Midrasch beispielsweise als eine Frau dargestellt, die sich nicht Gottes, sondern Adams Unterordnungswillen entzieht und im Gegensatz zu Eva resistent gegen den Teufel ist. Sie symbolisiert positiv die gelehrte, starke Frau.

In einer anderen Version brachte Lilith als erste Frau Adams Gott dazu, ihr seinen heiligen Namen zu verraten. Der Name verlieh ihr anschließend unbegrenzte Macht. Lilith verlangte Flügel von Gott und flog davon. Lilith wird auch im jüdischen Talmud wie auch in einer Textstelle (Jes 34,14 EU) der Bibel erwähnt."

Das Interessante an der Geschichte mit Lilith ist, dass es zunächst heißt, Gott schuf die Frau aus demselben Lehm, und einige Verse später heißt es in der Bibel, Gott schuf die Frau aus der Rippe des Mannes – nämlich Eva. D.h. vor Eva gab es eine andere Frau. Wenn wir uns nun der Schöpfungsgeschichte aus dem Koran widmen, dann wurden Mann und Frau aus demselben Wesen erschaffen. Die Schöpfung aus der Rippe ist kein Koranvers, sondern lediglich eine Überlieferung, die der Prophet gesagt haben soll.

Die Erwähnung Liliths ist aus mystischer Perspektive sehr interessant.[191] Dabei geht man davon aus, dass Lilith als frei und ungezähmte weibliche Kraft und Eva als liebevolle Mutter in jeder Frau im Unterbewusstsein leben. Lilith ist nicht einfach eine Feministin, sondern sie ist die feminine Erotik und Weib-

---

[191] http://www.zeitpunkt.ch/fileadmin/download/ZP_109/ZP_109_Die_Befreiung_der_Lilith.pdf

lichkeit selbst. Wenn aber in einer Gesellschaft Frauen, die beides in sich tragen, das nicht leben können, dann passiert das heutzutage weit verbreitete Tun: der Mann hat einmal seine Ehefrau und Mutter seiner Kinder (Eva) zu Hause, hat aber noch eine Geliebte (Lilith), mit der er seine sexuellen Fantasien ausleben will. Normale Männer haben Angst vor einer Lilith, weil sie die männliche Dominanz nicht akzeptiert und eine erotische Verführung darstellt, der die Männer nicht widerstehen können. Insgeheim aber sehnen sich Männer nach einer solchen Frau wie Lilith, die ihre Sinnlichkeit ungehindert zum Ausdruck bringt, die zu ihrer Sexualität steht, die initiativ ist und verführerisch sein kann. Männer aber werten solche Frauen lieber ab und machen sie schlecht, aber insgeheim sehnen sie sich nach solchen Frauen.

Damit aber die Geschlechter zusammenleben können, müssen beide Geschlechter in die Spiritualität gehen. Eine Lilith wird nur mit einer vollen Achtsamkeit zufrieden sein. Man darf sie nicht kontrollieren, denn sonst riskiert man, dass sie rebelliert, aber andersherum ihr nur die Kontrolle zu geben und zum Waschlappen zu werden, wird ihr auch nicht gefallen. Daher können Liliths Männern zu hoher Spiritualität verhelfen, weil sie gezwungen sein werden, immer achtsam, stark und bewusst zu sein. Nur Männer mit hohem Niveau kommen mit einer Lilith klar. Frauen müssen sich daher ihrer Lilith stellen und sie rauslassen. Denn nur so kann sie eine kompromisslose Liebe verbreiten.

Laut Islam gibt es vier Hauptschriften und 100 Urschriften, die Suhuf genannt werden. Worauf beziehen sich nun die 100 Urschriften? Das kann man faszinierenderweise aus jüdisch-christlicher Sicht erklären. Die Apokryphen können eine mögliche Erklärung liefern. Wenn man zwischen alttestamentlichen und neutestamentlichen Apokryphen unterscheidet, beziehen sich die alttestamentlichen Apokryphen auf das Alte Testament der Bibel, das bei Juden und Christen gleich ist. Das Alte Testament wird im Judentum Tanach[192] genannt.

Wenn wir die Tanach aus der jüdischen Lehre nehmen, so besteht sie aus 39 Schriften:

Thora	Geschichte	Prophet	Weisheit
1.Buch Moses	Josua	Hosea	Psalter
2.Buch Moses	B. der Richter	Joel	Hiob
3.Buch Moses	I. Samuel	Amos	Sprüche
4.Buch Moses	II. Samuel	Obadja	Ruth
5.Buch Moses	I. Könige	Jona	Hohelied
	II. Könige	Micha	Prediger
	Jesaja	Nahum	Klagelieder
	Jeremia	Habakuk	Esther
	Hesekiel	Zefania	Daniel
		Haggai	Esra
		Sacharja	Nehemia
		Maleachi	
			Chroniken
			I. Chronik
			II. Chronik

Quelle: Gott, Schöpfung und Mensch, Giovanni Grippo, S. 16

Die Thora ist Teil des Alten Testaments der christlichen Bibel und die Tanach unterscheidet sich um wenige Bücher vom Alten Testament der christlichen Bibel. Die christliche Bibel besteht aus dem Alten und Neuen Testament. Die Christen bezeichnen die Thora „Pentateuch". Im Islam heißen nur die vier Evangelien

---

[192] Als Tanach bezeichnet man die Thora, die Prophetenbücher und die Weisheitsschriften im Judentum. Im Christentum nennt man Tanach das Alte Testament, obwohl es ein Paar wenige Abweichungen in der Anordnung und der Anzahl gibt.

Incil, und nicht das ganze Neue Testament. Die Bibel der Christen umfasst 65 Schriften.

Das Alte Testament		Das Neue Testament	
Petateuch	**Weisheit**	**Evangelien**	**Briefe**
1. Buch Moses	Buch Hiob	Matthäus	Römer
2.Buch Moses	Psalter	Markus	I.Korinther
3.Buch Moses	Sprüche	Lukas	II.Korinther
4.Buch Moses	Prediger	Johannes	Galater
5.Buch Moses	Hohelied		Epheser
	Klagelieder		Philipper
			Kolosser
Geschichte	**Propheten**		Thessalonicher
Josua	Jesaja		Thessalonicher
Buch der Richter	Jeremia		I.Timotheus
Ruth	Hesekiel		II.Timotheus
I.Samuel	Daniel		Titus
II.Samuel	Hosea		Philemon
I.Könige	Joel		I.Petrus
II.Könige	Amos		II.Petrus
I.Chronik	Obadja		I.Johannes
II.Chronik	Jona		II. Johannes
Esra	Micha		III.Johannes
Nehemia	Nahum		Hebräer
Esther	Habakuk		Jakobus
	Zefanja		Judas
	Haggai		
	Sacharja		**Prophetisch**
	Maleachi		Offenbarung

Quelle: Gott, Schöpfung und Mensch, Giovanni Grippo, S. 17

Laut der Scharia[193] sind die vier Evangelien ein Buch, das Allah an seinen Propheten Jesus Christus gesandt hat. Er hatte die Aufgabe, diese in seine Zeit und in seine Sprache zu übersetzen und dem jüdischen Volk zu verkünden. Lt. Islam ist das Originalbuch, welches an Jesus gesandt wurde, verschollen und ist nicht vergleichbar mit dem heutigen Neuen Testament der Christen.

Wenn wir nun die vorhergehenden Tabellen zusammenzählen und die übereinstimmenden Schriften nur einmal zählen, dann kommen wir auf insgesamt 56 Schriften. Als Teil der 100 Urschriften müsste man also neben der Thora, den Psaltern und den Evangelien alle anderen Bücher auch berücksichtigen. D.h. dass diese beiden Tabellen nicht alle Urschriften berücksichtigen, sondern wir auch die Apokryphen berücksichtigen müssen.

Nach islamischer Auffassung gab es 10 Suhuf für Adam. Adam gilt nur im Islam als Prophet. Demnach soll Adam uns eine Apokryphe hinterlassen haben mit dem Namen „Das Leben Adams und Evas" oder „Apokalypse des Adam" oder „Testament Adams". Lt. Altertumsforschung stammt diese Apokryphe aus dem 1. Jahrhundert v. Chr. und zitiert Stellen aus dem Tanach. Beeinflusst wurde sie hauptsächlich von den jüdischen Lehren aber auch ägyptische und griechische Einflüsse sind zu finden.

50 Suhuf gingen an Seth, den 3. Sohn Adams, dem somit eine Apokryphe zugeschrieben wird. Bezeichnet wird sie als „Schatzhöhle" und berichtet über die Vermittlung der Geheimnisse von Adam an seinen Sohn Seth sowie den Fall der Sethi-

---

[193] Die Scharia ist das interpretierte Gesetz des Islam. Die Scharia ist für Moslems ein verbindlicher Wegweiser neben dem Koran.

den[194]. Diese Apokryphe ist sehr umfangreich. Sie beginnt mit der Entstehung der Welt und endet mit der Auferstehung des Messias. Es ist umstritten, ob die Entstehungszeit nicht vom syrischen Kirchenvater Ephräm geschrieben wurde. Ephräm der Syrer lebte im 7. Jahrhundert n. Chr.. Diese syrisch-aramäische Urfassung wurde ins Arabische und Georgische übersetzt, wodurch diese unter den Christen des Nahen Ostens eine sehr wichtige Rolle spielt.

30 Suhuf gingen an Henoch, der nach islamischer, christlicher und jüdischer Auffassung ein Prophet war und auf Adam folgte. Im 2. Jahrhundert v.u.Z. traten drei apokryphische Bücher auf, die auf Henoch zurückgehen sollen. Man vermutet, dass diese Apokryphen um das Jahr 170 v.u.Z. entstanden sind. Die Henoch Literatur ist der Kern des äthiopischen, des slawischen und des hebräischen Buches. Die äthiopische Fassung ist die bis heute vollständigste Fassung von allen drei Versionen. Sie sind unterschiedlich aufgebaut und haben unterschiedliche Inhalte, aber beinhalten gleich Henoch verehrende Aussagen.

10 Suhuf gingen an Abraham, der der Verfasser des Buches Schöpfung sein soll. Man nennt dieses Buch der Schöpfung auch Sepher Jesirah, welches kurz und dogmatisch in poetischer Weise die Zusammenhänge der Schöpfung erklärt. Dieses Buch ist eines der ältesten rabbinischen Traktate und wird als das älteste Werk der Kabbalah angesehen, obwohl es mindestens 500 Jahre vor der Entstehung der Kabbalah entstand.

Wenn wir nun alles zusammenfassen, dann gibt es neben den 100 Suhuf 4 Hauptschriften, die nach islamischer Auffassung Bücher sind, die von Gott einem Propheten zugesandt wurden. Im Judentum gelten weder Moses noch König David als Prophe-

---

[194] Als Sethiden wird ein antikes, biblisches Volk bezeichnet, welches auf Seth zurückzuführen ist. Die Existenz dieser wird aber von Archäologen bezweifelt.

ten. Lt. der rabbinischen Tradition erhielt Moses die Zehn Gebote und die gesamte Thora. Das Christentum erkennt auch weder Moses noch König David als Propheten. König David soll der Empfänger der 150 Psalmen, die auch „Buch der Psalter" (älter „Buch der Psalmen") bezeichnet werden. Der Islam bezeichnet das Buch der Psalmen als Zebur und ist gleichbedeutend wie die Thora, die Evangelien und der Koran.

Welche Rolle Jesus gespielt hat, ist in allen drei Abrahamitischen Religionen unterschiedlich gewertet. Gemäß Islam ist Jesus ein Prophet namens Isa ibn Marjam. Das Judentum erkennt Jesus weder als Propheten noch als Messias an. Die Begründung ist, dass einerseits seine Kreuzigung und andererseits seine Machtlosigkeit gegenüber den römischen Besatzern ein Zeichen dafür sei, er sei keines von beiden. Nach jüdischer Auffassung hätte weder ein Prophet noch ein Messias gekreuzigt werden können. Ein Messias steht für die Änderung der politischen Lage zugunsten des jüdischen Volkes. Da Jesus laut den Evangelien gekreuzigt wurde und keine politische Änderung zugunsten des jüdischen Volkes erwirkt hat, gilt er somit lt. dem Judentum nicht als Prophet und nicht als Messias. Es gibt zwei Arten von Messias, einerseits den politischen Rebell, von denen es zu der Zeit der römischen Besatzung viele gab und den Messias, der während des Jüngsten Gerichts[195] auf die Erde kommen wird. Die Thora bezieht sich meistens auf den zweiten Messias. Lt. Islam gilt Jesus als Prophet, aber auch dort ist man der Auffassung, dass ein Prophet hätte nicht gekreuzigt werden können. Der Koran hat aber dieses Thema wie folgt gelöst:

„und wegen ihrer Rede: „Wir haben den Messias, Jesus, den Sohn der Maria, den Gesandten Allahs, getötet", während sie ihn doch weder erschlagen noch gekreuzigt hatten, sondern dies

---

[195] Das Jüngste Gericht stellt die jüdische, christliche und islamische Auffassung von einem das Weltgeschehen abschließenden göttlichen Gericht dar.

wurde ihnen nur vorgetäuscht; und jene, die in dieser Sache uneins sind, sind wahrlich im Zweifel darüber; sie haben keine Kenntnis davon, sondern folgen nur einer Vermutung; und sie haben ihn nicht mit Gewißheit getötet. "[196]

Nach christlicher Auffassung ist Jesus Christus der leibliche Sohn Gottes, welche aber weder von den Juden noch von den Moslems geteilt wird. Während die Juden Jesus weder als Mesias noch als Propheten sehen, nehmen die Aussagen im Koran eine versöhnliche Haltung seiner Person gegenüber ein. Er sei nicht der leibliche Sohn Gottes, aber ein Prophet, dem eine Urschrift namens „Indschil"[197] herabgesandt wurde. Allerdings gilt nach islamischer Auffassung das Originalbuch der Evangelien als verloren. In christlichen Kreisen sogar hat sich diese Meinung in den letzten Jahrzehnten herausgebildet, da die redaktionellen Änderungen der katholischen Kirche zu dieser Meinung geführt haben. Man geht heute davon aus, dass in den „Thomas-Evangelien", die eine Apokryphe sind und aus dem 4. Jahrhundert n.u.Z. stammten, die wahren Worte Jesu Christi nachzulesen seien.[198]

Moses, König David und Jesus Christus werden im Islam als legitime Propheten anerkannt und verehrt, wobei Mohammed der letzte Prophet Allahs auf Erden war. Der Koran ist das heilige Buch des Islam und die letzte und endgültige Offenbarung Gottes an die Menschheit.

Der Koran umfasst 114 Kapitel, die sogenannten Suren. Der Koran wurde buchstabengetreu dem Propheten Mohammed übermittelt und ist eine Offenbarung Allahs an Mohammed in

---

[196] Koran 4; 157 http://islamische-datenbank.de/index.php?option=com_quran&action=display
[197] Indschil wird auch Incil geschrieben. Damit sind die Evangelien also die Bibel gemeint.
[198] Giovanni Grippo, Gott, Schöpfung und Mensch, S. 25 ff

einem Zeitraum von 22 Jahren. Es wird verdeutlicht, dass der Koran ein göttliches Werk ist und kein von Menschen verfasstes Schriftwerk, worauf viel Wert gelegt wird. Islamische Gelehrte betonen immer wieder, dass der Koran seit dem Tage seiner Offenbarung unverändert erhalten geblieben ist und eine Zusammenfassung aller religiösen Lehren aller Zeiten auf der ganzen Welt ist. Der Koran ist der endgültige Abschluss des göttlichen Gesetzes. Moses, König David und Jesus Christus haben Teilstücke der göttlichen Offenbarung erhalten und haben diese in ihre Zeit und in ihre Sprache übersetzt. Da sie im Auftrag Gottes gehandelt haben, werden sie im Islam respektiert und verehrt. Mohammed dagegen genießt diesen Respekt nicht unbedingt im Judentum und Christentum gleichermaßen.

Interessant ist auch, dass in allen drei Religionen die Numerologie eine wichtige Rolle spielt. Die Numerologie ist die Lehre der Zahlen. Sowohl im Hebräischen, Griechischen und Arabischen Alphabet gibt es eine Verbindung zwischen Buchstaben und entsprechenden Zahlenwerten.
Das Hebräische Alphabet hat 22 Buchstaben, das alte Griechische Alphabet hat 27 Buchstaben und das Arabische Alphabet hat 28 Buchstaben. Da der Koran als das letzte Wort Gottes verstanden wird, stellt es den 28. und letzten Buchstaben im Alphabet dar. 22 Buchstaben des Hebräischen Alphabets stehen für die 22 Schriften des Judentums, die 27 Buchstaben des griechischen Alphabets stehen für 5 zusätzliche Schriften des Christentums und der 28. Buchstabe des arabischen Alphabets steht für eine zusätzliche Schrift des Islam (22 + 5 + 1), nämlich dem Koran.

Somit können die jüdische und christliche Anordnung der Schriften gleichwertig nebeneinander bestehen bleiben. Diese Haltung nahm auch der Islam gegenüber Judentum und Christentum ein, allerdings wurde der Vorwurf der Verfälschung der jüdischen und christlichen Schriften erhoben, was den Austausch unter den Religionen erschwert. Im Koran wird nicht von Verfälschung gesprochen, sondern von Missdeutung und Vergessen. Dieser Vorwurf der Verfälschung geht auf Ibn Hazm al Andalusi zurück, einem Moslem aus zweiter Generation, der westgotischer Abstammung war. Er lebte im 11. Jahrhundert auf der Iberischen Halbinsel, wo der Islam ab 711 n.u.Z. begann, Fuß zu fassen. Islamische Gelehrte fingen an, die Thora und die Evangelien zu studieren mit der Begründung, dass man die Schriften, von denen der Koran berichtet, kennen sollte und dass Jesus das Kommen Mohammeds prophezeit haben soll. Da es beim Abgleich Abweichungen gab, kam man zu der Auffassung, dass die Bibel verändert wurde.

Im Koran heißt es:

„Und da sagte Jesus, der Sohn der Maria: „O ihr Kinder Israels, ich bin Allahs Gesandter bei euch, der Bestätiger dessen, was von der Thora vor mir gewesen ist, und Bringer der frohen Botschaft eines Gesandten, der nach mir kommen wird. Sein Name wird Ahmad sein." Und als er zu ihnen mit den Beweisen kam, sagten sie: „Das ist ein offenkundiger Zauber."[199]
Ahmad bedeutet im Arabischen genau wie der Name Mohammed Gelobter oder Gepriesener. Diese Aussage aus dem Koran gibt an, dass das Kommen Mohammeds von Jesus Christus vorausgesagt wurde. Allerdings findet sich diese Aussage weder in den Evangelien noch in den neutestamentlichen Apokryphen wieder. Daher hat Ibn Hazm al Andalus die Behauptung aufgestellt, dass die inhaltlichen Abweichungen und Unterschiede der Thora und in der Bibel darauf zurückgeführt werden müssen, dass die Schriften verfälscht worden seien. Der Koran wurde von Gott allein aus dem Grund offenbart, weil sie die letzte Offenbarung an die Menschheit richtet, um den ursprünglichen

---

[199] Koran 61; 6 http://islamische-
datenbank.de/index.php?option=com_quran&action=display

Text erneut und unverfälscht wiederzugeben. In den Zeiten Mohammeds oder in der Zeit von Ibn Hazm al Andalus spielte die Behauptung der Verfälschung keine Rolle. Erst seit den letzten 180 Jahren haben sich die Fronten zwischen den drei Abrahamitischen Religionen verhärtet. Begründet wird dies auch durch die zunehmende Ausbeutung der islamischen Länder durch europäische Kolonialmächte, die bis heute anhält. Erst seit dem 19. Jahrhundert haben islamische Gelehrte den Vorwurf der Verfälschung wieder aufgegriffen. Paradoxerweise haben Werke historisch-kritischer, christlicher Theologen sie dabei unterstützt. Die Werke christlicher Theologen und europäischer Schriftgelehrter, die die geschichtliche Glaubwürdigkeit und die Unantastbarkeit der Bibel in Frage stellten, wurden ins Arabische übersetzt und lieferten noch mehr Argumente für die Behauptung der Verfälschung der Bibel.

Anzumerken ist aber, dass der Koran insbesondere durch die Auslegungen der sogenannten Mystiker viele Anhänger findet. Die Buchstabengläubigen, die eher in die Ecke der Fanatiker gehören, haben oft durch ihre Engstirnigkeit den Maßstab für das Menschliche verloren und mutieren zum Unmenschen, so wie wir das in der heutigen islamischen Welt leider oft beobachten. Es bilden sich Orden, Gemeinschaften, die ihr Wort bzw. ihre Auslegungen über dem Verständnis der anderen legen und nur den einen Weg als den richtigen anerkennen. Alles, was darüber hinausgeht, wird als satanisch, böse, falsch, abergläubisch oder ungläubig abgestempelt. Was sie nicht erkennen, ist, dass jeder seine eigene Wahrheit hat, die er aufgrund seiner Erfahrungen und seines Wissens aufgebaut hat. Gott ist aber vielfältig. Wenn es nur eine Wahrheit gäbe, dann würde das gegen die Eigenschaft Gottes als der Vielfältige sprechen.

In diesem Zusammenhang ist die Missionierung auch ein wichtiger Aspekt.

Der Islam und das Judentum sind keine missionierenden Religionen. Aus islamischer Sicht soll keiner zum Glauben überredet werden oder zu einem Glauben „bestochen" werden. „Wenn du diesen Glauben annimmst, dann darfst du mein Krankenhaus aufsuchen, du darfst meine Schule besuchen etc." Daher ist in vielen islamischen Ländern die Missionierung verboten, was aber nicht heißt, dass man die übrigen Religionen nicht respektieren würde.

Das Problem ist aber auch, dass, wenn jemand zum Islam aufruft, man das als Rekrutieren bezeichnet, tut es ein Christ, nennt man das Missionieren.

Ich habe aber auch Schriften gelesen, wonach man dem Islam durchaus unterstellt, die Mission zu betreiben. Lt. einiger Quellen[200] existiert im Islam ein anderer Begriff der „Mission". Hier wird die Werbung um den Glauben bzw. der Ruf zum Glauben, die Einladung zum Glauben (arab. Da'wa) als Missionierung definiert. Nein, der Islam kennt keine Mission, aber der Islam hat das Recht und die Freiheit, sich Anhängern oder anderen Menschen vorzustellen, damit ist eigentlich der islamische Fachterminus „Einladung" gleich „Da'wa" gemeint.

„Rufe auf zum Weg deines Herrn mit Weisheit und schöner Ermahnung und streite mit ihnen auf die beste Art. Wahrlich, dein Herr weiß am besten, wer von Seinem Wege abgeirrt ist; und Er kennt am besten jene, die rechtgeleitet sind."[201]

Mit dieser Einladung ist aber die Religions- und Gewissensfreiheit vorausgesetzt, denn die Religion ist eine Sache des Gewissens. Die Begründung liegt wieder darin, dass im Islam nicht die bloße mündliche Aussage, ein Moslem zu sein, ausreicht, sondern Taten wichtiger sind. Denn es ist wichtig, dass zwischen

---

[200] http://www.ead.de/fileadmin/daten/dokumente/arbeitskreis_islam/17_Die_Islamische_Mission.pdf

[201] Koran 16; 125 http://kuran.gen.tr/?x=s_main&y=s_middle&kid=7&sid=16

dem Menschen und seinem Schöpfer eine emotionale Bindung entstehen muß. Dies ist nur in einem natürlichen Prozess möglich.

„Du[202] kannst nicht dem den Weg weisen, den du liebst; Allah aber weist den Weg, wem Er will; und Er kennt am besten jene, die die Führung annehmen."[203]

Dass man zum Islam nicht gezwungen werden darf, besagt der Koran: *„Es soll kein Zwang sein im Glauben. Gewiß, Wahrheit ist nunmehr deutlich unterscheidbar von Irrtum; wer also sich von dem Verführer nicht leiten läßt und an Allah glaubt, der hat sicherlich eine starke Handhabe ergriffen, die kein Brechen kennt; und Allah ist allhörend, allwissend."[204]*
Genau hier wird deutlich, dass der Mensch Gott in sich erkennen kann, wenn ihm nichts aufgezwungen wird. Er muss sein und nicht etwas vormachen. Das ist im Islam essenziell und kann in keiner Weise relativiert werden auch nicht mit Zwang und Druck, weil man meint, man sei im Besitz der einzigen Wahrheit.

„Und sprich: „Die Wahrheit ist es von eurem Herrn: darum laß den gläubig sein, der will, und den ungläubig sein, der will." "[205]

„Euch euer Glaube, und mir mein Glaube." "[206]

Ich möchte anmerken, dass auch wenn im Koran Verse stehen, die kriegerisch sind oder seltsame Regeln festgelegt werden, am Ende immer eine mystische Bedeutung dahinter steckt. Einige dieser Beispiele werde ich im Laufe dieses Werks klären bspw. das Opfern eines Lammes, was die Tierschützer jedes Jahr akti-

---

[202] Damit ist der Gesandte Gottes Mohammed gemeint.

[203] Koran 28; 56 http://kuran.gen.tr/?x=s_main&y=s_middle&kid=7&sid=28

[204] Koran 2; 256 http://kuran.gen.tr/?x=s_main&y=s_middle&kid=7&sid=2

[205] Koran 18; 29 http://kuran.gen.tr/?x=s_main&y=s_middle&kid=7&sid=18

[206] Koran 109; 6 http://kuran.gen.tr/?x=s_main&y=s_middle&kid=7&sid=109

viert oder die Bedeutung der Huris, der sogenannten Jungfrauen im Paradies. Nach einfachem Verständnis könnte man denken, dass das Paradies ein Freudenhaus wäre.

Der Glaube an den jüngsten Tag[207]

Bei diesem Glaubensgrundsatz muss der Moslem an zwei Dinge glauben:

1. Dass er ohne Bedenken daran glaubt, dass es eine Auferstehung gibt, dass es eine Abrechnung gibt, bei der Gott selbst jeden einzelnen zur Rechenschaft zieht, dass es Paradies und Hölle gibt und jede Seele – nach ihrer gerechten Beurteilung durch Gott selbst – in einem der beiden ihren Platz einnehmen wird.

2. dass er an alles glaubt, was der ehrwürdige Koran und die korrekten Hadise des Gesandten und Propheten Gottes, Mohammed (s.a.s.) über den Jüngsten Tag – und was damit zusammenhängt – aussagen.

Folgende Dinge sind in diesen zwei Punkten erfasst:

- der Tod und der Todesengel
- die Heimsuchung im Grab, die Befragung durch die zwei Engel, die Bestrafung der Ungläubigen im Grab, die Annehmlichkeit und Wohltat als Belohnung für die Gläubigen im Grab
- die Zeit des Barzakh zwischen dem Aufenthalt im Grab und der Auferstehung
- die Zeichen für die Nähe und das Anbrechen des Jüngsten Tages
- die kleinen Zeichen als Ankündigung des Jüngsten Tages

---

[207] Ahmad A. Reidegeld, Handbuch Islam – Die Glaubens- und Rechtslehre der Muslime, Verlag Spohr, S. 69 ff.

-   die Großen Zeichen als Ankündigung des Jüngsten Tages
-   der Beginn des Jüngsten Tages
-   die Auferstehung
-   die Versammlung
-   Belohnung und Bestrafung für die Taten
-   Das Stehen des Einzelnen vor dem Thron Gottes und die Abrechnung
-   Der Teich
-   Die Waage
-   Der Weg
-   Paradies und Hölle

Der Glaube an die Vorherbestimmung[208] (Quadr[209])

Der Glaube an die Vorherbestimmung gehört zu den schwierigsten Themen.

Ich werde mich den wichtigsten Dinge zu diesem Thema widmen. Der Moslem ist verpflichtet, daran zu glauben, dass es eine Vorherbestimmung bestimmter Dinge gibt. Wer das leugnet, gilt als ungläubig.

Die Vorherbestimmung, auch Qadr im Arabischen genannt, kann nur von Gott festgelegt werden, demr aber der „freie Wille des Menschen" gegenüber steht. Hier besteht ein völliger Widerspruch, der auch Moslems oft verwirrt.

„Keiner wird sterben ohne Allahs Erlaubnis; (denn dies geschieht) gemäß einer zeitlichen Vorherbestimmung. Und dem, der den Lohn der Welt begehrt, geben Wir davon, und dem, der

---

[208] Ahmad A. Reidegeld, Handbuch Islam – Die Glaubens- und Rechtslehre der Muslime, Verlag Spohr, S. 68 ff.
[209] Weitere Schreibweisen sind Kader.

den Lohn des Jenseits begehrt, geben Wir davon; wahrlich, Wir werden die Dankbaren belohnen. "[210]

Wie kann der Mensch einerseits für sein Handeln, sein Tun und Lassen verantwortlich sein und andererseits sind die Dinge, die er in seiner Handlung tut, schon vorbestimmt? Die Antwort liegt darin, dass nicht alles von seiner Geburt an für ihn vorbestimmt ist.

Nach Qadr, also der Vorbestimmung des Menschen im Sinne des Islam, sind folgende Dinge, von dem Zeitpunkt an, wo er im Mutterleib mit einer Seele versehen wird, nur vorbestimmt:

- ob es ein männliches oder weibliches Wesen wird,
- ob es (grundsätzlich) glücklich oder unglücklich im Leben sein wird,
- wie sein Lebensunterhalt aussehen wird,
- wie alt es sein werden wird.

Es ist keine Vorbestimmung im Sinne des Islam, ob jemand gläubig oder ungläubig sein wird. Nun können wir uns die Frage stellen, was die Möglichkeit des Menschen ist und wie diese Möglichkeit durch die Macht, die Herrschaft und den Willen Gottes begrenzt ist.

Auf der einen Seite umfasst Gott alles mit seinem Wissen, d.h. er weiß bereits von Anbeginn der Zeit, was sich zu irgendeinem Zeitpunkt ereignen wird, weil Gott nicht wie die geschaffenen Wesen durch Raum und Zeit eingeschränkt ist, der Mensch aber innerhalb seiner Zeit und seiner Existenz, die raum- und zeitbe-grenzt ist, in bestimmten Dingen in der Lage ist, eine Entschei-

---

[210] Koran 3; 145 http://islamische-datenbank.de/index.php?option=com_quran&action=search&text=welt&min=10&show=10

dung zu treffen, ob er eine gute oder schlechte Tat tun soll.

Wenn der Mensch nicht die Entscheidung über seine Handlungen hätte, dann wäre es ungerecht, ihn für seine Sünden im Jenseits zu bestrafen, was nicht denkbar ist, weil zu den Eigenschaften Gottes auch die der Gerechtigkeit gehört.

In einem Hadis heißt es, dass zwar Gott bestimmte Dinge wie auch Unglücke und Heimsuchungen vom Himmel herabsendet – weil halt vorherbestimmt – aber der Gläubige sich durch seine Wünsche und Gebete an Gott wenden kann, die ihn vor diesen Unglücken auch bewahren können, wenn Gott ihm den Wunsch erfüllt hat. D.h wiederum, dass der Mensch durchaus die Möglichkeit hat, gemäß dem Plan Gottes an seinem Schicksal mitzuwirken; zu Sünden aber ist kein Mensch durch die Vorherbestimmung gezwungen. Daher kann der Mensch durch seine Lebensweise und Entscheidungen ins Paradies gelangen, nur die Leichtigkeit und Beschwerlichkeit sind unterschiedlich.

Es heißt ja auch, dass der Mensch durch die Almosen, die er an Bedürftige weitergibt, auch in der Lage ist, sein Leben zu verlängern.

Die fünf Grundpfeiler des Islam

Die Grundpfeiler des Islam bilden das Hauptgerüst des Islam mit den Glaubensgrundsätzen und sind Pflicht für jeden Moslem.

Das Bekenntnis – Schahada

Alles beginnt mit dem Glaubensbekenntnis. Es lautet übersetzt „Ich bekenne, dass es keinen Gott gibt außer Gott, und ich bekenne, dass Mohammed (s.a.s) Sein Diener ist und Sein Gesandter." Der erste Teil bezeugt die absolute Einheit und Einzigartigkeit Gottes, während der zweite Teil das Prophetentum, die Gesandtschaft des Propheten Mohammed (s.a.s) bekräftigt. Im ersten Teil wird die Existenz irgendeiner Gottheit außer dem einen Gott ganz und gar ausgeschlossen und soll dem Gläubigen dies klarmachen, damit er die Einheit, Einzigartigkeit und Unvergleichlichkeit Gottes ohne Zugeständnis und Kompromiss vor Gott sich selbst und allen, die die Einheit Gottes bekennen, bezeugen kann. Im zweiten Teil wird dafür Sorge getragen zu bezeugen, was die Moslems von den Menschen unterscheidet, die zwar die Einheit Gottes bezeugen, aber den Propheten Mohammed (s.a.s) nicht als Propheten anerkennen.

Das Gebet – Salah

„Und wenn ihr das Gebet verrichtet habt, dann gedenket Allahs im Stehen, Sitzen und im Liegen. Und wenn ihr in Sicherheit seid, dann verrichtet das Gebet; wahrlich das Gebet zu bestimmten Zeiten ist für die Gläubigen eine Pflicht."[211]

---

[211] Koran 4; 103 www.islamische-datenbank.de

Das tägliche Gebet ist eines der wichtigsten Glaubensdinge, stellt die zweite Säule des Islam dar und ist somit absolute Pflicht.

Im Islam gibt es im Gebet einen Unterschied. Im Arabischen nennt man das Gebet „Salah", also übersetzt „hingelangen zu" bzw. „Verbindung". D.h. das Gebet verbindet den Menschen mit Gott ohne Vermittler. Das Gebet (Salah) ist aber vom formfreien Bittgebet (Dua) zu unterscheiden. Das Salah hat eine genaue Form und muss fünf Mal am Tag verrichtet werden. Während man das Salah in der klassischen Form arabisch vollzieht, kann das formlose Bittgebet in jeder Sprache ausgeführt werden. Der Prophet (s.a.s.) hat gesagt: „Betet, wie ihr mich beten seht." Dua bedeutet „Anrufung" oder „Bitten" und kann von jedem so verrichtet werden, wie er es will und in welcher Sprache er es tun will. Dua ist also ein persönliches Bittgebet eines Moslems bzw. Gläubigen oder umgangssprachlich eine persönliche Wunschäußerung an den Schöpfer direkt.

Der Prophet Mohammed (s.a.s.) hat die Bedeutung des Gebetes wie folgt beschrieben: *„Stellt euch vor, jemand von euch hätte vor seiner Haustür einen Fluß, in dem er fünfmal am Tage baden würde; würde dann etwas von seinem Schmutz an ihm zurückbleiben?" „Nichts von seinem Schmutz würde an ihm zurückbleiben" antworteten die Leute. Der Prophet (s.a.s.) sagte: „Genauso ist es mit den fünf Gebeten, durch die Allah die Sünden tilgt."*

„Er verordnete für euch die Religion, die Er Noah anbefahl und die Wir dir offenbart haben und die Wir Abraham und Moses und Jesus anbefohlen haben. Nämlich (die), in der Einhaltung der Religion treu zu bleiben und euch deswegen nicht zu spalten. Hart ist für die Götzendiener das, wozu du sie aufrufst. Allah

erwählt dazu, wen Er will, und leitet dazu den, der sich be-kehrt. "[212]

Das Gebet soll den Menschen mit Gott direkt verbinden. Daher ist im Islam auch nicht erlaubt, sich symbolisch irgendetwas hinzustellen, um sich ein Bild von Gott zu machen. In den 10 Geboten Moses heißt es auch „Du sollst Dir kein Bild von Gott machen."

Das fünfmalige Gebet, welches wie ein Ritual nach bestimmten Formen durchgeführt wird, dient dazu, dass man alle weltlichen Gedanken loslässt und sich dem Moment hingibt, um mit seinem Schöpfer eins zu sein. Denn sich mit dem Schöpfer zu verbinden, bedeutet Ruhe, Harmonie, Glück etc. Es ist die Bewusstheit durch die Präsenz. Es ist auch Pflicht, das Gebet zu seiner Zeit auszuüben und daran festzuhalten.

„Haltet die Gebete ein, sowie das mittlere Gebet. Und steht in demütiger Ergebenheit vor Allah. "[213]

Diese Stelle im Koran weist darauf hin, sich regelmäßig an die Gebetszeiten zu halten. Menschen, die ihr Gebet konsequent und zum richtigen Zeitpunkt verrichten, berichten auch oft, dass sie damit ihren Alltag viel effektiver gestalten können. Das ist mit einem Zeitmanagement zu vergleichen. Sie haben die einzelnen Zeitpunkte, an denen sie das Gebet verrichten können, und können ihre alltäglichen Aufgaben entweder davor oder danach erledigen. Somit schaffen sie am Tag deutlich mehr, als wenn sie planlos in den Tag hineinleben.

„Und wie er näher herankam, wurde er angerufen: „O Moses! Ich bin es, dein Herr. So zieh deine Schuhe aus; denn du bist im heiligen Wadi Tuwa. "[214]

---

[212] Koran 42; 13 www.islamische-datenbank.de
[213] Koran 2; 238 www.islamische-datenbank.de
[214] Koran 20; 11-12 www.islamische-datenbank.de

Diese Koranstelle weist darauf hin, dass durch das Ausziehen der Schuhe gemeint ist, sich von den weltlichen Dingen loszulösen und sich dem heiligen Wadi Tuwa hinzugeben. Denn wenn man es beim Gebet nicht schafft, sich von seinen Gedanken loszutrennen, dann ist es so, als ob das Gebet nicht verrichtet worden ist. Man würde auch in diesem Falle nicht den Vorteil des in sich Ruhens und des inneren Ausgleichs als Vorteil eines Gebetes mitnehmen. Denn das Gebet ist dafür da, um die Präsenz einzuüben, die am Anfang sehr schwierig ist und über die Jahre immer größer wird.

Wenn wir einen Vergleich wagen: Wenn eine Mutter ihr Baby an die normale Nahrung während der Stillzeit gewöhnen will, dann fängt sie an, dem Baby langsam normale Nahrung zu geben, um es vom Stillen abzugewöhnen. Die weltlichen Dinge können wir mit der Milch vergleichen und die normale Nahrung mit Gott. Der Mensch gewöhnt sich von den weltlichen Dingen ab, um Gott näher zu kommen. Das Mittel dazu ist das Gebet. Denn durch das Erlernen der Präsenz, die im Laufe der Zeit immer länger wird, weil es somit eingeübt wird, steigt auch die Bewusstheit. Diese Präsenz ist sehr wichtig im weiteren Leben, um in sich geruht das Leben, sei es in der Karriere oder in der Beziehung, zu meistern. Das Gebet ist das beste Geschenk, was jeder Mensch sich selber machen kann; denn es ist für uns und für sonst niemanden. Eine Gesellschaft, in der die Menschen regelmäßig beten, kann nicht von Zweifel, Hass, Gewalt und Terror geprägt sein.

„Verlies, was dir von dem Buche offenbart wurde, und verrichte das Gebet. Wahrlich, das Gebet hält von schändlichen und abscheulichen Dingen ab; und Allahs zu gedenken, ist gewiß das Höchste. Und Allah weiß, was ihr begeht.“[215]

---

[215] Koran 29; 45 www.islamische-datenbank.de

„Wahrlich, Ich bin Allah. Es ist kein Gott außer Mir; darum diene Mir und verrichte das Gebet zu Meinem Gedenken."[216]

„O ihr, die ihr glaubt, nahet nicht dem Gebet, wenn ihr betrunken seid, bis ihr versteht, was ihr sprecht, noch im Zustande der Unreinheit - ausgenommen als Reisende unterwegs -, bis ihr den Gusl vorgenommen habt. Und wenn ihr krank seid oder euch auf einer Reise befindet oder einer von euch von der Notdurft zurückkommt, oder wenn ihr die Frauen berührt habt und kein Wasser findet, dann sucht guten (reinen) Sand und reibt euch dann Gesicht und Hände ab. Wahrlich, Allah ist Allverzeihend, Allvergebend."[217]

Neben der meditativen Aspekte des Gebetes ist auch der sportliche Faktor interessant. Denn das Gebet beinhaltet Bewegungen, die für die Entspannung der Nacken- und Rückenmuskulatur wichtig sind. Ferner sind viele Bewegungsabläufe dem Yoga sehr ähnlich. Es ist auch im Monat Ramadan üblich, dass man nach dem Fastenmahl in die Moschee geht und 20 Gebetseinheiten verrichten muss. Bis dahin ist alles Gegessene verdaut und der Gläubige bewegt sich nach dem Essen und würde somit auch nicht mit vollem Magen zu Bett gehen.

Wie alles im Islam, muss man zunächst seine Absicht bekunden, dass man nun das Gebet verrichten will. Diese Absicht bedeutet nichts anderes als sein Ego zu opfern und sich der Präsenz, der Bewusstheit zu unterwerfen.
Wichtig ist beim Beten, dass man es nicht nur tut, damit man seine Pflicht erfüllt hat, sondern es tut, um für einen Moment bewusst und mit sich vereint zu sein und sich der weltlichen Gedanken und Dinge entledigt. Das Gebet ist für das Gebet da

---

[216] Koran 20; 14 www.islamische-datenbank.de
[217] Koran 4; 43 www.islamische-datenbank.de

und nicht dafür, nur als ein Dogma erledigt zu werden.[218] Von daher haben sich in den letzten Jahren auch Meinungen gebildet, dass man sein Gebet nicht unbedingt pünktlich und auf jeden Fall in jedem Ort ausüben sollte, auch wenn man gerade unterwegs ist oder andere Dinge anstehen, sondern sich für das Gebet Zeit nimmt, es bewusster gestaltet und ausübt. Es gibt selbstverständlich die Möglichkeit, das Gebet nachzuholen, wenn man im Laufe des Tages nicht dazu gekommen ist. Dem gegenüber stehen die Meinungen, dass man sich immer und pünktlich dem Gebet zuwenden sollte. Deshalb erlebt man auch in der islamischen Welt, dass insbesondere Ältere Menschen nicht aus dem Haus gehen, damit sie ihr nächstes Gebet nicht verpassen oder wenn sie unterwegs sind, sich nach einem Mescid (Gebetsraum) umschauen, um das Gebet zu verrichten. Mittlerweile sind diese Gebetsräume sogar in Einkaufszentren oder Hotels vorzufinden. Es gibt aber einige islamische Orden, die die Meinung vertreten, dass man auch außerhalb des Gebetes immer in einem Zustand der Bewusstheit sein sollte, d.h. den Alltag mit Bewusstheit lebt.

„Nicht so sind diejenigen, die beten und (die Verrichtung) ihrer Gebete einhalten.“[219]

Eine andere Übersetzung dieses Verses lautet: „Nicht so sind die, die beten Und bei ihrem Gebet verharren.“[220]

Bevor man das Gebet verrichtet, muss man sich jedes Mal rituell waschen und weitere folgende Voraussetzungen erfüllen:

1) Rituelle Reinheit des Körpers,
2) Rituelle Reinheit der Kleidung und Bedeckung der Blöße,

---

[218] Ken'an Rifai, Sohbetler, S. 75
[219] Koran 70; 23 www.islamische-datenbank.de
[220] http://www.kuran.gen.tr/?x=s_main&y=s_middle&kid=7&sid=70

3) Rituelle Reinheit des Gebetsplatzes,

4) Einnahme der Gebetsrichtung;

5) Einhalten der Gebetszeiten,

6) Absicht zum Gebet.

WUDU' (RITUELLE WASCHUNG)[221]

Das Waschen vor dem Gebet seines Intimbereichs, seines Gesichts, seiner Hände, seiner Arme, seiner Ellenbogen und Füße und Kopfes ist Pflicht. Dies wird Wudu´ (rituelle Waschung) genannt.

„O ihr, die ihr glaubt, nahet nicht dem Gebet, wenn ihr betrunken seid, bis ihr versteht, was ihr sprecht, noch im Zustande der Unreinheit - ausgenommen als Reisende unterwegs -, bis ihr den Ghusl[222] vorgenommen habt. Und wenn ihr krank seid oder euch auf einer Reise befindet oder einer von euch von der Notdurft zurückkommt oder wenn ihr die Frauen berührt habt und kein Wasser findet, dann sucht guten (reinen) Sand und reibt euch dann Gesicht und Hände ab. Wahrlich, Allah ist Allverzeihend, Allvergebend. “[223]

„ und reinige deine Kleider “[224]
Dieser Vers wird auch oft als „halte Dein Herz rein" interpretiert. Jedes Ritual im Wudu hat eine Bedeutung aus der mystischen Perspektive. Wir reinigen die wichtigsten Körperteile mit Wasser, um uns sowohl körperlich zu reinigen als auch, um uns

---

[221] Quelle:
http://www.islamaufdeutsch.de/deutsch_islam/islam/Scharia/funf_saulen_arkanul_islam/
das_gebet/wudu_ghusl_tay.htm
[222] Rituelle Ganzkörperwaschung.
[223] Koran 4; 43 http://quran.al-
islam.com/Targama/DispTargam.asp?nType=1&nSeg=0&l=eng&nSora=4&nAya=43&t
=ger
[224] Koran 74; 4 www.islamische-datenbank.de

rein zu fühlen, was einen entscheidenden Einfluss auf unsere Psyche haben wird. Denn allein die Absicht zu hegen, sich zu reinigen, wird das Unterbewusstsein nicht teilnahmslos stehen lassen.

„Und bleibt in euren Häusern und prunkt nicht wie in den Zeiten der Dschahiliya und verrichtet das Gebet und entrichtet die Zakah und gehorcht Allah und Seinem Gesandten. Allah will nur jegliches Übel von euch verschwinden lassen, ihr Leute des Hauses, und euch stets in vollkommener Weise rein halten.“[225]

Die rituelle Waschung hat verpflichtende und freiwillige Bestandteile.

Farz[226] der Wudu (Verpflichtendes)

1. Die Hände und Arme zusammen mit den Ellbogen waschen
2. Das Gesicht waschen
3. Ein Viertel des Kopfes abwischen
4. Die Füße und Fersen waschen.

Sunna der Wudu (Kann man zusätzlich machen)

1. Die Absicht hegen.
2. Die Waschung mit dem Zitat der Basmala beginnen.
3. Die Hände und Handgelenke waschen.
4. Die Zähne mit einer Zahnbürste putzen.
5. Die relevanten Teile des Körpers hintereinander und ohne Unterbrechung waschen.
6. Beim Waschen gründlich rubbeln.
7. Dreimal den Mund mit Wasser ausspülen.

---

[225] Koran 33; 33 www.islamische-datenbank.de
[226] Andere Schreibweise auch Fards.

8. Gurgeln, wenn man nicht fastet.

9. Dreimal Wasser in die Nasenlöcher füllen und mit der linken Hand ausblasen

10. Jeden relevanten Teil des Körpers dreimal waschen.

11. Paare waschen (beispielsweise Füße, Arme, Hände), indem man rechts beginnt.

12. Mit den Finger- und Zehenspitzen beginnen, wenn die Hände und Füße gewaschen werden.

13. Den Bart putzen (wenn man einen besitzt).

14. Alle Ringe, die man trägt, drehen, sodass Wasser unter sie rinnt.

15. Die Ohren abwischen.

16. Den Nacken abwischen.

17. Den ganzen Kopf abwischen.

18. Die Zwischenbereiche der Finger und Zehen waschen.

Interessant ist aber der wissenschaftliche bzw. der medizinische Aspekt des rituellen Waschens. Die Waschung hat nicht nur den Effekt, sich äußerlich zu reinigen, sondern stellt auch eine mentale Reinigung dar. Es handelt sich um eine symbolische Reinigung von den Sünden. Während des Waschvorgangs werden lt. wissenschaftlicher Untersuchungen sowohl die Lymphen im Gesichts- und Kopfbereich sowie im Fußbereich also auch die Blutzirkulation aktiviert. Im Rahmen dieser Studie wurde auch festgestellt, dass die Haut durch Elektromagnetfelder und durch Umwelteinflüsse stark beeinträchtigt wird. Durch die Waschung der Haut werden diese Einflüsse neutralisiert und können der Haut nicht schaden.[227] Ich erkläre das mal so. Es hat auch etwas mit der Aura des Menschen zu tun, die in der Mystik als ein Lichtstrahl um den menschlichen Körper beschrieben wird. Es wird auch das Aurische Ei genannt. Alles, sogar Tiere und

---

[227] Die Untersuchungen beruhen auf den Erkenntnis der Organisation Diyanet und stammt aus dem Werk Diyanet İslam Ansiklopedisi, Abdest maddesi und wurde von der Autorin aus dem Türkischen übersetzt.
http://www.erdemyolu.com/ibadetler/abdest/abdestin-yararlari.html

Pflanzen, haben eine Aura. Sie haben bestimmt bemerkt, wie merkwürdig sich Menschen in Aufzügen verhalten. Sie fühlen sich eingeengt nicht nur aufgrund des engen Raumes, sondern auch weil die übrigen Mitmenschen in ihre Aura gelangen, weil sie sich zu nahe sind. Sobald jemand sein Stockwerk erreicht, kommt ein Aufatmen, eine Erleichterung hoch und die Menschen eilen zügig raus. Die Auren der unterschiedlichen Menschen überlappen sich oder vermischen sich sogar und deshalb spürt man, wenn sich jemand von hinten heranschleicht. Unter Liebenden oder Familien macht das zwar nichts aus, aber bei Fremden kann das Unbehagen auslösen. Das Aurische Ei ist elektromagnetisch, d.h. wenn sie einkaufen, arbeiten, Sex haben, ziehen sie magnetisch Teile der anderen Auras an. Eigene negative Emotionen durchdringen die eigene Aura auch. Also müssen wir die Aura reinigen. Durch das Nehmen eines Bades oder eine Dusche können Sie die negativen Teile in der Aura wegschwemmen. Während Sie sich reinigen, zieht sich die Aura in den Körper zurück. Daher fühlt man sich während der Dusche kurzzeitig für 30 bis 60 Sekunden schwach. Sobald Sie sich abtrocknen, kommt die Aura wieder zurück und alles ist wieder gut.[228] Im Islam heißt es, dass die Sauberkeit göttlich sei. Daher ist die rituelle Waschung ein wesentlicher Bestandteil des Islam. Wenn Sie wütend sind, dann waschen Sie sich und ich garantiere Ihnen, dass es Ihnen danach viel besser gehen wird, weil die negativen Energien weggewaschen werden.

Almosen bzw. die Armensteuer – Zakat

Die Zakat gehört zu den elementarsten Dingen im Islam. Eigentlich ist die Beschreibung für Zakat als „Almosen" bzw. als „Steuer" nicht richtig. Sie ist eine Abgabe eines Anteils je nach

---

[228] Linda Goodman, Star Signs Sternzeichen, Knaur Verlag November 1990, S. 332 – 336.

Vermögen einer Person, der für bestimmte Empfängergruppen verwendet werden muss und keinem anderen Verwendungszwecken dienen darf. Es handelt sich bei den Empfängergruppen nicht unbedingt um Arme. Sie obliegt nicht jedem zu jeder Zeit, sondern sie wird unter besonderen Bedingungen von allen Moslems gefordert, die über eine bestimmte Frist hinaus ein bestimmtes Vermögen, einen bestimmten Besitz, bei sich behalten haben. In islamischen Ländern ist in der Regel die Abgabe nicht institutionalisiert, d.h. jeder muss gewissenhaft seiner Pflicht selber nachkommen, ohne dass der Staat oder eine andere Institution ihn dazu zwingt. Sie stellt auch kein Almosen dar, weil sie keine freiwillige Sache ist; das wäre Sadakat (was man auch spenden kann), sondern sie ist eine Pflichtabgabe im Sinne von Farz. „Zakat" bedeutet in der Übersetzung „(etwas) reinigen". Deshalb wird der Besitz eines Menschen gewissermaßen durch Geben der Zakat bereinigt, weil der jeweilige Anteil des Vermögens einer Person, nach Gottesrecht, nicht demjenigen zusteht, sondern den Empfängergruppen der Zakat.

„Und verrichtet das Gebet und zahlet die Zakat, und beugt euch mit denen, die sich beugen."[229]

Die Zakat ist Pflicht für jeden Moslem. Wenn man ein Vermögen über ein ganzes Mondjahr im Besitz hatte, dann ist die Zakat fällig. Grundsätzlich kann man sagen, dass die Zakat auf Dinge erhoben wird, die in Zahl und Wert zunehmen können, wie z.B. Gold, Silber, Kamele, Rinder, landwirtschaftliche Erträge, Bodenschätze etc. Die Höhe des Zakat wird in der Regel folgendermaßen berechnet. Man nimmt 1/40 seines hinzuverdienten Vermögens als Zakat und „spendet" diese an Bedürftige oder soziale Einrichtungen etc..

---

[229] Koran 2; 43 http://kuran.gen.tr/?x=s_main&y=s_middle&kid=7&sid=2

Besonders interessant fand ich einen Beitrag in einem esoterischen Buch zum Thema Geld. Es geht dabei um das Geheimnis des Geldes.[230] Wenn wir mit Geldverdienen Verlustangst empfinden, dann können wir nicht unser Geld vermehren. Durch das Fehlen von Glücksempfinden werden Menschen zu Depressionen geleitet, die mit der Zeit dazu führt, dass sie ihr Geld auf die eine oder andere Weise verlieren. Das führt zu Habgier, was dazu führt, dass das erworbene Geld „wegschmilzt". Man nennt das auch der Segen des Geldes verschwindet. Denn nicht der Wille, Geld zu verdienen, bringt Geld ein, sondern die Liebe zu dem, was Sie tun, wird Ihnen Geld einbringen. Sie verwirklichen eigentlich damit Ihre Träume. Diese Menschen werden irgendwann viel Geld verdienen. D.h. als erstes ist es wichtig herauszufinden, welche Arbeit es einem erlaubt, mit Liebe zu arbeiten. Als nächstes gilt es zu geben, sobald man genug Geld hat, um die Grundbedürfnisse zu decken. Wenn man die Hälfte des übriggebliebenen Geldes weggibt, dann entsteht ein Gefühl des Loslassens. Gelt zu horten verstößt gegen das universelle Gesetz. Solange Sie das Geld weggeben oder ausgeben, wird es sich kontinuierlich vermehren. Wenn wir es gerne und freiwillig geben, dann ist das eine zusätzliche Verstärkung für die Kontinuität des Flusses und es wird vom karmischen Gesetz für persönliches Glück, die Belohnung für spirituelle Erleuchtung, verlangt. Wenn man einfach loslässt und das Geld großzügig weggibt, dann wird man oft das Dreifache oder Vierfache zurückbekommen, und zwar auf völlig unerwartete Weise und aus unbegreiflicher Quelle. Nun wird der Sparsame sagen, aber wenn ich das vorherige nicht ausgegeben hätte, dann hätte ich jetzt mehr. Oft haben solche Menschen wenig Geld. Machen Sie den Test. Geizige Menschen sind oft zu bemitleiden, weil sie oft mit dieser Engstirnigkeit und Verlustangst leben.

---

[230] Star Signs, Linda Goddman – die geheimen Botschaften des Universums. S. 77 ff.

*„Satan droht euch Armut an und befiehlt euch Schändliches,
Allah aber verheißt euch Seine Vergebung und Huld. Und Allah
ist Allumfassend und Allwissend.“*[231]

Fasten – Saum

Das Fasten ist eine der wichtigen Säulen im Islam und muss
auch von den Moslems verrichtet werden. Saum oder auch Si-
yam bedeutet „von etwas Abstand nehmen" bzw. „eine Handlung nicht mehr tun", „mit etwas aufhören". Dies muss man von
der Morgendämmerung bis zum Sonnenuntergang vollziehen.
Das Fasten ist eine gottesdienstliche Handlung, bei der der
Mensch unmittelbar mit Gott verbunden ist. Da man den Fastenden nicht erkennen kann, handelt es sich um eine Handlung ohne
Zurschaustellung, unabhängig von anderen Menschen, von der
nur Gott allein weiß, wenn der Gläubige es so will. Das Fasten
soll bei dem Fastenden bewirken zu verstehen, wie es den Armen und Mittellosen geht, die oft unfreiwillig auf Nahrung ver-
zichten müssen, wodurch die Bereitschaft, Armen helfen zu
wollen, gestärkt wird.

Fatima, die Tochter des Propheten Mohammed hat dazu gesagt:
*„Und Allah hat das Fasten zu einer Festigung für die Aufrich-
tigkeit errichtet.“*

Im Monat Ramadan fastet der Moslem, um den Gleichklang
seiner Natur, die Harmonie seiner inneren Schöpfung wiederzu-
finden. Fasten bedeutet nicht, dass er den Tag zur Nacht macht
oder in dem Monat mehr verzehrt als in allen anderen Monaten,
sondern das Fasten drückt sich in Zurückhaltung und Beschei-

---

[231] Koran 2; 268 http://islamische-
datenbank.de/option,com_quran/action,search/?text=Satan

denheit aus.[232] Der Fastende zieht sich zwar nicht zurück von der Welt, sondern nimmt sie mit klareren Sinnen wahr, denn er ist und bleibt Bestandteil der Welt, in der er lebt, aber durch die verstärkte Innensicht versucht er die Front zwischen seinem „Ich" – also seiner Seele – und Gott in seinem Herzen zu durchbrechen. Denn dann gibt es keine Unterschiede zwischen Alt und Jung, zwischen Mann und Frau, zwischen Arm und Reich. Wir sind füreinander da, denn jeder trägt Verantwortung für den anderen, nicht gegen ihn. Jeder trägt Verantwortung für die Natur, für die Menschlichkeit, für den Frieden und nicht gegen etwas. Und alles „für etwas" werden gebündelt im Sinn und Ziel des Lebens. Die Wünsche in diesem Monat, die zusätzlichen Gebetsabschnitte, das gemeinsame Abendmahl, die verstärkten familiären Verbindungen sind allesamt für die Menschlichkeit. (hier ein interessanter Artikel zum Thema Fasten)

Das wahre Fasten

Bismillahirrahmanirrahim

Der Mensch ist gesund erschaffen und krank auf die Erde geschickt worden. Darin steckt Göttliche Weisheit, die für uns nicht zu ergründen und nicht zu hinterfragen möglich ist. Weisheit erlangt man nicht durch die Frage, vielleicht aber durch das (Er-)Leben.
Wozu sind wir auf Erden? Niemand kann von sich aus die richtige Antwort auf diese Frage geben. Man könnte den Verstand über dieser Frage kreisen lassen, aber am Ende wäre das Resultat höchstens, dass er vom zu vielen Kreisen ganz verdreht ist oder im Strudel der Gedanken verschwindet. Die Antwort würde man jedoch nicht gefunden haben.
„O Mensch! Ich erschuf euch in Vollkommenheit, schickte euch jedoch mit Makeln auf die Erde."

---

[232] http://www.muslim-markt.de/

Warum aber? Weil es nichts im Dasein gibt, was nicht zu einer Aufgabe und dem Sinn hinter seiner Erschaffung hinstreben würde. So auch der Mensch, dessen Aufgabe und Bestreben es sein soll, in dieser Welt zu seinem Ursprünglichen Zustand der Vollkommenheit – der Stufe des vollkommenen oder wahren Menschen – zurückfinden soll durch stetige Verhüllung seines niederen und Enthüllung seines wahren Selbst.

Als wahrer Mensch bedarf man nichts anderem als dem Herrn und Seiner Göttlichen Liebe. Es kann auch nicht anderes geben, dessen wir bedürfen könnten, da es ohnehin die Göttliche Liebe, jene einzige Kraft ist, derer alles in der Existenz bedarf, um sein zu können. Sie ist es, die den Menschen zu seinem wahren Wesen verwandelt. Jedoch sind wir uns dessen, solange wir dieses noch nicht besitzen, nicht bewusst.

Der wahre Mensch jedoch hat außerhalb Seiner Göttlichen Liebe keinerlei Bedürfnisse nach anderem, was bedeutet, dass er sich jeglicher materieller und sexueller Begierden, Wünsche und Hoffnungen entledigt hat. Denn jegliche Bedürfnisse des Menschen außerhalb der Göttlichen Liebe sind Aspekte des niederen Selbst und spiegeln das noch bestehende animalische Wesen des Menschen wider, niemals jedoch sein wahres.

So sollte der, der an sich noch Bedürfnisse nach anderem empfindet als Göttlicher Liebe, sich schnellstmöglich dieser entledigen, da dies für ihn bedeutet, dass sein Wesen noch immer die Aspekte seines niederen Selbst trägt, das der Tierwelt entstammt und ihren Charakter aufweist. Der Mensch wurde jedoch in seinem wahren Wesen erschaffen, das dem Himmelsreich entstammt. Er sollte deshalb seine Zeit hier auf Erden nutzen, sein wahres Selbst zu finden und zu erreichen, um wieder im ursprünglichen Zustand, als Mensch im wahrsten Sinne, zu seinem Herrn zurückzukehren.

Was aber bedeutet zu fasten? Wozu gibt es das, was ist die Weisheit des Fastens?

Abgesehen davon, dass das Fasten einen großen Nutzen für den physischen Körper hat und zu dessen Gesundheit und Wohlbefinden beiträgt, trägt es für den spirituellen Aspekt des Menschen, nämlich die Kontrolle, Zügelung und Unterwerfung des niederen Selbst durch den höheren eigenen Willen, eine unverkennbar große Bedeutung. Und diese ist auch der eigentliche Grund, dass es dem Menschen auferlegt ist, da es ihn von jenen niederen, animalischen Aspekten seines wahren Selbst reinigt und ihn aus der Unterjochung seines Egos befreit.

Einen Monat im Jahr üben wir uns darin, wie es der Herr befiehlt, uns von unseren tierischen Aspekten und Bedürfnissen wie Zorn und Wollust oder sexueller Begierde zu reinigen und zu befreien. Wer dies einen Monat im Jahr zu tun vermag, kann es auf zwei erhöhen oder länger. ...

Das Fasten macht unseren Unterschied aus zu den Tieren. Es dient dazu, um uns von ihnen zu differenzieren. Der Herr lässt uns dies darüber üben und lernen. Denn es ist nicht nur mit diesem einen Monat getan, in dem man sein Ego für eine gewisse Zeit zügeln lernt. Der Mensch soll hier auf Erden Lernen für sein ganzes Leben lang die Kontrolle über seine niederen Triebe zu erlangen. Das einmonatige Fasten im Ramadan ist lediglich ein Mittel zum Zweck. Es soll wenigsten einmal im Jahr erinnern, wie der Mensch sein sollte, nämlich in einem geistigen Zustand des Fasten bei jedem Atemzug, das heißt sich vollkommen unter Kontrolle habend.

Wenn wir das vermögen, sind wir wahre Menschen, die auf dem Weg der Propheten und Awliya, der Heiligen, voranschreiten und schließlich in Seinen Göttlichen Ozeanen der Liebe verschwinden und eins werden....

Das Verbotene und Erlaubte ist wie das Fasten und das Fastenbrechen. Der Mensch begibt sich in die Disziplin und Ordnung des Fasten hinein, damit er von den Krankheiten, die in der Tiefe seines egoistischen Selbst verwurzelt sind, geheilt und befreit werden möge. Sei unbesorgt! Das Fasten hat noch niemanden umgebracht.

Das wahre Sein des Menschen existiert einzig und allein auf Grund der Göttlichen Liebe und hängt von dieser ab. Was den Menschen ins Leben ruft und ihm Dasein gibt, sind deshalb nicht seine weltlichen Bedürfnisse wie Sex, Essen und Trinken und ihre Befriedigung, sondern ausschließlich die Kraft der Göttlichen Liebe.

Der wahre Mensch hat außer dieser Liebe keinerlei Bedürfnisse, denn sie alle sind Aspekte des Irdischen und Animalischen. Der Mensch ist jedoch kein Geschöpf, das wahrhaftig in diese Welt gehören würde.

Unser wahres Wesen entspringt einem weitaus höheren Ort. Unser Ursprung gehört der Göttlichen Gegenwart an. In dieser jedoch gibt es nichts außer dem Allmächtigen Selbst und deshalb auch kein Bedürfnis nach anderem, das da sein könnte, als Göttlicher Liebe.

Die Engel entstehen nicht wie Menschen und Tiere durch gegenseitige Vermehrung, sondern sind alle unabhängig voneinander erschaffen. Sie sind nicht von der Materie abhängig oder an sie gebunden und haben deshalb keine Bedürfnisse wie Essen und Trinken oder Sex.

Das Bedürfnis nach Essen und Trinken dient dazu, die irdischen Aspekte des Körpers aufrecht zu erhalten, das Bedürfnis nach Sex, seine Nachkommenschaft aufrecht zu erhalten.

Die Seelen, die das wahre Sein des Menschen darstellen, sind in ihrer Erschaffung der der Engel gleich, einzigartig und unabhängig voneinander. Ein Mensch, der zu dieser Wahrheit wahrhaftig gelangt ist, hat auch kein Bedürfnis mehr nach Sexualität, außerhalb des Zweckes der Zeugung seiner Nachkommenschaft.

Diese Erläuterung richtet sich an jene, die durch den Gebrauch ihrer Vernunft erkennen und akzeptieren, dass ihr Dasein nicht ausschließlich aus Irdischem und Materiellem besteht.

Denn wer höher hinauf in die Himmel aufstiegen will, muss sich jeglicher Schwere entledigen. Anders vermag er sonst nicht leicht zu werden, um aufsteigen zu können.

Alles, außer der Göttlichen Liebe, verleiht dem Menschen Schwere und ist ihm eine Last, die ihn unten hält oder gar weiter sinken lässt. Je mehr Bedürfnisse der Mensch hat, umso schwerer wird er und sinkt.

Wie soll man sich jedoch dieser Schwere entledigen? Wie wird man in der Lage sein, hinauf zu steigen? Die Göttlichen Gebote sind gesandt, um den Menschen zu erleichtern....

Es gibt zwei Arten des Fastens. Die eine ist für die Gesundheit des Körpers, die andere für die Gesundheit der Seele. In Wahrheit jedoch ist das eine vom anderen nicht als getrennt zu betrachten. Wenn zum Beispiel die Seele erkrankt, erkrankt auch der Körper. Viele körperliche Leiden und Erkrankungen sind deshalb seelischer Natur und haben ihre Ursache in der Erkrankung der Seele....

Die Göttlichen Gebote sind das Rezept des Einen und Einzigen Arztes, das Er durch Seine Barmherzigkeit über die Propheten den Menschen ausgestellt hat. Darin sind Empfehlungen für dieses irdische Leben auf Erden. Was zum Beispiel beinhaltet dieses Rezept? Du sollst nicht zu Unrecht töten! Du sollst nicht lügen! Du sollst nicht deines Nächsten Frau oder deiner Nächsten Mann begehren! Sei den Menschen kein schlechtes Beispiel! Wenn du schlechtes tust, dann tu es nicht in der Öffentlichkeit, sprich, verbreite die Krankheit nicht! Sein Rezept ist eine Empfehlung an die Menschheit, sauber und rein zu leben.

Kurz steht in diesem Rezept: Schade niemandem, indem du unnötiger Weise deinem niederen Selbst, deinem Zorn und deiner sexuellen Begierde nachgibst. Kontrolliere dein Ego, auch wenn es seinen Begierden nachgehen will....

Das Ego von niederen Begierden und jeglichen unnötigen animalischen Trieben fernzuhalten bedeutet, ihm in diesem Bereich seiner tierischen Natur ein Fasten aufzuerlegen. Eine solche Diät oder das Fasten geben den kranken Bereichen des Egos Heilung und lassen es genesen....

Jeden Ramadan fasten wir, damit unser Körper, mit allen Gefäßen und Organen, gereinigt wird und sich von elf Monaten unaufhörlichen Arbeitens regeneriert. Dabei wird er in allen Bereichen sauber gemacht, damit das Blut und die Energie im Körper wieder frei fließen können und er Gesundheit erlangt. Das Fasten ist somit eine Rehabilitationsmaßnahme, um die Gesundheit unseres physischen Körpers zu fördern oder wiederherzustellen.

Vom spirituellen Aspekt aus gesehen, ist das Fasten eine Methode, um auf physischer Ebene eine Disziplin zu lernen und die Seele zu lehren, Autorität über das niedere Selbst zu erlangen. Zum Beispiel mag das Ego essen und trinken, aber unsere Seelen vermögen durch das Fasten diesen Wunsch zu verhindern. „Du darfst nicht essen und trinken! Und keine Angst, du stirbst schon nicht!", sagt sie dann....

Wer es schafft, diese Schwächen entsprechend der Göttlichen Gebote einzugrenzen und zu beherrschen, indem er sich an Seinen Diätplan hält, die krankmachenden Verhaltensweisen vermindert oder gar ganz unterbindet, wird von diesen Schwächen befreit werden. Somit wächst er dann auf die Stufe und erhält jene Eigenschaft zurück, die er in der Göttlichen Gegenwart bei seiner Erschaffung hatte, die des vollkommenen, wahren Menschen.

Bis dahin sind die Egos der Menschen tollwütig und müssen unter Quarantäne gestellt und einer Diät unterzogen werden, was das Fasten ist. Das Fasten bedeutet, die animalischen Triebe und krankhaften falschen Begierden des Egos zu zügeln und zu beherrschen.

Fazit:

Jeder Mensch hat eine Schwäche für etwas, eine Krankheit seines Egos, die seine schwache und kranke Seite ist. Mit ihr wird er geboren. Wichtig für ihn ist, dass er diese Seite kontrolliert und mit Geduld und dem Entsagen (Fasten) dieser Seite, körperliche und spirituelle Heilung erfährt.

Diese Welt gleicht einem Krankenhaus, in dem sich Menschen unterschiedlichster Erkrankungen befinden und behandelt werden müssen. Wer seine Medizin richtig einnimmt und den Diätplan des Arztes geduldig einhält und den Eingriff, die Operation, zulässt, wird gesund und geheilt wieder entlassen und kann getrost nach Hause, also zurück, wo er her gekommen ist: ins Paradies.

Wie glücklich sind jene, die es schaffen. (Sufi Zentrum Berlin Sheikh Eşref Efendi | Berlin 20.11.2006)

„Es sind nur abgezählte Tage. Und wer von euch krank ist oder sich auf einer Reise befindet, soll eine Anzahl anderer Tage (Fasten). Und denen, die es mit großer Mühe ertragen können, ist als Ersatz die Speisung eines Armen auferlegt. Und wenn jemand freiwillig Gutes tut, so ist es besser für ihn. Und daß ihr fastet, ist besser für euch, wenn ihr es (nur) wüßtet! Der Monat Ramadan ist es, in dem der Qur'an als Rechtleitung für die Menschen herabgesandt worden ist und als klarer Beweis der Rechtleitung und der Unterscheidung. Wer also von euch in dem Monat zugegen ist, der soll in ihm fasten. Und wer krank ist oder sich auf einer Reise befindet, soll eine Anzahl anderer Tage (fasten) – Allah will es euch leicht, Er will es euch nicht schwer machen – damit ihr die Frist vollendet und Allah rühmt, dass Er euch geleitet hat. Vielleicht werdet ihr dankbar sein.[233]

---

[233] Koran 2; 184-185 http://islamische-datenbank.de/index.php?option=com_quran&action=display

Pilgerfahrt – Hac[234][235]

Hac bedeutet „das Hinstreben zu einem Ziel" und umfasst die Pilgerfahrt eines Moslems zu den Pilgerstätten des Islam, nämlich Mekka mit der Kaaba, den Hügeln as-Safa und al-Marwa, Medina, Musdalifa, Mina, Arafat und den Orten, wo man den rituellen Eintritt in den Weihezustand zum Hac einnimmt.

Die Form des Hac ist genau festgelegt und muss den entsprechenden Regeln gemäß durchgeführt werden, in Abhängigkeit von Ort und Zeit.

Die Pilgerfahrt ist absolute Pflicht. Wer sie leugnet wird ungläubig.

Die Kaaba[236] ist ein würfelförmiges Bauwerk mit einer Höhe von ca. 15 m und einer Grundfläche von 13 mal 13 Metern. Das Tuch, welches die Kaaba bedeckt, nennt man Kiswa. Der Eingang zur Kaaba wird von zwei großen Torflügeln verschlossen. In der Zeit Abrahams wurde in der Kaaba gebetet. Heute wird dieser Raum nicht mehr als Gebetsstätte benutzt, es sei denn, man möchte einem Monarchen, Staatschef, Minister oder Gelehrten die Ehre erweisen, das Innere der Kaaba zu betreten.

Sowohl die Kaaba als auch ihre Umgebung gilt als heiliges Zentrum des Islam. In einer Ecke der Kaaba wird der (ovale) schwarze Stein mit einem Durchmesser von 18 cm Durchmesser aufbewahrt. Neben diesem Stein gibt es einen schmalen, länglichen Stein, der auch in diese Ecke eingelassen ist. Das ist die sogenannte Jemenitische Ecke, weil diese Ecke Jemen zuge-

---

[234] Es gibt verschiedene Schreibformen u.a. Hadsch, Hajj.
[235] Ahmad A. Reidegeld, Handbuch Islam – die Glaubens- und Rechtslehre der Muslime, Verlag Spohr, S. 589 ff
[236] Auch als Ka'ba oder Kabe zu finden.

wandt ist. Jeder Pilgerer sollte bei sogenannten Tawaf[237] den Stein berühren.

Keiner weiß, woher der schwarze Stein kommt. In einigen Hadisen spricht man von Steinen der höchsten Berge, die Gabriel (der Friede sei auf ihm) zusätzlich zum schwarzen Stein Abraham übergeben hat. Die Kaaba wurde von Abraham und seinem Sohn Ismail errichtet. Zuvor waren Götzen in der Kaaba aufbewahrt worden, die von Abraham abgeschafft wurden. Nach einigen Berichten heißt es auch, dass der schwarze Stein aus den Abu Qubais-Bergen von Ismail herbeigebracht wurde. Er hat diesen Stein dann seinem Vater Abraham gegeben, um diese in einer Ecke der Kaaba aufzubewahren, die sie wieder aufbauen wollten. Nach anderen Überlieferungen aber heißt es, dass Gabriel (Friede sei auf ihm) ihn Adam im Paradies gegeben hat und er diesen weitergegeben hat, bis er in die Hände der Nachkommen von Noah und von dort zu Abraham kam.

Allerdings gibt es auch eine Überlieferung, wonach nicht der Ursprung oder die Beschaffenheit des Steins das Thema ist, sondern seine Rolle.

Im Jahre 605 n. Chr. wurde die Kaaba baufällig. Unter den damaligen Stämmen der Quaraisch entstand ein ernster Streit darüber, wer den schwarzen Stein wieder an seinen ursprünglichen ihm zugeteilten Platz einfügen dürfe, weil dies mit einem außerordentlichen Ansehen verbunden wurde. Irgendwann, nach heftiger, fast gewalttätiger Auseinandersetzung, einigte man sich darauf, dass der erste Mann, der vom Zeitpunkt des Entschlusses an den heiligen Bezirk betreten würde, entscheiden solle. Dies war Mohammed (s.a.s) bevor er zum Gesandten Gottes ernannt wurde. Bevor er zum Propheten und Gesandten ernannt wurde, hatte er den Zusatznamen „der Vertrauenswürdige", daher waren

---

alle Oberhäupter der Stämme damit einverstanden, dass er einen Vorschlag machen sollte. Mohammed (s.a.s) befahl ihnen, einen Teppich zu bringen, in den er den schwarzen Stein hineinlegte. Dann sollten alle Vertreter der Clans gemeinsam den Stein in das noch nicht fertiggebaute Kaaba-Bauwerk tragen und er selbst nahm dann den Stein und legte ihn in die dafür vorgesehene Ecke des Bauwerkes. Danach wurde der Stein bei drei historisch belegten Ereignissen von der Ecke der Kaaba entnommen.

Aus spiritueller Sicht haben die Wahlfahrtsorte besondere Energien, die die Menschen anziehen. Wer an solchen Orten war, der kommt wie neugeboren wieder. Oder wer sich an solchen Orten befindet, wird überwältigt von diesem Gefühl, an einem besonderen Ort zu sein. Wer hat denn nicht während seiner Hac-Reise geweint?
An diesen Orten legt man all die Laster, die man sein Leben lang angesammelt hat, zurück. Man hat es auch bestimmt davor getan und war bereit für diese Reise. Diese Reise verändert das Leben. Man ändert auch seinen Blickwinkel auf das Leben. Man lässt los von allem Weltlichem.

Kapitel III

Eine Betrachtung im Kontext des All

Wir machen uns nun auf dem Weg der Erkenntnisse dahin, die Existenz Gottes und wie wir ihn wahrnehmen und sehen können zu erklären.

Gott in seiner Erhabenheit und Schönheit hat schon immer Menschen verwirrt und zum Nachdenken gebracht – vom einfachsten Mann bis zum großen Wissenschaftler. Er der Erhabene beschäftigt große und kleine Kinder. Oft hört man von Kindern, die typische Fragen stellen wie: „Aber warum sieht man Gott nicht." Wenn diese Kleinen wüssten, dass er uns so nah ist – näher ist als die Halsschlagader, wenn sie wüssten, dass Gott in allem erkennbar ist, was existiert, weil es sein Werk ist. Er ist das Leben, das in allem, was existiert, zugegen ist. Er bringt Menschen dazu, von schlechten Dingen abzulassen, nur um andere glücklich zu machen. Er macht aus einer trockenen Wüste eine blühende Landschaft. Er kann das, was heute groß und mächtig ist, morgen wieder vernichten oder vergehen lassen, ohne dass es irgendeiner bemerkt hat. Er macht das Unmögliche möglich. Er schafft es, dass die Menschen ihn lieben, egal, welcher Herkunft, Rasse, Religion sie angehören. Jeder glaubt an ihn auf seine Weise. Seine Vielfältigkeit, Schönheit, Barmherzigkeit macht ihn für jedes Lebewesen unentbehrlich. Er ist der Ursprung von allem Sein, er ist die Liebe selbst. Er verdient es, geliebt zu werden, weil ihn zu lieben im Sein verwurzelt ist, das dein Pseudo-Ich – das Ego – aufhören lässt zu existieren, und weil nur Er in Vorschein tritt. Er ist das einzig Existierende. Alles andere ist nur Illusion. Der heutige Mensch aber weiß durch den Fortschritt in der Wissenschaft, dass gewisse Umstände in der Natur dazu führen, dass eine blühende Landschaft zu einer Wüste wird, oder er kann durch entsprechenden Aufbau von modernen

Bewässerungssystemen aus einer Wüste eine blühende Landschaft machen. Der Mystiker aber denkt, dass das wieder durch die Hand Gottes passiert, weil uns das Wissen darum von ihm zuteil wird. Wie können wir nun dem heutigen Menschen Gott erklären?

Wenn wir uns ein Stück weißes Papier betrachten, könnten wir im Grunde genommen alles auf dieses Stück Papier malen. Oder? D.h., das Stück Papier, was Nichts beinhaltet, könnte das All beinhalten. Das bedeutet, Nichts entspricht Allem.

„Bedenkt der Mensch denn nicht, daß Wir ihn zuvor erschufen, als er ein Nichts war?"[238]

Wenn wir nun entscheiden, dass wir auf diesem Papier eine Blume malen, dann trennt sich diese Abbildung von der Einheit, sie sondert sich ab und hebt sich heraus. Eigentlich befand sich die Blume schon vorher auf diesem Stück Papier, nur wir konnten sie nicht erkennen, da die positive Form der Blume in der negativen Natur des Hintergrundes noch ineinander ruhten.

Die Form der Blume war vom All, das in dem Nichts enthalten war, nur noch nicht getrennt. Dadurch, dass diese Blume durch ihre Farbe erkennbar wurde, trennte sie sich vom All. Wir erkennen also die Blume nur deshalb, weil sie ihre Form als ihr „negatives" bzw. „unsichtbares" Bild – also in weiß, im All – zurückgelassen hat. Mit anderen Worten, was wir auch immer sehen, es ist nur darum erkennbar, weil es sich von seiner Ergänzungshälfte getrennt hat und diese im Unsichtbaren und Unoffenbarten zurückgeblieben ist.

„Alles, was du sehen kannst, hat seine Wurzeln in der Unsichtbaren Welt. Es mögen sich die Formen ändern, das Wesen bleibt

---

[238] Koran 19; 67 www.islamische-datenbank.de

dasselbe".[239]

„Er ist es, Der in Wahrheit die Himmel und die Erde erschuf; und am Tage, da Er spricht: „Sei!" wird es so sein. Sein Wort ist die Wahrheit, und Sein ist das Reich an dem Tage, da in den Sur gestoßen wird. Kenner des Verborgenen und des Offenkundigen – Er ist der Allweise, Der am besten unterrichtet ist."[240]

Man gewinnt Erkenntnis nur durch Vergleichen der voneinander getrennten zwei Seiten, der positiven und der negativen. Wenn diese zwei Seiten ineinander ruhen und verschmolzen sind, sind sie nicht erkennbar. Wenn wir die sichtbare Welt beobachten, so können wir sagen, dass wir sie nur deshalb erkennen, weil sie sich von der Einheit, d.h. von der absoluten Einheit, also dem Schöpfer, getrennt hat. Es gibt auch somit keine Erkenntnis, ohne dass sich die Einheit in zwei Hälften spaltet – in eine offenbarte und in deren Spiegelbild, die nicht offenbarte –, wodurch beide durch Vergleich erkennbar werden.

„Er hat den beiden Gewässern, die einander begegnen, freien Lauf gelassen."[241]

" Sprich: „Können der Blinde und der Sehende gleich sein? Oder kann die Finsternis dem Licht gleich sein? Oder stellen sie Allah Teilhaber zur Seite, die eine Schöpfung wie die Seine erschaffen haben, so dass (beide) Schöpfungen ihnen gleichartig erscheinen?" Sprich: „Allah ist der Schöpfer aller Dinge, und Er ist der Einzige, der Allmächtige."[242]

---

[239] Rumi: Das Lied der Liebe," München: Knaur, 2005, S. 190
[240] Koran 6; 73 www.islamische-datenbank.de
[241] Koran 55; 19 www.islamische-datenbank.de
[242] Koran 13; 16 http://islamische-datenbank.de/option,com_quran/action,viewayat/surano,13/min,10/show,10/

*„Er ist es, Der in Wahrheit die Himmel und die Erde erschuf;
und am Tage, da Er spricht: „Sei!" wird es so sein. Sein Wort
ist die Wahrheit, und Sein ist das Reich an dem Tage, da in den
Sur gestoßen wird. Kenner des Verborgenen und des Offenkundigen - Er ist der Allweise, Der am besten unterrichtet ist.*"[243]

Wenn wir in die Natur schauen, dann stellen wir fest, dass ein
Berg nie entstehen kann ohne ein Tal oder umgekehrt. Also,
wenn sich etwas Positives offenbart, bleibt das Negative im
Unoffenbarten und umgekehrt. Wenn irgendwo das Negative
erscheint, dann muss auch sein ergänzender Teil also das Positive dabei sein, sie bleibt nur unoffenbart, denn ihre Zusammengehörigkeit bindet sie ewig aneinander.

*„Zwischen ihnen steht eine Scheidewand, sodass sie nicht inei-
nander übergreifen.*"[244]

*„Haben die Ungläubigen nicht gesehen, dass die Himmel und
die Erde in einem einzigen Stück waren, dann zerteilten Wir sie?
Und Wir machten aus Wasser alles Lebendige. Wollen sie denn
nicht glauben?*"[245]

*„Preis (sei) Ihm, Der die Arten alle paarweise geschaffen hat
von dem, was die Erde sprießen läßt, und von ihnen selber und
von dem, was sie nicht kennen.*"[246]

*„Er schuf euch aus einem einzigen Wesen, dann machte Er aus
diesem seine Gattin, und Er erschuf für euch acht Haustiere in
Paaren. Er erschafft euch in den Schößen eurer Mütter, Schöpfung nach Schöpfung, in drei Finsternissen. Das ist Allah, euer*

---

[243] Koran 6; 73 www.islamische-datenbank.de
[244] Koran 55; 20 www.islamische-datenbank.de
[245] Koran 21; 30 http://kuran.gen.tr/?x=s_main&y=s_middle&kid=7&sid=21
[246] Koran 36; 36 www.islamische-datenbank.de

Was immer wir in der Welt der Erkenntnis offenbar machen, das ergänzende Gegenteil bleibt im Unoffenbarten. Wenn wir reden, dann bleibt im Unoffenbarten das Gegenteil davon, nämlich das Schweigen. Wenn wir herrschen, dann bleibt im Unoffenbarten das Gehorchen. Wenn wir mutig sind, etwas zu tun, dann bleibt im Unoffenbarten die Vorsicht. Wenn wir uns zeigen, dann bleibt im Unoffenbarten das Unbemerkt bleiben. Wenn wir lieben, dann bleibt im Unoffenbarten die Gleichgültigkeit.

Allerdings ist die Trennung nur scheinbar, weil die zwei Ergänzungshälften, wenn sie auch getrennt und aus der All-Einheit gefallen sind, sich aber nie ganz trennen bzw. verlassen können. Die untrennbare Einheit wird also offensichtlich, denn auch in dieser scheinbaren Trennung wirkt sie weiter als die überall gegenwärtige Anziehungskraft zwischen Positivem und Negativem. Ihr Streben ist ihr ursprünglicher Zustand, denn die Einheit mit dem Schöpfer. Alles, was in der sichtbaren Welt erscheint, kann sich von seiner ursprünglichen Einheit mit dem Schöpfer nie endgültig trennen bzw. abspalten. Irgendwann wird sie sich mit ihrer Ergänzungshälfte wiedervereinigen und in die Einheit zurückfinden. Allem, was existiert, wohnt eine Kraft inne, die alles in die Einheit zurückzwingt, nämlich zum Schöpfer.

---

[247] Koran 39; 6 www.islamische-datenbank.de
[248] Koran 6; 79 www.islamische-datenbank.de

*alle Dinge weiß? Das ist Allah, euer Herr. Es gibt keinen Gott
außer Ihn, dem Schöpfer aller Dinge; so betet Ihn an. Und Er ist
Hüter über alle Dinge. Blicke können Ihn nicht erreichen, Er
aber erreicht die Blicke. Und Er ist der Gütige, der Allkundi-
ge.* [249]

*„Sprich: „Er ist Allah, ein Einziger, Allah, der Absolute (Ewige
Unabhängige, von Dem alles abhängt). Er zeugt nicht und ist
nicht gezeugt worden, und Ihm ebenbürtig ist keiner.* [250]

*Al Ghasali schreibt: „Es heißt im Worte Gottes: „Sie fragen
dich nach dem Geiste. Sprich: Der Geist ist von dem Befehle
meines Herrn".* [251] *Mehr zu sagen war ihm nicht erlaubt, als dass
der Geist ein göttliches Wesen sei und zu der Welt des Befehls
gehöre. „Ist seiner nicht das Erschaffen und der Befehl?"* [252] *Die
Welt des Befehls und die Welt des Erschaffens sind zwei getrennte Welten. Alle Dinge, die auf die Begriffe des Maßes, der
Ausdehnung und der Größe anwendbar sind, gehören zur Welt
des Erschaffens, denn das Wort chalq, „Erschaffen", bedeutet
ursprünglich „Maßbestimmung". Das menschliche Herz* [253] *aber
hat keine Ausdehnung und Größe und ist daher auch keiner
Teilung fähig. Denn wenn es der Teilung fähig wäre, so müßte
es denselben Gegenstand gleichzeitig mit dem einen Teil seiner
selbst wissen und mit dem anderen Teil nicht wissen können und
daher gleichzeitig wissend und nichtwissend sein können. Das
ist aber undenkbar. Wenn nun aber dieser Geist auch der Teilung nicht fähig und der Begriff der Ausdehnung nicht auf ihn
anwendbar ist, so ist er gleichwohl erschaffen. Da nun das Wort*

---

[249] Koran 6; 101-103 http://www.kuran.gen.tr/?x=s_main&y=s_middle&kid=7&sid=6
[250] Koran 112; 1-4 http://islamische-
datenbank.de/option,com_quran/action,viewayat/surano,112/
[251] Koran 17; 87 oder ähnlich 17; 85
http://kuran.gen.tr/?x=s_main&y=s_middle&kid=7&sid=17
[252] Sure 7; 52 oder 7; 54 http://kuran.gen.tr/?x=s_main&y=s_middle&kid=7&sid=7 Der
Vers wird als ein Hinweis auf die beiden Welten: die sinnliche (Welt des Erschaffens
chalq) und die intelligible (Welt des Befehls amr) aufgefaßt.
[253] Nach Al Ghasali ist damit das höhere Selbst, der Geist, die Seele gemeint.

chalq neben der Bedeutung der Maßbestimmung auch die Bedeutung des Erschaffens hat, so gehört der Geist in diesem Sinne zu der Welt des Erschaffens, in jenem anderen zur Welt des Befehls, aber nicht zur Welt des Erschaffens, denn die Welt des Befehls besteht aus den Dingen, auf die die Begriffe des Maßes und der Ausdehnung nicht anwendbar sind. ... Der Geist aber ist doch das eigentliche Wesen des Menschen, und der gesamte Leib ist sein Gefolge. ... Endlich irrten auch diejenigen, die behaupteten, dass er ein Körper sei. Denn der Körper ist der Teilung fähig, der Geist aber nicht. Es gibt aber noch ein anderes Ding, das man Geist nennt und das der Teilung fähig ist, das ist der Lebensgeist, den auch die Tiere haben. Der Geist aber, den wir hier Herz nennen, das ist das Organ der Erkenntnis Gottes, den haben die Tiere nicht, und er ist weder Körper noch Akzidens, sondern eine Substanz von der Art der Substanz der Engel. Das Wesen dieses Geistes zu begreifen, ist schwer, und eine Erklärung davon zu geben, ist nicht erlaubt. Für die ersten Schritte auf dem Wege der Religion ist diese Kenntnis auch nicht vonnöten. Denn dieser Weg beginnt mit dem heiligen Kampfe, und wer nach Gebühr diesen Kampf kämpft, dem fällt jene Erkenntnis von selber zu, ohne dass er sie von jemand anders zu hören brauchte. Denn diese Kenntnis gehört zu der Gnadenleitung, von der es im Worte Gottes heißt: Und die, die um unseretwillen kämpfen, die wollen wir wahrlich unsere Wege führen.[254] Wer aber diesen Kampf noch nicht vollendet hat, zu dem darf man nicht von dem Wesen des Geistes reden. Vor dem Beginn des Kampfes aber muss man die Streitkräfte des Herzens kennen. Denn wer die Streitkräfte nicht kennt, der kann den Streit nicht führen."[255]

---

[254] Koran 29; 69 lt. Al Ghasali. Anderer Wortlaut auf dem Internetlink, den wir öfters in diesem Werk zitiert haben.

[255] Al Ghasali, „Das Elixier der glückseligkeit", Edition Minarett, Adel El Domiaty, Braunschweig, 2004 S. 39-40.

Die Schöpfung, wie sie erkennbar ist, ist gleich mit einem Baum, der auf seiner rechten Seite positive und auf der linken Seite negative Früchte trägt – der Baum der Erkenntnis des Guten und Bösen. Aber beides stammt aus demselben Stamm, also derselben Einheit. Aus der Einheit spaltet sich also das Gute und das Böse und nur durch ihre Spaltung wurde die Erkenntnis erst möglich, woraus folgt, dass die erkennbare Welt aus Gutem und Bösem besteht, andernfalls wäre sie nicht erkennbar und auch nicht möglich.

„Siehst du nicht, wie Allah das Gleichnis eines guten Wortes prägt? (Es ist) wie ein guter Baum, dessen Wurzeln fest sind und dessen Zweige bis zum Himmel (ragen).“[256]
„Und das Gleichnis eines schlechten Wortes aber ist wie ein schlechter Baum, der aus der Erde entwurzelt ist und keinen Halt im Boden hat.“[257]

„Zu diesem (Glauben) also rufe (sie) auf. Und bleibe aufrichtig, wie dir befohlen wurde, und folge ihren persönlichen Neigungen nicht, sondern sprich: „Ich glaube an das, was Allah an Buch herabgesandt hat, und mir ist befohlen worden, gerecht zwischen euch zu richten. Allah ist unser Herr und euer Herr. Für uns unsere Werke und für euch eure Werke! Kein Beweisgrund ist zwischen uns und euch. Allah wird uns zusammenbringen, und zu Ihm ist die Heimkehr.“[258]

„Ist dies besser als Bewirtung oder der Baum des qum[259]?“[260]

---

[256] Koran 14; 24 http://islamische-datenbank.de
[257] Koran 14; 26 http://islamische-datenbank.de
[258] Koran 42;15 http://quran.al-islam.com/Targama/DispTargam.asp?nType=2&nSora=42&nAya=14&nSeg=13&l=eng&t=ger
[259] Es gibt verschiedene Schreibweisen in diesem Werk, da unterschiedliche Quellen genutzt wurden. Eine andere Schreibweise ist auch Saqqum und bedeutet der verfluchte Baum.
[260] Koran 37; 62 http://islamische-datenbank.de

*„Er ist ein Baum, der aus dem Grunde der Dschahim empor-
wächst.“[261]*

*„Allah ist wohl zufrieden mit den Gläubigen, weil sie dir unter
dem Baum Treue gelobten; und Er wußte, was in ihren Herzen
war, dann sandte Er Ruhe auf sie hinab und belohnte sie mit
einem nahen Sieg.“[263]*

Weitere Hinweise im Koran: [264]

*„So verführte er sie durch Trug. Und als sie von dem Baum
kosteten, wurde ihnen ihre Scham offenbar und sie begannen,
sich mit den Blättern des Gartens zu bekleiden; und ihr Herr rief
sie: "Habe Ich euch nicht diesen Baum verwehrt und euch gesagt: "Wahrlich, Satan ist euer offenkundiger Feind"?“ “[266]*
Nach den Koranauslegung bedeutet das „offenbar werden ihrer
Scham" eigentlich das Bewusstsein des Menschen über das Gute
und Böse, denn dem Menschen war zuvor das Böse nicht bewusst; er hat instinktiv gehandelt. Um aber sein moralisches
Hoch zu erlangen, musste der Mensch den „Niedergang" erleben, um seinem Weg die notwendige Qualität zu geben.

*„Und dem aber, der sich vor der Gegenwart seines Herrn fürch-
tet, werden zwei Gärten zuteil sein. ... In beiden (Gärten) wachsen vielerlei Bäume. Welche der Wohltaten eures Herrn wollt
ihr beide da leugnen? In beiden (Gärten) fließen zwei Quellen.*

---

[261] Koran 37; 64 http://islamische-datenbank.de

[263] Koran 48; 18 www.islamische-datenbank.de

[264] Koran 2; 265 http://islamische-datenbank.de

[266] Koran 7; 22 http://quran.al-
islam.com/Targama/DispTargam.asp?nType=2&nSora=7&nAya=19&nSeg=3&l=eng&t
=ger

... Darin wird es von jeglicher Fruchtart zwei Arten geben. ...Sie ruhen auf Kissen, die mit Brokat gefüttert sind. Und die Früchte der beiden Gärten sind nahe zur Hand. Welche der Wohltaten eures Herrn wollt ihr beide da leugnen? "[267]

Da der Schöpfer keine aus der Einheit herausgefallene und von ihr getrennte und somit erkennbare Hälfte der Einheit ist, ist Gott die Einheit selbst. Er steht über allem, was geschaffen und aus der Einheit gefallen ist, und ruht in sich in vollkommener Einheit.

„Setze neben Allah nicht einen andern Gott, auf dass du nicht mit Schimpf bedeckt und verlassen dasitzest. "[268]

„Allah bezeugt, in Wahrung der Gerechtigkeit, dass es keinen Gott gibt außer Ihm - ebenso die Engel und jene, die Wissen besitzen; es gibt keinen Gott außer Ihm, dem Allmächtigen, dem Allweisen. "[269]

„Sprich: „O Volk der Schrift (Bibel), kommt herbei zu einem Wort, das gleich ist zwischen uns und euch: dass wir keinen anbeten denn Allah und dass wir Ihm keinen Nebenbuhler zur Seite stellen und dass nicht die einen unter uns die anderen zu Herren nehmen statt Allah. " "[270]

„Allah hat Sich keine Kinder genommen, und keinen Gott gibt es neben Ihm, sonst würde fürwahr jeder Gott das wegnehmen, was er erschaffen hat, und die einen von ihnen würden sich den anderen gegenüber wahrlich überheblich zeigen.... "[271]

---

[267] Koran 55; 46 - 55 http://quran.al-islam.com/Targama/DispTargam.asp?nType=1&nSeg=0&l=eng&nSora=55&nAya=48&t=ger

[268] Koran 17; 22 http://kuran.gen.tr/?x=s_main&y=s_middle&kid=7&sid=17

[269] Koran 3; 8 http://kuran.gen.tr/?x=s_main&y=s_middle&kid=7&sid=3

[270] Koran 3; 64 http://kuran.gen.tr/?x=s_main&y=s_middle&kid=7&sid=3

[271] Koran 23; 91

Daher kann man Gott in der Welt der Schöpfung, die aus der Einheit herausgefallene und erkennbare Hälfte der Ganzheit, deren Hälfte in der Ungeoffenbarten geblieben ist, nie finden, nie erkennen, weil Gott keine ergänzende Hälfte hat, mit der man Ihn vergleichen könnte. Man kann Gott nicht erkennen, sondern nur ein Teil von Ihm sein.

„Sprich: „Er ist Allah, der Einzige; Allah, der Unabhängige und von allen Angeflehte. Er zeugt nicht und ward nicht gezeugt; Und keiner ist Ihm gleich.“ “[272]
„Und wenn Ich ihn gebildet und von Meinem Geist in ihn gehaucht habe, dann neiget euch und bezeugt ihm Ehrfurcht.“ “[273]

„Wir werden sie Unsere Zeichen überall auf Erden und an ihnen selbst sehen lassen, damit ihnen deutlich wird, dass es die Wahrheit ist. Genügt es denn nicht, dass dein Herr Zeuge aller Dinge ist?“[274]

„Doch sie hegen Zweifel an der Begegnung mit ihrem Herrn. Wahrlich, Er umfaßt alle Dinge.“[275]

„Die sieben Himmel und die Erde und wer darinnen ist, sie lobpreisen Ihn; und es gibt kein Ding, das Seine Herrlichkeit nicht preist; ihr aber versteht ihre Lobpreisung nicht. Wahrlich, Er ist langmütig, allverzeihend.“[276]

---

[272] Koran 112; http://kuran.gen.tr/?x=s_main&y=s_middle&kid=7&sid=112
[273] Koran 38; 72 http://kuran.gen.tr/?x=s_main&y=s_middle&kid=7&sid=38
[274] Koran 41; 53 http://islamische-datenbank.de
[275] Koran 41; 54 http://islamische-datenbank.de
[276] Koran 17; 44; http://kuran.gen.tr/?x=s_main&y=s_middle&kid=7&sid=17

„Denn sollte Gottes Schönheit sich ohne Schleier zeigen, so hätten wir nicht die Kraft, sie zu ertragen, und würden sie nicht genießen. Mittels dieser Schleier bekommen wir Hilfe und Nutzen. Du siehst die Sonne dort, wie wir in ihrem Licht gehen und sehen und Gutes von Bösem unterscheiden und von ihr gewärmt werden. Bäume und Gärten tragen Früchte, und durch die Wärme der Sonne werden ihre unreifen, sauren und bitteren Früchte reif und süß. Durch ihren Einfluss erscheinen in den Schächten Gold und Silber, Rubine und Karneole. Wenn jene Sonne, die durch Zwischenträger so viel Nutzen schenkt, näher käme, nützte sie nichts, sondern die ganze Welt und alle Geschöpfe würden verbrannt und zerstört. „Die Sonne, die den Erdball uns erhellt – Naht' sie ein wenig, brennt' die ganze Welt."[277] Wenn Gott der Erhabene sich auf dem Berge durch einen Schleier offenbart, so schmückt Er ihn mit Bäumen und Blumen und Grün. Wenn Er jedoch sich ohne Schleier offenbart, zerstört Er den Berg und macht ihn zu Staub. „Und als sich sein Herr dem Berge offenbarte, machte Er ihn zu Staub, und Moses sank ohnmächtig darnieder. (Sura 7/143)."[278]

Nach der Schöpfungstheorie von Ibn Arabis[279] wird sie wie folgt beschrieben[280]: Gott, das Unerkennbare, Unnennbare, war allein in der anfangslosen Ewigkeit, obgleich die künftigen Dinge in ihrer in der Zeit entstehenden Form bereits in Seinem Wissen feststanden. Die in ihm verborgenen 99 schönsten Namen wie sie im Koran Sure 59, 24 aufgezählt werden, sehnten sich danach, sich zu manifestieren. „Ein außerkoranisches Gotteswort läßt Gott sagen: „Ich war ein verborgener Schatz und wollte erkannt werden; darum schuf Ich die Welt." So brachen die

---

[277] Mathnawi I, 141.

[278] Zitat aus Rumi – von allem und von einem – übersetzt von Annemarie Schimmel, Diederichs Gelbe Reihe, Ausgabe 2008, Heinrich Hugendubel Verlag, Kreuzlingen/München 1988, S. 102

[279] Ein Sufi, dh. Anhänger des Sufismus (geboren 1165).

[280] Auszug aus Annemarie Schimmel, Sufismus – Eine Einführung in die islamische Mystik, Verlag C. H. Beck, 4. Auflage 2008, S. 41.

Namen infolge ihrer Sehnsucht, erkannt und geliebt zu werden, aus dem verborgenen und niemals zugänglichen göttlichen Sein hervor, wie zu lange angehaltener Atem aus dem Körper bricht. Das ist es, was als „Odem des Barmherzigen", bezeichnet wird – jener Odem, der die ganze Schöpfung durchweht und die göttlichen Worte wirken läßt. Die Namen trafen auf das Nichtsein, das sie, gleichsam wie Spiegelstücke, reflektierte, und so ist die Welt gewissermaßen eine Spiegelung der göttlichen Namen. Sie existiert nur, so lange ihr Gesicht, die Oberfläche des Spiegels, Gott zugewandt ist; sonst verschwindet sie, denn sie ist absolut von Gott abhängig. ...Gott aber in Seiner Einzigkeit bleibt unberührt von der Welt und ist ausschließlich durch die Spiegelungen zu ahnen, und so erkennt jeder Ihn auf seine eigene Weise, je nach dem Namen, der sich in Ihm am stärksten manifestiert."

Und er weiß auch, dass er die schönsten Namen hat: „Er ist Allah, der Schöpfer, der Bildner, der Gestalter. Sein sind die schönsten Namen. Alles, was in den Himmeln und auf Erden ist, preist Ihn, und Er ist der Allmächtige, der Allweise."[281]

Und dass alles geschaffen war, um Ihm zu dienen: „Und Ich habe die Dschinn und die Menschen nur darum erschaffen, dass sie Mir dienen."[282]

Und Rumi sagte dazu: „Versunkenheit (istighraq) ist, das, wo man nicht mehr da ist und keine Anstrengung mehr machen kann; man hört auf zu handeln und sich zu rühren und ist im Wasser untergegangen. Jede Handlung, die von einem ausgeht, ist nicht seine eigene Handlung; es ist die Handlung des Wassers. Aber wenn jemand im Wasser noch mit Händen und Füßen schlägt, nennt man das nicht Versunkensein, oder wenn er noch aufschreit: „O, ich ertrinke!", das nennt man auch nicht Ver-

---

[281] Koran 59; 24 http://kuran.gen.tr/?x=s_main&y=s_middle&kid=7&sid=59
[282] Koran 51; 56 http://kuran.gen.tr/?x=s_main&y=s_middle&kid=7&sid=51

sunkenheit. Nimm doch dieses „Ich bin die Göttliche Wahrheit" (ana'l-haqq). Manche Leute halten das für eine große Präsension, aber „Ich bin die Göttliche Wahrheit" zu sagen, ist in Wirklichkeit große Demut. Zu sagen: „Ich bin Gottes Diener", ist ein großer Anspruch; denn man behauptet, dass zwei bestehen, einer er selbst und der andere Gott. Aber wenn einer sagt: „Ich bin Gott", das heißt: „Ich bin nichts, alles ist Er; nichts existiert als Gott; ich bin ganz und gar Nicht-Sein, ich bin nichts" – darin ist die Demut größer. Aber das ist es, was die Leute nicht verstehen. Da leistet jemand Dienst ganz für Gott, aber da ist seine Sklavenstellung noch dazwischen, selbst wenn es ganz für Gott ist; er sieht sich noch selber und sieht seine eigenen Handlungen und sieht Gott; er ist nicht im Wasser untergegangen. Jener aber ist im Wasser versunken, in dem keine Bewegung und keine Aktion mehr vorhanden ist, sondern dessen Bewegungen alle die Bewegung des Wassers sind.... Versunkenheit ist, dass Gott der Allerhöchste die Heiligen Ihn fürchten lässt, statt der Furcht, wie die Leute sie vor Löwen und Leoparden und Tyrannen haben, und ihnen offenbart, dass Furcht von Gott kommt, und dass auch Sicherheit, Vergnügen und Freude, Essen und Schlaf von Gott ist. Gott der Erhabene zeigt ihnen eine spezielle, sinnlich wahrnehmbare Form, die dem wachen offenen Auge erkennbar ist als Form eines Löwen oder Leoparden oder Feuer, damit ihm bekannt werde, dass jene Form des Löwen oder Leoparden, die er sieht, in Wirklichkeit nicht von dieser Welt ist, sondern eine Gestalt der unsichtbaren Welt, in Form gebracht. Ebenso Gärten und Flüsse, Paradiesjungfrauen und Paläste, Speisen und Getränke, Ehrenkleider, Buraqs[283], Städte, Wohnstätten und jede Art von Wundern – er weiß, dass sie in Wirklichkeit nicht von dieser Welt sind. Gott zeigt sie seinem Blick und formt sie. So wird es ihm gewiss, dass

---

[283] Das geheimnisvolle Reittier, das Mohammed bei seiner Himmelsreise trug.

Furcht von Gott kommt und Sicherheit von Gott, aller Komfort und alle Schau sind von Gott. "[284]

Gott ist das ewige Sein, denn in allem, was lebt, lebt dieses eine, einzige Sein, lebt dieser eine, einzige Gott. Er ist überall gegenwärtig und sichtbar durch seine 99 Attribute. Er erfüllt das ganze Universum, das ganze Weltall lebt, weil Gott es mit seinem eigenen ewigen Sein belebt. Die geschaffene Welt lebt nur dadurch, dass der Baum des Lebens – Gott – sein eigenes Leben in seine Adern einflößt, in ihm lebt, während die materielle Welt gleich einem Todesbaum ist. Er ist der einzige Gott und das Selbst, das innerste Wesen aller Lebewesen. Er ist überall gegenwärtig; weil nichts Gott an irgendeiner Stelle verdrängen kann, kann auch überall und in allen Erscheinungen nur ein und derselbe Gott als das Selbst gegenwärtig sein. Gott ist somit unteilbare Einheit, denn alle Lebewesen, alle Pflanzen, Tiere, alle Menschen sind Früchte am Baum der Erkenntnis des Guten und Bösen, daher lebendig, weil der Lebensstrom des Lebensbaumes durch ihre Adern strömt, weil der Lebensbaum in ihnen lebt.

„Allah – es gibt keinen Gott außer Ihm, dem Lebendigen, dem aus Sich Selbst Seienden und Allerhaltenden. Schlummer ergreift Ihn nicht noch Schlaf. Sein ist, was in den Himmeln und was auf Erden ist. ... Er weiß, was vor ihnen ist und was hinter ihnen; und sie begreifen nichts von Seinem Wissen, außer was Ihm gefällt. Sein Thron umfaßt die Himmel und die Erde; und ihre Erhaltung beschwert Ihn nicht; und Er ist der Erhabene, der Große. "[285]

---

[284] Zitat aus Rumi – von allem und von einem – übersetzt von Annemarie Schimmel, Diederichs Gelbe Reihe, Ausgabe 2008, Heinrich Hugendubel Verlag, Kreuzlingen/München 1988, S. 114-115

[285] Koran 2; 255 http://kuran.gen.tr/?x=s_main&y=s_middle&kid=7&sid=2

„Allahs ist, was in den Himmeln und was auf Erden ist; ... "[286]

„Und wenn Ich ihn gebildet und von Meinem Geist in ihn gehaucht habe, dann neiget euch und bezeugt ihm Ehrfurcht. " "[287]

„Sondern suche in dem, was Allah dir gegeben, die Wohnstatt des Jenseits, und vernachlässige deinen Teil an der Welt nicht; und tue Gutes, wie Allah dir Gutes getan hat; und begehre nicht Unheil auf Erden, denn Allah liebt die Unheilstifter nicht. " "[288]

„Was in den Himmeln und was auf Erden ist, verkündet die Herrlichkeit Allahs, und Er ist der Allmächtige, der Allweise. "[289]

Unsere Körper sind auch eine Frucht am Todesbaum und haben kein eigenes Leben. Aber in uns lebt der Lebensbaum, weil unser Selbst ein Zweiglein vom Lebensbaum Gottes ist, und wir leben nur darum, weil Gott als unser Selbst in uns lebt und unseren Körper lebendig erhält.

„Ist es nicht so, dass wir nicht sterben werden, Außer unseren ersten Tod? Wir sollen nicht bestraft werden Wahrlich. das ist die höchste Glückseligkeit. Für solches wie dies denn mögen die Wirkenden wirken. " *Ist dies besser als Bewirtung oder der Baum Saqqüm*[290]*? Denn Wir haben ihn zu einer Versuchung gemacht für die Missetäter. Er ist ein Baum, der aus dem Grunde der Hölle emporwächst; Seine Frucht ist, als wären es Teufelsköpfe. Sie sollen davon essen und (ihre) Bäuche damit füllen.*

---

[286] Koran 2; 284 http://kuran.gen.tr/?x=s_main&y=s_middle&kid=7&sid=2
[287] Koran 38; 72 http://kuran.gen.tr/?x=s_main&y=s_middle&kid=7&sid=38
[288] Koran 28; 77 http://kuran.gen.tr/?x=s_main&y=s_middle&kid=7&sid=28
[289] Koran 57;1 http://kuran.gen.tr/?x=s_main&y=s_middle&kid=7&sid=57
[290] Baum Saqqum wird auch als „verfluchter Baum" genannt.
http://de.wikipedia.org/wiki/Zaqqum; Weiterhin siehe auch Koran 44; 43-46.

Dann sollen sie darauf eine Mischung von siedendem Wasser (zum Trank) erhalten. Danach soll ihre Rückkehr zur Hölle sein. Sie fanden ihre Väter als Irrende vor, Und sie folgten eilends in ihren Fußstapfen. Und die meisten der Vorfahren waren irregegangen vor ihnen, Und Wir hatten Warner unter sie gesandt. Betrachte nun, wie der Ausgang derer war, die gewarnt worden waren, mit Ausnahme der erwählten Diener Allahs!"[291]

„Und Wir sprachen da zu dir: „Dein Herr umfaßt die Menschen." Und Wir haben die (Himmel-) Besichtigung, die Wir dir ermöglicht haben, nur als eine Prüfung für die Menschen gemacht und ebenso den verfluchten Baum im Qur'an. Und Wir warnen sie, jedoch es bestärkt sie nur noch in ihrer großen Ruchlosigkeit."[292]

„Und Wir sprachen: „O Adam, verweile du und deine Gattin im Garten und esset uneingeschränkt von seinen Früchten, wo immer ihr wollt! Kommt jedoch diesem Baum nicht nahe, sonst würdet ihr zu den Ungerechten gehören."[293]

„Jedoch Satan flüsterte ihm Böses ein; er sagte: "O Adam, soll ich dich zum Baume der Ewigkeit führen und zu einem Königreich, das nimmer vergeht?"[294]

„So verführte er sie durch Trug. Und als sie von dem Baum kosteten, wurde ihnen ihre Scham offenbar und sie begannen, sich mit den Blättern des Gartens zu bekleiden; und ihr Herr rief sie: "Habe Ich euch nicht diesen Baum verwehrt und euch gesagt: "Wahrlich, Satan ist euer offenkundiger Feind"?"[295]

---

[291] Koran 37; 58-74 und Koran 44; 43-44; und Koran 56;52 und
[292] Koran 17; 60 http://islamische-datenbank.de/option,com_quran/action,search/?text=Baum
[293] Koran 2; 35 http://islamische-datenbank.de/option,com_quran/action,search/?text=Baum
[294] Koran 20; 120 http://islamische-datenbank.de
[295] Koran 7; 22 http://islamische-datenbank.de

Durch unsere Geburt in unseren Körpern werden wir erkennbare Wesen. Wir trennen unser wahres Bewusstsein von unserem wahren Selbst. Wir fallen von unserem paradiesischen Urzustand, wo alle Offenbarungsmöglichkeiten, also alle Pflanzen, alle Tiere und der Mensch selbst noch in einer All-Einheit sind, in die Differenzierung hinaus. Wir werden eine Offenbarung, ein Geschaffenes Wesen. Daher ist alles, was wir auf irdischer Ebene sind, nur die erkennbare, aus Gutem und Bösem gemischte Offenbarungshälfte der Einheit. Wir befinden uns in der Welt der Gegensätze.

Al Ghasali schreibt dazu: „Da du nun aus alledem den Adel, die Würde und die Erhabenheit der Substanz des menschlichen Herzens[296] erkannt hast, so wisse, dass dir diese kostbare Substanz einst gegeben wurde, dann aber deinem Blick entzogen worden ist. Wenn du sie nun nicht wiedersuchst, so leidest du schweren Verlust und Schaden. Darum bemühe dich, dein Herz[297] wieder zu suchen und aus dem irdischen Getriebe herauszuholen und seiner wahren Würde zuzuführen. Denn seine wahre Würde und Ehre wird erst in jener Welt sich zeigen. Da wartet seiner Freude ohne Kummer, Bestehen ohne Vergehen, Kraft ohne Schwäche, Erkenntnis ohne Zweifel, Schönheit ohne Trübung. In dieser Welt aber beruht sein Adel auf dem, was es geschickt und würdig macht, zu jener wahren Ehre und Würde zu gelangen.“[298]

Wenn unser Bewusstsein in unsere Körper versetzt ist, wurde unser Bewusstsein mit dem Körper identisch. Es gibt 7 Bewusstseinsstufen. Die Materie hat gewissermaßen ein Bewusstsein, nämlich die niedrigste Stufe, indem sie sich zusammenzieht, abkühlt und verhärtet. Die Pflanzen haben zwei Stufen, die ma-

---

[296] Nach Al Ghasali ist das höhere Selbst gleich kör Geist, die Seele.
[297] Nach Al Ghasali ist das höhere Selbst gleich der Geist, die Seele.
[298] Al Ghasali, „Das Elixier der Glückseligkeit", Edition Minarett, Adel El Domiaty, Braunschweig, 2004 S. 71-72

terielle und die sie belebende vegetative Kraft. Die Tiere offenbaren drei Kräfte, die materielle, vegetative und animalische. Tiere haben ein Gemüt, Instinkte, Triebe, Gefühle, Zuneigung, Abneigung und Begierde. Der Durchschnittsmensch steht eine Bewusstseinsstufe höher als das Tier und er charakterisiert sich durch seinen Verstand und sein Denkvermögen. Er offenbart auch die drei anderen Grade wie den materiellen (er hat einen vegetativen Körper, die Nahrung benötigt, aufnimmt und verdaut), den animalischen (er hat Gemüt, Gefühlsleben, Triebe, Sympathie, Abneigung und Begierde); er wird hauptsächlich durch seinen Verstand charakterisiert, weil er bewusst denkt. In dem nächsten Entwicklungsgrad hebt der Mensch sein Bewusstsein aus der Welt der Wirkungen in die Ebene der Ursachen. Der Mensch ist fähig, mit Hilfe von Verstand und Seelenkraft seine Erlebnisse auf dem höheren Plan in Worte zu fassen und seinen Mitmenschen zu übermitteln. (Koran 55; 1-4) Seine Intuitionen kann er dimensionslos in der Musik, als Komponist, in zwei Dimensionen mit Linien und Farben als Maler, in drei Dimensionen durch plastische Formen als Bildhauer oder als Tänzer erweisen. So einen schöpferischen Menschen nennen wir Genie.

In der nächsten Bewusstseinsstufe ist er Prophet, der durch seine göttliche Weisheit und universelle Liebe in Erscheinung tritt. Diese Liebe ist nicht mit der „Liebe" zu verwechseln, die die Offenbarung der tierischen Triebe ist, deren Quelle der Arterhaltungstrieb ist. Sie ist Besitzgier und will immer nur den Körper, denn sie zwingt den Menschen, den anderen zu umarmen, zu küssen, es an sich zu drücken – es zu besitzen. Diese Liebe aber will immer nehmen, während die universelle Liebe nicht aus der Spaltung stammt (sie sucht ihre Ergänzungshälfte nicht im Körper), sondern aus dem Urzustand der göttlichen Einheit. Diese Liebe ist immer gebend, nie nehmend, sie benötigt keine Ergänzung mehr, keine körperliche Offenbarung, sondern sie strahlt aus dem Bewusstsein der göttlichen All-Einheit. Diese Menschen fühlen sich eins mit dem All.

Al Ghasali erklärt dies wie folgt: „Wisse: Der Mensch ist nicht zum Scherz und für nichts erschaffen, sondern hoch ist sein Wert und groß seine Würde. Wohl ist er nicht von Ewigkeit her, aber für die Ewigkeit ist er bestimmt; wohl ist sein Leib irdisch und von der niederen Welt, doch sein Geist ist aus der oberen Welt und göttllich; die Substanz seines Wesens ist wohl anfangs getrübt und vermischt mit den Eigenschaften des Viehs, der Raubtiere und der Teufel; doch in dem Tiegel des heiligen Kampfes wird sie frei von aller Trübung und Unreinigkeit und würdig des Wohnens in der Nähe der Gottheit. Von den tiefsten Tiefe bis zur höchsten Höhe liegt alles Niedrige und alles Hohe im Bereich seines Tuns. Die tiefste Tiefe erreicht er, wenn er auf den Stand des Viehs, der Raubtiere und der Teufel herabsinkt und zum Sklaven der Begierde und des Zornmutes wird; zu seiner höchsten Höhe aber erhebt er sich, wenn er den Stand der Engel erreicht, so dass er Befreiung findet von Zornmut und Begierde, und diese beiden seine Sklaven werden, er aber ihr König wird. Erlangt er dies Königtum, so wird er würdig, Gottes Diener zu sein; diese Würdigkeit aber ist die Eigenschaft der Engel und die Stufe höchster Vollendung für den Menschen. Und ward ihm einmal die Lust der vertrauten Nähe der Schönheit Gottes zuteil, dann kann er keine Stunde mehr von dem Anschauen dieser Schönheit lassen; sie anzublicken wird sein Paradies, und das Paradies der Lust der Augen, des Bauches und der Zeugungsglieder wird ihm dann verächtlich scheinen.“ [299]

Die vollkommenste Offenbarung Gottes ist der vollständig bewusst gewordene Mensch, der die Erkenntnis Gottes erlangt hat.

---

[299] Zitat: Al Ghasali, „Das Elixier der glückseligkeit“, Edition Minarett, Adel El Domiaty, Braunschweig, 2004 S. 26

Dieser ist, wer Gott völlig, in seiner Vollkommenheit, durch ein vollkommenes Bewusstsein, offenbart, wer die göttllich-schöpferischen Kräfte erlebt und ausstrahlt.

„Ich starb als Stein und entstand als Pflanze Ich starb als Pflanze und entstand als Tier Ich starb als Tier und ward geboren als Mensch. Weshalb sollte ich mich fürchten? Was habe ich durch den Tod verloren?" (Rumi)

„ ...und wenn die Seelen (mit ihren Leibern) gepaart werden,"[300]
„ ... dann wird jede Seele wissen, was sie mitgebracht hat." [301]

Al Ghasali sagt dazu: „Die Erkenntnis Gottes und das Schauen der göttlichen Schönheit ist seine[302] *Wesensbestimmung, ihm gelten Pflichtgebot und göttliche Anrede, Lohn und Strafe, seiner ist die Seligkeit und das Elend. Der Leib aber ist in alledem nur sein Gefolge."*[303]

Al Ghasali sagt weiter: „Die Erkenntnis seines Wesens und seiner Eigenschaften ist der Schlüssel zur Erkenntnis Gottes. Darum bemühe dich, es zu erkennen, denn es ist eine edle Substanz von der Art der Substanz der Engel, und sein Ursprungsort ist die Gottheit, dorther kam es, und dorthin wird es gehen."[304]

Al Ghasali: „Ebenso wie nun die Anlage[305] *zu dieser Erkenntnis jedem Menschen eingeboren ist, so ist die Erkenntnis der Gottheit jedem Menschen eingeboren, wie es im Worte Gottes heißt:*

---

[300] Koran 81; 7 http://www.islam.de/1334.php
[301] Koran 81; 14 http://www.islam.de/1334.php
[302] Damit ist das höhere Selbst oder wie Ghasali es nennt, das Herz, das wahre Wesen, die Seele des Menschen gemeint.
[303] Al Ghasali, „Das Elixier der Glückseligkeit", Edition Minarett, Adel El Domiaty, Braunschweig, 2004 S. 37
[304] Al Ghasali, „Das Elixier der Glückseligkeit", Edition Minarett, Adel El Domiaty, Braunschweig, 2004 S. 37
[305] Damit ist das logische Denken gemeint.

„Wenn du sie fragst, wer sie geschaffen hat, so antworten sie gewißlich: Gott!"[306] und weiter: „Die göttliche Anlage, mit der er den Menschen geschaffen hat."[307] So ergibt sich durch Vernunftsbeweis und Erfahrung, dass jene Fähigkeit den Propheten nicht allein vorbehalten ist. Der Prophet ist ja auch nur ein Mensch, wie es im Worte Gottes heißt: „Sprich: Ich bin nur ein Mensch wie ihr."[308][309]

Weiterhin schreibt Al Ghasali: „Du mußt aber wissen, dass es manchen Herzen[310], die auf höherer Stufe stehen und stärker als die anderen und der Substanz der Engel ähnlicher sind, möglich ist, auch andere Körper außerhalb ihres eigenen Leibes zum Gehorsam zu zwingen. Wenn die Furcht vor einem solchen Menschen einen Löwen befällt, so wird er zahm und ihm gehorsam; und wenn ein solcher Mensch seinen Willen auf einen Kranken richtet, so wird er gesund, und wenn auf einen Gesunden, so wird er krank. Richtet er seine Gedanken auf einen Menschen, dass der zu ihm kommen soll, so entsteht eine Bewegung in dessen Innerem; richtet er seinen Willen darauf, dass es regnen soll, so regnet es. Alles das ist möglich, wie die Vernunft beweist und durch die Erfahrung wohl bezeugt wird. ... Es ist die Wirkung der menschlichen Seele auf andere Körper. ... Es heißt in der Überlieferung: „Das Auge bringt den Mann ins Grab und das Kamel in den Kessel." Auch dies gehört also zu den wunderbaren Kräften, die im Herzen[311] wohnen. Wenn solche besondere Fähigkeiten sich bei einem Menschen findet, der das Volk zu Gott aufruft, so nennt man das ein Prophetenwunder; ruft er aber das Volk nicht auf, so ist es ein Heiligenwunder; und wenn ein solcher Mensch diese Fähigkeit zum Guten gebraucht,

---

[306] Koran 43;87

[307] Koran 30;29

[308] Koran 18; 110

[309] Al Ghasali, „Das Elixier der Glückseligkeit", Edition Minarett, Adel El Domiaty, Braunschweig, 2004 S. 56

[310] Damit ist das höhere Selbst oder wie Ghasali es nennt, das Herz, das wahre Wesen, die Seele des Menschen gemeint.

[311] Damit ist das höhere Selbst oder wie Ghasali es nennt, das Herz, das wahre Wesen, die Seele des Menschen gemeint.

so nennt man ihn Propheten oder Heiligen, gebraucht er sie aber zum Bösen, so nennt man ihn Zauberer. "[312]

"Maulana[313] sagte: Obgleich sie wie Vieh (an'am) sind, verdienen sie doch Huld (in'am). Obgleich sie im Stall sind, sind sie doch vom Stallbesitzer akzeptiert. Wenn Er so wünscht, bringt Er sie von diesem Stall zu Seinem privaten Marstall. So im Anfang, da brachte Gott den Menschen aus der Nicht-Existenz in die Existenz und brachte ihn dann vom Marstall Existenz zur mineralischen Welt, dann vom Stall der mineralischen in die vegetabilische Welt, dann von der vegetabilischen in die animalische Welt, dann von der Animalität zur Menschlichkeit, vom Menschsein zur Engelsstufe und so immer weiter, unendlich.[314] Nun hat Er all diese Dinge zu dem Zweck gezeigt, dass du sicher bist, dass Er viele solche Marställe hat, einer edler als der andere. Wahrlich ihr werdet von einer Stufe zur anderen versetzt – und was haben sie, dass sie nicht glauben? (Sura 84/19-20) Er hat dies alles gezeigt, damit du sicher bist, dass andere Stationen noch vor dir liegen. Er hat sie nicht enthüllt, damit du sie leugnest und sagst: „Das ist alles." Ein Meisterhandwerker zeigt eine Kunst und Geschicklichkeit, damit die Lehrlinge an ihn glauben und die anderen Künste, die er noch nicht gezeigt hat, auch anerkennen und daran glauben sollen. Ein König verleiht Ehrenkleid und Geschenke und erweist Freundlichkeiten. Er tut das deshalb, damit (seine Untertanen) darauf warten, noch mehr von ihm zu empfangen und sich aus lauter Hoffnung schon Geldbeutel nähen. Er gibt nicht, damit sie sagen: „Das ist alles; er hat nichts mehr", und mit dem, was sie haben, zufrieden sind. Denn wenn der König weiß, dass einer seiner Unterta-

---

[312] Al Ghasali, „Das Elixier der Glückseligkeit", Edition Minarett, Adel El Domiaty, Braunschweig, 2004 S. 58

[313] Damit ist Muhammed Celaleddin Rumi gemeint. In der Literatur findet man verschiedene Namen für ihn wie Mevlana, Rumi, Celaleddin Rumi etc.

[314] Am klarsten ausgedrückt in Mathnawi III 3901, das von Friedrich Rückert ins Deutsche übertragen worden ist. (s. Rückert, Werksausgabe, II 29; ferner in Mathnawi IV 3637 ff.)

nen so etwas sagen und vermuten wird, dann wird er ihm keine Huld mehr erweisen. "[315]

Wenn wir etwas essen, dann bedeutet das, dass wir damit identisch werden. Denn was wir essen, das werden wir sein. Wenn unser Bewusstsein sich mit dem Körper identifiziert, essen wir von den Früchten des Baumes der Erkenntnis des Guten und Bösen und verfallen somit dem Tod (weil der Körper als Materie eine Frucht am Todesbaum ist).

Unser Körper ist nur das Resultat der Trennung und ist nur die sichtbare Hälfte unseres wahren Selbst. Die andere Hälfte bleibt im unoffenbarten, also im unbewussten Teil unseres Wesens zurück. Erst wenn wir diese zwei Ergänzungshälften miteinander vereinigen, finden wir in die Einheit mit dem Schöpfer zurück. Eine Einheit kann nicht körperlich erlebt werden, denn dann müsste man unsere unbewusste Hälfte auch sichtbar, körperlich machen, um beide miteinander zu vereinigen. Aber ein Bewusstsein kann nicht zwei Körper beleben. Wir können aber die Einheit unserer Ergänzungshälfte in einem Bewusstseinszustand in unserem Körper erleben. Wir können unser Bewusstsein ausdehnen, bis wir uns das Unbewusste vollkommen bewusst machen, unsere unoffenbarte und unsichtbare Hälfte bewusst erleben und so die Einheit mit dem Schöpfer verwirklichen. Wir können unser Bewusstsein, während unser Körper sichtbar ist, mit unserem wahren Selbst, aus dem wir rausgefallen sind, zur vollkommenen Einheit verschmelzen und im körperlichen Dasein die Seligkeit erleben.

---

[315] Zitat aus Rumi – von allem und von einem – übersetzt von Annemarie Schimmel, Diederichs Gelbe Reihe, Ausgabe 2008, Heinrich Hugendubel Verlag, Kreuzlingen/München 1988, S. 82-83.

„Haben die Ungläubigen nicht gesehen, dass die Himmel und die Erde in einem einzigen Stück waren, dann zerteilten Wir sie? Und Wir machten aus Wasser alles Lebendige. Wollen sie denn nicht glauben? [316]

„Alsdann schuf Er aus ihm ein Paar, den Mann und die Frau.“ [317]

„Er ist es, Der euch aus einer einzigen Seele erschuf; und aus ihm machte Er seine Gattin, damit er bei ihr ruhe. Als er ihr dann beigewohnt hatte, war sie mit einer leichten Last schwanger und ging mit ihr umher. Und wenn sie schwer wird, dann beten beide zu Allah, ihrem Herrn: „Wenn Du uns ein gutes (Kind) gibst, so werden wir wahrlich unter den Dankbaren sein.“ [318]

„Schöpfer der Himmel und der Erde! Wie sollte Er einen Sohn haben, wo Er keine Gefährtin hat und wo Er alles erschuf und alle Dinge kennt?“ [319]

Daher sucht jedes Lebewesen seine andere Offenbarungshälfte, um sich mit ihr wieder zu vereinigen. Das Streben der positiven und negativen Kraft bildet sogar die tiefste Struktur der Materie, denn anderenfalls gäbe es die Materie ohne dieses Streben gar nicht. Die Anziehungskraft wird zwischen den positiven und negativen Kräften ausgemacht und die ganze offenbarte Welt ist auf dieses Streben nach der Einheit aufgebaut. Beispielsweise ist die sexuelle Kraft in der Natur das in die Körper projizierte Streben nach der Einheit. Wenn aber ein Lebewesen seine andere Hälfte in der erkennbaren Welt sucht, sucht er vergebens, denn dieses Lebewesen wird die Einheit so nie finden.

---

[316] Koran 21; 30 http://kuran.gen.tr/?x=s_main&y=s_middle&kid=7&sid=21
[317] Koran 75; 39 www.islamische-datenbank.de
[318] Koran 7; 189 www.islamische-datenbank.de
[319] Koran 6; 101 www.islamische-datenbank.de

„Er macht ihnen Versprechungen und erweckt Wünsche in ihnen, und was Satan ihnen verspricht, ist Trug.“[320]

Die ergänzende Hälfte ist nämlich ungetrennt von ihm im Unoffenbarten, im Unbewussten. Es würde kein Lebewesen existieren, wenn es keine andere Hälfte im Unoffenbarten hätte. Und wenn der Mensch seine Ergänzung gefunden hat und mit ihr verschmolzen ist, hört auch jeglicher Wunsch nach materiellen Dingen auf. Sexuelle Kraft ist Pressung von Energien etwa analog wie die Materie durch Pressung von Energie entstanden ist? Er erlebt im körperlichen Dasein die Seligkeit und somit ist es vollbracht. Und weil jedes Lebewesen in derselben Einheit mit dem ganzen Weltall lebt, wird jeder mit dem wahren Selbst jedes Lebewesens identisch und erlangt somit die Einheit mit dem ganzen Weltall. Und erst dann isst ein jeder wieder von den Früchten des Lebensbaumes, denn dann gelangt man aus der Welt der Wirkungen in die Welt der Ursachen, aus dem Vergänglichen in das Unvergängliche, aus dem Geschaffenen in das Schöpferische und aus dem Reich des Todes ins Reich des Lebens, ins ewige Sein.

„Der Erhabene über alle Rangstufen, der Herr des Thrones! Er sendet das Wort nach Seinem Geheiß zu, wem Er will von Seinen Dienern, auf dass er warne vor dem Tag der Begegnung,“[321]

„O ihr, die ihr glaubt, was ist mit euch, dass ihr euch schwer zur Erde sinken lasset, wenn euch gesagt wird: „Zieht aus auf Allahs Weg?“ Würdet ihr euch denn mit dem diesseitigen Leben statt mit jenem im Jenseits zufrieden geben? Doch der Genuß

---

[320] Koran 4; 120 http://islamische-datenbank.de/index.php?option=com_quran&action=search&text=Satan&min=10&show=10
[321] Koran 40; 15 http://kuran.gen.tr/?x=s_main&y=s_middle&kid=7&sid=40

des irdischen Lebens ist gar gering, verglichen mit dem des Jenseits. "[322]

Der Gesandte Gottes sagte einmal: „Wenn ein Diener Gottes heiratet, erfüllt er die Hälfte seiner Religion." Nach einer weiteren Überlieferung, heißt es vom Gesandten Gottes: "Die Ehe ist der Weg, den ich gewählt habe und wer meinen Weg ablehnt, gehört nicht zu mir. "[323]

Al Ghasali sagt zur Ehe: „Der Vorteil der Ehe besteht darin, das sie ... die Begierde dämpft, die Gefahren des sinnlichen Triebes beseitigt, die unlauteren Blicke und die körperliche Ausschweifung hin anhält, ... dadurch ist sie eine wichtiges Moment für das Seelenheil. "[324]

Wenn wir uns die positiven und negativen Kräfte in der Welt anschauen, dann wird man durch den schmalen Grat zwischen dem wirklich positiven göttlichen und dem satanischen in Versuchung gebracht. Man begegnet im Leben vielen körperbesessenen und selbstsüchtigen Menschen, die versuchen, andere durch ihre Auffassung zu beeinflussen. Wenn sich aber negative Kräfte irgendwann offenbaren, dann stehen ihnen die positiven Kräfte entgegen, jedoch im Unoffenbarten, im Unbewussten des Menschen als Sehnsucht nach Befreiung und Erlösung. Die Menschheit kämpft seit Jahrtausenden um Herrschaft und Habgier, Eitelkeit, Neid, Rachsucht, Hass und anderen tierischen Eigenschaften, die alles Schöne, Gute und Wahre ausrotten, wenn es nicht diejenigen Menschen gäbe, die mit der Einheit geistig verbunden sind und durch die Fortdauer und Weitergabe ihres Wissens an die Menschheit sie auf die Missstände hinweisen und ihr Bewusstsein für die Einheit stärken. Erst durch Lei-

---

[322] Koran 9; 38 http://islamische-
datenbank.de/option,com_quran/action,viewayat/surano,9/min,30/show,10/
[323] http://www.enfal.de/grund36.htm
[324] http://www.enfal.de/grund36.htm

den und Schmerzen wird die Aufmerksamkeit der Menschen auf die höheren und geistigen Wahrheiten gelenkt. Diese Menschen am großen Werk sind diejenigen, die genau wissen, welche positiven und negativen Kräfte sie beherrschen müssen, um in die Seligkeit zu gelangen. Beherrschung bedeutet, dass der Mensch gewisse Eigenschaften zur rechten Zeit und am richtigen Ort einsetzt. Wenn wir eine Eigenschaft am richtigen Ort und zur richtigen Zeit einsetzen, dann ist sie „göttlich", also gut, wird sie aber am falschen Ort und zur falschen Zeit eingesetzt, so ist sie satanisch. Gott hat nur Gutes, das Schöne und das Wahre geschaffen (siehe auch die 99 Attribute Gottes). Es gibt somit auch keine schlechten Eigenschaften und schlechte Kräfte, denn es gibt nur schlecht angewendete Eigenschaften und schlecht angewendete Kräfte.

Wenn wir das Schweigen zu den göttlichen Eigenschaften zählen, so ist sie aber in dem Moment, in dem wir durch das Reden als das Gegenstück des Schweigens einem Menschen das Leben retten, satanisch. Wenn wir am falschen Ort und zur falschen Zeit reden, so wird daraus das „Schwatzen", was dann satanisch ist. Ein außerkoranisches Wort lautet:

[22:41] „Jenen, die, wenn Wir ihnen auf Erden die Oberhand gegeben haben, das Gebet verrichten und die Zakah entrichten und Gutes gebieten und Böses verbieten (, steht Allah bei). Und Allah bestimmt den Ausgang aller Dinge. "[325]

Wenn wir für alles Schöne, Gute und Wahre offen und empfänglich sind, dann ist das „göttlich", wird aber daraus eine charakter- und willenlose Beeinflussbarkeit, ist sie satanisch. Dagegen ist die Unbeeinflussbarkeit „göttlich", wenn wir uns schlechten

---

[325] Koran 22; 41 www.islamische-datenbank.de

Einflüssen und Wirkungen widersetzen. Wenn wir aber von göttlichen Dingen unbeeinflussbar sind, dann ist das satanisch.

Es wird von jedem Menschen die absolute Gehorsamkeit als göttlicher Wille erwartet. Der Wille Gottes kann sich sowohl durch uns als auch durch andere Menschen offenbaren. Man erkennt den Willen Gottes dann, wenn wir alles gründlich überprüfen, ob es unserer inneren Überzeugung entspricht, denn Gott spricht durch unsere tiefste Überzeugung zu uns, dem wir Gehorsam leisten müssen. Wenn wir aber etwas tun, ohne davon überzeugt zu sein, weil wir uns materielle Vorteile versprechen, weil wir feige sind oder Angst haben oder nur artig-sein-wollen, dann bedeutet das „Servilität" und ist satanisch.

„Rufet denn Allah an, in lauterem Gehorsam gegen Ihn, und sollte es auch den Ungläubigen zuwider sein."[326]

„Denjenigen, die sich in Reue (zu Allah) wenden, (Ihn) anbeten, (Ihn) lobpreisen, die (in Seiner Sache) umherziehen, die sich beugen und niederwerfen, die das Gute gebieten und das Böse verbieten und die Schranken Allahs achten - verkünde (diesen) Gläubigen die frohe Botschaft."[327]

Gott hat den Menschen erschaffen und zum Gehorsam verpflichtet, indem er sprach: *„Und als dein Herr aus den Kindern Adams - aus ihren Lenden - ihre Nachkommenschaft hervorbrachte und sie zu Zeugen wider sich selbst machte (indem Er sprach): „Bin Ich nicht euer Herr?", sagten sie: „Doch, wir bezeugen es." (Dies,) damit ihr nicht am Tage der Auferstehung sprachet: „Siehe, wir waren dessen unkundig."*[328]

---

[326] Koran 40; 14 http://kuran.gen.tr/?x=s_main&y=s_middle&kid=7&sid=40
[327] Koran 9; 112 http://islamische-
datenbank.de/option,com_quran/action,viewayat/surano,9/min,110/show,10/
[328] Koran 7; 172 http://kuran.gen.tr/?x=s_main&y=s_middle&kid=7&sid=7

„Gott der Erhabene hat erklärt: „wäre es nicht für dich, so hätte ich die Himmel nicht erschaffen." Dies „Ich bin die Göttliche Wahrheit" ist das Gleiche; es bedeutet: „Ich habe die Himmel für Mich geschaffen". Das ist „Ich bin die Göttliche Wahrheit" in anderer Sprache und mit anderem Hinweis.

Obgleich die Worte der großen Heiligen sich der Form nach unterscheiden, sind sie dem Sinne nach eines. Da Gott Einer ist und der Weg einer – wie gäbe es da zwei Worte? Obgleich sie der Form nach gegensätzlich erscheinen, sind sie doch dem Sinn nach eines. Die Differenzierung (tafriqa) liegt in der Form; dem Sinne nach ist alles Vereinung (dscham'iya). So, wie wenn ein Fürst befiehlt, ein Zelt zu nähen: Einer dreht das Seil, einer schlägt Pflöcke ein, einer webt die Hülle, einer näht, einer zerreißt, einer sticht die Nadeln ein. Obgleich diese Formen äußerlich alle verschieden sind, sind sie dem Sinne nach geeint und tun alle eine Arbeit.

So ist es auch mit den Angelegenheiten dieser Welt. Wenn du die Sache recht betrachtest, so dienen alle Gott, Sünder und Rechtschaffene, Rebell und Gehorsamer, Dämonen und Engel.[329]

Durch „Herrschaft" soll unwissenden und schwachen Wesen von der eigenen Willenskraft abgegeben werden und die universelle Liebe, als die Zusammenfassung aller Kräfte des Volkes, soll zum allgemeinen Wohl führen, ohne dass das Selbstbestimmungsrecht der Menschen verletzt wird. Wenn aber jemand aus eigennützigen Gründen seinen Willen anderen aufzwingt und ihr Selbstbestimmungsrecht verletzt, macht er aus der göttlichen Eigenschaft des Herrschens die Tyrannei.

Demut sollen wir gegenüber unserem Schöpfer empfinden, wenn wir Ihn in uns und in allem, was er erschuf, erkennen.

---

[329] Zitat aus Rumi – von allem und von einem – übersetzt von Annemarie Schimmel, Diederichs Gelbe Reihe, Ausgabe 2008, Heinrich Hugendubel Verlag, Kreuzlingen/München 1988, S. 117

Aber niemals sollen wir uns irdischen Mächten unterwerfen und vor irdischen Formen auf die Knie fallen: Somit würde aus dem göttlichen Demut ein satanisches „Sich-Demütigen", wodurch wir unseren Schöpfer verletzen würden.

Als jemand, der sich dessen bewusst ist, warum er auf der Erde ist, denn jeder von uns hat eine Mission zu erfüllen und sollte am großen Werk mitwirken, wenn es auch das Bewusstsein unseres Unbewussten und damit die Einheit mit dem Schöpfer ist, müssen wir uns immer vergegenwärtigen, dass wir nicht aus eigener Kraft leben oder arbeiten. Denn jede Kraft stammt aus Gott, und alle Kräfte, die wir offenbaren, strömen uns von Gott zu. Wir können uns dessen bewusst sein, dass unsere Person ein Scheinwesen ist, aber unser wahres Wesen ist das von Gott uns zugehauchte Leben, der Teil unseres Selbst, der von Gott ist und somit auch Gott selbst ist. Gott ist die einzige ewige Realität in uns. Wenn wir Selbstvertrauen haben, dann vertrauen wir unserem Gott, aber nicht in das Scheinwesen unserer Person (Ego). Dieses Selbstvertrauen bedeutet die innere Verbindung mit Gott. Wenn aber jemand sich einbildet, die inneren Kräfte und Qualitäten gehören ihm und nicht Gott, so wird aus dem göttlichen Selbstvertrauen ein satanisches „Sich-Überheben".

„Alles, was auf (Erden) ist, wird vergehen. Aber das Angesicht deines Herrn bleibt bestehen – des Herrn der Majestät und der Ehre."[330]

„... bis auf Iblis[331]*. Er wandte sich hochmütig ab und war ungläubig."*[332]

---

[330] Koran 55; 26-27 www.islamische-datenbank.de
[331] Iblis ist der Name für den Teufel
[332] Koran 38; 74 http://quran.al-islam.com/Targama/DispTargam.asp?nType=1&nSeg=0&l=eng&nSora=38&nAya=73&t=ger

„Er sprach: "O Iblis, was hindert dich daran, dich vor etwas niederzuwerfen, das Ich mit Meinen Händen geschaffen habe? Bist du hochmütig oder gehörst du zu den Überheblichen?" Er sagte: „Ich bin besser als er. Du erschufst mich aus Feuer, und ihn hast Du aus Ton erschaffen. ""[333]

„Und was an Geschöpfen in den Himmeln und auf Erden ist, wirft sich vor Allah in Anbetung nieder; genauso die Engel, und sie betragen sich nicht hochmütig. "[334]

„Dem Schöpfer der Himmel und der Erde! Wenn Er eine Sache beschließt, so sagt Er nur zu ihr: „Sei!" und sie ist. "[335]

„Abwenden aber will Ich von Meinen Zeichen diejenigen, die sich im Lande hochmütig gegen alles Recht gebärden; und wenn sie auch alle Zeichen sehen, so wollen sie nicht daran glauben; und wenn sie den Weg der Rechtschaffenheit sehen, so wollen sie ihn nicht als Weg annehmen; sehen sie aber den Weg des Irrtums, so nehmen sie ihn als Weg an. Dies (ist so), weil sie Unsere Zeichen für Lügen erklärten und sie nicht achteten."[336]

Wenn wir uns für das Gute entscheiden wollen bzw. müssen, so müssen wir auch in der Lage sein, ohne zu zögern uns für das Richtige blitzschnell zu entscheiden, was göttlich ist. Wenn wir

---

[333] Koran 38; 75-76 http://quran.al-islam.com/Targama/DispTargam.asp?nType=1&nSeg=0&l=eng&nSora=38&nAya=75&t=ger

[334] Koran 16; 49 http://islamische-datenbank.de/index.php?option=com_quran&action=search&text=engel&min=40&show=10

[335] Koran 2; 117 http://islamische-datenbank.de/option,com_quran/action,search/?text=Himmel

[336] Koran 7; 146 http://quran.al-islam.com/Targama/DispTargam.asp?nType=1&nSeg=0&l=eng&nSora=7&nAya=146&t=ger

aber ohne Geistesgegenwart und ohne zu überlegen handeln,
dann wird aus der göttlichen „Blitzschnelle" die satanische
„Übereilung".

*„ Und lasse dich nicht durch jene traurig machen, die im Un-
glauben dahineilen! Sie werden Allah gewiß keinerlei Schaden
zufügen. Allah will, dass ihnen im Jenseits kein Anteil zugewiesen wird. Für sie wird es gewaltige Strafe geben.* [337]

Wir müssen uns aber oft viel Zeit lassen, bis wir uns für eine
Sache entscheiden, die die göttliche Eigenschaft der Besonnenheit voraussetzt, denn hier müssen wir unser Temperament zügeln und geduldig sein. Wenn wir uns aber hier zu viel Zeit lassen und nie zur Entscheidung gelangen, dann wird aus der göttlichen Besonnenheit eine satanische „Unentschlossenheit".

*„.... Und wenn sie den Weg der Besonnenheit sehen, nehmen sie
ihn sich nicht zum Weg. Wenn sie aber den Weg der Verirrung
sehen, nehmen sie ihn sich zum Weg. Dies, weil sie Unsere Zeichen für Lüge erklären und ihnen gegenüber unachtsam
sind.* [338]

Der Mensch muss immer annehmen, was das Schicksal ihm
bringt. Es sind nicht die äußeren Umstände, die unseren Wert
darstellen, sondern der Grad unseres Glaubens an Gott. Wir
dürfen uns also durch die Art, wie die Menschen uns behandeln,
nicht berühren lassen. Wir bleiben, was wir sind, ob wir herabgesetzt werden oder verherrlicht. Wir müssen also mit allen
Verhältnissen, die unser Leben für uns vorsieht, zufrieden sein
und sie unbewegt hinnehmen. Wenn die Arbeit eines Menschen
am großen Werk es von ihm verlangt, dass er in Armut lebt oder
über Reichtum verfügt, dann muss er das als Mittel zum Zweck

---

[337] Koran 3; 176
[338] Koran 7; 146

betrachten. Wir dürfen nur nicht unsere innere Einstellung dadurch ändern. In so einem Fall ist das „Hinnehmen" von Allem „göttlich" aber wenn wir nicht wissen, wann wir uns gegen Demütigungen oder Beleidigungen verteidigen und bei Verherrlichungen bescheiden zurückziehen sollen, dann darf dieses Alles „Hinnehmen" nicht in Teilnahmslosigkeit oder feige Charakterlosigkeit entarten.

Wir müssen also ein Unterscheidungsvermögen zwischen dem Göttlichen und dem Satanischen haben. Denn wir müssen immer das Allerbeste wählen und brauchen uns nicht mit Minderwertigem abzugeben. Dafür muss man zwischen dem Schlechten und Bösen, dem Wahren und Falschen das Göttliche vom Satanischen unterscheiden können. Wenn wir das nicht können, können wir unser großes Werk nicht erfüllen.

Wenn wir aber vom Nutzen sein wollen, müssen wir auch aus aller Kraft kämpfen. Wir können nur mit dem Schwert der Wahrheit gegen die Schatten des Irrtums angehen, um das Göttliche ins Bewusstsein zu bringen. Während die Kampfbereitschaft das Göttliche ist, ist das Gegenteil, also das Satanische, die Zanksucht. Deutlich wird das durch den heiligen Kampf, der dem Menschen befohlen ist.

Der Kampf aber muss mit geistigen Waffen stattfinden, denn unsere Aufgabe ist es, das Zerrissene in eine Einheit zu bringen und zwischen Kämpfenden den Frieden herbeizuführen. Aus dem Friedenswillen darf aber nie feiges oder bequemes „Nichtkämpfen-Wollen" werden.

„Wenn ihr zum kampf für Meine Sache und im Trachten nach Meinem Wohlgefallen ausgezogen seid, ... "[339]

---

[339] Koran 60; 1 www.islamische-datenbank.de

Vorsicht gehört ebenfalls zu den göttlichen Eigenschaften, denn dann muss man wissen, zu welcher Zeit und an welchem Ort man es einsetzen sollte. Die Vorsicht kann uns vor großen Gefahren, vor Schaden und sinnlosen Opfern schützen. Wenn man aber aus Angst und aus Mangel an Selbstvertrauen sich etwas nicht traut, dann wird aus der göttlichen Eigenschaft „Vorsicht" die satanische Eigenschaft „Feigheit".

Mut braucht man, um allen Schwierigkeiten mutig entgegenzugehen und jeden Angriff gegen das Göttliche zu bekämpfen, wenn es das Ziel erfordert. Aus dem göttlichen Mut darf aber nie „Waghalsigkeit" werden.

„Und seid nicht wie diejenigen, die aus ihren Wohnstätten hinauszogen, in Übermut und aus Augendienerei vor den Menschen, und die von Allahs Weg abhalten. Allah umfaßt, was sie tun. "[340]

Al Ghasali schreibt dazu: „Der Anfang dessen aber ist immer der heilige Kampf, wie es im Worte Gottes heißt: „Weihe dich ihm in Weihe[341] ", das heißt: Mache dich von allen Dingen los und ledig, gib dich ihm ganz hin und kümmere dich nicht um die Geschäfte dieser Welt, denn die wird Gott schon selbst zum Rechten lenken. "[342]

Ein Mensch am großen Werk ist sich auch immer bewusst, dass er im Grunde genommen nichts besitzt, und bekennt sich dazu. Denn ob seine Aufgabe von ihm vollkommene Armut verlangt oder in den größten Reichtum versetzt, weiß er, dass ihm nie und nirgends etwas gehört, sondern alles Eigentum Gottes ist, und

---

[340] Koran 8; 47
[341] Koran 73;8
[342] Al Ghasali, „Das Elixier der Glückseligkeit", Edition Minarett, Adel El Domiaty, Braunschweig, 2004 S. 54

der Mensch dieses Etwas nur zum Gebrauch bekommt und es weiterzugeben hat.

„Allah erweitert und beschränkt die Mittel zum Unterhalt, wem Er will. Sie freuen sich des irdischen Lebens, doch das diesseitige Leben ist im Vergleich mit dem jenseitigen nur ein vergängliches Gut.“[343]

„Es ist keine Frömmigkeit, wenn ihr eure Angesichter in Richtung Osten oder Westen wendet; Frömmigkeit ist vielmehr, dass man an Allah glaubt, den Jüngsten Tag, die Engel, das Buch und die Propheten und vom Besitz – obwohl man ihn liebt – den Verwandten gibt, den Waisen, den Armen, dem Sohn des Weges, den Bettlern und (für den Freikauf von) Sklaven, dass man das Gebet verrichtet und die Zakah entrichtet. Es sind diejenigen, die ihr Versprechen einhalten, wenn sie es gegeben haben; und diejenigen, die in Elend, Not und in Kriegszeiten geduldig sind; sie sind es, die wahrhaftig und gottesfürchtig sind.“[344]

Man braucht sich keine Gedanken zu machen, wovon wir leben werden, denn wir bekommen so viel, wie wir brauchen. Und wenn dieser Mensch am großen Werk viel an Reichtümern hat, muss er immer das „Nicht-Besitzen“ als Bewusstseinshaltung bewahren. Das heißt aber nicht, dass er aus dieser Haltung ein „Sich-um-Nichts-kümmern“ und auch „Verachtung-der-Materie“ macht. Der Mensch darf von seinen Mitmenschen nicht erwarten, dass sie ihn ohne Arbeit erhalten.

---

[343] Koran 13, 26 http://quran.al-islam.com/Targama/DispTargam.asp?nType=2&nSora=13&nAya=24&nSeg=6&l=eng&t=ger
[344] Koran 2; 177 http://islamische-datenbank.de/option,com_quran/action,search/?text=engel

Die Materie ist deshalb nicht zu verachten, weil sie auch von Gott ist. Der Mensch muss nur über sie „herrschen" und verfügen. Sie darf nur nicht in die satanische „Besitzgier" ausarten.

Nach Al Ghasali wird dies wie folgt beschrieben: *„Der Zweck des Elixiers[345] ist, dass der Mensch von allem, was nicht taugt – das sind die Eigenschaften der Unvollkommenheit – gereinigt und befreit werde, und dass er mit allem was not tut – das sind die Eigenschaften der Vollkommenheit – geschmückt und geziert werde. Die Hauptsache aber an diesem Elixier ist dies, dass man sich von der Welt ab- und Gott allein zuwende, so wie es Gott zuerst seinen Gesandten gelehrt hat, da er spricht: „Gedenke des Namens deines Herrn und weihe dich ihm in vollkommener Weihung." „In vollkommener Weihung" das bedeutet, dass er sich von allen Dingen losmachen und sich ganz ihm ergeben soll. Dies ist die Summe und Zusammenfassung dessen, was dies Elixier bedeutet, ... "[346]*

Die Bindung zu einer Person ist ebenfalls nach göttlichen und satanischen Eigenschaften zu unterscheiden. Die Liebe ist schön und erhaben, wenn zwei Lebewesen mit vollkommener Hingabe, aber nicht mit Besitzgier einander lieben ohne dabei ihr Bewusstsein von einer vergänglichen Leidenschaft verdunkeln zu lassen. Liebe heißt nicht, seine Macht aufzugeben und in einen halb unbewussten Zustand zu geraten. Liebe bedeutet Glück mit seelischer Hingabe. Was ist an einem Menschen „göttlich", irdisch und was ist satanisch? Nicht die schönen Augen oder der schöne Körper einer Person verdient die Liebe, denn diese sind vergänglich, sondern die göttlichen Eigenschaften (siehe 99 Attribute Gottes) an einer Person somit seine Frömmigkeit und seine inneren Werte verdienen die Liebe. Jeder Mensch trägt

---

[345] Damit ist die Erkenntnis Gottes gemeint bzw. die Erreichung der höchsten Stufe des Bewusstseins.
[346] Al Ghasali, „Das Elixier der glückseligkeit", Edition Minarett, Adel El Domiaty, Braunschweig, 2004 S. 29

diese Eigenschaften und arbeitet daran, diese in sich zu entdecken und in die Welt hinauszutragen. Das „Göttliche" an einer Person ist die Offenbarung Gottes, die man auch bei anderen Personen finden kann. Wenn der Mensch Gott in jeder Person liebt, dann wird er an keine Person gebunden sein. Diese Eigenschaft des „Nicht-gebunden-Seins" darf aber nicht in „Lieblosigkeit" enden.

Wenn wir bei Menschen die Offenbarung Gottes erkennen, können wir ihnen treu bleiben, denn damit sind wir Gott treu, weil man ihre Personen als Werk Gottes liebt. Diese Art von Verehrungen aber dürfen nicht in der persönlichen Anbetung und zum „Personenkult" werden, was dann satanisch wäre.

„Und es gibt unter den Menschen einige, die sich außer Allah Seinesgleichen (zum Anbeten) nehmen und lieben, wie man (nur) Allah lieben soll. Die aber, die glauben, lieben Allah noch mehr. Und wenn diejenigen, die Unrecht tun, angesichts der Strafe sehen, dass die Macht gänzlich bei Allah ist und dass Allah streng in der Bestrafung ist!"[347]

Wenn ein Mensch am großen Werk durch seine Person wegen seiner Begabungen und Fähigkeiten von Menschen gefeiert wird, dann ist es seine Aufgabe, mit seinem Wesen und seiner Redekunst sie auf eine höhere geistige Stufe mitzureißen. Er hat die Aufgabe, seinen Geist durch seine Persönlichkeit vor der Öffentlichkeit ohne Hemmungen zu zeigen. Dieses „Sich-Zeigen" darf sich nicht mit dem Teufel der Eitelkeit vermischen und in Prahlerei ausarten. Wenn ein Mensch bejubelt wird, so muss er sich immer dessen bewusst sein, dass die Menschen nicht von ihm, sondern von Gott begeistert sind, der sich durch seine irdische Hülle offenbart hat. Denn wenn der Mensch nicht

---

[347] Koran 2; 165 http://islamische-
datenbank.de/option,com_quran/action,search/?text=liebe

Opfer des Teufels der Eitelkeit wird, so kann er bei der Erfüllung anderer Aufgaben als nicht-umjubelte Person unter den Menschen wiederum vollkommen unbemerkt und unbedeutend bleiben, ohne dass ihn das stört. Aber aus dem „Unbemerktbleiben" darf aber nie eine persönliche Selbstunterschätzung und Selbstvernichtung werden, weil die Menschenwürde immer in unserem Herzen sein muss.

Um ein Mensch am großen Werk sein zu können, muss man dem Tod gegenüber mit völliger Verachtung stehen, denn es gibt keinen Tod. Wenn der Körper verbraucht ist, dann streift sich das Selbst ihn ab und als ein Zweig des Lebensbaums ist das Selbst das Leben selbst und unvergänglich. Wenn jemand mit dem Leben identisch geworden ist, wird er auch dem Tod gegenüber nicht abschrecken, sondern mit Todesverachtung der größten Gefahr entgegenschauen. Todesverachtung aber sollte nie in eine Geringschätzung des Lebens, also der „Lebensverachtung", ausarten.

„Höret! Sie sind im Zweifel über die Begegnung mit ihrem Herrn. Siehe, Er umfaßt alle Dinge."[348]

Das Leben müssen wir schätzen, denn in allem, was lebt, offenbart sich das ewige Sein. Ein Mensch darf sich nicht sinnlos der Gefahr aussetzen, wenn wir das Leben in unserem Körper schätzen und mit Freude leben. Die Freude am Leben darf nie Selbstzweck werden und in „Sinnlichkeit" ausarten.

Für die Menschen aber ist die Liebe die allerschwerste Prüfung. Die „Liebe" und „grausame Liebe" stehen der „Gleichgültigkeit" gegenüber. Um auf der göttlichen Ebene lieben zu können, müssen wir so lieben wie Gott es tut, nämlich alles lieben, ohne Unterschied lieben und mit allem in der Einheit des ewigen

---

[348] Koran 41; 54 http://kuran.gen.tr/?x=s_main&y=s_middle&kid=7&sid=41

Seins verbunden lieben. Der Mensch muss mit vollkommener Gleichgültigkeit alles Schöne und Hässliche, das Gute und das Böse, das Wahre und das Falsche ohne Unterschied lieben. Das allerhöchste der Liebe ist die vollkommen gleichgültige Liebe. Denn es muss dem Menschen vollkommen gleichgültig sein, ob etwas oder jemand schön oder hässlich, gut oder böse, wahr oder falsch ist, er muss alle mit der gleichen Liebe lieben. Wir lernen, dass das Schöne nicht ohne das Hässliche da wäre. Wir lernen, dass das Gute nicht ohne das Böse da wäre. Wir lernen, dass das Wahre ohne das Falsche nicht da wäre. Sie sind nur einander ergänzende Spiegelbilder, die wir in der Einheit als den Schöpfer bezeichnen. Wenn wir für jedes Lebewesen die vollkommen gleiche und gleichgültige Liebe empfinden, wird sich dieser Liebe keine persönliche Neigung beimischen. Wir vertreten dann den Standpunkt des großen Ganzen und übergehen rücksichtslos die Interessen der Einzelnen. Diese Rücksichtlosigkeit muss auf der universellen göttlichen Liebe basieren und darf nicht aus einer persönlichen „Abneigung" stammen. So wie Gott dem Menschen seinen freien Willen lässt und sich nicht in die Angelegenheiten der Menschen einmischt, so müssen wir unseren Mitmenschen ihren freien Willen lassen und dürfen sie niemals mit Gewalt zu etwas zwingen. Denn manchmal muss man gleichgültig zuschauen, wie unsere Liebsten in die höchsten Gefahren hineingeraten. Hilfsbereitschaft sollte lediglich vom Standpunkt des seelischen Heils und nicht vom irdischen und körperlichen Wohl aus betrachtet werden. Diese „göttliche-grausame-Liebe" aber darf nie in „Lieblosigkeit" ausarten und es darf auch nicht sein, dass wir einem Menschen aus persönlicher Abneigung nicht helfen wollen, wenn wir ihn mit irdischen Mitteln retten könnten.

Und wenn wir es schaffen die Liebe selbst zu sein, denn die Liebe kann alles nur aus Liebe tun, braucht man nichts mehr, als das Selbst auszustrahlen, zu sein und das All wird aus uns schöpfen können. Wenn das Selbst die Liebe ist und Gott das Selbst ist, so ist die Liebe die Basis des ganzen Universums, weil Gott Alles ist. Dann werden wir aus der Welt des Baumes der Erkenntnis des Guten und Bösen, also aus dem Reich des Todesbaumes, wo alles in Trennung und Spaltung erscheint, ins Reich des Lebensbaumes, ins Reich der göttlichen Einheit zurückkehren. Wir essen dann wieder von den Früchten des Lebensbaumes, und von diesen Früchten geben wir denen, die nach uns kommen, zu essen, damit alle in die Einheit der Unendlichkeit und der Unsterblichkeit, des ewigen Lebens heimkehren.

„Doch Satan flüsterte ihnen Böses ein, um ihnen das kundzutun, was ihnen von ihrer Scham verborgen war. Er sagte: „Euer Herr hat euch diesen Baum nur deshalb verboten, damit ihr nicht Engel oder Ewiglebende werdet.“ "[349]

Ein interessantes Gedicht von dem großen Meister der Lyrik und Mystik Ghalil Ghibran will ich dem Leser nicht vorenthalten:

Wenn die Liebe euch ruft, folgt ihr,[350]
Auch wenn ihre Pfade beschwerlich und steil sind.
Und wenn ihre Schwingen euch umfangen, gebt euch ihr hin,

auch wenn das Schwert zwischen ihren Fittichen euch verwunden mag.
Und spricht sie zu euch, schenkt ihr Glauben,
auch wenn ihre Stimme eure Träume zerschlagen mag, so wie der Nordwind den Garten verwüstet.
Denn so wie die Liebe euch krönt, wird sie euch kreuzigen.

---

[349] Koran 7; 20 http://islamische-datenbank.de/index.php?option=com_quran&action=search&text=engel&min=20&show=10
[350] Khalil Gibran, Der Traum des Propheten, Lebensweisheiten, Deutscher Taschenbuch Verlag, November 2004, 2. Auflage Januar 2005.

So wie sie euer Wachstum befördert, stutzt sie auch euren
Wildwuchs.
Ebenso wie sie zu euren Gipfeln emporsteigt und eure zartesten
Zweige liebkost, die im Sonnenlicht zittern,
Wird sie zu euren Wurzeln hinabsteigen und sie erschüttern in
ihrem Erdverhaftetsein.
Wie Graben sammelt sie euch und drückt sich euch an die Brust.

Sie drischt euch, um euch zu entblößen.
Sie siebt euch, um euch von euerer Spreu zu befreien.
Sie mahlt euch blütenweiß.
Sie knetet euch, bis ihr geschmeidig seid;
Und dann überantwortet sie euch ihrem heiligen Feuer,
damit ihr heiliges Brot für Gottes heiliges Festmahl werdet.

All das wird die Liebe euch antun, damit ihr die Geheimnisse

Eures Herzens erkennt und in diesem Erkennen zu einem Bruch-
teil
vom Herzen des Lebens werdet.
Solltet ihr aber aus Angst nur den Frieden der Liebe und die
Freuden der Liebe erstreben,
dann ist es besser für euch, wenn ihr eure Blöße bedeckt und

die Tenne der Liebe verlasst und hinaustretet.
In die Welt ohne Jahreszeiten, wo ihr lachen werdet, aber nicht

all euer Lachen, und weinen, aber nicht all eure Tränen.
Die Liebe gibt nichts als sich selbst und nimmt nichts als von
sich selbst.
Die Liebe besitzt nicht, noch will sie Besitz sein.
Denn der Liebe ist die Liebe genug.

Wenn ihr liebt, sollt ihr nicht sagen: "Gott ist in meinem Herzen", sondern: "Ich bin im Herzen Gottes."
Und meint nicht, ihr könntet den Lauf der Liebe bestimmen,

denn befindet sie euch für würdig, bestimmt vielmehr sie euren
Lauf.
Die Liebe wünscht nichts, als sich selbst zu erfüllen.
Doch wenn ihr liebt und Wünsche haben müsst, dann wünscht
euch dies:
Zu zerschmelzen und gleich einem rauschenden Wasser
zu werden, das der Nacht seine Weise singt.
Die Qual zu großer Zärtlichkeit kennen zu lernen.
Verwundet zu werden von eurem eignen Verständnis der Liebe;

Und bereitwillig und freudig zu bluten.
Im Morgengrau mit einem Lerchen-Herzen aufzuwachen
und für einen neuen Tag des Liebens Dank zu sagen;
In der Mittagszeit zu rasten und dem Entzücken der Liebe nach-
zusinnen;
Am Abend dankbar heimzukehren;
Und dann einzuschlafen mit einem Gebet für den Geliebten

im Herzen und einem Lobgesang auf den Lippen.

Wir halten fest, dass das, was auf der geistigen Ebene „göttlich"
ist, weil es den Gesetzen des Geistes entspricht, auf der materiellen Ebene satanisch wird, weil es den Gesetzen der Materie entspricht. Während die Einheit im Geist möglich ist, ist die Einheit
in der Materie nicht möglich, denn zwei Körper können nicht an
demselben Ort sein. Die Menschen, die das nicht begreifen wollen, suchen die Einheit in der Vereinigung der Körper und glei-
ten in die Sexualität ab. Die Natur aber nutzt dieses Streben nach
Einheit nach dem einstigen paradiesischen Zustand aus und
nutzt es, um Nachkommen zu zeugen. Daher sind die Lebewe-

sen nach dem sexuellen Verkehr mit dem eigentlichen Ziel, die Einheit zu erreichen, enttäuscht und traurig. Die Seele bleibt unbefriedigt, die Sehnsucht nach der paradiesischen Einheit wirkt weiter und die Natur erlistet sich immer neue Nachkommen.

Solange der Mensch sich mit der Materie – mit der Erde – identifiziert, ist auch sein Bewusstsein mit der Erde verbunden. Für diese Menschen ist der Tod das Ende des Bewusstseins. Bei den Menschen aber, die während ihres körperlichen Lebens über der Materie standen, ist es umgekehrt. Denn der Tod des Körpers ist das Erwachen aus dem Körper – die Auferstehung und das Leben.

„Der Islam betrachtet die sexuelle Naturveranlagung als ein unerlässliches Bedürfnis des Lebens, das befriedigt werden soll und nicht unterdrückt werden darf. Die Sexualität ist keine unreine Sache, von welcher man sich distanzieren muss; vielmehr soll sie unter den bestimmten Rahmenbedingungen der Scharia[351] (islamische Gesetzgebung), auf eine gesunde und richtige Weise praktiziert werden. Deshalb setzte der Islam die Heirat als korrekte Methode ein, um psychologische und emotionale Stabilität zu erzielen."[352]

„Und unter Seinen Zeichen ist dies, daß Er Gattinnen für euch aus euch selber schuf, auf daß ihr Frieden bei ihnen finden möget; und Er hat Zuneigung und Barmherzigkeit zwischen euch gesetzt. Hierin liegen wahrlich Zeichen für ein Volk, das nachdenkt.[353]

---

[352] Quelle: http://www.thekeytoislam.com/de/islamic-perspective-on-sex.shtml
[353] Koran 30; 21 http://islamische-datenbank.de/option,com_quran/action,viewayat/surano,30/min,20/show,10/

„Jedes Lebewesen soll den Tod kosten. Und ihr werdet euren Lohn erst am Tage der Auferstehung voll erhalten. Wer also dem Feuer entrückt und ins Paradies geführt wird, der hat es wahrlich erzielt. Und das irdische Leben ist nur ein trügerischer Genuß.“[354]

„Kann wohl einer, der tot war und dem Wir Leben gaben und für den Wir ein Licht machten, um damit unter den Menschen zu wandeln, dem gleich sein, der in Finsternissen ist und nicht daraus hervorzugehen vermag? Und so wurde den Ungläubigen schön gemacht, was sie zu tun pflegten.“[355]

„...und wahrlich, stark ist seine Liebe zum (irdischen) Gut.“[356]

Al Ghasali sagt dazu: „Das wahre Wesen des Menschen ist also das, worin seine Vollkommenheit und sein Adel besteht. Die anderen Eigenschaften aber sind ihm fremd und nur geliehenes Gut und sind ihm nur zur Hilfe und Unterstützung gesandt. Daher kommt es, dass, wenn der Mensch stirbt, weder Zornmut noch Begierde bleiben; aber seine Substanz bleibt, entweder klar und licht, geschmückt mit der Erkenntnis Gottes und von der Art der Engel, um ihr Gefährte und ein Glied jener himmlischen Schar zu werden, die ewig die Gegenwart der Gottheit genießt „im Sitze der Wahrhaftigkeit bei einem mächtigen König“[357]*, oder aber dunkel und beschämt das Haupt niedersenkend; dunkel, weil sie durch die Finsternis der Sünde mit Rost bedeckt ist, beschämt sein Haupt niedersenkend, weil er seine Seele zur Ruhe gesetzt hatte mit Begierde und Zornmut. Alles*

---

[354] Koran 3; 185 http://kuran.gen.tr/?x=s_main&y=s_middle&kid=7&sid=3
[355] Koran 6; 122 http://islamische-datenbank.de/index.php?option=com_quran&action=search&text=Licht&min=20&show=10
[356] Koran 100; 8 http://islamische-datenbank.de/index.php?option=com_quran&action=search&text=liebe&min=30&show=10
[357] Koran 54; 55

aber, woran seine Begierde hing, hat er auf dieser Welt zurück-lassen müssen. Darum ist sein Antlitz dieser Welt zugewandt, weil dort das Ziel seines Begehrens und Strebens liegt. Diese Welt aber liegt unter jener Welt, und darum muss er sein Haupt niedersenken.[358]

Wenn der Mensch aber sich nicht mit seinem Körper identifi-ziert, also symbolisch gesprochen nicht von den Früchten des Baumes der Erkenntnis des Guten und Bösen isst, sondern aus-schließlich die rechte Hälfte des Erkenntnisbaumes offenbar machen lässt und die linke Seite im Ungeoffenbarten lässt, lebt er in sich selbst in einem paradiesischen Zustand. Das Ziel der Menschheit ist es hier anzukommen.

„O die ihr glaubt, was ist mit euch, dass ihr euch schwer zur Erde sinken lasset, wenn euch gesagt wird: „Ziehet aus auf Al-lahs Weg"? Würdet ihr euch denn mit dem Leben hienieden, statt mit jenem des Jenseits, zufrieden geben? Doch der Genuß des irdischen Lebens ist gar klein, verglichen mit dem künfti-gen.[359]

„Wer das Irdische begehrt, schnell bereiten Wir ihm darin das, was Wir wollen, dem, der Uns beliebt; danach haben Wir die Hölle für ihn bestimmt; da wird er eingehen, verdammt und verstoßen.[360]

„Wer aber das Jenseits begehrt und es beharrlich erstrebt und gläubig ist – derer Streben wird belohnt werden.[361]

---

[358] Al Ghasali, „Das Elixier der Glückseligkeit", Edition Minarett, Adel El Domiaty, Braunschweig, 2004 S. 50
[359] Koran 9; 38 http://kuran.gen.tr/?x=s_main&y=s_middle&kid=7&sid=9
[360] Koran 17; 18 http://kuran.gen.tr/?x=s_main&y=s_middle&kid=7&sid=17
[361] Koran 17; 19 http://kuran.gen.tr/?x=s_main&y=s_middle&kid=7&sid=17

Wenn doch alles, was aus dem Gleichgewicht herausgefallen ist, sichtbar wird und danach strebt, in die Einheit und in das Gleichgewicht zurückzugehen, bedeutet dieses Gleichgewicht „Bewegungslosigkeit", Ruhezustand, „Etwas-Geworden-Sein". Der Sturz aus dem Gleichgewicht aber ist das ständige Streben ins Gleichgewicht, was mit Unruhe und ständiger Bewegung verbunden ist. Der paradiesische Urzustand bedeutet, dass jede materielle Erscheinung zu existieren aufhört, denn die Materie ist in ihrem inneren Wesen auch Bewegung. Wenn diese aufhört, dann hört die Materie auf zu sein.

Unruhe, Bewegung ist das unveränderliche Gesetz der dreidimensionalen Welt. Dass der Mensch Herr über seinen Willen ist, zeigt allein die Tatsache, dass er trotz Erdanziehungskraft seinen Arm hochheben oder springen kann. Denn wir fragen uns nie, warum wir trotz Anziehungskraft unseren Arm heben können. Wenn wir unseren Arm heben wollen, dann senden wir eine Kraft aus und geben ihr eine Richtung, die in unsere Muskeln fließt, die sich dann zusammenziehen und den Arm hebt. Besiegen wir nicht damit die Anziehungskraft der Erde? Wenn wir in die Luft springen, können wir für nur eine kurze Zeit unseren Willen umwandeln. Durch unsere Kraft aber können wir unseren Körper im Raum weiterbewegen. Wir verbrauchen also unsere Kraft durch zwei große Faktoren – durch Zeit und Raum. Wenn wir also unsere Willenskraft verstärken und in unserem Körper aufspeichern könnten, so könnten wir die Anziehungskraft für eine längere Zeit besiegen und damit „schweben". Wenn wir die Anziehungskraft nicht hätten, würde alles, was Materie ist, in den Weltraum hinausfallen, sogar die Erde selbst würde auseinanderbrechen. Die Anziehungskraft der Erde gehört nicht der Erde, sondern wirkt aus ihrem Mittelpunkt heraus. Wenn die Materie selbst aber keinen Widerstand hätte, so würde alles, was auf der Erde ist, im Mittelpunkt verschwinden. Die Frage ist dann, wohin genau? Dafür müsste man sich aber im Klaren sein, woher die Kraft aus dem Mittelpunkt der Erde stammt. Wenn wir uns aber wieder klar machen, dass alles nur deshalb sichtbar geworden ist, weil sie sich von ihrer Ergänzungshälfte gelöst hat und diese Hälfte im Unoffenbarten zurückgelassen hat, dann muss die Erde auch eine Ergänzungshälfte im Unoffenbarten haben, nämlich im Nichts als negatives Spiegelbild. Heißt das denn, dass die Anziehungskraft der Erde alles ins Nichts zieht, um die Wiedervereinigung zu vollbringen und somit die paradiesische Einheit wieder zu erlangen?[362] Liegt nun das Problem am Widerstand der Materie? Der Widerstand der Materie ist der Grund dafür, weshalb die Erde und die Schöpfung nicht verschwinden und nicht vernichtet werden kann. Das heißt auch, dass alles, was auf dieser erkennbaren Welt erschienen ist, aus einem Punkt des Weltalls herausgefallen ist, der dann sein eigener Mittelpunkt geworden ist. Dadurch wurde es erst Materie und kann durch den eigenen Widerstand nicht mehr zurück und kann auch nicht mehr in die Einheit zurückkehren. Sie kann lediglich im vergeistigten Zustand zu seinem Ursprung finden, d.h. wenn sie sich wieder in Geist umwandelt, die sie aber auch nicht aus eigener Kraft und aus eigenem Können schaffen kann. Also haucht der Schöpfer seinen Atem in die Materie, kleidet sie in Materie, nimmt ihre Eigenschaften an, belebt sie, damit die Vergeistigung, die Erlösung ermöglicht wird. Dadurch sind die verschiedenen Lebensformen und damit auch alle Lebewesen entstanden.

Das höchste Lebewesen ist der Mensch, der die Aufgabe hat, die Erde zu vergeistigen und diese zu vollenden. Jeder Mensch, der sein Bewusstsein mit seiner von Gott ihm zugehauchten Seele (seinem höheren Selbst) identifiziert, erfüllt seine Aufgabe, weil er ein Stück der Erde vergeistigt hat bzw. erlöst hat.

„Und gäbe es auch einen Qur'an, durch den Berge versetzt oder die Erde gespalten oder durch den zu den Toten gesprochen werden könnte (, würden sie doch nicht an ihn glauben).

---

[362] Koran 28; 88 www.islamische-datenbank.de

Nein! Die Sache ruht völlig bei Allah. Haben denn die Gläubigen nicht den Versuch (, daran zu zweifeln,) aufgegeben, daß, wenn Allah gewollt hätte, Er sicher der ganzen Menschheit hätte den Weg weisen können? Und die Katastrophe wird nicht aufhören, die Ungläubigen um dessentwillen zu treffen, was sie gewirkt haben, oder sich nahe bei ihren Wohnstätten niederzulassen, bis Allahs Verheißung sich erfüllt hat. Wahrlich, Allah verfehlt den Termin nicht. "[363]

„Und wahrlich, Wir haben die Kinder Adams geehrt und sie über Land und Meer getragen und sie mit guten Dingen versorgt und sie ausgezeichnet – eine Auszeichnung vor jenen vielen, die Wir erschaffen haben. "[364]

„Allah ist es, Dem das Königreich der Himmel und der Erde gehört. Er macht lebendig und läßt sterben. Und ihr habt keinen Beschützer noch Helfer außer Allah. "[365]

Wenn wir das Gesetz des Geistes verstehen wollen, müssen wir aber auch das Gesetz der dreidimensionalen Welt verstehen. Dafür müssen wir aber bei Gott anfangen. Gott steht über der erkennbaren Welt und jedes Lebewesen kann Gott nur so verstehen und auffassen bis zu dem Grad, wie er mit Gott eins sein kann, denn in allem lebt Gott und alles lebt in Gott. Gott kann nur Gott allein verstehen. Der Mensch aber kann Gott nur gemäß seiner persönlichen Auffassungskraft vorstellen und verstehen. Wie kann das Endliche das Unendliche begreifen, wie das Zeitliche das Ewige, wie das Sterbliche das Unsterbliche, wie das Scheinwesen, das ewige, wahre Sein – also Gott – verstehen und

---

[363] Koran 13; 31 http://islamische-
datenbank.de/option,com_quran/action,viewayat/surano,13/min,30/show,10/
[364] Koran 17; 70 http://quran.al-
islam.com/Targama/DispTargam.asp?nType=1&nSeg=0&l=eng&nSora=17&nAya=70&
t=ger
[365] Koran 9; 116 http://islamische-
datenbank.de/option,com_quran/action,viewayat/surano,9/min,110/show,10/

erleben? Der Mensch hat aber die innere Sehnsucht und den Wunsch, Ihn zu erreichen und zu verstehen. Zwischen dem Persönlich-Sterblichen und dem Unpersönlich-Ewigen steht der Verstand, das größte und dennoch gefährlichste Geschenk Gottes. Der Verstand kann den Menschen in Versuchung bringen, mit seinem Bewusstsein aus der Einheit zu fallen, oder kann ihn befähigen Wahrheiten zu erkennen, und wenn er verstanden hat, den einzigen Weg zu seinem Selbst zurückzufinden und sich zu verwirklichen. Wenn man über etwas nur spricht, dann ist man es nicht, man muss es verwirklichen. Man kann über sich selbst nachdenken, ohne dass man zu seinem hohen Selbst geworden ist. Der Verstand ist nicht wir, sondern lediglich die Projektion von allem.

Dschalal ad-Din Muhammad Rumi sagt dazu: „Wenn der Verstand mit der göttlichen Liebe (Glaube an Gott) zusammen ist, kann er den Menschen erhaben machen." „Wenn der Verstand siegt, dann wird die Selbstsüchtigkeit geschwächt. Denn der Esel wird vom schweren Reiter müde." „Ein Freund ohne Verstand ist wahrlich ein Feind."[366]

„Allah hat für sie eine strenge Strafe bereitet; so fürchtet Allah, o ihr Leute von Verstand, die ihr glaubt. Allah hat euch wahrlich eine Ermahnung herniedergesandt, einen Gesandten, der euch die deutlichen Verse Allahs verliest, auf dass er jene, die glauben und gute Werke tun, aus den Finsternissen ans Licht führe. Und den, der an Allah glaubt und recht handelt, wird Er in Gärten führen, durch die Bäche fließen, worin (er) auf ewig verweilen wird. Allah hat ihm wahrlich eine treffliche Versorgung gewährt."[367]

[366] http://www.atib.org/deutsch/html/Mvln.html
[367] Koran 65; 10-11 http://quran.al-islam.com/Targama/DispTargam.asp?nType=1&nSeg=0&l=eng&nSora=65&nAya=10&t=ger

Nach Al Ghasali heißt es: „Da nun Gott es den Menschen möglich machen wollte, den Weg zu seiner Prophetenschaft zu finden, damit sie ihm folgten und den Weg zur Glückseligkeit von ihm lernten, gab er jedem Menschen ein Abbild von diesen drei besonderen Eigenschaften. Er gab ihnen den Traum als Abbild der ersten Eigenschaft, wahre physiognomische Erkenntnis als Abbild der zweiten und richtige Einfälle auf dem Gebiete der Wissenschaften als Abbild der dritten Eigenschaft. Denn es ist dem Menschen nicht möglich, an etwas zu glauben, von dessen Art ihm nichts eigen ist, denn das, wovon er kein Abbild hat, kann er sich nicht vorstellen. Aus diesem Grunde kann niemand Gott vollkommen erkennen außer Gott selbst. ...Was wir sagen wollen, ist nur dies: Dass wir es nun für möglich halten, dass außer diesen drei Eigenschaften die Propheten und Heiligen noch weitere besondere Eigenschaften besitzen, von denen wir nichts wissen, weil uns das entsprechende Abbild fehlt. So wie wir also sagen, dass Gott niemand vollkommen erkennen kann außer Gott selbst, meinen wir auch, dass auch den Gesandten Gottes vollkommen nur ein Gottgesandter und der, der auf noch höherer Stufe steht, erkennen kann.“[368]

Wenn der Mensch Gott außerhalb sucht, kann er oft an Ihn denken, er kann zu Gott beten, er kann Gott mit seinem ganzen Wesen lieben, aber er ist mit Gott nicht „identisch“, weil er Gott nie außerhalb finden kann. Wenn der Mensch mit Gott verbunden sein will, zu Ihm finden will, muss er von seinem Bewusstsein aus, von seinem persönlichen „Ich“ aus immer tiefer in sich gehen, zu seinem wahren Selbst finden und sich dem Schöpfer hinwenden, bis er Ihn in sich bewusst erkennt (das Gebet gleich Salah bedeutet übersetzt verbinden – siehe vorherige Kapitel). Da der Mensch aber ein Scheinwesen ist und keine wahre Existenz hat, kann er auch keine Selbsterkenntnis haben, sondern der

---

[368] Al Ghasali, „Das Elixier der Glückseligkeit“, Edition Minarett, Adel El Domiaty, Braunschweig, 2004 S. 60

Schöpfer erkennt sich selbst im Geschöpf, in der Person. Das ist die Selbsterkenntnis. „*Ich war ein verborgener Schatz und wollte erkannt werden. Darum erschuf ich die Welt.*" (Hadithu'l'Qudsi). Der Mensch kann also Gott nur so erleben. Durch die Selbsterkenntnis erlebt der Mensch das schöpferisch-kosmische All-Bewusstsein. Wenn man somit wahres Wissen erlangen will, muss man zuallererst sich selbst kennenlernen, d.h. wir müssen wissen, was wir selbst sind. Wenn wir uns selbst erkennen, können wir entdecken, dass alle Wahrheiten in unserem Wesen verborgen liegen, somit können wir durch die Selbsterkenntnis alle Geheimnisse der Welt kennen. Wir müssen das große Rätsel – den Menschen – selbst lösen und erkennen, was wir sind.

Dschalal ad-Din Muhammad Rumi sagt: „*Es gibt eine Seele in deiner Seele, suche diese Seele. In deinem Körper ist ein Edelstein. Suche diesen Edelstein. Oh du Sufi, der auf dem Weg geht, suche wenn es in deiner Macht steht, aber suche nicht draußen, das was du suchst, suche in dir selbst.*"[369]

„*Bald werden Wir sie Unsere Zeichen sehen lassen überall auf Erden und an ihnen selbst, bis ihnen deutlich wird, dass es die Wahrheit ist. Genügt es denn nicht, dass dein Herr Zeuge ist über alle Dinge?*"[370]

Lt. Koran muss der Gläubige Gott häufig gedenken, da durch das Gedenken an Gott die Herzen stille werden.
„*O die ihr glaubt! gedenket Allahs in häufigem Gedenken;*"[371]

---

[369] http://www.atib.org/deutsch/html/Mvln.html
[370] Koran 41; 53 http://kuran.gen.tr/?x=s_main&y=s_middle&kid=7&sid=41
[371] Koran 33; 41 http://kuran.gen.tr/?x=s_main&y=s_middle&kid=7&sid=33

„Sie, die glauben und deren Herzen Trost finden im Gedenken Allahs. Ja! im Gedenken Allahs ist's, dass Herzen Trost finden können."[372]

Al Ghasali beschreibt dies wie folgt: „Den Eingang[373] *bildet die Erkenntnis von vier Dingen, ..." Der erste Eingang ist, dass man sich selbst erkenne, der zweite, dass man Gott erkenne, der dritte, dass man die diesseitige Welt erkenne, der vierte, dass man die jenseitige Welt erkenne. ... Diese vier Erkenntnisse sind die Eingänge der Erkenntnis des Islam; die Pfeiler aber, das Handeln des Islam, sind vier an Zahl, zwei davon beziehen sich auf die äußeren und zwei auf die inneren Dinge. Die beiden, die sich auf die äußeren Dinge beziehen, sind: 1. Die Übung des Gehorsams gegen Gott, das heißt, der Gottesdienst, und 2. Das Bewahren der Zucht und Sitte im Tun und Lassen und in der Lebensführung, das heißt das tätige Leben. Die beiden, die sich auf die inneren Dinge beziehen, sind: 1. Das Reinigen des Herzens von allen bösen Charaktereigenschaften, wie Zorn, Geiz, Neid, Hochmut und Eitelkeit, welche die ins Verderben stürzenden Dinge heißen und die gefährlichen Engpasse des Weges der Religion, und 2. Das Schmücken des Herzens mit guten Charaktereigenschaften, wie Geduld, Dankbarkeit, Liebe, Hoffnung, Gottvertrauen, welche die rettenden Dinge heißen."*[374]

Die Materie wird zur belebten Materie, wenn der göttliche Geist – das Selbst – sich in die Materie kleidet und Fleisch wird. Das Leben (das Selbst) durchdringt die tote Materie und aus dem Gesetz der Materie entsteht ein lebendiger Geist, das Spiegelbild des göttlichen Selbst. Das Spiegelbild, das dadurch lebendiger Geist werden konnte, dass also Gott als das Selbst der Lebewe-

---

[372] Koran 13; 28 http://kuran.gen.tr/?x=s_main&y=s_middle&kid=7&sid=13
[373] Damit ist der Eingang zum Elixier gemeint.
[374] Al Ghasali, „Das Elixier der Glückseligkeit", Edition Minarett, Adel El Domiaty, Braunschweig, 2004 S. 29

sen sein eigenes Leben der Materie einflösste, ist Satan.[375] Satan ist also das durch den göttlichen Geist lebendig gewordene Gesetz der Materie. Mit anderen Worten Satan liegt tot in der Materie, bis der göttliche Geist ihn mit seinem eigenen Leben lebendig macht. Wenn sich nun das Bewusstsein eines Menschen mit dem Gesetz der Materie identifiziert, wenn das Denken, Worte und Taten nicht dem göttlichen Gesetz, sondern dem Gesetz der Materie dienen, dann belebt der Mensch Satan und er wird satanisch. D.h. ohne den Menschen kann Satan nicht existieren und ohne das Selbst des Menschen ist Satan nur eine unbewusste Kraft, ein Naturgesetz der Materie. Satan wird nur im Bewusstsein des Menschen lebendig, der das Gesetz der Materie, das Gesetz des Fleisches, im Geist offenbart, der sein Bewusstsein mit seiner Person, mit seiner niedrigen Natur, mit den seinem Fleisch innewohnenden Trieben, mit dem Arterhaltungs- und Selbsterhaltungstrieb, identifiziert und die zusammenziehende, verhärtende Kraft der Materie als geistige Eigenschaften, wie Habgier, Neid, Eitelkeit, seelische Härte und Selbstsucht, offenbart. Ohne den Menschen existiert Satan auch nicht und deshalb ist Satan an sich auch keinem Menschen begegnet. Wenn das Selbst sich aus dem Körper eines Menschen loslöst, also dieser stirbt, bleibt Satan wieder als das Gesetz der Materie im Leichnam zurück. Wenn sich aber das Bewusstsein eines Menschen mit den Gesetzen der Materie identifiziert und so selbst satanisch wird, stirbt dieser mit Satan und wird nach dem Tod unbewusst. Satan zieht ihn in die tote Materie, in die Finsternis, in die Bewusstlosigkeit zu sich (Hölle). Unter Hölle ist eine ganze Welt zu verstehen, die zur Qual und Bestrafung erschaffen wurde und genau wie das Paradies viele Formen und Eigenschaften hat. Übersetzt heißt Jahannam[376] also Hölle als

---

[375] Siehe auch im Kapital Glaube an die Engel im Gespräch zwischen Satan und dem Propheten Mohammed, wonach Satan als zehnten Wunsch folgendes äußerte: **Zehntes:** Ich wollte in den Adern der Söhne Adams durchgehen immer, wann ich wollte. Und Er akzeptierte meinen Wunsch.

[376] Hierzu gibt es verschiedene Schreibweisen wie Cehennem.

„Gebiet des Unglücks, der Vernichtung". Die Hölle hat auch sieben Tore. Die Existenz der Hölle ist dank der Gnade Gottes begrenzt, während die Existenz des Paradieses ewig bestehen wird.

Und der Gläubige weiß auch, obwohl er Ihn nicht sieht, er ihm näher ist als seine Halsschlagader: *„Wahrlich, Wir erschufen den Menschen, und Wir wissen alles, was sein Fleisch ihm zuflüstert; denn Wir sind ihm näher als die Halsader."*[377]

„Und Wir wollen alles hinwegräumen, was an Groll in ihren Herzen sein mag. Unter ihnen sollen Ströme fließen. Und sie werden sprechen: „Aller Preis gehört Allah, Der uns zu diesem geleitet hat! Wir hätten nicht den Weg zu finden vermocht, hätte Allah uns nicht geleitet. Die Gesandten unseres Herrn haben in der Tat die Wahrheit gebracht." Und es soll ihnen zugerufen werden: „Das ist der Himmel, der euch zum Erbe gegeben ward für das, was ihr gewirkt."[378]

Lt. Al Ghasali heißt es: „Willst du dich selbst erkennen, so wisse, dass du aus zwei Dingen geschaffen bist. Das eine ist die äußere Hülle, die man Leib nennt und mit dem äußeren Auge sehen kann. Das andere ist jenes Innere, das man bald Seele, bald Geist und bald Herz[379] nennt, und das nur von dem inneren Auge erkannt werden kann. Dies innere ist dein wahres Wesen, alles andere ist nur sein Gefolge, sein Heer und seine Dienerschaft. Wir wollen es das Herz[380] nennen. Wenn wir also von dem Herzen sprechen, so wisse, dass wir damit das wahre Wesen des Menschen meinen, das man sonst bald Geist, bald Seele nennt, nicht aber jenes Stück Fleisch, das in der linken Seite deiner Brust sitzt; denn das hat keinen Wert, und auch die Tiere

---

[377] Koran 50; 16 http://kuran.gen.tr/?x=s_main&y=s_middle&kid=7&sid=50
[378] Koran 7; 43 http://kuran.gen.tr/?x=s_main&y=s_middle&kid=7&sid=7
[379] Nach Al Ghasali ist damit das höhere Selbst, der Geist, die Seele gemeint.
[380] Nach Al Ghasali ist damit das höhere Selbst, der Geist, die Seele gemeint..

und die Toten besitzen es, und man kann es mit dem äußeren Auge sehen."[381]

Weiterhin schreibt Al Ghasali: „Es ist aber dem Menschen geboten, mit dem Lichte der Vernunft, welches ein Abglanz von dem Lichte der Engel ist, die List und Verstellung des Teufels aufzudecken, damit er[382] *gedemütigt dastehe und ihn nicht mehr verführen kann, so wie der Gesandte Gottes sagt: „Jeder Mensch hat seinen Teufel, auch ich habe meinen, doch Gott hat mir zum Siege über ihn geholfen, so dass ich ihn gebändigt halte und er mir nichts Böses mehr befehlen kann.*"[383]

Dagegen bleibt das Bewusstsein eines Menschen, der sich mit dem Gesetz des göttlichen Geistes identifizierte und diesem diente, nach dem Tod wach und löst sich von den Ketten, von der Isolation der Materie und geht ins ewige Licht (Paradies).[384]

Übersetzen kann man Paradies mit „der Garten", ein Synonym aber ist auch „Ort des Friedens", womit nicht ein Ort gemeint ist, sondern es sich dabei um einen Bewusstseinszustand des Menschen handelt. Das Paradies hat lt. Islam 8 Tore bzw. Gärten. Einige davon sind hierarchisch gestuft, d.h. einige sind herrlicher als andere, gemessen an dem Platz, den Gott und Glaube bei dem betreffenden Menschen im Diesseits einnahm. Der Garten Eden hat einen besonderen Teil innerhalb der Paradiesgärten. Es heißt, dass Gott diesen Garten ganz besonders mit seiner Hand gestaltet hat, d.h., er hat diesen Teil des Paradieses mit Besonderheiten ausgestattet, die es so in keiner Welt, in keiner Existenz, sonst noch gibt.

---

[381] Al Ghasali, „Das Elixier der Glückseligkeit", Edition Minarett, Adel El Domiaty, Braunschweig, 2004 S. 37

[382] Der Teufel.

[383] Al Ghasali, „Das Elixier der Glückseligkeit", Edition Minarett, Adel El Domiaty, Braunschweig, 2004 S. 46

[384] Die Loslösung der Seele von der Materie wird im Koran auch als Vorhang, Scheidewand, Hülle oder als Schranke beschrieben.

„Auf daß ich recht handeln möge in dem, was ich zurückließ.“ Keineswegs, es ist nur ein Wort, das er ausspricht. Und hinter ihnen ist eine Schranke bis zum Tage, an dem sie auferweckt werden.“[385]

„Und Wir haben eine Schranke gelegt vor sie und eine Schranke hinter sie, und Wir haben sie verhüllt, so daß sie nicht sehen können.“[386]

„Und sie sagen: „Unsere Herzen sind vor dem verhüllt, wozu du uns berufst, und unsere Ohren sind taub, und zwischen uns und dir ist eine Scheidewand. So handle, auch wir handeln.“ “[387]

„Und unter ihnen sind manche, die dir Gehör schenken, doch Wir haben auf ihre Herzen Hüllen und in ihre Ohren Taubheit gelegt, damit sie nicht begreifen. Selbst wenn sie jedes Zeichen sähen, würden sie nicht daran glauben, so daß sie mit dir stritten, wenn sie zu dir kämen. Die Ungläubigen sagen: „Das sind bloß Fabeln der Früheren.“ “[388]

„Und wenn du den Qur'an verliest, legen Wir zwischen dir und jenen, die nicht an das Jenseits glauben, eine unsichtbare Scheidewand.“[389]

Das Wesen des Menschen ähnelt dem Ozean, denn während sein Bewusstsein an der Oberfläche ist, ist das größere und tiefere Teil des Menschenwesens im Unbewussten. Aus seinem Unbewussten stammen seine Gedanken, Worte und Taten. Der erlöste

---

[385] Koran 23; 100 http://www.kuran.gen.tr/?x=s_main&y=s_middle&kid=7&sid=23
[386] Koran 36; 9 http://www.kuran.gen.tr/?x=s_main&y=s_middle&kid=7&sid=36
[387] Koran 41; 5 http://islamische-datenbank.de/index.php?option=com_quran&action=display
[388] Koran 6; 25 http://islamische-datenbank.de
[389] Koran 17; 45 http://islamische-datenbank.de

Mensch aber, der zur Selbsterkenntnis gekommen ist, hat kein Unbewusstes mehr, denn alle unbewussten Teile seiner Seele werden bewusst. Wenn ein Mensch es geschafft hat, soweit zu kommen, dann schließt sich der Kreis, der mit dem Bewusstwerden in der Materie – im Körper – mit dem Augenblick des Fallens aus der Einheit angefangen hat. Jeder vereinigt sich mit seiner Ergänzungshälfte, die bisher als unbewusster Teil der Seele wie ein negatives Ebenbild – wie ein fremdes Wesen – da war und durch ihre Anziehungskraft, die sich im Körper als Triebkraft offenbart, ständig Sehnsucht und Unruhe hervorrief. Nur derjenige, der in seinem Bewusstsein die Ruhe, der Frieden selbst ist und nur den Willen Gottes offenbart und herrschen lässt, der nur die Liebe Gottes ausstrahlt, nur der hat das Ziel erreicht.

Diese These ist im Islam unterschiedlich je nach Gelehrtem ausgelegt. Nach Rumis Auffassung ist das Ziel des Menschen in Gott aufzugehen.

„Der Prophet wurde gefragt: „Wenn auch diese geistigen Realitäten weiselos sind, kann man denn aus ihnen Nutzen ziehen vermittels der Formen?" Der Erhabene antwortete: „Sieh die Form von Himmel und Erde! Zieh Nutzen aus dieser universalen Geist-Wirklichkeit vermittels dieser Form. Warum siehst du aus deinem Teil-Wesen nicht das Ganze? Du siehst die Wirkung des Himmelsrades und das Regnen der Wolken zur rechten Zeit, Sommer und Winter und alle Wechsel der Zeit. Du siehst, alles geschieht recht und gemäß einer tieferen Weisheit. Schließlich, was weiß jene unbelebte Wolke, wenn sie zur rechten Zeit regnen muss? Du siehst auch diese Erde, wie sie Pflanzen empfängt und zehnfach zurückgibt. Nun, das tut Jemand – sieh Ihn vermittels dieser Welt und empfange dadurch Stärkung. Ebenso wie du vermittels der menschlichen Form Stärkung erhältst, suche Stärkung vom geistigen Wesen der Welt." Als der Prophet berauscht von den Anziehungen Gottes war und außer sich sprach, pflegte

er zu sagen: „Gott der Erhabene sagt." Schau gut hin: Vom Standpunkt der Form aus war es seine Zunge, die sprach, aber sein Er-Sein war nicht da, der Sprecher war wirklich Gott der Erhabene. Als er zuerst sah, dass er unwissend und ohne Kenntnis solcher Worte war und nun solche Worte von ihm geboren wurden, begriffen die Auserwähltesten seiner Gefährten, dass er jetzt nicht mehr das war, was er zuerst gewesen war. Dies ist die Wirkungsmacht Gottes. So wie der Prophet über Menschen und Propheten berichtete, die so viele Jahrtausende, bevor er ins körperliche Sein trat, gelebt hatten, und was geschehen werde bis zum Ende der Welt, und ebenso über den Thron und den Fußschemel, das Leere und das Volle: Sein Wesen hatte dies alles gesehen, und ein in der Zeit geschaffenes Wesen sagt so etwas nicht. Wie sollte ein in der Zeit geschaffenes Geschöpf Kunde vom Ur-Ewigen geben? So ward es bekannt, dass nicht er es war, der sprach, sondern Gott sprach. Nicht spricht er aus Gelüst; es ist nichts als offenbarte Offenbarung. (Sura 53/3-4) Wenn der Koran auch kam von des Propheten Munde – Ungläubig ist, wer sagt, er käme nicht von Gott! Gott ist völlig frei von Form und Buchstaben. Sein Wort ist außerhalb von Buchstaben und Stimme. Aber er lässt Seine Worte durch Buchstaben und Stimme und Zunge, wie Er will, verkünden. "[390]*

„O Leute der Schrift, Unser Gesandter ist nunmehr zu euch gekommen, um euch vieles zu enthüllen, was ihr von der Schrift geheim gehalten habt, und (er ist zu euch gekommen,) um gegen vieles Nachsicht zu üben. Wahrlich, zu euch sind ein Licht von Allah und ein klares Buch gekommen.* "[391]

„Damit leitet Allah jene, die Sein Wohlgefallen suchen, auf die Wege des Friedens, und Er führt sie mit Seiner Erlaubnis aus

---

[390] Zitat aus Rumi – VON ALLEM UND VOM EINEN – übersetzt von Annemarie Schimmel, Diederichs Gelbe Reihe, Ausgabe 2008, Heinrich Hugendubel Verlag, Kreuzlingen/München 1988, S. 108-109
[391] Koran 5; 15 http://islamische-datenbank.de

den Finsternissen zum Licht und führt sie auf einen geraden Weg. "[392]

„Wahrlich, Wir hatten die Thora, in der Führung und Licht war, herabgesandt. Damit haben die Propheten, die sich (Allah) hingaben, den Juden Recht gesprochen, und so auch die Rabbiner und die Gelehrten; denn ihnen wurde aufgetragen, das Buch Allahs zu bewahren, und sie waren seine Hüter. Darum fürchtet nicht die Menschen, sondern fürchtet Mich; und gebt nicht Meine Zeichen um einen geringen Preis hin. Und wer nicht nach dem richtet, was Allah herabgesandt hat - das sind die Ungläubigen. "[393]

„Dies sind jene, die dem Gesandten, dem Propheten folgen, der des Lesens und Schreibens unkundig ist; dort in der Thora und im Evangelium werden sie über ihn (geschrieben) finden: er gebietet ihnen das Gute und verbietet ihnen das Böse, und er erlaubt ihnen die guten Dinge und verwehrt ihnen die schlechten, und er nimmt ihnen ihre Last hinweg und die Fesseln, die auf ihnen lagen. Diejenigen also, die an ihn glauben und ihn stärken und ihm helfen und dem Licht folgen, das mit ihm herabgesandt wurde, die sollen erfolgreich sein. "[394]

Warum haben Menschen einen bestimmten Charakter und wie bestimmt sich ihr Schicksal? Das Selbst eines Menschen strahlt seine schöpferischen Kräfte durch das Sieb des Charakters in die Verkörperung hinein, und aus diesen Energien werden durch bilderbauende Kräfte in der Tiefe der Seele Traumbilder geschaffen, die sich nach außen, in die materielle Welt projizieren und dort als Person und als Schicksal manifestieren. Die verschiedenen Einwirkungen, denen die Menschen seit dem Fall

---

[392] Koran 5; 16 http://islamische-datenbank.de

[393] Koran 5; 44 http://islamische-datenbank.de

[394] Koran 7; 15 http://islamische-datenbank.de/index.php?option=com_quran&action=search&text=Licht&min=20&show=10

aus der paradiesischen Einheit ausgesetzt sind, die durch unzählige Beziehungen beeinflusst und entwickelt werden, lassen verschiedene Traumbilder entstehen. Ob die Zukunftsprojektionen des Selbst Wirklichkeit werden oder auf ihre Verwirklichung warten, d.h. ob sie auf der materiellen Ebene Wirklichkeit werden oder ob sie nur Traumbilder bleiben, hängt davon ab, mit welcher Ebene der Mensch sein Bewusstsein identifiziert. Unsere Träume sind auch eine „Wirklichkeit", nur stofflos. Was wir in unserem Leben als „Wirklichkeit" bezeichnen, ist nichts anderes als eine verkörperte Zukunftsprojektion bzw. ein materialisierter Traum.

Wenn der Mensch den Willen Gottes herrschen lässt, dann geschieht auf der materiellen Ebene also in der „Wirklichkeit", was er selbst bewusst will. Also kann er so sein Schicksal beherrschen. Denn das Selbst eines Menschen hat die Macht, die Träume, die auf ihre Verwirklichung im Unterbewussten warten, wieder aufzulösen.

„Diejenigen, die aufhören zu beten, werden allein gelassen und bleiben vor Leid ungeschützt; Damit sie wieder anfangen zu beten, um emporzusteigen."[395]

„Und wenn den Menschen ein Schaden trifft, ruft er Uns an, ob er nun auf der Seite liegt oder sitzt oder steht; haben Wir aber den Schaden von ihm fortgenommen, dann geht er seines Weges, als hätte er Uns nie um (die Befreiung) vom Schaden, der ihn getroffen hat, angerufen. Also zeigt sich den Maßlosen das in schönem Licht, was sie begangen haben."[396]

„Und Wir haben das Buch mit der Wahrheit zu dir herabgesandt, das bestätigt, was von der Schrift vor ihm da war und

---

[395] Hadis 353 Camiüssagir
[396] Koran 10; 12 http://islamische-datenbank.de

darüber Gewißheit gibt; richte also zwischen ihnen nach dem, was Allah herabgesandt hat und folge nicht ihren Neigungen, von der Wahrheit abzuweichen, die zu dir gekommen ist. Für jeden von euch haben Wir Richtlinien und eine Laufbahn bestimmt. Und wenn Allah gewollt hätte, hätte Er euch zu einer einzigen Gemeinde gemacht. Er wollte euch aber in alledem, was Er euch gegeben hat, auf die Probe stellen. Darum sollt ihr um die guten Dinge wetteifern. Zu Allah werdet ihr allesamt zurückkehren; und dann wird Er euch das kundtun, worüber ihr uneins waret."[397]

Al Ghasali schreibt dazu: „Das Herz[398] *ist gleich einem Spiegel, und auch die himmlische Urtafel ist einem Spiegel gleich, in die Urbilder aller seienden Dinge enthalten sind. Wie nun die Bilder von dem einen Spiegel in den anderen fallen, wenn man die Spiegel einander gegenüber stellt, so erscheinen auch die Bilder der Urtafel in dem Herzen, wenn es rein und frei von allen sinnlichen Eindrücken ist und mit jener übersinnlichen Welt in Verbindung tritt. Solange es aber von sinnlichen Eindrücken in Bann gehalten wird, ist es von der Verbindung mit der übersinnlichen Welt abgesperrt. Im Schlafe ist das Herz frei von allem sinnlichen Eindrücken, und die seiner Substanz eigenen Kraft, die übersinnliche Welt zu schauen, tritt dann hervor. Freilich bleibt, wenn die Sinne durch den Schlaf daniedergehalten werden, die Einbildungskraft noch am Werke und macht, dass das Herz*[399] *die Dinge, die es wahrnimmt, in der Verkleidung von phantastischen Bildern sieht und sie ihm nicht klar und deutlich und von aller Verschleierung und Verdeckung frei erscheinen. Erst mit dem Tode verschwinden Einbildungskraft und Sinne, dann schaut das Herz alle Dinge ohne Hülle und Phantasiebilder, und dann wird zu ihm gesagt: „Wir nehmen deine Hülle von*

---

[397] 5; 48 http://quran.al-islam.com/Targama/DispTargam.asp?nType=1&nSeg=0&l=eng&nSora=5&nAya=48&t=ger

[398] Damit ist das höhere Selbst, der Geist, die Seele gemeint.

[399] Nach Al Ghasali ist damit das höhere Selbst, der Geist, die Seele gemeint.

dir, und dein Blick ist heute scharf[400]." Und weiter: „O Herr, wir haben gesehen und gehört, o sende uns zurück, denn wir wollen recht handeln, denn nun haben wir Gewißheit.[401] "[402]

Wenn der Mensch aber sich mit fremden, nicht aus seinem Selbst, sondern aus seiner niedrigen Natur, aus seinem Körper stammenden Kräften identifiziert und diese als seinen eigenen Willen anerkennt, geschieht nicht, was er selbst will, sondern was sein Körper will, auch wenn er meint, dass es sein Wille sei. In diesem Augenblick fällt das Steuerrad seines Schicksals aus der Hand und er ist blinden Schicksalsschlägen vollkommen ausgeliefert, denn somit werden aus seinen im Unterbewusstsein lauernden „Traumbildern" unvermeidlich und unbedingt eintreffende wirkliche Geschehnisse auf der irdischen Ebene. D.h. der Mensch fällt aus dem Paradies und muss zunächst den Niedergang in weltlichen Dinge erleben, damit er erkennt, dass der Wille ausgehend von seinem Körper nicht er ist. Dann will er wieder „hochsteigen" ins Paradies, was nichts anderes bedeutet, als dass er sein Selbst findet.

„...O Kinder Adams, laßt Satan euch nicht verführen, (so) wie er eure Eltern aus dem Garten vertrieb und ihnen ihre Kleidung entriß, um ihnen ihre Scham zu zeigen. Wahrlich, er sieht euch, er und seine Schar, von wo ihr sie nicht seht. Denn seht, Wir haben die Satane zu Freunden derer gemacht, die nicht glauben. "[403]

---

[400] Koran 50; 21

[401] Koran 32; 12

[402] Al Ghasali, „Das Elixier der Glückseligkeit", Edition Minarett, Adel El Domiaty, Braunschweig, 2004 S. 53

[403] Koran 7; 26-27 http://quran.al-islam.com/Targama/DispTargam.asp?nType=3&nSora=7&nAya=27&nSeg=10&l=eng&t=ger

„ Wer das Rechte tut, es ist für seine eigene Seele; und wer Böses tut, es ist wider sie. Und dein Herr ist niemals ungerecht gegen die Diener. "[404]

„ Er sprach: „Mein Herr, ich habe an meiner Seele Unrecht getan, so vergib mir. " So verzieh Er ihm; denn Er ist der Allverzeihende, der Barmherzige. "[405]

Weitere Hinweise im Koran: siehe [406], [407], [408], [409], [410], [411], [412], [413]

Der Mensch, der durch seine Gottesdienste seines höheren Selbst bewusst wird, stellt seine „Schwingung" auf eine höhere Stufe als ein Durchschnittsmensch. Die Schwingung ist so ähnlich eines Ranges, den ein Mensch durch seine Frömmigkeit und seine bewussten Erfahrungen im Leben erreichen kann; man kann auch sagen, der Mensch kann in seinem Leben durch seine persönliche Entwicklung sieben Bewusstseinsgrade durchgehen.

„ Und für alle sind Stufen gemäß dem, was sie tun, auf daß Er ihnen ihre Taten voll vergelte; und kein Unrecht soll ihnen widerfahren. "[414]

Das heißt auch, dass der höhere Rang sich nicht nach seiner Rasse, seiner Herkunft oder seiner Religionszugehörigkeit be-

---

[404] Koran 41; 46 http://kuran.gen.tr/?x=s_main&kid=7

[405] Koran 28; 16 http://kuran.gen.tr/?x=s_main&y=s_middle&kid=7&sid=28

[406] Koran 10; 109 http://kuran.gen.tr/?x=s_main&y=s_middle&kid=7&sid=10

[407] Koran 57; 20; http://kuran.gen.tr

[408] Koran 6; 32 http://kuran.gen.tr

[409] Koran 28; 60 http://kuran.gen.tr

[410] Koran 29; 64 http://kuran.gen.tr

[411] Koran 35; 5 http://kuran.gen.tr

[412] Koran 40; 39 http://kuran.gen.tr

[413] Koran 47; 36 http://kuran.gen.tr

[414] Koran 46; 19 http://www.kuran.gen.tr/?x=s_main&y=s_middle&kid=7&sid=46

stimmt, sondern lediglich durch seine Frömmigkeit/seinen Bewusstseinsgrad bestimmt wird. Wenn der Mensch dann in allen 7 Stufen bewusst wird, dann erreicht er die höchste Ebene, nämlich die Erkenntnis Gottes. Während Bewusstsein Licht ist, ist das Unbewusstsein Finsternis. Wenn wir jeden Bewusstseinszustand als einen Tag sehen, weil der Tag hell ist, dann wirkt an jedem Tag Aktivität, Unruhe und Bewegung, nur am siebten Tag Gottes ist keine Bewegung, keine Aktivität, kein Schaffen! Am siebten Tag herrscht vollkommenes Gleichgewicht, weil hier die Schöpfung aufhört und Gott in sich ruht.

„Siehe, euer Herr ist Allah, Der in sechs Zeiten die Himmel und die Erde erschuf; dann setzte Er Sich auf den Thron. Er läßt die Nacht den Tag verhüllen, der ihr eilends folgt. ....“[415]

„Sind sie es, die die Barmherzigkeit deines Herrn zu verteilen haben? Wir Selbst verteilen unter ihnen ihren Lebensunterhalt im irdischen Leben, und Wir erhöhen einige von ihnen über die anderen im Rang, auf dass die einen die anderen in den Dienst nehmen mögen. Und die Barmherzigkeit deines Herrn ist besser als das, was sie anhäufen.“[416]

Eine etwas andere Auffassung zur Selbsterkenntnis hatte Ibn' Arabis[417] *„Ein zentraler Punkt in Ibn' Arabis System ist seine Lehre vom Vollkommenen Menschen (al-insan al-kamil). Der Prophet Mohammed, seit Jahrhunderten ein Mittelpunkt mystischer Frömmigkeit, ist das erste, was Gott aus Seinem Licht*

---

[415] Koran 7; 54 http://kuran.gen.tr

[416] Koran 43; 32 http://islamische-datenbank.de

[417] Muhyī d-Dīn Ibn ʿArabī, mit vollem Namen Muhyī d-Dīn Abū ʿAbd Allāh Muhammad ibn ʿAlī Ibn ʿArabī al-Hātimī at-Tāʾī geboren 7. August 1165 in Murcia war einer der bekanntesten Sufis. Er wird wegen seines großen Einflusses auf die allgemeine Entwicklung des Sufismus auch *asch-schaich al-akbar* („Der größte Meister") bzw. latinisiert *Magister Magnus* genannt. Vielen gilt er als Advokat religiöser Toleranz. (Quelle: Wikipedia)

geschaffen hat; er ist gewissermaßen die Nahtstelle zwischen dem göttlichen wudschud und der Menschheit, das Muster für alle Gläubigen. Denn der Mensch, der alle Namen Gottes in sich trägt, kann immer vollkommener werden, wenn er diese Namen in sich harmonisch verwirklicht. Die Umschreibung dieser Erfahrung wird als Aufstieg durch die Ränge der Mohammed vorausgehenden Propheten beschrieben, bis der Sucher das „Entwerden im Propheten" erreicht, nicht aber, wie frühere Sufis es erhofften, das „Entwerden in Gott"; denn Gott ist der ewig Unerkennbare, dem man sich nur durch Seinen Propheten nahen kann, indem man diesen als absolutes Modell der Vollkommenheit akzeptiert. Doch darf man dabei nie vergessen, dass Mohammed immer ein Geschöpf und „Gottes Diener" bleibt und niemals dem christlichen „Gottessohn" vergleichbar ist. [418] [419] *Die Aussage Rumis, seinen Todestag als Hochzeitstag zu bezeichnen, deutet eher darauf hin, dass der Mensch in Gott aufgeht.*

Durch jede einzelne Bewusstseinsstufe erlebt der Mensch himmlische Seligkeit, denn jede höhere Schwingung erweckt ein begeisterndes Glücksgefühl. Niedrige Schwingungen rufen Niedergeschlagenheit, Angst und Verzweiflung hervor. Das Glücksgefühl durch eine höhere Schwingung ist mit einer gesteigerten Nervenspannung verbunden. Dieses Glück suchen manche Menschen auch durch den Genuss von Alkohol oder anderen Reizmitteln. Der Rückschlag aber wirft den Menschen tiefer zurück, als er vorher war. Ein Mensch auf höherer Schwingung kann von anderen Menschen, die niedrig schwingen oder, umgangssprachlich ausgedrückt, von bösen Menschen

---

[418] Annemarie Schimmel, Sufismus – Eine Einführung in die islamische Mystik, Verlag C. H. Beck, 4. Auflage 2008, S. 44

[419] Das lässt erkennen, dass die islamischen Gelehrten an der einen oder anderen Stelle durchaus eine etwas abweichendere Meinung vertreten haben, was nicht verwerflich ist. Denn Ibn' Arabis merkt an, dass der Mensch als Prophet die höchste Stufe erreichen kann, Rumi dagegen in den oberen Kommentaren sieht das Entwerden in Gott als das Ziel eines Menschen.

keinen Schaden durch negative Ausstrahlungen wie z.B. dem
bösen Blick abbekommen, sondern lediglich auf der materiellen
Ebene durch Taten. Durch die einzelnen Stufen und Erfahrungen, wird das Bewusstsein des Menschen ein All-Bewusstsein,
weil er kein Unterbewusstsein mehr hat. Damit schließt sich der
Kreis, der mit dem Bewusstwerden in seinem Körper – der Materie – mit dem Augenblick des Fallens aus der Einheit angefangen hat. Somit vereinigt sich der Mensch mit seiner Ergänzungshälfte, die bisher als unbewusster Teil der Seele da war
und durch ihre Anziehungskraft im Körper als Triebkraft offenbarte Sehnsucht und Unruhe hervorrief. Wenn das Bewusstsein
in die Einheit zurückkehrt, gibt es keine Ergänzungshälfte mehr,
weil diese nun auch bewusst gemacht wurde, und es findet somit
eine Wiedervereinigung, die man im Sufismus „mystische
Hochzeit" nennt, statt.

Dschalal ad-Din Muhammad Rumi[420] bezeichnete seinen Todestag als große Hochzeit, da er an diesem Tag mit Allah vereint
wurde.[421]

Annemarie Schimmel hat in ihrem Werk *Sufismus – eine Einführung in die islamische Mystik* die Wege des Sufismus, die
gleich sieben sind, wie folgt beschrieben:[422] In der ersten Stufe
steht die Reue, das Abbrechen der Beziehung zum früheren Leben und die volle Konzentration auf den neuen Weg. Hier spielt
die Reinheit der Intention (der Absicht) eine wichtige Rolle.
Weitere Stationen ist die Armut, sei es die irdische oder die geistige Armut. Dazu sagt der Prophet: „Meine Armut ist mein
Stolz". Mit Armut ist nicht nur der Mangel an Besitz gemeint,

---

[420]Auch als Celaleddin Rumi oder Mevlana bekannt, war ein islamischer Mystiker und
einer der bedeutendsten persischen Dichter des Mittelalters. Nach ihm wurde der
Derwischorden benannt.
[421] http://de.wikipedia.org/wiki/Dschalal_ad-Din_ar-Rumi
[422] Annemarie Schimmel, Sufismus – Eine Einführung in die islamische Mystik, Verlag
C. H. Beck, 4. Auflage 2008, S. 25-27

sondern die Haltung, dass man in jedem Augenblick ohne Bedauern seinen gesamten Reichtum dahingeben würde, der also an keinerlei äußeren Gütern hängt. Es heißt „Gott ist der All-Reiche, und ihr seid die Armen"[423] Das absolute Gottvertrauen gehört auch zu den Stufen des Bewusstseins. Damit ist das unerschütterliche Vertrauen gemeint, dass Gott immer weiß, was dem Menschen am besten tut, und diese Haltung (die man auch „Gutes von Gott denken" definiert) den Menschen prägt. Weitere Stufen wären die Geduld und die Dankbarkeit, wobei die Frage gestellt wird, ob der geduldige Arme oder der dankbare Reiche den höheren Rang haben. In der nächsten Stufe steht das Begriffspaar Furcht und Hoffnung, wobei in der sufistischen Welt die Furcht eher damit gemeint ist, vom „göttlichen Geliebten" getrennt zu sein, die im Vergleich vor der „Furcht vor dem Höllenfeuer" gar nichts wäre. Die Furcht soll den Menschen vor Leichtfertigkeit schützen und die Hoffnung sollte nie fehlen, weil Gott alles zum Guten geordnet hat und schließlich den reuigen Sünder ins Paradies einlassen wird. Die Endstation wäre die Gottesliebe oder Gotteserkenntnis.

Gemäß dem sufistischen[424] Islam heißt es: „Ein Sufi ist jemand, der so ist, wie er war, als er noch nicht war – das soll heißen, bevor durch das göttliche Schöpfungswort das Absolute Eine sich in Subjekt und Objekt manifestierte. Dieses Wort Dschunaids[425] (gestorben 910) ist vielleicht der genaueste Hinweis auf das Ende des Weges, die Rückkehr in das Nichtsein im göttlichen Sein."[426]

Gemäß Suhrawardi[427] ist Existenz gleich Licht, so wie es im Koran heißt: „Allah ist das Licht der Himmel und der Erde. Das

---

[423] Koran 47, 38

[424] Lt. Annemarie Schimmel ist Sufismus die innere Dimension des Islam; aber er hat, wie jede mystische Strömung einer Weltreligion, ungezählte Facetten.

[425] Ein Sufi.

[426] Annemarie Schimmel, Sufismus – Eine Einführung in die islamische Mystik, Verlag C. H. Beck, 4. Auflage 2008, S. 31.

[427] Persischer Denker und Sufi.

Gleichnis Seines Lichts ist wie eine Nische, worin sich eine Lampe befindet. Die Lampe ist in einem Glas. Das Glas ist gleichsam ein glitzernder Stern - angezündet von einem gesegneten Baum, einem Ölbaum, weder vom Osten noch vom Westen, dessen Oel beinah leuchten würde, auch wenn das Feuer es nicht berührte. Licht über Licht. Allah leitet zu Seinem Licht, wen Er will. Und Allah prägt Gleichnisse für die Menschen, denn Allah kennt alle Dinge."[428] „Dieses absolute Licht erreicht die geschöpfliche Welt durch ungezählte vertikale und horizontale Ordnungen von Engelswesen. Der Archetyp der Menschheit unter den Engeln ist Gabriel, und alle Dinge werden ins Leben gerufen durch den Laut von Gabriels Schwingen. Aufgabe des Menschen ist es, das existentielle Licht zu erkennen und sich ihm anzunähern, und je stärker er sich von den Dunkelheiten des eigenen Ich löst und vom Licht durchdrungen wird, desto näher kommt er dem Göttlichen."[429]

Al Ghasali schreibt dazu: „Der Anfang dessen aber ist immer der heilige Kampf, wie es im Worte Gottes heißt: „Weihe dich ihm in Weihe[430]", das heißt: Mache dich von allen Dingen los und ledig, gib dich ihm ganz hin und kümmere dich nicht um die Geschäfte dieser Welt, denn die wird Gott schon selbst zum Rechten lenken."[431]

Weiterhin schreibt Al Ghasali: „Wisse, um das Wesen des Herzens[432] zu erkennen, mußt du zuerst von seinem Dasein wissen; dann mußt du wissen, was sein wahres Wesen ist; dann, welches seine Streitkräfte sind und welches seine Beziehung zu diesen Streitkräften ist; endlich, wie ihm die Erkenntnis Gottes zuteil

---

[428]Koran 24; 35 http://kuran.gen.tr

[429] Annemarie Schimmel, Sufismus – Eine Einführung in die islamische Mystik, Verlag C. H. Beck, 4. Auflage 2008, S. 37

[430] Koran 73;8

[431] Al Ghasali, „Das Elixier der Glückseligkeit", Edition Minarett, Adel El Domiaty, Braunschweig, 2004 S. 54

[432] Nach Al Ghasali ist damit das höhere Selbst, der Geist, die Seele gemeint.

wird und wie es zur Glückseligkeit gelangt. ...Das Dasein beruht aber nicht auf diesem äußeren Leibe, denn den haben auch die Toten und leben doch nicht, sondern wir meinen mit diesem Herzen den Geist, ohne den der Leib tot ist. ... , so wird er etwas von dem Wesen des Jenseits begreifen und erkennen, daß, wenn ihm auch der Leib fortgenommen würde, er selbst doch bleiben und keineswegs zu Nichts werden würde. "[433]

„Denn Mohammed wurde im Laufe der Zeit zum insan kamil, dem Vollkommenen Menschen; das erste, was Gott geschaffen hatte, war sein Licht, und Sein Prophet ist gewissermaßen die Nahtstelle zwischen dem urewigen Gott und dem Geschaffenen. ... Der höchste Rang, den der Mensch erreichen kann, ist der des „Dieners Gottes“; den in seinen beiden höchsten Erlebnissen wird der Prophet im Koran als „abduhu“ „Sein Diener“, bezeichnet; am Beginn von Sure 17, 1: „Gepriesen sei Der, der reiste zur Nacht mit Seinem Diener ...“ und Sure 53, 10: „Er offenbarte Seinem Diener, was Er offenbarte.“ Damit ist auch die Stellung des Menschen umschrieben, der, wie der Prophet, ein vollkommener Diener Gottes sein soll. "[434]

„O die ihr glaubt! Wein und Glücksspiel und Götzenbilder und Lospfeile sind ein Greuel, ein Werk Satans. So meidet sie allesamt, auf dass ihr Erfolg habt. Satan will durch Wein und Glücksspiel nur Feindschaft und Haß zwischen euch erregen, um euch so vom Gedanken an Allah und vom Gebet abzuhalten. Doch werdet ihr euch abhalten lassen? "[435]

---

[433] Al Ghasali, „Das Elixier der Glückseligkeit“, Edition Minarett, Adel El Domiaty, Braunschweig, 2004 S. 38

[434] Annemarie Schimmel, Sufismus – Eine Einführung in die islamische Mystik, Verlag C. H. Beck, 4. Auflage 2008, S. 15

[435] Koran 5; 90-91 http://kuran.gen.tr/?x=s_main&y=s_middle&kid=7&sid=5

*„Und wache auf dazu in der Nacht - ein weiteres für dich. Mag
sein, dass dich dein Herr zu einem löblichen Rang erhebt. "*[436]

*„Schau, wie Wir die einen von ihnen über die andern erhöht
haben; und wahrhaftig, das Jenseits soll noch größer sein an
Rängen und größer an Auszeichnung. "*[437]

*„Sprich: „ Der Engel des Todes, der über euch eingesetzt wurde,
wird euch abberufen; dann werdet ihr zu eurem Herrn zurückgebracht. " "*[438]

Wenn jeder Mensch sich seines Selbst bewusst ist, zu seiner
Selbsterkenntnis gelangt ist, Gott in sich und in allem,was existiert erkannt hat, dann wäre die Welt um einiges besser. Wenn
die Menschen ihr Inneres sehen könnten, würden sie einander
nie hassen, würden voreinander nie Angst haben, denn es gibt
keine schlechten Menschen. Die Menschen fügen einander nur
Schlechtes zu, weil sie glauben, der andere würde ihnen
Schlechtes antun, und sie verteidigen sich schon im Voraus aus
lauter Angst, womit sie dann einen wirklichen Grund liefern,
dass der andere zur Überzeugung kommt, dass sie schlechte
Absichten haben. Wenn man sie aber davon überzeugen könnte,
dass beide keine schlechten Absichten und nur Angst voreinander haben, dann würden sie einander erleichtert die Hand reichen.

*„Sie wollten Allahs Licht mit ihrem Munde auslöschen; jedoch
Allah will nichts anderes, als Sein Licht zu vollenden; mag es
den Ungläubigen auch zuwider sein. "*[439]

---

[436] Koran 17;79 http://kuran.gen.tr/?x=s_main&y=s_middle&kid=7&sid=17
[437] Koran 17; 21 http://kuran.gen.tr/?x=s_main&y=s_middle&kid=7&sid=17
[438] Koran 32; 11http://islamische-
datenbank.de/index.php?option=com_quran&action=search&text=engel&min=60&show
=10
[439] Koran 9; 32 http://islamische-
datenbank.de/option,com_quran/action,viewayat/surano,9/min,30/show,10/

„O die ihr glaubt, wenn ihr auszieht auf Allahs Weg, so stellt erst gehörig Nachforschung an und sagt nicht zu jedem, der euch den Friedensgruß bietet: „Du bist kein Gläubiger." Ihr trachtet nach den Gütern des irdischen Lebens doch bei Allah ist des Guten Fülle. Also waret ihr einst, dann aber hat Allah Seine Huld über euch ergoßen; darum stellt erst gehörig Nachforschung an. Siehe, Allah ist eures Tuns wohl kundig."[440]

„Die Menschen waren eine einzige Gemeinschaft. Dann entsandte Allah die Propheten als Bringer froher Botschaft und als Warner. Und Er offenbarte ihnen das Buch mit der Wahrheit, um zwischen den Menschen zu richten über das, worüber sie uneins waren. Uneins aber waren nur jene, denen es gegeben wurde, nachdem klare Beweise zu ihnen gekommen waren, aus Mißgunst untereinander. Doch Allah leitet mit Seiner Erlaubnis diejenigen, die gläubig sind, zur Wahrheit, über die sie uneins waren. Und Allah leitet, wen Er will, auf einen geraden Weg".[441]

Da dieser Diener Gottes in dieser Welt nicht durch Indiz und Nachahmung schauen, sondern von Angesicht zu Angesicht und ohne Schleier und Hülle, wissen sie, dass alle, Gute und Böse, Gottes Diener und Ihm gehorsam sind, je nachdem, wie es ihnen das Geschick gegeben hat. Sieh, Wir haben ihn des Weges geleitet, sei er dankbar oder undankbar. (Sura 76/3) Nichts ist, das nicht Sein Lob verkünde. (Sura 17/44) Deshalb ist für sie schon diese Welt die Auferstehung, weil Auferstehung daraus besteht, dass alle Gott dienen und nichts anderes tun als Ihm zu dienen. Und Wir haben Dschinnen und Menschen nur erschaffen, damit sie Uns dienen. (Sura 51/56) Diese Menschen sehen diese

---

[440] Koran 4, 94 http://kuran.gen.tr/?x=s_main&y=s_middle&kid=7&sid=4
[441] Koran 2; 213 http://islamische-
datenbank.de/option,com_quran/action,viewayat/surano,2/min,210/show,10/

Wahrheit schon hier, denn Selbst wenn der Schleier fortgenommen würde, würde meine Gewissheit nicht zunehmen. "[442]

Alles, was auf Erden geschieht, ist die Verwirklichung dessen, was auf der geistigen Ebene schon fertige, auf ihre Verwirklichung wartende Möglichkeit. Wenn wir aber fähig sind, unser Selbst bewusst zu erreichen, so erlebt man mit den Ursachen gleichzeitig die Wirkung – die Zukunft – als vollkommene Gegenwart. Die Gegenwart – also unser Leben – alles, was geschieht, ist nichts anderes als die Gelegenheit, Prüfungen zu bestehen, die inneren Spannungen, die wir mit unseren Gedanken, Worten und Taten in uns gespeichert haben und die Ursachen unseres Schicksals, unserer Zukunft sind zu lösen und von ihnen frei zu werden. Wenn wir uns diese Spannungen bewusst machen und ausleben, befreien wir uns von diesen Energien und durch diese Gebundenheit beschränktes menschliches Bewusstsein und identifizieren uns mit unserem Selbst, unserer Seele, die von Gott selbst ist.

Dschalal ad-Din Muhammad Rumi sagt: *„Also ist die Sprache der Nähe eine andere Sprache. Das Eins-Sein der Herzen ist besser als das Einsein der Sprachen.* "[443]

Im Koran wird nafs „die Seele" als „anklagende Seele" bezeichnet:
„Nein! Ich rufe zum Zeugen die sich selbst anklagende Seele."
Und im folgendem heißt es, dass „die Seele in Frieden" zu ihrem Herrn zurückkehren wird: *„(Doch) du, o beruhigte Seele, Kehre zurück zu deinem Herrn, befriedigt in (Seiner) Zufriedenheit! So*

---

[442] Zitat aus Rumi – VON ALLEM UND VOM EINEN – übersetzt von Annemarie Schimmel, Diederichs Gelbe Reihe, Ausgabe 2008, Heinrich Hugendubel Verlag, Kreuzlingen/München 1988, S. 118.
[443] http://www.atib.org/deutsch/html/Mvln.html

tritt denn ein unter Meine Diener, Und tritt ein in Meinen Garten!"[444]

Der Kampf gegen die gefährliche und zum Sünden verleitende Seele wird „als heiliger Krieg" bezeichnet und ihre langsame Umwandlung zur „Seele im Frieden" soll das Ziel des Menschen sein. Der Sufi hat lt. Annemarie Schimmel das so ausgedrückt: „Harte Methoden waren nötig, um die nafs, das störrische Pferd, als das sie oft symbolisiert wurde, zum gefügigen Roß zu machen, das seinen Besitzer eilends in die Nähe des göttlichen Geliebten trägt… oder mit anderem Wort: das Herz soll poliert werden wie ein Metallspiegel, damit es nur noch den Glanz Gottes widerspiegelt. Die beste Methode für ein solches „Polieren" war …das Gottgedenken. Der Koran mahnt. „Gedenket Gott viel!" (Sure 33, 41), und er verspricht: „Wahrlich, durch das Gedenken an Gott werden die Herzen ruhevoll" (Sure 13, 28).[445]

Der Heilige Kampf ist der Kampf gegen das eigene Ego bzw. das „Nicht-mit-Energie-Füttern" des Egos. Denn wenn wir uns unserem Ego (Hochmut, Neid, Anklage, Groll etc.) nicht hingeben, dann kann es nicht stark werden und wird immer und immer schwächer.

Al Ghasali sagt dazu: „Da aber die Substanz des Menschen zu Anfang ihrer Erschaffung unvollkommen und unedel ist, kann sie aus dieser Unvollkommenheit zur Vollkommenheit nicht anders geführt werden denn durch heiligen Kampf und heilende Behandlung. Doch wie jenes Elixier, das dem Kupfer und dem Messing die Lauterkeit und Klarheit reinen Goldes verleiht, gar schwer zu finden und nicht jedermann bekannt ist, so ist auch dies Elixier, das die Substanz des Menschen aus tierischer Niedrigkeit zu englischer Lauterkeit und Köstlichkeit erheben soll,

---

[444]Koran 89, 27-30 http://kuran.gen.tr/?x=s_main&y=s_middle&kid=7&sid=89
[445] Annemarie Schimmel, Sufismus – Eine Einführung in die islamische Mystik, Verlag C. H. Beck, 4. Auflage 2008, S. 19

*damit er dadurch die ewige Glückseligkeit erlange, gar schwie-
rig zu finden und wird nicht von jedermann gekannt.* "[446]

*Al Ghasali sagt: „Von den großen Wohltaten Gottes ist eine die,
dass er hundertvierundzwanzigtausend Gesandte[447] zu der
Menschheit gesandt hat, die die Menschen das Rezept dieses
Elixiers lehren und ihnen sagen sollten, wie man das in den
Tiegel des heiligen Kampfes legen und die bösen Eigenschaften,
aus denen die Schlechtigkeit und Trübung des Herzens stammt,
daraus entfernen und sie mit guten Eigenschaften bekleiden
müsse. Darum rühmt sich Gott, so wie er sich seines Königtums
und seiner heiligen Reinheit rühmt, auch der Entsendung der
Propheten, und verlangt Dankbarkeit dafür, da er sagt: „Es
preist Gott, was im Himmel und auf Erden ist, den König, den
Heiligen, den Mächtigen, den Weisen. Er ist es, der unter die
Unwissenden einen Gesandten schickte aus ihrer Mitte, ihnen
seine Zeichen[448] vorzulesen und sie zu läutern und sie das Buch
und die Weisheit zu lehren, wenn sie auch zuvor in klarem Irrtum waren.* "[449]

*„Gärten der Ewigkeit. Dort sollen sie eingehen und (auch) wer
rechtschaffen ist von ihren Eltern und ihren Frauen und ihren
Kindern. Und Engel sollen zu ihnen treten aus jeglichem Tor:
„Friede sei auf euch, weil ihr standhaft wart; sehet, wie herrlich
ist der Lohn der Wohnstatt!"* "[450]

---

[446] Al Ghasali, „Das Elixier der Glückseligkeit", Edition Minarett, Adel El Domiaty,
Braunschweig, 2004 S. 27
[447] Das heißt auch, dass neben den 24-27 Propheten, die im Koran vorkommen es viel
mehr Propheten zu den einzelnen Stämmen auf der Welt geschickt wurden. Das heißt
wiederum, dass die Weisheiten aus den verschiedenen Kulturen und von den
verschiedenen Stämmen im Auftrag des allmächtigen Gottes an die Menschheit
überliefert wurden.
[448] Die Suren des Koran.
[449] Al Ghasali, „Das Elixier der Glückseligkeit", Edition Minarett, Adel El Domiaty,
Braunschweig, 2004 S. 28
[450] Koran 13; 23-24

*„ Und wer da eifert, eifert nur für seine eigene Seele; denn Allah
ist auf niemanden von allen Welten angewiesen. "[451]*

---

[451] Koran 29; 6 http://quran.al-
islam.com/Targama/DispTargam.asp?nType=1&nSeg=0&l=eng&nSora=29&nAya=6&t
=ger

Kapitel IV

Der Mensch

„O ihr Menschen, dient eurem Herrn, Der euch und diejenigen vor euch erschaffen hat, damit ihr gottesfürchtig sein möget ...“[457]

Dem Menschen wird oft vieles bewusst, wenn er in die Natur schaut, nicht zuletzt auch wegen der verheerenden Zerstörungen der Natur durch den Menschen. Aber wenn wir in die Natur schauen, die Schönheit einer Blume sehen, werden uns die Augen geöffnet für die Schönheit unseres eigenen tiefsten Wesens, unserer eigenen wahren Natur. Und umso schmerzhafter ist es dann für uns, wenn wir diesem Teil unseres Wesens zunehmend Zerstörungen ausgesetzt sehen.

„Der Mensch hat viele Fähigkeiten, aber das größte Talent entwickelt er bei der Vernichtung der Natur.“ (Rumi)

Als der Mensch die Schönheit der Natur erkannt hat, war das vielleicht eines der bedeutendsten Ereignisse in der Evolution des menschlichen Bewusstseins. Diese Erkenntnis ist verbunden mit dem Gefühl der Freude und Liebe. Der Mensch war immer bewusst oder unbewusst von der Natur fasziniert und fühlte sich der Natur immer nah. Sobald der Mensch seine Wahrnehmung einer gewissen Präsenz, einer stillen, wachen Aufmerksamkeit bewusst macht, spürt er die göttliche Lebensessenz, das allen Kreaturen und allen Formen des Lebens innewohnende eine Bewusstsein, den einen Geist, und erkennt dessen Einheit mit seinem eigenen Wesen, sodass er es lieben kann wie sich selbst. Bis zu diesem Moment aber nimmt der Mensch nur die äußere

---

[457] Koran 2; 21 www.islamische-datenbank.de

Form wahr, während ihnen das tiefinnere Wesen entgeht, ebenso wie sie sich ihres einen wahren Wesens meist gar nicht bewusst sind, sondern sich nur mit ihrer physischen und psychischen Gestalt identifizieren. Das geschieht auch dann, wenn der Mensch den Formen einen Namen wie Blume gibt, was im Grunde genommen nichts sagt. Worte oder Begriffe reduzieren die Wirklichkeit auf etwas, das der menschliche Verstand erfassen kann, und das ist nicht gerade viel. Kann das erklären, wer du bist oder welchen tieferen Sinn das Universum oder auch nur ein Baum oder Stein letztlich haben? Aber wenn man sich statt des Etiketts das Gefühl des ehrfürchtigen Staunens bewusst macht, dann spiegelt dieses Werk unser eigenes Wesen. Das ist das, was Künstlern bewusst wird, weil sie oft in der Bewusstseinsebene über dem durchschnittlichen Menschen stehen. Sie sehen das „Sosein" des Objektes, was sie betrachten. Betrachtet man aber unter der Oberfläche alles miteinander, so stellen wir doch fest, dass alles mit dem Ursprung des Lebens verbunden ist, aus dem es hervorgegangen ist, so wie das Beispiel mit dem Baum, der alles lebendig macht, was an seinen Ästen hängt. Wenn der Mensch aber davon entfernt ist, lebt er blind und ungeschickt und in Folge dessen ist er immer wieder einem Leid ausgesetzt, was am Ende nicht anderes bedeutet, als dass der Mensch eine Störung im Menschsein hat. Dass der Mensch hochintelligent ist, zeigen die Errungenschaften der Menschheit in Musik, Kunst, Literatur, Architektur, Wissenschaft etc. Diese Intelligenz aber ist gerade von dieser Störung betroffen. Wenn der Mensch in der Wissenschaft große Fortschritte gemacht hat, so hat er aber durch ihre Störung und kollektiven Wahnsinn auch vieles zerstört, insbesondere wenn wir auf den Ersten und Zweiten Weltkrieg zurückblicken, die insbesondere durch Angst, Gier und Machthunger motiviert waren. Wir dürfen dabei die Sklaverei, Folter und die zunehmende Gewaltbereitschaft aus religiösen und ideologischen Gründen nicht vergessen. Wenn der Mensch den Motor erfunden hat, so hat er daraus Panzer, Bomben, U-Boote, Maschinengewehre entwickelt. Der Mensch ist sein größter Feind, denn die meisten Menschen sterben durch Menschenhand und nicht durch Naturkatastrophen. Wir sehen aus den aktuellen Nachrichten, dass der Wahnsinn noch nicht abgeklungen ist.

Wenn wir die niederen Energien Angst, Gier und Machthunger genauer betrachten, sind sie auch ein Bestandteil von persönlichen Beziehungen. Sie führen dazu, dass man ein verzerrtes Bild von sich und anderen hat, was dann zu Fehlinterpretation der Situationen führt und zum falschen Handeln. Es geht nicht darum, dass Angst, Gier und Machthunger die Störung sind, von der wir reden, sondern sie entstehen durch die Störung, durch die im Geist des Menschen tief sitzende kollektive Täuschung. Von Angst, Gier und Machthunger fernzubleiben, ist Bestandteil aller spirituellen Lehren. Allerdings reicht es nicht aus, ein guter oder besserer Mensch werden zu wollen, sondern sie beginnt mit einem Bewusstseinswandel. Denn etwas werden zu wollen, stärkt nur die eigene eingebildete Identität oder das Selbstbild. Besser gesagt, wir werden nicht dadurch gut, dass wir versuchen, gut zu sein, sondern indem wir die Güte in uns wiederfinden und zulassen, dass sie hervortritt. Dies gilt für alle 99 Attribute, die wir Gott zuschreiben. Sie treten nur dann hervor, wenn wir eine fundamentale Bewusstseinsänderung vornehmen, weil wir diese Attribute in uns tragen. Wir können dies so beschreiben: Gott hat uns Menschen seine Eigenschaften wie Samen in die Herzen gepflanzt und uns die Möglichkeit überlassen diese Eigenschaften im Laufe unseres Lebens zu bewässern und zu einer Blume werden zu lassen, damit die Welt davon profitieren kann. Wir müssen es nur wollen.

Die meisten spirituellen Lehren gehen also immer davon aus, dass die Geistesverfassung des Menschen zunächst gestört ist und er die Möglichkeit im Leben hat, die Transformation des menschlichen Bewusstseins zu erleben. In der Lehre Jesu ist es die Erlösung, die das beschreibt.

„So verführte er sie durch Trug. Und als sie von dem Baum kosteten, wurde ihnen ihre Scham offenbar und sie begannen, sich mit den Blättern des Gartens zu bekleiden; und ihr Herr rief sie: „Habe Ich euch nicht diesen Baum verwehrt und euch gesagt: „Wahrlich, Satan ist euer offenkundiger Feind?“[458]

Wenn wir die Transformation einläuten lassen wollen, dann ist es zunächst wichtig, den eigenen Wahnsinn zu erkennen. Viele Lehren beschreiben dies mit Sünde, sprechen vom Leiden oder von der Selbsttäuschung und am Ende zeigen sie ihnen die Möglichkeit des Erwachens aus dem kollektiven Albtraum des „normalen“ Menschseins auf und weisen ihnen den Weg.

Da aber diese Lehren oft verzerrt, verfälscht, missverstanden wurden, führten Religionen zu Kräften, die Uneinigkeit statt Einigkeit stifteten. Besonders deutlich wird dies dadurch, dass im Koran immer wieder auf einen Gott hingewiesen wird. Wenn alles Existierende Gott ist und es einen Gott gibt, dann ist das Leben Eins. Anstatt zu erkennen, dass durch das Beenden von Hass und Gewalt die Einheit allen Lebens erkannt werden kann, lösten sie Hass und Gewalt aus, entzweiten die Menschen, vertieften Zwietracht zwischen den Religionen und sogar innerhalb einer Religion.[459] Diese Lehren wurden zu Ideologien und Bekenntnissen, mit denen die Menschen ihr falsches Selbstgefühl nähren und sich identifizieren konnten. Sie versuchten sich da-

---

[458] Nach der Koranauslegung bedeutet das „offenbar werden ihrer Scham“ eigentlich das Bewusstsein des Menschen über das Gute und Böse, denn dem Menschen war zuvor das Böse nicht bewusst; er hat instinktiv gehandelt. Um aber sein moralisches Hoch zu erlangen, musste der Mensch den „Niedergang“ erleben, um seinem Weg die notwendige Qualität zu geben.

[459] Das Ego einiger Menschen hat auch den Islam zerteilt, die außerhalb der anerkannten Koranschulen sogar durch Kriege Hass und Vorurteile innerhalb der verschiedenen islamischen Gruppen wie den Shiiten, Aleviten und Suniten hervorgebracht haben und heute noch andauern.

mit ins „Recht" und andere ins „Unrecht" zu setzen, um die eigene Identität im Gegensatz zu den Feinden zu definieren, zu den „Ungläubigen" oder „Ketzern", zu deren Tötung sie sich oft berechtigt fühlten.

„Deshalb haben Wir den Kindern Israels verordnet, daß, wenn jemand einen Menschen tötet, ohne dass dieser einen Mord begangen hätte, oder ohne dass ein Unheil im Lande geschehen wäre, es so sein soll, als hätte er die ganze Menschheit getötet; und wenn jemand einem Menschen das Leben erhält, es so sein soll, als hätte er der ganzen Menschheit das Leben erhalten. ...*"*[460]

Der Koran sagt aber ganz deutlich: *„Wahrlich, diejenigen, die glauben, und die Juden, die Christen und die Sabäer, wer an Allah und den Jüngsten Tag glaubt und Gutes tut – diese haben ihren Lohn bei ihrem Herrn und sie werden weder Angst haben noch werden sie traurig sein.* "[461]

Dennoch leuchtet in allen Religionen ein Funken der Wahrheit, auf die sie verweisen. Er schimmert zwar schwach, aber ist dennoch für den einen oder anderen Gelehrten sichtbar gewesen, die einen Bewusstseinswandel erlebten und so das in sich selbst verwirklichten. Aber viele von ihnen wurden auch kritisiert, angegriffen, ermordet und verfolgt. So haben sie Schulen, Orden oder Bewegungen gegründet. Es entstanden die Gnostik im Christentum, der Sufismus im Islam, die Kabbala im Judentum. Sie alle legten besonderen Wert auf Erkenntnis und Wandlung.

---

[460] Koren 5; 32 http://islamische-datenbank.de/option,com_quran/action,display/surano,5/ayatno,32/
[461] Koran 2; 62 www.islamische-datenbank.de

Spiritualität und Religion

Während viele Menschen sich im Klaren darüber sind, dass ein fester Glaube aus einem System von Überzeugungen und Dogmen, die als absolute Wahrheit betrachtet werden, keinen spirituellen Menschen aus ihnen macht, werden sie im Laufe ihres Lebens durch bewusstes Leben ihrer inneren Spiritualität näher kommen können. Denn wenn der Mensch sich mit seinem Denken (Glauben) identifiziert, umso mehr trennt er sich von seiner spirituellen Dimension in ihm. Daher hängen viele religiöse Menschen auf dieser Ebene fest. Weil sie Wahrheit mit dem Denken gleichsetzen, behaupten sie ihre Identität zu schützen und glauben, dass sie allein im Besitz der Wahrheit sind. Ihnen ist nicht bewusst, dass Denken beschränkt ist. Auf den Islam bezogen, beobachtet man oft Menschen, die sich ihren Glauben dadurch beweisen, indem sie sich z.B. bei den Frauen sehr stark auf ihre Kopfbedeckung beziehen, um sich zu beweisen, dass sie gläubig seien. Das ist eine Selbsteinschränkung, die sie dann durch das Tragen von langen Gewändern weiter ausführen, indem sie sich anders kleiden als andere Frauen. Sie denken, dass sie durch die Selbsteinschränkung sich oder ihrer Umwelt beweisen, wie gläubig sie sind. Bei den Männern ist es so, dass sie sich entweder durch das Wachsen eines Schnurbartes oder eines Bartes etwas beweisen wollen oder sie tragen die traditionellen Gewänder aus den islamischen Ländern, was im Westen bei den Menschen zur Verwirrung führt. Damit grenzen sie sich von der Gesellschaft ab, aber bemerken auch nicht, dass sie sich die äußerlichen Veränderungen nur einbilden – sie denken von sich, sie seien damit gläubig. Für die empörten Leser: Im Koran steht insbesondere an einer Stelle, dass die Frauen sich auf eine bestimmte Weise kleiden sollen, aber die Gründe sind nicht, dass sie dadurch beweisen, dass sie gläubig sind, sondern dass sie sich nur zu erkennen geben sollen, dass sie Moslems sind. Eine genaue Begründung lesen wir im weiteren Verlauf dieses

Werkes. Die Spiritualität dagegen entsteht außerhalb der institutionalisierten Religionen. Daher fühlten sich auch oft die etablierten Hierarchien oft von spirituellen Menschen bedroht und ließen sie verfolgen, weil sie sich auch irgendwo um ihre Position und Macht sorgten. Vielen Menschen ist heutzutage egal, welcher Religion sie angehören, insbesondere auch durch die Tatsache gefördert, dass sie oft aufgrund von unterschiedlichen Lebensumständen, wie Verfolgung, Unterdrückung, Armut etc. in einer multikulturellen Gesellschaft leben und Zugang zu anderen Religionen haben. Man hat somit die Möglichkeit, von jedem etwas zu lernen. Dann erkennt man aber, dass zwar die Vielfalt da ist, aber alle Überzeugungen nur ein Ziel haben: Bewusstheit. D.h. die Vielfalt führt zur Einheit. Umso wichtiger ist es, die Vielfalt zu erhalten, weil sie auch zu den Namen Gottes gehört. Wie paradox, nicht wahr? Gott ist der Vielfältige und dennoch die Einheit. Also, wenn Menschen es anstreben, jeden zu einem Glauben zu zwingen, dann zerstören sie damit einen Namen Gottes, was wider der Natur ist. Der Mensch von heute sucht die Spiritualität ohne Dogmen, ohne Identifikation mit Form und starren Glaubenssystemen. Ihm ist es wichtig, in welchem Bewusstseinszustand er ist, um sich in der Welt entsprechend zu verhalten und mit anderen zu interagieren. Dadurch, dass der Mensch sich vom Denken, von der Identifikation mit Ideologien und Glaubenssystemen entfernen will hin zur Spiritualität, versucht er, die Dimension in sich selbst zu entdecken, die unendlich viel umfassender ist als das Denken. Denn durch das, was wir denken, denken wir, das seien wir. Wenn wir uns dann klar machen können, dass die Stimme im Kopf nicht wir sind, sondern unser Ego, das uns vormacht wir, zu sein, dann befreien wir uns davon. Wir sind nicht mehr der Gefangene unseres Denkens und können somit bewusster werden. Das Ego ist die Identifikation mit der Form (Gedankenformen, physische Formen, Gefühlsformen), mit der Materie. Sie ist das Gesetz der Materie und ist als Synonym für Satan zu sehen, die als Begriff in den Religionen benutzt wird. Es werden sich mit Sicherheit Theologen finden, die das nicht so sehen, aber wenn wir die Umstände und Definitionen um das Ego genauer anschauen, dann beschreibt das Ego Satan. Wenn wir uns mit diesen Formen identifizieren, sind wir blind für unsere Verbundenheit mit dem Ganzen, mit unserem Eins-Sein mit allem anderen und mit dem Ursprung. Diese Blindheit ist nichts anderes als die Erbsünde, die Täuschung, das Leiden oder, wie es oft auch im Koran beschrieben wird, eine Hülle, ein Vorhang oder eine Scheidewand. Und wenn wir uns von allem getrennt sehen, dann beeinflusst uns das in allem Handeln auf dieser Welt. Was für eine Welt erschaffen wir dadurch? Um diese Frage zu beantworten, brauchen wir nur die Tagesnachrichten anzuschauen.

Daher ist Bestandteil jeder Lehre das Paradies anzustreben, eine neue Erde zu erschaffen, was keinen Ort meint, sondern das innere Reich des Bewusstseins. Dieses innere Reich erreicht man stufenweise durch die Erfahrungen und Erkenntnisse im Leben:

Da die Erde und das Bewusstsein des Menschen eng miteinander verbunden sind, ist die Erde stets das Spiegelbild des inneren menschlichen Bewusstseins, nur in der materiellen Form bzw. die äußere Manifestation dessen. Wenn das menschliche Leben und Bewusstsein mit dem Leben der Erde verwoben sind, dann führt jede Veränderung des menschlichen Bewusstseins zur Veränderung der Erde durch natürliche geografische und klimatische Umwälzungen, deren Zeuge wir heute sind.

Das Ego[462]

Wir leben in einer dualistischen Welt, also in einer Welt der Gegensätze. Alles, was existiert, hat einen offenbarten Teil und einen unoffenbarten Teil. Im ersten Blick denkt man, dass bzgl. des Menschen die dualistische Betrachtung nur auf das Geschlecht bezogen ist. Nein, der Mensch als Individuum ist diesem Gesetz auch unterworfen. Der Mensch hat ein Bewusstsein, also sein wahres Selbst, sein Sein und einen unbewussten Teil, den er im Laufe seines Lebens bewusster macht, damit er ein vollkommen bewusster Mensch wird. Er wird damit eins mit seinem Ursprung, seinem Schöpfer, denn d.h. durch das Bewusstsein des Menschen geht er in Gott vollkommen auf.

„Ich war ein verborgener Schatz und wollte erkannt werden. Darum erschuf ich die Welt." (Hadithu'l'Qudsi).

Hinter diesem Satz ist der Sinn des Lebens beschreiben, nämlich die Erkenntnis Gottes.

Wenn der Mensch mit seinem Sein verbunden ist, dann nennt man das Erleuchtung. In diesem Zustand ist er mit etwas Unermesslichem und Unzerstörbaren verbunden, mit etwas, das paradoxerweise er selbst ist und das zugleich etwas viel Größeres ist als er. Das Wort „Zuflucht" verdeutlicht dies an einigen Stellen im Koran. Das Sein ist das ewige, immer gegenwärtige eine Leben jenseits der unzähligen Erscheinungen, die Geburt und Tod unterworfen sind. Das Sein kann man aber nicht mit dem Verstand erfassen, sondern sie ist erst dann erfassbar, wenn der Verstand still ist und das bist du, wenn du gegenwärtig bist und deine volle Aufmerksamkeit voll und ganz auf das Jetzt gerichtet ist. Dann erst spürst du das Sein, aber es entzieht sich

---

[462] Zu diesem Kapital möchte die Autorin empfehlen das Kapital „Gespräch zwischen dem Propheten Mohammed (s.a.s.) und dem Teufel auf Befehl und Anweisung Gottes" nochmal durchzulesen.

dem Begreifen des Verstandes. Es ist, als ob man den Raum um sich wahrnimmt bzw. der Raum um uns wird als Etwas wahrgenommen.

„Allah – es gibt keinen Gott außer Ihm, dem Lebendigen, dem aus Sich Selbst Seienden und Allerhaltenden. Schlummer ergreift Ihn nicht noch Schlaf. Sein ist, was in den Himmeln und was auf Erden ist. Wer ist es, der bei Ihm fürbitten will, es sei denn mit Seiner Erlaubnis? Er weiß, was vor ihnen ist und was hinter ihnen; und sie begreifen nichts von Seinem Wissen, außer was Ihm gefällt. Sein Thron umfaßt die Himmel und die Erde; und ihre Erhaltung beschwert Ihn nicht; und Er ist der Erhabene, der Große.[463] *"*

„Sprich: „Ich nehme meine Zuflucht beim Herrn der Menschen, Dem König der Menschen, Dem Gott der Menschen, Vor dem Übel des schleichenden Einflüsterers – Der da einflüstert in die Herzen der Menschen – unter den Jinn und den Menschen."*"*[464]

„Sprich: „Ich nehme meine Zuflucht beim Herrn der Morgendämmerung, Vor dem Übel dessen, was Er erschaffen, Und vor dem Übel der Nacht, wenn sie sich verbreitet, Und vor dem Übel derer, die auf die Knoten blasen (um sie zu lösen), Und vor dem Übel des Neiders, wenn er neidet."*"*[465]

Der unbewusste Teil des Menschen ist bei seiner Geburt schon vorhanden. Er lungert irgendwo in ihm und versucht dem Menschen immer wieder einzuflößen, er sei sein wahres Selbst. Der Mensch formt sich ein geistiges Bild, was nur durch seine Verstandesaktivitäten und durch anhaltendes Denken in Gang gehalten werden. Dazu hat Eckhart Tolle genau das passende Wort

---

[463] Koran 2; 255 http://kuran.gen.tr/?x=s_main&y=s_middle&kid=4&sid=2
[464] Koran 114, 1-6 http://kuran.gen.tr/?x=s_main&y=s_middle&kid=7&sid=114
[465] Koran 113; 1-5 http://kuran.gen.tr/?x=s_main&y=s_middle&kid=7&sid=113

gefunden, nämlich das Ego, was ein Pseudo-Ich ist.[466] Eckhart Tolle hat in seinem Werk „Eine neue Erde" das Wort Satan aus der biblischen Sprache so gut beschrieben, dass ich nicht drum herum kann, seine Meinung dazu in diesem Werk wiederzugeben. Die folgenden Ausführungen sind aus seinem Werk zusammengefasst worden.

Wenn wir in die biblische Sprache gehen, dann ist das Ego nichts anderes als Satan, es hört sich nur transreligiös an, sodass vielleicht damit jeder von heute etwas anfangen kann. Eine kleine Hilfestellung, wie wir das Ego bzw. Satan beschreiben können ist das Kapital Gespräch zwischen dem Propheten und Satan. D.h. der Mensch besteht aus seinem wahren Selbst und seinem Ego. Mit dem wahren Selbst bzw. Sein ist „Gott" gemeint, wobei durch die Jahrtausende Nutzung das Wort in einigen Religionen missbraucht wurde. Während es im Westen immer wieder Thema ist, „ob es einen Gott gibt", beschäftigt sich die islamische Welt eher mit der Frage, „in welcher Form sich Gott zeigt". Dadurch sind die 99 Attribute (wie oben bereits erläutert, gibt es mehr Eigenschaften, die Gott zugeschrieben werden), die Gott beschreiben elementar nach islamischer Auffassung. Das Ego versucht im Leben des Menschen sekündlich ihn davon zu überzeugen, dass er sein „Ich" ist. Immer wenn der Mensch sich mit seinem Ego identifiziert „sündigt" er. Sünde bedeutet nichts anderes als aus dem Altgriechischen übersetzt „danebentreffen", d.h. jemand, der sein Ziel verfehlt. Wenn man also sich mit dem Ego identifiziert, dann lebt man blind und ungeschickt und die Folge ist Leiden, was am Ende auf eine Störung im Menschsein hindeutet.

Im Alltagssprachgebrauch verkörpert das „Ich" den Urfehler, das falsche Bild, das man sich von sich selbst macht, ein trügerisches Identitätsgefühl, also das Ego. Sogar Einstein hat dieses

---

[466] Eckhart Tolle, Eine neue Erde, Bewusstseinssprung anstelle von Selbstzerstörung, Verlag Goldmann, 9. Auflage

trügerische Ichgefühl als „optische Täuschung des Bewusstseins" gesehen. Dieses „Ich" muss für alle weiteren Interpretationen oder Fehlinterpretationen der Wirklichkeit, für alle Denkvorgänge sowie alle Interaktionen und Beziehungen herhalten. Am Ende wird die Wirklichkeit zum Spiegelbild der ursprünglichen Täuschung. In dem Moment, in dem der Mensch die Illusion erkennt, ist es ihr Ende. Sogar Kinder sprechen in ihrem Entwicklungsstadium nicht von „ich", sondern „Selin will Eis" und sprechen von sich in der dritten Person. Wenn wir nun aus dem „ich", „mir" oder „mein" machen, so fangen wir an, uns mit den Objekten, den Dingen zu identifizieren. Was ist aber, wenn mir dieses Ding weggenommen wird, dann leide ich, weil ich dieses Ding zu einem Teil meines Selbst- und Ichgefühls gemacht habe.

Dann fangen wir an, uns mit unserem Geschlecht, mit Besitz, mit dem durch die Sinne erfahrenen Körper, mit einer Nationalität, einer Rasse, einer Religion, einem Beruf oder einer Organisation zu identifizieren. Irgendwann sind es dann Rollen wie Mutter, Vater, Ehemann, Ehefrau, mit unserem Wissen, mit Meinungen, Vorlieben, Abneigungen und schließlich mit unseren Erfahrungen aus der Vergangenheit als unsere Geschichte zu identifizieren. Das sind aber im Grunde genommen nur Gedanken, die lose dadurch zusammengehalten werden, dass ihnen ein Ichgefühl zugeordnet wurde.

Wenn der Mensch sich ständig mit seinen Gedanken identifiziert, die eigentlich nur aus sinnlosen Wiederholungen bestehen, dann ist es ein mentales Konstrukt des Egogeistes. Der Egogeist ist in erster Linie von der Vergangenheit geprägt und besteht aus Inhalt und Struktur. Wenn wir etwas zu unserem Eigentum machen, dann identifizieren wir unser Ich damit. Identifizieren kommt aus dem lateinischen und heißt „gleich" oder „Gleichmachen" mit etwas, also einen Gegenstand mit mir gleich machen. Des Konstrukts des Egos, das sich mit Dingen identifiziert, bedient sich die Werbebranche. Sie will immer sagen, dass Sie sich durch das betreffende Produkt von der Menge abheben und mehr Sie selbst sind. Ein Identitätsverstärker sind Designermarken. Womit man sich letztendlich identifiziert, hängt von vielen Faktoren ab wie Alter, Geschlecht, Einkommen, Gesellschaftsstatus, Mode, Kulturkreis usw. Man identifiziert sich mit Inhalten, wobei aber der unbewusste Zwang zur Identifikation eher strukturell bedingt ist. Auf diese Art und Weise funktioniert der Egogeist. Aber man darf nie vergessen, dass das Ego nur vorübergehend zufrieden ist. Es will immer mehr, weil es nur kurzfristig zufriedengestellt werden kann. Man braucht immer mehr und mehr. Wir dürfen selbstverständlich die Materie nicht verachten. Wir brauchen sie für Obdach, Kleidung, Werkzeug, Mobiliar und als Transportmittel. Wir müssen sie würdigen und quasi nur über sie herrschen und uns nicht davon abhängig machen, was nichts anderes ist als sie als Mittel zur Selbsterhöhung zu benutzen. Das Ego bedeutet ein falsches Bild erschaffen durch die unbewusste Identifikation mit dem Verstand. Das Ego verwechselt Haben und Sein und lebt vom Vergleich.

„Haben sie nicht gesehen, dass Wir von den Dingen, die Unsere Hände gemacht haben, für sie das Vieh schufen, dessen Besitzer sie geworden sind?"[467]

Wenn ich habe, dann bin ich wer. Wenn man in einer Kultur lebt, in der Selbstwert mit dem gleichgesetzt ist, wie viel und was du hast, bist du dazu verdammt, dein Leben lang materiellen Dingen nachzujagen in der Hoffnung, dich in deinem Wert bestätigt zu finden und endlich ganz zu fühlen. Daher ist Habgier in den Religionen als Sünde eingestuft. Was ist denn nun das Rezept dagegen? Es gibt keins. Man kann sich nicht von den Dingen lösen. Erst wenn man nicht mehr versucht, sich selbst in

---

[467] Koran 36;71

den Dingen zu finden, kommt man davon los. Wo sind unsere Verhaftungen? Wenn wir an etwas festhalten also uns damit identifizieren, dann merken wir in dem Moment, dass wir uns damit identifiziert haben, wenn wir es verlieren oder der Verlust droht. Erst in dem Moment, in dem wir uns bewusst machen, dass wir uns mit etwas identifizieren, dann besteht keine totale Identifikation mehr. So beginnen wir bewusster zu werden und kommen unserem Sein näher. Beschrieben wird dieses Loslösen von der Materie oder der Form mit „Hülle", „Scheidewand" etc.

„Wir nehmen deine Hülle von dir, und dein Blick ist heute scharf[468]."

Wenn sich das Ego mit dem Haben hervortun will, das ja eigentlich nur Fiktion ist, reicht ihm das im Grunde genommen gar nicht, weil wir auch durch das „Haben" nicht zu uns finden, also macht sich daneben ein anderer Trieb bemerkbar, „das Verlangen". Das Verlangen erhält das Ego stärker lebendig als das „Haben", weil die Befriedigung durch das „Haben" immer mehr verdrängt wird. Es entsteht eine Sucht oder ein unstillbarer Hunger. Bulimiekranke z.B. übergeben sich, damit sie weiter essen können. Ihr Geist ist hungrig, aber nicht ihr Körper. Wenn die Kranken sich nicht mit ihrem Verstand identifizieren würden, sondern mit ihren Körpern in Berührung kämen, so könnten sie die Pseudobedürfnisse ihres Egogeistes überwinden. Viele Menschen wollen ständig was anderes, nur nicht das, was in der Gegenwart ist. Sie wissen aber auch nicht, was sie wollen. Also ist die Folge des ungestillten Verlangens Unbehagen, Ruhelosigkeit, Langeweile, Angst und Unzufriedenheit. Das ist unter jungen Menschen im Teenageralter sehr oft verbreitet. Dieses unendliche Verlangen des Egos nach immer mehr ist auch Ursache für die ungleiche Verteilung der Güter auf der Welt, die eigentlich für die ganze Menschheit ausreichen würden, wenn es

---

[468] Koran 50; 21

nicht dieses habgierige Verlangen nach mehr, die Gier des Egos, das für ein solches Ungleichgewicht sorgt, geben würde.

Die Gedankenformen ich, mein, mehr als, ich will, ich brauche, nicht genug sind nur Strukturen des Egos. Ihr Inhalt variiert von Mensch zu Mensch und von Fall zu Fall. Solange wir diese Gedanken in uns nicht bewusst machen, werden wir, ohne es je zu finden, ständig auf der Suche sein.

Wir identifizieren uns auch neben den Objekten mit unserem Körper. Sehr früh lernen wir schon, dass wir ein Mädchen oder ein Junge sind. Ein Junge macht das nicht und ein Mädchen macht dies nicht, wird uns immer wieder vor Augen gehalten. Der Körper ist aber ein Zustand der Formen, der Materie, oder wer es so will, er ist weltlich und spielt in der Immateriellen Ebene im geistigen Zustand absolut keine Rolle. Denn unser wahres Sein kennt kein Geschlecht. In traditionelleren Gesellschaften ist die Identität mit dem Geschlecht als Rolle stärker als in der westlichen Kultur. In diesen Kulturen ist es ein schlimmes Schicksal für eine Frau, unverheiratet zu sein und für einen Mann, impotent zu sein. In der westlichen Kultur aber beschränkt sich die Identität mit dem Körper eher auf die physische Erscheinung wie Stärke oder Schwäche, Schönheit oder Hässlichkeit. Wenn diese Menschen sich mit dem Denken identifizieren, so entsteht das Phänomen, welches man bei Frauen oft antrifft, dass Frau sich zu dick findet, obwohl sie es eigentlich nicht ist. Wir haben die Tatsache, dass die Magersucht zu einem gesellschaftlichen Problem geworden ist, auch der Identifizierung mit dem Körper und Verstärkung des Egos zu verdanken. Denn jede Art des Urteilens – wenn Frau sich als zu dick beurteilt – ist Denken und ist Futter für das Ego. Wenn der Mensch sich nun sehr stark mit seinem Körper identifiziert, dann hat er ein massives Problem, wenn er zusehen muss, wie dieser schöne Körper zunehmend altert, die Schönheit verblasst und verschwindet. Sein „Ich" fühlt sich dann bedroht, weil es denkt, dass er nicht mehr existieren wird, wenn er dieses und jenes nicht mehr hat. Damit ist am Ende Leid verbunden. Deshalb boomen Schönheitsoperationen, weil der Mensch sich damit einfach nicht abgeben will, und das Ego kann weiter hoffen. Daher gibt es im Islam für die Frauen die Vorschrift des sich Verhüllens ihres Schmuckes oder alles, was die Schönheit einer Frau noch weiter unterstreicht, weil das auch eine Art der Überwindung des Egos bedeutet und für die Männer ist es z.B. nicht erlaubt Goldschmuck und Seide zu tragen. Denn Eitelkeit ist Identifizierung mit dem Körper. Soll man denn nun den eigenen Körper und die Gesundheit vernachlässigen? Nein, natürlich nicht. Man kann sich über einen starken, gesunden und schönen Körper freuen und ihn schätzen. Es geht eher darum, sich nicht damit zu identifizieren. Denn in diesem Falle hätte man kein Problem damit und leidet nicht darunter, wenn man zusehen muss, wie die Schönheit vergeht, die Kraft schwindet. Das Licht des Bewusstseins aber kann viel leichter durchscheinen, wenn der Körper schwächer wird und die Form bzw. Materie dahinschwindet. Die Identität mit dem Körper ist nicht nur gebunden an einen schönen Körper, sondern tritt auch auf, wenn Menschen ihre Identität aus den Unvollkommenheiten, Krankheiten und Behinderungen ihres Körpers beziehen. Diese Menschen denken und sprechen von sich als jemanden, der an einer bestimmten Krankheit oder Behinderung leidet. Ihre Umwelt widmet ihnen viel Aufmerksamkeit und bestätigt ihnen dauernd ihre eingebildete Identität als Leidender und Patient. Diese Krankheit macht man dann zu sich selber, was wiederum eine andere Gedankenform ist, mit der sich das Ego identifizieren kann. Oft sucht sich das Ego relativ oft Krankheiten aus, um dadurch Kraft zu gewinnen. Wen man sich aber seiner inneren Lebendigkeit widmet, anstatt sich mit der äußeren Form des Körpers zu identifizieren wie schön, dick, hässlich, dünn, stark, schwach, macht man sich des lebendigen Energiefeldes bewusst. Dazu gibt es

Techniken, die oft bei Meditationen oder Entspannungsübungen genutzt werden. Man schließt für einen Moment die Augen und versucht herauszufinden, ob z.B. im Innern der Hände Leben ist. Man denkt nicht dabei, sondern man vergegenwärtigt das feine Gefühl der Lebendigkeit in den Händen. Man spürt zunächst nur ein leichtes Kribbeln und dann etwas wie Energie oder Lebendigkeit. Und diese Übung kann man mit allen Körperteilen durchführen. Man nimmt eigentlich so die Lebendigkeit in einem selbst wahr, die Brücke zwischen Form und dem Formlosen, zwischen Materie und Immaterie. In diesem Moment identifizieren wir uns nicht mehr mit unserem Körper, sondern mit unserem Sein. Dies ist der Weg aus dem Ego-Gefängnis heraus. Somit werden das Immunsystem und die Selbstheilungskräfte des Körpers gestärkt. Diese Methode nutzt man auch in einigen Yoga-Übungen oder sogar im Gebet, welches Moslems fünfmal am Tag als Meditation machen müssen. Denn während des Gebetes konzentriert man sich mit dem nach unten gerichteten Blick auf einen Punkt auf dem Boden. Weil jegliche weltliche Gedanken ausgeschaltet werden müssen, befindet sich der Betende im Jetzt. Am Ende des Gebetes werden die Hände geöffnet, offen gehalten, was nichts anderes bedeutet, als dass man göttliche Energie empfängt und diese über das Gesicht streift.

Welche Rolle spielt nun die Homosexualität? Wenn sich nun jemand über die gesellschaftlich konditionierten Gedankenformen und Verhaltensmuster hinwegsetzen will und sich nicht mit seinem Geschlecht identifiziert, dann bedeutet das, dass der Bewusstseinsgrad dieses Menschen über den unbewussten Menschen angehoben werden wird. Aus der Betrachtungsweise ist Homosexualität hilfreich. Wenn aber jemand durch seine Homosexualität eine Identität entwickelt, die auf Homosexualität basiert, ist man zwar einer Falle entkommen, um dann aber in die nächste Falle zu geraten. Dann spielt der- oder diejenige Rollen und Spiele, die auf einer Vorstellung basiert, die man von sich als Homosexueller hat. Man wird unbewusst, unecht und hinter der Egomaske wird man sehr unglücklich werden. Daher stand die Menschheit der Homosexualität immer kritisch gegenüber, insbesondere auch die monotheistischen Religionen, weil sie dem Menschen keine Hilfe gibt, sein wahres Selbst zu finden und eher sein Ego zu füttern.

Wenn wir von Formen sprechen, dann sind damit nicht nur materielle Gegenstände gemeint, sondern auch Gedankenformen, die ständig aufkommen. Wir hören Stimmen in unserem Kopf – ständig – und immer wieder. Das ist der Strom unablässigen und zwanghaften Denkens. Weil aber jeder Gedanke unsere Aufmerksamkeit völlig an sich fesselt und wir entweder ständig in der Vergangenheit oder in der Zukunft verweilen, vergessen wir dadurch gegenwärtig zu sein und vergessen das Sein. Weil wir uns dann mit den Gedanken verbundenen Emotionen verlieren, sind wir vollkommen in Formen identifiziert und somit hat uns das Ego vollkommen im Griff.

„Der Befehl Allahs kommt, so sucht ihn nicht zu beschleunigen. Gepriesen ist Er und Erhaben über all das, was sie anbeten.[469]*“*

Viele Menschen erreichen eine Bewusstseinsdimension oft infolge eines tragischen Verlusts wie dem Verlust ihrer Kinder oder des Partners, ihrer gesellschaftlichen Stellung, ihres Jobs, ihres Rufes oder ihrer Gesundheit. Alles, womit sie sich identifiziert haben, wurde ihnen genommen. Wenn Formen, mit denen wir uns identifiziert haben, zerfallen, dann kann es dazu führen, dass unser Ego zerfällt. Wenn diese Formen um uns herum zerfallen und der Tod naht, wird unser Seinsgefühl von seiner Verwicklung mit der Form befreit. Der Geist wird somit aus seiner Gefangenschaft in der Materie erlöst. Uns wird klar, dass unsere wahre Identität das Formlose ist, die alles durchdringende Prä-

---

[469] Koran 16; 1 www.islamische-datenbank.de

senz, das Sein. Unsere Identität ist das reine Bewusstsein, das der Friede Gottes ist. Die Wahrheit darüber, wer wir sind, lautet nicht „ich bin dies oder das", sondern „ich bin". Vor diesem Hintergrund kann man eine positive Seite aus seinen Schicksalsschlägen mitnehmen. Denn immer, wenn wir denken, dass uns etwas Schlimmes passiert ist, ist im Grunde genommen die Wahrheit dahinter die, dass dies für uns das Beste ist. Es ist etwas, was unsere Seele befreit und uns unserem Lebensziel – die Materie zu vergeistigen – näher bringt. Somit erfüllt die Materie seinen Zweck, dem Menschen zur Selbsterhöhung zu helfen und damit Gott zu dienen, so wie alles, was existiert, nur Ihm dient und ihn anpreist. Wenn die Materie vergeistigt wird, dann bleibt am Ende die Liebe, die Dankbarkeit, die Barmherzigkeit, die Güte zurück. Das ist der Zweck der Materie.

„Wir nehmen deine Hülle von dir, und dein Blick ist heute scharf."[470]
„Wenn Er ein Ding will, lautet Sein Befehl nur: „Sei!" - und es ist."[471]

Achte gut auf diesen Tag,
denn er ist das Leben –
das Leben allen Lebens.
In seinem kurzen Ablauf liegt alle seine
Wirklichkeit und Wahrheit des Daseins,
die Wonne des Wachsens,
die Größe der Tat,
die Herrlichkeit der Kraft.
Denn das Gestern ist nichts als ein Traum
und das Morgen nur eine Vision.
Das Heute jedoch, recht gelebt,

---

[470] Koran 50; 21
[471] Koran 36; 82 http://islamische-datenbank.de/option,com_quran/action,viewayat/surano,36/min,80/show,10/

macht jedes Gestern
zu einem Traum voller Glück
und jedes Morgen
zu einer Vision voller Hoffnung.
Darum achte gut auf diesen Tag.
(Zitat von Mevlana)

Wenn man einen Verlust erleidet, dann erlebt nicht jeder dieses Erwachen, die Loslösung von der Identifikation mit Form, sondern andere flüchten in starke Gedankenformen, sehen sich als Opfer der Umstände anderer Menschen, eines ungerechten Schicksals oder Gottes. Diese Denkmuster aber verursachen Wut, Groll, Selbstmitleid, d.h., sie identifizieren sich mit diesem Gedanken. Dadurch entsteht ein neues Ego, das noch starrer und unangreifbarer als das alte ist. Daher werden manche Menschen nach einem Verlust oder einer Enttäuschung bitter oder sind voller Groll, während andere Mitgefühl, Weisheit und Liebe entwickeln. Dieses sich fügen bedeutet die Umstände innerlich anzunehmen und somit offener für das Leben zu sein. Widerstand bzw. Negativität stärkt die Schale des Egos und blockiert und verschließt den Menschen. Somit ist das Universum auch für denjenigen verschlossen und das Leben ist keine Hilfe für denjenigen.

„Sie schwören bei Allah, sie hätten (es) nicht gesagt. Aber sie haben ja das Wort des Unglaubens gesagt und sind, nachdem sie den Islam (angenommen) hatten, ungläubig geworden. Sie hatten vor (, das auszuführen), was sie (doch) nicht erreicht haben'. Und sie grollten darüber nur, dass Allah - und (auch) Sein Gesandter - sie von Seiner Huld reich gemacht hat. Wenn sie nun bereuen, ist es besser für sie. Wenn sie sich aber abkehren, wird Allah sie mit einer schmerzhaften Strafe im Diesseits und Jen-

seits strafen, und sie werden auf der Erde weder Schutzherrn noch Helfer haben. "[472]

„Oder (die Ungläubigen sind) wie Finsternisse in einem tiefen Meer: Eine Woge bedeckt es, über ihr ist (noch) eine Woge, darüber ist eine Wolke; Finsternisse, eine über der anderen. Wenn er seine Hand ausstreckt, kann er sie kaum sehen; und wem Allah kein Licht gibt - für den ist kein Licht. "[473]

„ Und wenn du den Qur'an verliest, legen Wir zwischen dir und jenen, die nicht an das Jenseits glauben, eine unsichtbare Scheidewand. "[474]

Um das Ego noch näher zu spezifizieren, ist es die Stimme im Kopf, der Strom der unfreiwilligen und zwanghaften Gedanken und den damit verbundenen Emotionen. Man hält den Denker für den, der man ist. Der Inhalt der Gedanken ist durch die Vergangenheit konditioniert, durch den familiären Hintergrund, durch die Kultur, die Erziehung etc. Es lässt uns dazu verleiten, uns mit unserer Geschichte, mit unseren Rollen wie Mann oder Frau etc., mit unserer Nationalität, unserer Religion, Rasse, Gesellschaftsschicht oder politischen Überzeugung oder Organisationen zu identifizieren. Das Ego lebt von Identifikation und Trennung. Wer sich als „Ich" betrachtet, kennt auch somit „den anderen". Diese Begriffe „ich" und „der andere" gehören zusammen. Es gehört zur Gewohnheit des Egos, sich über andere zu beklagen, Fehler an Ihnen zu finden. Wenn ich mich über jemand beklage, ihn kritisiere und verurteile, dann fühle ich

---

[472] Koran 9; 74
[473] Koran 24; 40 http://quran.al-islam.com/Targama/DispTargam.asp?nType=1&nSeg=0&l=eng&nSora=24&nAya=40&t=ger
[474] Koran 17; 45 http://islamische-datenbank.de/option,com_quran/action,search/?text=Scheidewand

mich ihm überlegen und bedeutender (Hochmut, Arroganz). So wächst das Ego immer und immer weiter in uns.

„Und als Wir zu den Engeln sagten: "Werft euch vor Adam nieder!" Da warfen sie sich nieder, außer Iblis. Er weigerte sich und verhielt sich hochmütig und gehörte zu den Ungläubigen. "[475]

„Und Wir gaben bereits Musa die Schrift und ließen nach ihm die Gesandten folgen. Und Wir gaben 'Isa, dem Sohn Maryams, die klaren Beweise und stärkten ihn mit dem Heiligen Geist. War es nicht (so), dass jedesmal, wenn euch (Juden) ein Gesandter etwas überbrachte, was euren Neigungen nicht entsprach, ihr euch hochmütig verhieltet, indem ihr eine Gruppe (der Gesandten) der Lüge bezichtigtet und eine (andere) Gruppe tötetet? "[476]

Das Klagen, sei es laut oder in Gedanken, ist eine Geschichte, die der Verstand erfindet und an die man rückhaltlos glaubt. (siehe auch Gespräch zwischen dem Propheten Mohammed (s.a.s.) und dem Teufel auf Befehl und Anweisung Gottes) Wenn das Ego nichts anderes hat, um sich damit zu identifizieren, dann lebt es vom Klagen, welches man oft unbewusst zur Gewohnheit gemacht hat. Dazu gehört es auch, seine Mitmenschen mental mit negativen Etiketten zu versehen, und dass man so über sie denkt oder mit anderen über sie spricht, ist ein typisches Muster des Egos. Beschimpfungen sind auch eine Art Klagen, die das Ego neben dem Ärger mit Energie füttern. Wenn man also erbost, entrüstet, gekränkt oder verletzt ist, dann füttert man auch damit das Ego. Auch wenn man sich über die Unehrlichkeit, Unanständigkeit, Unfairnis, Gier anderer, über das, was sie getan oder nicht getan haben oder gesagt oder nicht gesagt

---

[475] Koran 2; 34
[476] Koran 2; 87

haben, also Unbewusstheit anderer, ärgert, ist das Futter für das Ego. Oft sind die Fehler anderer eine Fehlinterpretation des eigenen Egos, um sich selber ins Recht zu setzen oder um sich überlegen zu fühlen. Auch wenn wirklich ein Fehler vorliegt, so kann das Ego diesen verzerrt darstellen, und wir verstärken ihn nur dadurch. Das, worauf wir bei anderen reagieren, stärken wir in uns selber, denn auch auf das Reagieren auf das Ego anderer stärkt unser Ego.

Denn wenn wir das Verhalten der anderen als deren Ego erkennen, machen wir es möglich, darauf nicht zu reagieren und dadurch anderen zur geistigen Gesundheit zu verhelfen. Wichtig ist es dabei, zu erkennen, dass es nichts Persönliches ist, und erst dadurch sieht man keinen Handlungsdrang. Es ist mit einem Brief zu vergleichen, den jemand uns zuschickt. Wir entscheiden, ob wir diesen Brief annehmen oder nicht. Wenn nicht, dann geht dieser Brief wieder zurück an den Absender. Man muss auch manchmal Schritte machen, um sich vor unbewussten Menschen zu schützen, ohne sie zu Feinden zu machen, aber der beste Schutz ist die eigene Bewusstheit. Somit ist die Nichtreaktion nicht Schwäche, sondern Stärke. Vergebung ist eine Art des Nichtreagierens. Vergebung bedeutet, dass Sie nicht mehr vergiftende Gefühle und Gedanken über sich und andere mit sich herumtragen wollen und über die Dinge hinwegsehen bzw. durch das Ego des anderen durchzuschauen und nur das wahre Wesen des anderen Menschen sehen.

werden. Innerhalb davon befindet sich die Barmherzigkeit und außerhalb davon die Strafe. "[477]

Eine der Tugenden des Egos ist es sich zu beklagen. Es geht dabei nicht nur darum, dass wir uns über Menschen beklagen, sondern auch über Situationen. Dabei geht es darum, dass Sie den jetzigen Zeitpunkt, die Gegenwart, verurteilen, weil Sie sich sagen, das gefällt mir nicht, das will ich nicht haben, ich will nicht hier sein, ich werde ungerecht behandelt etc. Der größte Feind des Egos ist natürlich der gegenwärtige Augenblick, der „verurteilt" wird. Wenn wir jemanden auf einen Fehler oder einen Missstand hinweisen, heißt nicht, dass wir uns beklagen, weil wir uns nicht mit einer schlechten Qualität oder schlechtem Benehmen abgeben müssen. Wenn wir freundlich darauf hinweisen, dass die Suppe kalt ist, dann ist das in Ordnung, aber zu sagen, „wie können Sie es wagen, mir kaltes Essen zu servieren", deutet auf das Ego hin, das sich beklagt, weil es sein „ich" angegriffen sieht. Daher gibt es egogesteuerte Menschen, die sich fast nur beklagen, beschweren oder ständig an etwas auszusetzen haben.

Sobald man nun diese Stimme im Kopf über das sich Beklagen hört, kann ein bewusster Mensch schnell erkennen, dass das ein Gedanke ist und in dem Moment sieht man, dass man nicht selber die Stimme ist, sondern derjenige, der sich dieser Stimme bewusst ist, und schon hat man das Ego überwunden und sich davon befreit. Und je mehr die Bewusstheit über das Ego siegt, umso schwächer wird das Ego über die Zeit.

Wenn sich nun jemand stark energetisch auflädt als Ergebnis von Wut und Aufgebrachtsein, dann entsteht Grimm, was auch Futter für das Ego ist. Solche Menschen zeigen sich dadurch, indem sie immer wieder sagen „Das ist eine Schande" oder „wie

---

[477] Koran 57; 13 http://quran.al-
islam.com/Targama/DispTargam.asp?nType=1&nSeg=0&l=eng&nSora=57&nAya=13&
t=ger

kann man nur", „das ärgert mich sehr".
Und wenn Sie sich erinnern, dass in dem Kapitel „Gespräch zwischen dem Propheten ..." geschrieben stand, dass Satan die alten Frauen nicht mag, die drei Tage lang sich nicht beklagen. Interessant ist es hier, wie in der Geschichte das Ego beschrieben wird.

„ ... „Wir glauben"; sind sie jedoch allein, so beißen sie sich in die Fingerspitzen aus Grimm gegen euch. Sprich: „Sterbt an eurem Grimm." Siehe, Allah kennt das Innerste eurer Herzen."[478]

Dabei geht es nur um das Hervorbringen des Ichgefühls. Einen bedeutenden Anteil am Ego hat auch Groll, was nichts anderes bedeutet, als ständig gegen etwas zu sein. Wenn eine ganze Volksgruppe einen kollektiven Groll gegen etwas jahrhundertelang pflegt, dann wird es in einen nie endenden Kreislauf der Gewalt geraten. Mit Groll ist etwas aus der Vergangenheit gebunden, was passiert ist. „Man hat mir oder uns das angetan." Diese Geschichte wird ständig aufgeholt und am Leben erhalten. Es ist ein Gedanke. Groll führt dann dazu, dass man negative emotionale Energie auslöst und eine aktuelle Situation völlig verzerrt darstellt oder im Umgang mit Menschen sich beeinflussen lässt. D.h., man verliert den Realitätssinn und lässt große Teile des Lebens dadurch vergiften. Wenn man besonders auf die Gedanken achtet, die den Groll nähren, kann man feststellen, wie der Körper auf diese Gedanken reagiert. Der Versuch, vom Groll wegzukommen, bringt nichts. Sobald man aber erkennt, dass das Grollen keinen anderen Zweck hat, als ein falsches Selbstgefühl zu stärken und dem Ego zu dienen, dann kann man sich ihm entziehen. Das ist Vergebung und ist nichts anderes als den Groll sowohl auf der mentalen als auch emotionalen Ebene bewusst zu machen. Jesus hat gesagt „Liebet eure Feinde." Groll

---

[478] Koran 3; 119 http://islamische-datenbank.de

aufgrund von vergangenen Geschehnissen hält dich nur von der Gegenwart ab und ist eine Altlast von Gedanken und Emotionen.

Als die Mongolen das Selcukische Reich zum Sturz gebracht hatten und Mevlana danach gefragt wurde, wie er die Eroberung des Reichs beurteilen würde, so antwortete er „Wir lieben den Gott der Mongolen“. Die Sufis betrachten die Dinge immer von einer mystischen und göttlichen Perspektive.

„Sie schwören bei Allah, dass sie nichts gesagt hätten, doch sie führten unzweifelhaft lästerliche Rede, und sie fielen in den Unglauben zurück, nachdem sie den Islam angenommen hatten. Sie begehrten das, was sie nicht erreichen konnten. Und sie nährten nur darum Haß, weil Allah - und Sein Gesandter - sie in Seiner Huld reich gemacht hatten. Wenn sie nun bereuen, so wird es besser für sie sein; wenden sie sich jedoch (vom Glauben) ab, so wird Allah sie in dieser Welt und im Jenseits mit schmerzlicher Strafe bestrafen, und sie haben auf Erden weder Freund noch Helfer.“[479]

Alle Gefühle, die dem Menschen das Gefühl der Begrenztheit und Getrenntheit oder ihm das Gefühl der Überlegenheit geben, sind mit dem Ego verbunden wie Klagen, Nörgeln und Grollen. Wenn jemand sich beklagt, sei es über Politiker, über die gierigen Reichen, die faulen Arbeitslosen oder über den Ex-Partner, dann geht diese Person davon aus, dass er im Recht und die andere Seite im Unrecht ist. Rechthaberei stärkt das Ego, weil es die Identifizierung mit einer Geisteshaltung, einer Ansicht, einer Meinung, einem Urteil, einer Geschichte ist. Denn damit das Ego Recht hat, müssen zunächst andere ins Unrecht gesetzt werden, um sich stärker und überlegener zu fühlen.

---

[479] Koran 9; 74 www.islamische-datenbank.de

Wenn nun aber jemand eine Tatsache behauptet wie „Die Erde ist eine Kugel", dann weiß man, dass man Recht hat, aber ist hier das Ego im Spiel? Das ist immer eine Gratwanderung, denn sobald man aber sagt, „warum glaubst du mir nicht, dass die Erde eine Kugel ist?", oder „glaube mir, ich weiß es", dann spielt das Ego wieder eine Rolle, denn hier wird wieder das falsche Ich ins Spiel gebracht, weil es sich herabgesetzt fühlt oder beleidigt ist, weil niemand glauben will, was es sagt. Jedes sich etwas „Persönlich-Nehmen" ist mit dem Ego verbunden, weil dadurch Emotionen aufsteigen, die zur Abwehrhaltung oder sogar zur Aggressivität führen. Weil man hier versucht, die Wahrheit zu verteidigen, die nicht verteidigt werden muss. Was wir verteidigen, ist unser illusionäres Selbstbild, also das Selbstbild, was wir uns erdacht haben. Wir können sagen, dass alle Gedankenformen, denen ein Ichgefühl untergeschoben werden kann wie Meinungen, Standpunkte und Urteile kommt es zu egohafter Täuschung und Verzerrungen, weil das Ego z.B. Meinungen und Standpunkte mit Tatsachen verwechselt, weil es nicht zwischen einem Ereignis und seine eigene Reaktion darauf unterscheiden kann. Das Ego verzerrt jegliche Wahrnehmung und Interpretation, weil nur durch die Bewusstheit und nicht durch Denken kannst du zwischen Tatsache und Meinung unterscheiden.

Dieses „Ich habe Recht und du hast Unrecht" hat schon in sehr vielen Beziehungen, sei es in der Partnerschaft, in Gesellschaften und sogar unter Nationen, zu Streit, Auseinandersetzungen, Kriegen und Verfolgungen geführt. Gab es nicht in allen Religionen Verfolgungen, weil Menschen ihre Auslegungen anders lebten als in den Schriften und Doktrinen, die als die absolute Wahrheit niedergelegt waren? Menschen wurden gefoltert und getötet, weil man die Wahrheit über einem Menschenleben gestellt hatte. Diese Wahrheiten aber waren nichts als ein Haufen Gedanken. Kann man denn die absolute Wahrheit in den Dogmen, Ideologien, Regelsätzen oder Geschichten finden, die auch eine Sammlung an Gedanken sind? Gedanken können höchstens auf die Wahrheiten hindeuten, aber nie die Wahrheit selbst sein. D.h. auch dass jede Religion für sich betrachtet gleichermaßen wahr und gleichermaßen unwahr ist, je nachdem, welchen Vorteil jemand davon hat. Man kann jede Religion in den Dienst des Egos stellen oder sie als Wegweiser nutzen, daraus bewusste Menschen hervorzubringen, die uns wiederum zum spirituellem Erwachen verhelfen und uns von der Identifikation mit der Form befreien. Beispielsweise ist der Islam eine Religion der Liebe. Im Namen des Islam wurden aber in den letzten Jahrzehnten so viele Menschen getötet, obwohl in den Schriften niedergeschrieben steht, dass das Töten von Menschen (und hier gibt es keinen Unterschied, welcher Religion diese Personen angehören) strengstens untersagt ist.

„Deshalb haben Wir den Kindern Israels verordnet, dass, wenn jemand einen Menschen tötet, ohne dass dieser einen Mord begangen hätte, oder ohne dass ein Unheil im Lande geschehen wäre, es so sein soll, als hätte er die ganze Menschheit getötet; und wenn jemand einem Menschen das Leben erhält, es so sein soll, als hätte er der ganzen Menschheit das Leben erhalten.„480
…

Wenn wir die Wahrheit woanders suchen, dann werden wir gewiss enttäuscht werden, denn die Wahrheit ist ein Teil von dem, was wir sind. Sie ist unser wahres Selbst, das Sein, das Basis für jedes Leben ist. Wenn du mit deinem wahren Selbst in Berührung bist, spiegeln all deine Handlungen und Beziehungen die Einheit mit allem Leben wider, die du tief im Innern spürst. Das ist die Liebe selbst. Wenn wir lieben wollen, dann reicht es nicht aus, es zu wollen, sondern wir müssen die Liebe, die in unserem

---

480 Koren 5; 32 http://islamische-
datenbank.de/option,com_quran/action,display/surano,5/ayatno,32/

Innern ist, hervorbringen und in die Welt hinaustragen. Wir müssen die Liebe sein. Diejenigen, die von ihrem Inneren abgeschnitten sind, brauchen Dogmen, Gesetze, Gebote, Regeln und Verordnungen und vielleicht auch als Hilfe dafür, damit sie irgendwann zu ihrer Bewusstheit finden, weil sie erkennen werden, dass sie nur als Hilfe dienen. Im Islamkontext gibt es daher Verbote, Gebote, Sunna (Dinge, die man tun sollte, aber nicht muss) sowie auch in allen monotheistischen Religionen wie die Todsünden etc., die im Grunde genommen Hilfestellungen sind, um irgendwann den wahren Sinn dahinter zu erkennen und das vollkommene Bewusstsein zu erlangen. Oft ist die Mischung aus Lebenserfahrung, Religiösität, Spiritualität und das zunehmende Bewusstwerden eine Hilfestellung die vollkommene Bewusstheit zu werden.

Besonders deutlich wird das Ego, das nicht nur etwas Persönliches ist, als ein kollektives Ego im Konflikt im Nahen Osten. Beide Seiten glauben, dass sie einzig und allein im Besitz der Wahrheit sind und sehen sich als Opfer und titulieren die anderen als Böse und entmenschlichen den anderen. Das führt am Ende dazu, dass sie sich alle Arten von Gewalt antun, ohne das Menschsein und Leid im anderen zu sehen, auch wenn es sich um ein Kind handelt. Sie sind quasi aufgrund ihres Egos gefangen in Tat und Vergeltung und Aktion und Reaktion. Das individuelle Ego, das sich nur auf das Ich beschränkt, wird durch ein wahnsinniges kollektives Ego größer und gefährlicher, weil die Gewalt oft auf das Konto normaler, geachteter Bürger im Dienst des kollektiven Egos – wir gegen sie – geht. Das ist auch die vollkommene Identifikation mit dem Denken und Fühlen, dem Ego. Daher herrschen Gier, Selbstsucht, Ausbeutung, Grausamkeit, Kriminalität und Gewalt die Erde. In dem Moment, in dem wir erkennen, dass dies das Ergebnis einer kollektiven Manifestation einer latent vorhandenen Störung oder einer Geisteskrankheit ist, können wir nicht den Fehler begehen, sie zu personalisieren und verfallen nicht dem Ego. Wir zeigen dann nicht auf andere und sagen „so ist er, so sind sie". Wenn wir aber somit das Ego des anderen mit seiner Identität verwechseln, ist dann unser Ego wieder im Spiel, indem es sich mit dieser Fehlinterpretation stärken will, sich ins Recht setzen will und sich dadurch überlegen fühlt. Er reagiert auf den anderen mit Kritik, Entrüstung und schließlich mit Wut. Dadurch stärken wir das Ego, dass sich äußerst befriedigt sieht, weil es geschafft hat, das Gefühl in den Menschen zu stärken, von allem abgetrennt zu sein und somit nicht mehr fühlen zu können, dass wir gemeinsam im Menschsein in einem Leben verwurzelt sind. Wir wissen dann nicht, dass wir das Leben mit allen Menschen teilen, und können auch nicht die Göttlichkeit aller sehen.

Wenn unser Ego auf das Ego anderer reagiert, weil es es als deren Identität wahrnimmt, dann ist unser Ego mit dem gleichen Muster behaftet, nur wir sind unfähig oder unwillens, um es in uns selber aufzuspüren. Wenn jemand an jemandem etwas auszusetzen hat, sich an etwas an ihm stört, die Unehrlichkeit kritisiert, ihren Hang zu Gewalt etc., dann spiegelt er eigentlich sein eigenes Ego-Muster auf den anderen und stört sich daran. Diese Ego-Muster als Teil des Egos zu erkennen und nicht mit seinem wahren Selbst zu identifizieren, wird keine Bedrohung für unser Selbstgefühl sein. Rumi hat dazu gesagt, dass man in dem anderen immer das erkennen kann, was man in sich trägt.

Oft neigen wir dazu, uns eine Mission anzueignen, „das Böse auszurotten", die aber nichts anderes ist als eine Denkart ist, die wiederum das Ego stärkt. Wenn du dich gegen die Unbewusstheit anderer auflehnst, dann wirst du in die Unbewusstheit gezogen. Denn auch wenn man gegen den Widersacher gewinnt, dann wird die Unbewusstheit auf uns übergreifen, oder der Gegner erhebt sich in anderer Verkleidung erneut. Was immer wir auch bekämpfen, wir stärken es nur und wogegen wir uns sträuben, lassen wir bestehen.

Wir demonstrieren gegen Kriege, damit stärken wir diesen Zustand nur. Wir kämpfen gegen Drogen, Gewalt, Ungerechtigkeiten, Verbrechen, Terrorismus, Krebs, Armut. Die Welt zeigt uns, dass diese Kämpfe offenbar nichts bringen, eher die Situation verschlimmern. Wenn wir bedenken, wie sehr wir uns zum Opfer von Krankheiten gemacht haben, nachdem die Antibiotika als Kampfstoff gegen zahlreiche Krankheiten eingeführt wurden, die ein Wiederaufleben vieler Krankheiten und Epidemien begünstigen können. Daher sind die chinesische Medizin und Homöopathie Beispiele dafür, dass man Krankheiten nicht als Feind betrachtet und nur die Symptome bekämpft, sondern es wird nach der Ursache der Beschwerden gesucht, um die kranke Stelle mit Naturheilmittel zu stärken und zu gesunden. In diesem Fall tun wir etwas für unsere Gesundheit und bekämpfen nicht etwas. Jedesmal wenn wir gegen Kriege demonstrieren, denken wir an Krieg und stärken den Zustand eines Krieges durch unsere Gedanken. Deshalb ist es wichtig, für den Frieden zu demonstrieren, anstatt gegen einen Krieg zu sein.
Jeder Gedanke des Bekämpfens jedes Krieges ist eine Denkart und alle Aktionen, die einer solchen Geisteshaltung entspringen, stärken entweder den Feind, das angebliche Übel, oder schaffen sich, wenn der Kampf gewonnen wird, neue Feinde, ein neues Übel, das genauso schlimm und oft noch schlimmer als das Besiegte ist. Wenn wir Krieg im Kopf haben, wird unsere Wahrnehmung entsprechend selektiv und verzerrt. Dann sehen wir nur, was wir sehen wollen, und legen dazu noch alles falsch aus. Welche Auswirkungen solche Handlungen haben können, sehen wir jeden Tag in den Nachrichten.

Wenn wir nun das Ego, das diese Denkart auslöst, als eine Geistesgestörtheit des Menschen oder als eine kollektive Funktionsstörung erkennen, nehmen wir es nicht mehr als fälschliche Identität von jemandem wahr und uns wird dadurch leichter, nicht darauf zu reagieren. Wir nehmen es nicht mehr persönlich und hören auf mit den Klagen, den Beschuldigungen, Vorwürfen oder das Ins-Unrecht-Setzen und somit kann das Ego nicht gedeihen.

Wollen wir denn im Leben immer Frieden? Jeder wünscht sich Frieden im Leben. Aber etwas in uns ist immer auf Dramatik und Konflikt aus. Manchmal bedarf es nur einer bestimmten Situation oder auch nur eines Gedankens, um eine Gegenreaktion in uns auszulösen. Wir werden wegen irgendeiner Sache beschuldigt, nicht angemessen gewürdigt, etwas dringt in unser Revier ein, jemand zweifelt an uns oder jemand streitet mit uns über Geld. Werden wir dann nicht Wut und Feindseligkeit spüren, die unseren Körper durchlaufen? Unsere innere Stimme wird laut, hart und schrill und unser Verstand läuft auf Hochtouren, um seine Position zu verteidigen, sich zu rechtfertigen, anzugreifen oder zu beschuldigen. Sind wir nun in der Lage, in so einem Augenblick aus unserer Unbewusstheit zu erwachen? Etwas in uns ist auf Krieg aus, etwas, was sich bedroht fühlt und auf jeden Fall überleben will. Etwas, was die Dramatik liebt, weil es in diesem Theaterstück seine Identität als Sieger behaupten will. Etwas in uns will Recht haben anstatt Frieden.

Wer bist DU eigentlich? Wir müssen uns eigentlich die Frage stellen, wer glaube ich zu sein. Oft wird diese Beschreibung davon abhängig gemacht, was wir für unsere Bedürfnisse halten, was für uns im Leben zählt. Denn alles, was im Leben für uns zählt, hat auch die Macht über uns, weil es uns beunruhigen und aus der Fassung bringen kann. Wenn man sich dann die Frage stellt, was bringt mich aus der Fassung, was beunruhigt mich, dann kann man feststellen, was Macht über uns hat und womit wir uns identifizieren. Wenn wir uns von Kleinigkeiten aus der

Fassung bringen lassen, dann sind wir genau das, nämlich klein. Im Vergleich aber zum Universum ist alles klein, weil alle Dinge auch wiederum vergänglich sind. Wenn man uns fragt, was wir wollen, dann kommt oft die Antwort: Frieden. Dann, im nächsten Moment, kommt eine Nachricht, egal wie: Der Partner hat sich getrennt, das investierte Geld ist verloren, ein Plan klappt nicht so, wie man es sich erhofft hat, du ärgerst dich über etwas etc. Du fängst an, Schuldzuweisungen auszusprechen, klagst andere an, verteidigst oder rechtfertigst dich. Auf einmal ist der innere Frieden doch nicht mehr so wichtig wie diese Dinge. Dabei ist das lediglich deinem Ego wichtig, deinem Phantom-Ich, das Sicherheit oder Erfüllung in Dingen sucht, die vergänglich sind und es unruhig oder wütend wird, weil ihm das nicht gelingt. Wenn uns Frieden so wichtig ist, dann wüssten wir, dass unser wahres Selbst Geist ist und nicht das kleine Phantom-Ich. Wir würden in Situationen nicht blindlings reagieren, sondern wären absolut wach und bewusst. Wenn man in solche Situationen gerät, würden wir die Situation einfach so akzeptieren und damit eins mit ihr werden, statt uns von ihr durch Klagen, Schuldzuweisungen zu trennen. Wir würden lediglich aus unserer wachen Bewusstheit handeln. Unsere Bewusstheit, das sind wir, also würden wir handeln und nicht unser Phantom-Ich. Unser Handeln wäre kraftvoll und effektiv, weil es in voller Energie stattfindet und sie hätte ein positives Ergebnis. Das gilt in jeder Situation, sei es, dass wir ein Kundentelefonat führen, ein Tor schießen oder gerade eine Arbeit verrichten.

Die Welt ist so konzipiert, dass wir uns nicht lange zum Narren halten können, denn wir werden immer wieder aufgezeigt bekommen, was wirklich für uns zählt. Dies kann so lange gehen, bis wir dermaßen enttäuscht von dem sind, was wir als unser Ich gesehen haben, bis wir erkennen, dass es das doch nicht ist. Es ist ein ständiger Prozess, bis er sich einrenkt. Die Selbsterkenntnis zu erlangen, ist unser Ziel. Je eingeschränkter und egozentrischer das eigene Bild ist, umso eher erkennen wir dies bei anderen und reagieren entsprechend darauf. Dadurch sehen wir nur das Ego des anderen und stärken damit unser eigenes Ego. Unbewusste Menschen erfahren ihr eigenes Ego in dem, was ihnen von anderen zurückgespiegelt wird. Wenn es uns klar ist, dass das, was wir bei anderen erkennen, auch in uns ist, dann fangen wir an, unser Ego bewusst wahrzunehmen. Dann muss uns auch klar werden, dass wir das, was uns von anderen angetan wird, in Wahrheit anderen angetan haben. In dem Moment sind wir dann nicht mehr Opfer.

Das Ego ist immer auf Krieg aus, aber eigentlich handelt es sich lediglich um eine Illusion, die um ihr Überleben kämpft. Anfangs hält das Ego uns fest, wenn es im Überlebenskampfmodus eingerastet ist oder irgendein emotionales Muster aus der Vergangenheit aktiviert hat. Sobald die beobachtende Präsenz bei uns aktiviert wird, kann unsere Kraft zum Gegenwärtigsein über die Zeit wachsen und das Ego wird zunehmend schwächer. Dadurch kommt eine Kraft in unser Leben, die viel größer ist als das Ego und viel größer als das Denken. Dazu braucht man seiner nur bewusst zu werden, denn Bewusstheit und Ego schließen sich gegenseitig aus. Bei der Bewusstheit handelt es sich um eine Kraft, die im gegenwärtigen Augenblick verborgen liegt. Sie ist die Präsenz. Das höchste Ziel eines Menschen ist es, diese Kraft in die Welt zu tragen. Es bringt nichts und ist auch unmöglich, sich vom Ego gänzlich in der Zukunft zu befreien, sondern nur die Gegenwart kann uns vom Ego befreien. Wir können nur im Jetzt präsent sein, weder in der Vergangenheit noch in der Zukunft. Die Gegenwärtigkeit hebt alles, was in der Vergangenheit geschehen ist, auf und ändert unser Bewusstsein.

„Dies ist eine Gemeinde der Vergangenheit;"[481]

---

[481] Koran 2; 134 http://islamische-datenbank.de

Um sich die Gegenwärtigkeit bewusst zu machen, gibt es in den verschiedenen Religionen Praktiken wie regelmäßiges Meditieren. Ganz typisch ist das fünfmalige Gebet des Moslems, eine Möglichkeit, in die Präsenz zu gehen. Denn der Gläubige muss in diesem Fall mit dem Beginn des Gebetes sich voll auf sein Gespräch mit dem Schöpfer konzentrieren. Er soll all seine weltlichen Gedanken zurücklassen. Symbolisch gesehen passiert das mit dem Handgruß in Höhe der Brust bei den Frauen und in Höhe der Ohren bei den Männern. Diese Handbewegung bedeutet, ich lasse von meinen Gedanken los und widme meine volle Aufmerksamkeit Gott dem Schöpfer zu. Daher heißt das Gebet im arabischen Salah, was „verbinden" bedeutet. Denn nachdem der Gläubige seine Absicht bekundet, dass er nun sein Gebet verrichtet und das Lobgebet spricht, spricht er die Worte „*Ich nehme meine Zuflucht bei Allah vor dem verfluchten Satan.*" Das ist die Präsenz, die sich im sogenannten Tevhid (Bedeutung Verbindung) manifestiert. Da Satan die theologische Bedeutung von Ego ist und die Gegenwärtigkeit die Bewusstwerdung in Gott bedeutet, geben diese Worte das genau wieder. Zu den Möglichkeiten, sein Ego zu bändigen, gehört auch das rituelle Fasten, so wie das im Islam vorgeschrieben ist. Buddhistische Mönche praktizieren das auch, um Bewusstsein zu erlangen. Es geht dabei lediglich darum, einige weltliche Bedürfnisse wie Essen, Trinken, sexuelle Auslebungen zurückzulassen und sich völlig auf die Bewusstheit zu konzentrieren. Der Mensch, der aus Energien besteht, konzentriert seine komplette Energie dann lediglich auf sein Selbst. Daher fühlt man sich in dieser Zeit des Fastens besonders ausgeglichen, man handelt bewusster – auch wenn es im ersten Moment so erscheint, als ob man vor Erschöpfung so handelt – viele Dinge gelingen einem viel einfacher und effektiver. Ferner gibt es wissenschaftliche Erkenntnisse darüber, dass, wenn der Mensch nichts isst, er Endorphine produziert, die ihn glücklich machen.[482]

---

[482] http://erfolgreich-abnehmen-durch-hintergrundwissen.de/buch/endorphine.htm

Wenn wir die Überzeugung einnehmen, Geist zu sein, dann kann das eine spirituelle Erkenntnis sein, aber im Grunde genommen ist das nur ein Gedanke. Spirituelle Einsicht ist eigentlich die Einsicht, dass alles, was ich wahrnehme, erfahre, denke oder fühle, letztlich gar nicht ich bin und dass ich mich in all den Dingen, die ständig vergehen, gar nicht finden kann.

Wie bereits erwähnt, hat Mevlana erkannt: „Ich bin Gott", das heißt: „Ich bin nichts, alles ist Er; nichts existiert als Gott; ich bin ganz und gar Nicht-Sein, ich bin nichts"[483]

Als Jesus davon sprach, dass man „sich selbst verleugnen soll", meinte auch er damit die Aufhebung der Illusions eines Ichs.

Rumi sagt: *„Wo die Liebe erwacht, stirbt das Ich, der dunkle Despot."*[484]

Das Sein, das tiefere, wahre Ich ist das Licht des Bewusstseins, in dem Wahrnehmungen, Erfahrungen, Gedanken und Gefühle kommen und gehen. Damit erkenne ich, dass alles in meinem Leben nicht mehr von absoluter, sondern nur noch von relativer Bedeutung ist, weil es das wahre Ich ist. Nun stellt sich die Frage, ob ich das wahre Ich, meine wahre Identität, als reines Bewusstsein spüre oder verliere ich mich selbst in dem, was geschieht, im Denken oder in der Welt?

„Nein, ihr aber liebt das Weltliche"[485]

---

[483] Zitat aus Rumi – von allem und von einem – übersetzt von Annemarie Schimmel, Diederichs Gelbe Reihe, Ausgabe 2008, Heinrich Hugendubel Verlag, Kreuzlingen/München 1988, S. 114-115

[484] Dschelal ed-Din Rumi (1207 - 1273), auch Mevlana Dschelaluddin Rumi (andere Schreibweise Celaleddin), persischer Mystiker und Dichter, Begründer des Sufismus, stiftete den Derwischorden der Mevlevi
http://www.aphorismen.de/suche?f_autor=3231_Dschelal+ed-Din+Rumi

[485] Koran 75; 20 http://islamische-datenbank.de/option,com_quran/action,search/?text=weltlich

Das Ego hat nur einen Antrieb, nämlich das eigene Selbstbild zu stärken, den ich als mein Ich annehmen soll, was aber ein Phantom-Ich ist. Das Phantom-Ich entstand, als das Denken, was sowohl ein Segen als auch ein Fluch ist, die Oberhand gewann und die tiefe Freude der Verbundenheit mit dem Sein, mit dem Ursprung, mit Gott ablöste. Die motivierende Kraft des Egos ist das Bedürfnis, sich hervorzutun, etwas Besonderes zu sein und alles unter Kontrolle zu haben, der Hunger nach Macht, nach Aufmerksamkeit und nach immer mehr und auch das Verlangen, sich als getrenntes Einzelwesen zu empfinden oder, anders ausgedrückt, das Verlangen nach Gegensätzlichkeit und nach Gegnern.

Das Ego gibt einem das Gefühl, dass eine Leere da ist und gefüllt werden muss, und nutzt Menschen und Situationen aus, um zu bekommen, was es will, aber auch, wenn es erfolgreich ist, ist es damit immer noch nicht zufrieden. Es kommt oft vor, dass seine Pläne vereitelt werden, und ständig ist die Kluft zwischen dem, was es will und was ist, ein Ärgernis und eine Qual. Die Emotion, die hinter dem Ego aber steckt, ist Angst, niemand zu sein, die Angst vor dem Nichtsein, die Angst vor dem Tod. Jede Aktivität des Egos zielt darauf ab, diese Angst zu vertreiben, aber das Ego kann diese Angst nur vorübergehend verdrängen durch eine intime Beziehung, ein neues Besitztum und einen Gewinn hier und da, also nichts als Illusionen, die uns nie werden zufriedenstellen können.

„So verführte er sie durch Trug. Und als sie von dem Baum kosteten, wurde ihnen ihre Scham offenbar und sie begannen, sich mit den Blättern des Gartens zu bekleiden; und ihr Herr rief sie: „Habe Ich euch nicht diesen Baum verwehrt und euch ge-

sagt: "Wahrlich, Satan ist euer offenkundiger Feind?"[486]

„Doch Satan ließ sie dort straucheln und brachte sie aus dem Zustand heraus, in dem sie waren. Da sprachen Wir: „Geht (vom Paradies) hinunter! Der eine von euch sei des anderen Feind. Und ihr sollt auf der Erde Wohnstätten und Versorgung auf beschränkte Dauer haben."[487]

Lediglich die Erkenntnis, wer du in Wahrheit bist, wird dich befreien. Egogesteuerte Menschen wechseln oft die Partner, weil sie innerlich unruhig, unzufrieden und unglücklich sind. Sie denken, dass nur, wenn etwas geschieht, sie z.B. glücklich sind, aber das Glück ist in jedem selbst und wartet nicht irgendwo bei einer Person. Das müssen sie nach der Beziehung feststellen und suchen das Glück bei der nächsten Person.

Wie aber kann man den richtigen Partner finden? Wir begegnen unseren Wünschen immer nur dann, wenn wir innerlich in Harmonie befindend unsere Schwingung darauf richten. D.h. wir müssen uns an einen Ort begeben, der genau der Schwingung dieses Wunsches entspricht. Wenn wir uns aber unwohl fühlen, Angst haben, keine Partner zu finden oder ständig ein Verlangen danach verspüren, einen Partner finden zu müssen, dann identifizieren wir uns mit unserem Ego und sind nicht in Harmonie mit uns, also können wir auch nicht dem Wunschpartner begegnen. Hier spielt Verlangen eine besondere Rolle. In Beziehungsangelegenheiten ist es oft so, dass Menschen, die sehr stark mit ihrem Ego verbunden sind, also von ihrer inneren Harmonie getrennt sind, oft den Partner gar nicht erkennen, der im Grunde genommen für sie der richtige ist. Denn egogesteuerte Menschen ziehen egogesteuerte Menschen an, egal, in welcher Beziehung

---

[486] Koran 7; 22 http://quran.al-islam.com/Targama/DispTargam.asp?nType=2&nSora=7&nAya=19&nSeg=3&l=eng&t=ger
[487487] Koran 2; 36 http://islamische-datenbank.de

sie zu diesen Menschen stehen. Allerdings kann eine solche Beziehung nie lange funktionieren, es sei denn, es herrschen Umstände, die eine andere Basis für diese Beziehung bieten. Denn in einer solchen Beziehung spielt Liebe keine Rolle, denn die Liebe, die hier eine Rolle spielt, ist die besitzergreifende „Liebe", die im Grunde genommen nichts mit der wahren Liebe zu tun hat. Wenn es sich z.B. um zwei äußerst attraktive Menschen bzw. körperbewusste Menschen handelt: Weil beide ego-gesteuert sind, achten sie auf äußere Werte wie Aussehen, finanziellen und gesellschaftlichen Status. Solange diese Dinge vorliegen, ist die Beziehung in Ordnung. Aber da diese Werte vergänglich sind, d.h. der Partner altert, oder man verliert den Job, dann fängt auch die Beziehung an zu bröckeln. Die angebliche Liebe ist dann auch wie vom Erdboden verschwunden, weil „er oder sie gehört mir" auch nicht mehr vorliegt, da diese Person nicht mehr die Werte bietet, auf die man großen Wert legt. Oft sucht man sich dann einen jüngeren Partner oder jemanden, der etwas anderes zu bieten hat wie Geld oder bessere soziale Stellung und das ganze Spiel fängt von vorne an. Nur derjenige in dieser Beziehung, der einen dieser Werte wie einen guten finanziellen oder gesellschaftlichen Status mitbringt, kann es sich leisten, einen Austausch vorzunehmen. Oder hat man je einen alten Mann ohne Geld mit einer jungen attraktiven Frau gesehen?

Das wiederum bedeutet, dass man erst dann den richtigen Partner trifft, wenn man in Harmonie mit sich selber ist, d.h. bewusst ist. Denn Bewusstsein bringt uns in eine Schwingungsebene, die es uns ermöglicht, alle Türen aufzumachen, unsere Wünsche bezüglich eines Traumpartners entgegenzunehmen. Denn allein unsere Vorstellung z.B. über einen Partner so, wie wir uns ihn vorgestellt haben, bringt uns in die Bewusstheit, die uns mit der Urquelle verbindet, und öffnet unsere Augen für alles, was für uns gut ist. Wir können nur anhand unserer Erfahrungen wissen, ob dies stimmt. Denn jeder wird die Erfahrung gemacht haben, dass in dem Moment in dem man eine Sache losgelassen hat und aufgehört hat, danach zu greifen, wir unerwartet unseren Wunsch erhalten.

Die Angst ist deshalb so stark im Ego, weil das Ego durch die Identifikation mit Formen/Materie entsteht und im tiefsten Innern weiß, dass Formen unbeständig sind und sich auflösen wie Aussehen, Geld, Macht und Karriere. Das Ego ist durch das Gefühl der Unsicherheit gekennzeichnet, auch wenn es äußerlich Zuversicht ausstrahlt.

Das Ego fühlt sich bedroht, wenn jemand mehr hat, mehr weiß oder mehr tun kann als ich, denn das Empfinden, „weniger" zu sein, vermindert, in Relation zu anderen, sein Selbstwertgefühl. Das Ego versucht dann, sich selbst zu stärken, indem es andere herabsetzt oder den Wert des Eigentums und der Fähigkeiten des anderen herunterspielt. Eine andere Alternative, der sich das Ego bedient, ist, nicht mehr mit den anderen zu wetteifern, sondern sich mit ihm zu verbünden, falls es sich nach Ansicht anderer um eine bedeutende Person handelt.

Das Ego tritt sehr stark in Erscheinung wenn es um Ruhm geht. Ruhm ist aber eine der vielen Manifestationen des Egowahns auf unserer Welt. Viele Berühmtheiten tappen in die gleiche Falle, weil sie sich sehr stark mit ihrem Image identifizieren, den andere Menschen und die Medien ihnen gegeben haben und halten sich am Ende tatsächlich für überlegen und entfremden sich immer mehr von ihrem wahren Selbst. In Folge dessen werden sie immer unglücklicher und machen sich auch immer stärker davon abhängig, dass ihre Berühmtheit erhalten bleibt. Sie sind von Leuten umgeben, die ihr aufgeblasenes Selbstbild ständig nähren, und werden unfähig echte Beziehungen einzugehen.

Eine Beziehung ist nur dann echt, wenn sie nicht vom Ego mit seiner Imagepflege und seiner Selbstsucht dominiert wird. Wenn eine echte Beziehung geführt wird, dann läuft dem anderen eine wache Aufmerksamkeit zu, ohne dass irgendwelche Forderungen daran geknüpft werden. Wache Aufmerksamkeit ist Präsenz und ist die Voraussetzung für authentische Beziehungen. Das Ego aber will entweder vom anderen etwas oder verfällt in völlige Gleichgültigkeit, wenn es glaubt, dass nichts bei ihm zu holen ist. Das Ego empfindet nichts für ihn und daher herrschen in Egobeziehungen immer drei Zustände vor: Verlangen, frustriertes Verlangen (Wut, Groll, Schuldzuweisungen, Klagen) und Gleichgültigkeit.

Der Klumpen im Bauch

Wir alle sind dem Denken tagtäglich ausgesetzt. Es ist größtenteils unfreiwillig und automatisch und wiederholt sich ständig und immer wieder und ist zwecklos. Wir werden vom Denken widerfahren und denken nicht selber. Es ist kein Willensakt, hinter dem „ich denke" steht, sondern sie passiert ohne mein Zutun. Diese Stimme im Kopf, die wir das Denken bezeichnen, nimmt Besitz von uns. Wenn wir uns mit der Stimme identifizieren, also es zulassen, dass es von uns Besitz ergreift, dann sind wir besessen, weil wir uns dafür halten, also damit eins werden.

Wenn wir uns nun mit dem Verstand identifizieren, dann lassen wir ein falsches Ich – das Ego – entstehen. Es gibt Menschen, die frei vom Denken sind, sei es nur kurz, und sie können somit ihr Leben mit Frieden, Freude und Lebendigkeit füllen und genau in diesem Augenblicken machen sie das Leben lebenswert. In diesen Momenten entstehen Kreativität, Liebe und Mitgefühl. Diejenigen aber, die im Egozustand gefangen sind, sind sich und ihrer Umwelt entfremdet. Sie haben meistens ein angespanntes Gesicht oder abweichende Blicke in ihren Augen, weil sie auch ihre Aufmerksamkeit meistens dem Denken widmen. Somit sehen sie gar nicht richtig und hören auch nicht richtig zu, weil sie in keiner Situation präsent sind, weil sie entweder in der Vergangenheit oder in der Zukunft verweilen. Sie spielen irgendwelche Rollen und sind in ihren Beziehungen nicht authentisch, also aufgesetzt oder gekünstelt und sind ihrem wahren Kern entfremdet. Diese Entfremdung führt dazu, dass man sich überall und mit jedem unbehaglich fühlt.

Wenn wir nun das Denken beiseite schieben, so erkennen wir noch eine andere Dimension des Egos: die Empfindung. Denken und Empfinden sind nicht immer dem Ego zuzurechnen, sondern nur in dem Moment, in dem man es zum Ego verwandelt, also sich damit identifiziert und sich so davon beherrschen lässt.

Jedes Wesen und alle Lebensformen besitzen eine eigene Intelligenz. Beispielsweise hat dein Körper eine eigene Intelligenz, die aber darauf reagiert, was dein Verstand sagt, und sie reagiert auf Gedanken. Also empfindest du eine Reaktion deines Körpers auf Gedanken. In der Pflanzenwelt hat auch jede Pflanze eine Intelligenz, die der Pflanze ihre physische Form gibt und als Blüte aus der Pflanze hervorgeht, als Blütenkelch, der sich am Morgen öffnet, um die Strahlen der Sonne zu empfangen, und am Abend wieder schließt.

Jede einzelne Intelligenz ist ein Bestandteil der universellen Intelligenz.

Sie hält unseren Körper, der aus Atomen, Molekülen und Energiewellen zusammengesetzt ist, zusammen. Sie sorgt dafür, dass alle Organe des Körpers, der Umwandlung von Sauerstoff und Nahrung in Energie, dem Herzschlag und dem Blutkreislauf, dem Immunsystem, das den Körper vor Eindringlingen schützt, und der Umsetzung von Sinneseindrücken in Nervenimpulse, die zum Gehirn weitergeleitet, dort entschlüsselt und wieder zu einem inneren Bild der äußeren Wirklichkeit zusammengesetzt werden. Ich weiß nicht, wie ich das noch formulieren könnte?

Die instinktiven Reaktionen des Körpers auf eine Bedrohung oder Herausforderung basieren auf dieser Intelligenz. Menschen wie Tiere bringen in bestimmten Situationen die gleichen instinktiven Reaktionen hervor. Bei einer Gefahr z.B. schlägt das Herz schneller, die Muskeln verspannen sich oder die Atmung beschleunigt sich. Diese instinktive Reaktion ist zwar eine Empfindung, aber im Wortsinne keine Emotion. Während bei einer instinktiven Reaktion der Körper auf äußere Umstände reagiert, ist die Emotion eine durch Denken ausgelöste Körperreaktion.

Auch wenn der Körper sehr intelligent ist, kann er aber zwischen einer tatsächlichen Situation und einem Gedanken nicht unterscheiden. Der Körper kann also auf Gedanken genauso reagieren wie auf die Wirklichkeit. Wenn wir uns Sorgen machen, also angstvolle Gedanken haben, reagiert der Körper darauf – auch wenn er zu Hause ist –, als ob es wahr ist. Sein Herz schlägt schneller, die Muskeln spannen sich, die Atmung beschleunigt sich. Die Energie wird aktiviert und weil die Gefahr lediglich eine Fiktion ist, hat sie kein Ventil, wird dem Verstand zugeführt und löst beunruhigende Gedanken aus und kann Körperfunktionen „vergiften" und somit krank machen. Das ist insbesondere dann der Fall, wenn man sich einen Horrorfilm anschaut. Diese Bilder lösen Gedanken aus, auf die der Körper so reagiert, als wären wir in der Situation. Deshalb ist es für Kinder besonders gefährlich, solche Horrorfilme zu sehen, weil sie dadurch diese Bilder in ihrem Unterbewusstsein ablegen, als ob es in Wirklichkeit passiert wäre.

Die Stimme im Kopf beginnt Geschichten zu erzählen, an die der Körper glaubt und auf die er reagiert, die Emotionen auslösen, die dann den Gedanken wieder neue Energie zuführen, die sie erst hervorgerufen haben. Das ist der Beginn eines Teufelskreises aus ungeprüften Gedanken und Empfindungen, der emotionales Denken und Geschichtenerfinden auslöst.

Die emotionale Komponente des Egos ist bei jedem Menschen anders und wird meistens aus früheren Konditionen aus der Kindheit ausgelöst. Wenn Menschen nicht genug Selbstvertrauen in ihrer Kindheit aufbauen konnten, so tragen sie oft bestimmt unbewusste Annahmen: „Niemand mag oder respektiert mich", „Das Leben ist eine einzige Enttäuschung", „Ich verdiene keine Liebe". Diese unbewussten Annahmen erzeugen Empfindungen im Körper, die umgekehrt wieder die Geistestätigkeit anregen und Sofortreaktionen auslösen. Man schafft sich dadurch eine persönliche Realität oder verzerrt die Realität.

Da das Ego nicht will, dass der Mensch sich glücklich oder wohlfühlt, greift es ständig störend ein. Der Stress und der Druck, der dem Menschen oft sein Wohlbefinden stört, wird nicht von äußeren Faktoren hervorgerufen, sondern wird durch das Denken ausgelöst. Gedanken begleiten oft negative Emotionen, da der Körper gezwungenermaßen auf die gestörten Denkmuster reagieren muss.

Angst, Unruhe, Wut, Groll, Traurigkeit, Trübsinn, Hass, Abscheu, Eifersucht und Neid sind negative Emotionen, die den Energiestrom im Körper unterbrechen und das Herz, das Immunsystem etc. angreifen also somit den Körper aus dem Gleichgewicht bringen und daran hindern, harmonisch zu funktionieren. Traurigkeit erlöscht die Antriebsflamme und kühlt die Seele ab. Sie lähmt damit das Leben im Körper. Das Ego hat es am liebsten, wenn der Mensch traurig ist, denn somit schöpft er immer mehr Energie von ihm ab. Ein unglücklicher Mensch ist des Egos Liebling.

„Die geheime Verschwörung rührt allein von Satan her, der die betrüben will, die gläubig sind; doch er kann ihnen nicht den geringsten Schaden zufügen, es sei denn mit Allahs Erlaubnis. Und auf Allah sollen die Gläubigen vertrauen.“[488]

Traurigkeit, Trübsinn sind im Islam unerwünscht und nicht erstrebenswert, deshalb ist der Moslem verpflichtet, die Traurigkeit wegzutreiben, sie zu bekämpfen (Cihad), weil sie ihm keinen Nutzen bringt.

Der Prophet Mohammed sagt in einer Überlieferung: *„O Allah, mein Gott, ich nehme meine Zuflucht bei Dir vor der Trübsal und der Traurigkeit, der Unfähigkeit und der Trägheit, der Feigheit ...“*[489] In dieser Überlieferung kommt noch die Sorge hinzu, die mit der Traurigkeit verbunden ist. Und wenn der Mensch sich von der Traurigkeit losgelöst hat, befindet er sich im Paradies, weil der paradiesische Zustand die Schwingung des Menschen hochhebt. (zu den Schwingungsstufen kommen wir später).

„Und sie werden sagen: „Alles Lob gebührt Allah, Der die Traurigkeit von uns genommen hat. Unser Herr ist wahrlich Allverzeihend, Dankbar,“[490]

Der Islam ist eine Philosophie, der es dem Menschen einfach machen will. Er ist eine Hilfe uns aufzuwecken, wenn wir gerade von unserem Ego überwältigt werden oder irre geleitet werden. Unser Ego sagt uns, dass andere uns unser Glück nicht gönnen würden oder neidisch auf uns sind, der Koran sagt:

---

[488] Koran 58; 10 www.islamische-datenbank.de
[489] [Sahih Al-Bucharyy Nr. 6369]
[490] Koran 35; 34

"... Sie glauben, jeder Schrei sei gegen sie (gerichtet). Sie sind der Feind,... "[491]

Warum gehst du, traurige Seele, auf solche Wahnvorstellungen, Illusionen und Trugbilder nur ein? Weißt du denn nicht, dass diese Wahnvorstellungen nur Gedanken sind, die du selber in die Realität umsetzen könntest. Die Realität ist die materialisierte Form unserer Gedanken (aus der Vergangenheit). Wenn du also denkst, das und jenes könnte passieren, dann kann es passieren, aber nicht weil es eh passieren sollte, weil du es so gewollt hast. Also denke nicht an solche ungeschehenen Dinge, die nur in deiner Fantasie vorherrschen. Löse dich davon los.

„Vielleicht wird Allah Zuneigung setzen zwischen euch und denen unter ihnen, mit denen ihr in Feindschaft lebt; denn Allah ist Allmächtig und Allah ist Allverzeihend, Barmherzig. "[492]

Nach einer Überlieferung von Hind bint Abi Halah soll der Prophet immer traurig gewesen sein, was nie nachgewiesen ist. Die Überlieferungskette ist lückenhaft und dies steht im Widerspruch zur Realität; denn der Prophet war voller Freude, herzlich und zufrieden. Ziel des Propheten war es, das Unrecht zu beseitigen, die Unruhe, Sorge, Betrübtheit, Sorge, Zweifel, und Traurigkeit anzuschaffen. Die Überlieferung, „Allah liebt jedes traurige Herz", hat weder eine Überlieferungskette noch einen Überlieferer und kann somit auch nicht richtig sein und steht im Widerspruch zum Koran. Wenn wir annehmen, dass dies richtig ist, dann kann man die Traurigkeit auch als einen Schicksalsschlag verstehen, mit dem Allah seine Diener heimsucht. Wenn der Mensch sich in Geduld übt, dann liebt Allah seine Geduld. Ein Irrtum ist es aber, wer die Traurigkeit lobend hervorhebt, sie legitimiert und sie zu Glaubensrichtlinien erklärt.

---

[491] Koran 63; 4 www.islamische-datenbank.de
[492] Koran 60; 7 www.islamische-datenbank.de

Neid ist ein Gefühl, das den Menschen innerlich zerfrisst und krank macht. Der Neid ist jemand, der als Freund auftritt aber im Grunde ein Feind ist. Der Neider schläft in Kummer und Schmerz, während die anderen glücklich und zufrieden einschlafen. Der Neid zerfrisst somit zunächst seinen eigenen Besitzer – den Neider. Wie gerecht, nicht wahr? Der Neider stellt die Gerechtigkeit des Schöpfers in Frage. Denn er verklagt ihn damit, dass er jemand anderem mehr gegeben hat als ihm – dem Neider. Der Neider ist so lange nicht versöhnungsbereit, so lange der Beneidete auf die Gnaden des Schöpfers verzichtet. Ob er dann Ruhe gibt, ist immer noch offen.

„Oder beneiden sie die Menschen um das, was Allah ihnen aus Seiner Huld gegeben hat? Nun, Wir gaben wohl dem Haus Abrahams das Buch und die Weisheit, und Wir gaben ihnen ein mächtiges Reich.“[493]

Es gibt auch positive Emotionen, die das Immunsystem stärken und den Körper heilen können. Allerdings müssen wir unterscheiden zwischen positiven Emotionen, die vom Ego ausgehen, und den tieferen Empfindungen, die der natürliche Zustand der Verbundenheit mit dem Sein hervorbringt. Die positiven Emotionen, die vom Ego kommen, bergen bereits das Gegenteil in sich, in das sie sich schnell verwandeln. Z.B. ist das, was das Ego Liebe nennt, Besitzergreifung und Anklammern und kann in Sekundenschnelle in Hass und Enttäuschung umschlagen. Wenn das Ego eine Vorfreude auf etwas in der Zukunft auslöst, schlägt sich das leicht ins Gegenteil um, nämlich in Frustration und Enttäuschung, wenn das Ereignis vorbei ist oder die Erwartung des Egos nicht erfüllt ist. Man ist den einen Tag aufgekratzt und glücklich, weil man Lob und Anerkennung erfährt, und den anderen Tag fühlt man sich zurückgesetzt und unglücklich, weil

---

[493] Koran 4; 54 www.islamische-datenbank.de

man kritisiert und ignoriert wird. Nach einer schönen freudigen Party folgen am nächsten Tag Ernüchterung und ein Kater. Es gibt nichts Gutes ohne Schlechtes.

Die Emotionen, die vom Ego ausgelöst werden, rühren von Identifikation des Verstandes mit äußeren Faktoren her, die flüchtig sind und sich jeden Augenblick verändern können. Tiefere Empfindungen sind im Grunde gar keine Emotionen, sondern Seinzustände. Emotionen haben Gegensätze, Seinzustände können zwar verschleiert werden, haben aber kein Gegenteil, weil sie aus unserem Inneren als Liebe, die Freude und dem Frieden entspringen, also die Aspekte unseres wahren Wesens. Da unser wahres Wesen die Erweiterung des Einen, der einen Quelle ist und somit alle Eigenschaften in sich birgt, die der Quelle zugeordnet werden (99 Attribute Gottes), können diese nur dann in die Welt hinausgetragen werden, wenn sie aus dem Zustand des Seins gelebt und übertragen werden.

Wenn wir negative Emotionen nicht als das erkennen, was sie in dem Moment ihrer Entstehung sind, lösen sie sich nicht auf und hinterlassen eine Spur, die wie ein Schmerz, eine Wut oder wie ein Klumpen zurückbleibt. Bei Kindern kommen negative Emotionen besonders häufig vor. Wenn die Erwachsenen in ihrem Leben nicht voll präsent sind und sie mit Liebe und mitfühlendem Verständnis anleiten, sich unmittelbar mit der Empfindung auseinanderzusetzen, werden diese verdrängt, was bis ins Erwachsenenalter geht. Die Emotion bleibt und manifestiert sich irgendwann in Form von Angst, Wut, Gewaltausbrüchen, Launenhaftigkeit oder gar als physische Erkrankung. Jede negative Emotion, die Schmerzen hinterlässt, die man nicht akzeptiert und fahren lässt, verbindet sich miteinander zu einem Energiefeld, das in den Körperzellen lebt. Damit sind nicht nur Kindheitsemotionen gemeint, sondern alle Emotionen, die in der

Pubertät und später im Erwachsenenalter dazukommen und zum größten Teil von der Stimme des Egos erschaffen werden.

Das Energiefeld aller alter und noch lebendiger Emotionen, das jeder Mensch in sich trägt, ist lt. Eckhart Tolle der Schmerzkörper. Der Schmerzkörper kommt nicht nur in einem Individuum vor, sondern hat auch Anteil an dem Schmerz, den die Menschen im Laufe der Menschheitsgeschichte, die aus Stammeskriegen, Sklaverei, Plünderei, Vergewaltigung, Folter, Gewalt erlitten haben. Dieser Schmerz vermehrt sich tagtäglich, wenn wir uns allein die Abendnachrichten oder die Beziehungsdramen bei den Menschen ansehen. Dieser Schmerzkörper ist wahrscheinlich in der DNS jedes Menschen verschlüsselt, obwohl er noch zu entdecken ist. Dass Neugeborene den emotionalen Schmerzkörper in sich tragen, sieht man allein daran, dass manche Babys die meiste Zeit über sehr fröhlich sind und andere wiederum viel schreien. Natürlich kann das auch an mangelnder Liebe und Aufmerksamkeit liegen, aber viele schreien aus dem Grund, als versuchten sie, alle Menschen in ihrem Umkreis ebenso unglücklich zu machen, wie sie selbst sind. Andere Babys schreien auch, weil sie die negativen Emotionen von Vater und Mutter spüren, die Nahrung für ihren Schmerzkörper ist, der dadurch im Körper des Kindes mitwächst. Das heißt aber nicht, dass Menschen, dessen Schmerzkörper gering ist, später eher spiritueller sind als solche mit einem starken Schmerzkörper. Es ist eher das Gegenteil der Fall, dass Menschen mit einem starken Schmerzkörper bessere Chancen haben, spirituell zu erwachen. Das ist oft darin begründet, weil diese ihr inneres Unglück einfach nicht länger ertragen können und dazu motiviert sind zu erwachen. Warum wurden Adam und Eva aus dem Paradies verjagt? Symbolisch steht das für das Erleben des Niedergangs, um den Aufstieg zu wollen. Warum ist das Bild des gekreuzigten Christus mit einem leidenden Gesichtsausdruck und den blutenden Wunden ein so bedeutsames Bild im kollektiven Bewusstsein der Menschheit? Jesus war der archetypische Mensch, der sowohl den Schmerz als auch die Möglichkeit der Schmerzüberwindung verkörpert.

Der Schmerzkörper ist eine Sucht nach Unglücklichsein, weil jede emotional schmerzliche Erfahrung dem Schmerzkörper als Nahrung dient. Der Schmerzkörper ist mal aktiv, mal inaktiv. Es ist von Mensch zu Mensch unterschiedlich wann er und für wie lange er aktiv ist. Manchmal wird er bei Menschen nach Jahren durch irgendein Ereignis aktiv.

Insbesondere wenn man allein lebt oder gerade allein ist, zehrt der Schmerzkörper an unseren Gedanken. Man denkt negativ, was eine Welle von Emotionen in uns aufsteigen lässt in Form von schwerer, düsterer Stimmung, als Angst oder lodernde Wut. Also wie ein Klumpen im Bauch. Kann das der Grund dafür sein, warum in den monotheistischen Religionen die Heirat hoch geschrieben ist, also die Menschen davor geschützt werden sollen, ihrem Schmerzkörper eine Chance zu geben, aktiv zu werden? Heiraten allein ist nicht die Lösung, es muss eine Zweisamkeit zweier bewusster Menschen sein, die dann Nachwuchs bekommen. Haben wir aber glückliche oder positive Gedanken, dann ist das keine Ernährung für den Schmerzkörper, weil er nicht mit dem Energiefeld des Schmerzkörpers übereinstimmt. Denn alles Denken ist Energie und von dieser Energie zehrt der Schmerzkörper aber halt nicht von positiven Gedanken. Vom Schmerzkörper ausgelöste Emotionen führen dazu, dass die Gedanken einem traurige, beunruhigende oder wütende Geschichten von uns und unserem Leben, von anderen Menschen, der Vergangenheit, der Zukunft oder von imaginären Ereignissen erzählen. Diese Stimme im Kopf tadelt, beschuldigt, klagt, malt aus und am Ende identifizieren wir uns vollkommen mit dem, was unsere Stimme uns sagt und wir glauben auch noch daran. Dann werden wir geradezu süchtig nach dem Unglücklichsein. Du identifizierst dich dann nur noch mit deinem Schmerzkörper und für den Schmerzköper ist Schmerz ein Genuss, weil er eifrig jeden negativen Gedanken verschlingt. Es entsteht ein Teufelskreis zwischen dem Schmerzkörper und deinem Gedanken, der den Schmerzkörper immer wieder ernährt, der wiederum produziert neue düstere Gedanken. Aber irgendwann, nach Tagen, hat er genug, fällt in seinen Schlaf zurück und hinterlässt einen ausgelaugten Körper, weil ihm die Energie entzogen wurde. Dieser Körper ist schwach und anfällig für jede Krankheit.

Der Schmerzkörper liebt auch Dramen, weil er insbesondere, wenn Menschen in der Nähe sind, provoziert. Intime Beziehungen und Familien schaffen ein Umfeld, wo der Schmerzkörper sein Futter findet. D.h. der Schmerzkörper eines anderen Menschen versucht deinen Schmerzkörper zu provozieren, um so sich gegenseitig Energie zuzuführen. Da es sehr schwer ist, dem Schmerzkörper eines anderen Menschen zu widerstehen, kommt es gerade in solchen Beziehungen zu Dramen und sie sind mit Gewalt gekennzeichnet. Kinder müssen oft die emotionale Gewalt der Schmerzkörper ihrer Eltern ertragen und geben diese von Generation zu Generation weiter. Nur in den Phasen, in denen das Ego es zulässt, gibt es Frieden und Freude zwischen den Partnern. Z.B. aktiviert exzessiver Alkoholgenuss häufig bei Männern den Schmerzkörper. Denn wenn jemand betrunken ist, also unbewusst, dann erlebt er eine totale Persönlichkeitsveränderung durch den Schmerzkörper, der eigentlich die Kontrolle übernimmt. Ein solcher unbewusster Mensch sättigt seinen Schmerzkörper, indem er physische Gewalt gegen die Menschen in seiner unmittelbaren Umgebung anwendet. Sobald dieser aber wieder nüchtern wird, schwört er, das nie wieder zu tun. Das meint er auch so, aber man darf nicht vergessen, dass es am Ende zwei verschiedene Persönlichkeiten sind, die hier in Aktion treten. Solange dieser Mensch nicht vollkommen bewusst wird und seine Identifikation mit dem Schmerzkörper nicht aufhebt, wird es die Gewalt immer geben. Der Schmerzkörper will entweder Schmerzen zufügen oder erleiden.

Seine Basis ist Gewalt, sei es emotional oder physisch. Oft verwechseln Menschen das Verliebtsein damit, dass sie in Wirklichkeit sich nur zueinander hingezogen fühlen, weil ihre jeweiligen Schmerzkörper sich gut ergänzen. Die Rollen von Tätern und Opfern in einer solchen Beziehung sind schon beim Kennenlernen verteilt. Viele Ehen sind in der Hölle statt im Himmel geschlossen worden. In der Kennenlernphase einer Beziehung ist der Schmerzkörper oft so schlau, sich zurückzuhalten, bis die Partner zusammenziehen oder besser einen Ehevertrag abschließen, um ein Leben lang zusammenzuleben. Aber man vergisst dabei, dass man auch den Schmerzkörper einer Person mitheiratet. Wenn dieser sich zeigt, dann sieht man auf einmal eine völlig andere Person vor sich. Die Stimme ist auf einmal hart oder schrill, man muss sich Vorwürfe anhören oder der Partner kapselt sich ab. Es wird eine extrem feindselige Atmosphäre verbreitet. Man schaut sich mit Hass, Feindseligkeit, Verbitterung oder Wut an. Oft wird dann die Realität verzerrt dargestellt. Was man sagt, ist voller Angst, Feindseligkeit, Wut und Lust, Schmerz zuzufügen und selbst noch mehr Schmerzen zu erleiden. In diesem Moment fragt man sich natürlich, ob das das wahre Gesicht des Partners ist. Natürlich nicht, denn es ist nur der Schmerzkörper, der vorübergehend von dem Partner Besitz ergriffen hat. Man kann nie einen Partner finden, der keinen Schmerzkörper hat, aber zumindest sollte man einen auswählen, dessen Schmerzkörper nicht allzu mächtig ist.

Oft sieht man Menschen ihren Schmerzkörper an. Sie strahlen das Gefühl des Unglücklichseins aus, das unter der Oberfläche schlummert und nur darauf wartet, dass endlich etwas geschieht, worauf es reagieren kann, dass jemand auftaucht, den es beschuldigen oder angreifen kann. Der Schmerzkörper verstärkt das Bedürfnis des Egos nach Feinden. Das sind oft reizbare Menschen, die relativ unbedeutende Dinge aufbauschen und bemüht sind, andere in ihr Drama hineinzuziehen. Das sind diejenigen, die sich oft auf Streitigkeiten und Gerichtsprozesse mit

Einzelnen oder Organisationen einlassen, die im Grunde genommen sinnlos sind. Andere wiederum bauen einen Hass gegen den Expartner auf. Sie merken oft nicht, dass sie diesen Hass in alles, was sie tun, projizieren, egal, ob es eine gute Sache ist oder schlechte. Weil ihnen die Bewusstheit fehlt, können sie keinen Unterschied zwischen einem Ereignis und ihrer Reaktion auf dieses Ereignis machen. Sie denken, dass das äußere Ereignis, die äußere Situation, ihr Unglücklichsein und sogar ihren Schmerz enthält. Weil sie unbewusst sind, wissen sie nicht, dass sie in ihrem Innern unglücklich sind und leiden. Wenn ein Mensch einen massiven Schmerzkörper hat, dann setzt er sich oft für eine gute Sache ein. Anfangs ist damit auch Erfolg verbunden, aber über die Zeit fließt ihre negative Energie auch in die Sache ein und sie erfahren zunehmend Widerstand gegen das, wofür sie kämpfen. Denn alles, was man sagt und tut, beinhaltet die negative Energie, die man in sich trägt.

Dass wir Menschen uns von unserem Schmerzkörper leiten lassen, sehen wir auch daran, wie erfolgreich Filme sind, die Hass, Gewalt und Mord verherrlichen, und wir das auch noch Unterhaltung nennen. Das ist die Sucht der Menschen nach Unglücklichsein, weil sie sich gerne elendig fühlen wollen. Solche Filme sind auch eine Nahrung für die Schmerzkörper der Menschen. Filme, die aufzeigen, wozu Gewalt alles führen kann, um den Menschen aufzuzeigen, wie falsch es ist, dann ist das durchaus hilfreich solche Filme anzuschauen. Filme aber, die nur Nahrung für das Unglücklichsein sind, Gewalt als wünschenswertes menschliches Verhalten darstellen und verherrlichen, geben dem Schmerzkörper Energie. Auch die Medien stärken durch negative Berichterstattung unseren Schmerzkörper.

Der Schmerzkörper kann auch bestimmte Gruppen betreffen: Völker, Rassen, Stämme, Geschlecht.

Bei Frauen ist der Schmerzkörper besonders ausgeprägt während oder vor ihrer Menstruation. Sie zeigt sich oft durch negative

Gefühle. Obwohl sowohl Frauen als auch Männer ein Ego haben, ist es bei den Männern ausgeprägter, weil sie sich mehr mit ihrem Verstand identifizieren als Frauen. Frauen sind mehr mit ihrem inneren Körper und der Intelligenz des Organismus verbunden, wo die intuitiven Fähigkeiten ihren Ursprung haben. Daher ist die weibliche Form offen und zeigt ihre Sensibilität für andere Lebensformen und ist naturverbundener. Da das Gleichgewicht zwischen männlichen und weiblichen Energien gestört ist, insbesondere durch die Unterdrückung der Frau, sei es im Namen des Islam, des Judentums, des Buddhismus, der Kirche – man denke an die Zeit der Hexenverfolgung – hat das Ego die Oberherrschaft über die kollektive menschliche Psyche gewonnen. Wenn man zurückblickt, so waren doch Frauen in der vorchristlichen Zivilisation hoch geachtet und verehrt. Was kann der Grund für diese Paranoia gewesen sein, wodurch Männer das Weibliche als bedrohlich empfanden, das weibliche Geschlecht herabgesetzt wurde und als das Böse tituliert wurde? Das Ego selbstverständlich, weil es wusste, dass es die vollständige Kontrolle über diese Erde nur in der männlichen Form erlangen würde, indem es das Weibliche entmachtete. In der heutigen Zeit, in der die Bewusstheit der Menschen zunimmt, verliert das Ego seinen Zugriff auf das menschliche Denken. Man bedenke, dass in den Ländern oder Gesellschaften, in denen die Frauen an der Gesellschaft mitwirken, Kriege sehr selten vorkommen.

Länder, die viel kollektiver Gewalt ausgesetzt waren, besitzen einen stärkeren gemeinschaftlichen Schmerzkörper als andere. Daher haben junge Länder wie Kanada, Australien, Schweiz einen schwächeren gemeinsamen Schmerzkörper als alte Länder wie China oder Länder im Nahen Osten. Beispielsweise sieht sich ein Teil der Bevölkerung im Nahen Osten gezwungen, seinen Schmerzkörper in einem endlosen, irrsinnigen Kreislauf von Gewalt und Gegengewalt abzureagieren, wodurch er sich ständig erneuert. In Ländern wie Deutschland und Japan gibt es zwar einen starken, aber nicht mehr akuten Schmerzkörper. Dort versucht man durch Arbeit den gemeinschaftlichen Schmerz zu desensibilisieren. In anderen Ländern passiert das durch starken Alkoholeinfluss, wobei dieser dadurch auch angeregt werden kann. Da Tai-Chi in China weit verbreitet ist, wird dort der Schmelzkörper gemildert. Qigong, Yoga und das Namaz (Salah) – wie jede Art der Meditation – sind weitere Methoden, die Körper und Geist spalten und sind dafür gut geeignet den Schmerzkörper zu schwächen. Sie werden eine wichtige Rolle für das globale Erwachen spielen. Völker, die seit Jahrtausenden verfolgt, ermordet und unterdrückt wurden, haben einen ausgeprägten Schmerzkörper. Man darf aber nicht vergessen, dass das Leid, das man einer Rasse, einer Minderheit etc. zufügt, auf die gesamte Bevölkerung einfließt, da Täter und Opfer gleichermaßen unter den Folgen von Gewalt, Unterdrückung und Brutalität leiden müssen. Denn das, was man anderen zufügt, tut man sich selbst an.

„Allah hat von den Gläubigen ihr Leben und ihr Gut für das paradies erkauft: Sie kämpfen für Allahs Sache, sie töten und werden getötet; eine Verheißung – bindend für Ihn – in der Thora und im Evangelium und im Qur'an. Und wer hält seine Verheißung getreuer als Allah? So freut euch eures Handels, den ihr mit Ihm abgeschlossen habt; denn dies ist wahrlich die große Glückseligkeit."[494]

„Deshalb haben Wir den Kindern Israels verordnet, dass, wenn jemand einen Menschen tötet, ohne dass dieser einen Mord begangen hätte, oder ohne dass ein Unheil im Lande geschehen wäre, es so sein soll, als hätte er die ganze Menschheit getötet; und wenn jemand einem Menschen das Leben erhält, es so sein soll, als hätte er der ganzen Menschheit das Leben erhalten. Und Unsere Gesandten kamen mit deutlichen Zeichen zu ihnen;

---

[494] Koran 9; 111 www.islamische-datenbank.de

dennoch, selbst danach begingen viele von ihnen Ausschreitungen im Land."[495]

Wenn wir nun zu einer Volksgruppe gehören, die einen hohen Schmerzkörper hat, dann ist zu beachten, dass jeder für sich die Verantwortung für seine innere Verfassung übernimmt. Auch wenn die Kritik oder der Grund für die Ablehnung der anderen Seite berechtigt ist, füttert jeder bei der Schuldzuweisung den Schmerzkörper mit seinen Gedanken und bleibt Gefangener seines Egos.

Der Übeltäter für all die grausamen Taten und Ungerechtigkeiten auf der Welt ist die menschliche Unbewusstheit, weil diese Erkenntnis, dass die Unbewusstheit dazu führt, allein zur wahren Vergebung führt. Wenn wir vergeben, lösen wir die Opferidentität auf und unsere wahre Kraft kommt zum Vorschein – nämlich die Kraft der Gegenwärtigkeit. Preise das Licht an, anstatt die Dunkelheit zu beklagen.

Die Befreiung vom Schmerzkörper beginnt ganz allein mit der Erkenntnis, dass er in dir ein starker Einfluss negativer Emotionen ist. Dafür müssen wir präsent und wach genug sein, um ihn wahrzunehmen. Denn die Gegenwärtigkeit bricht die Identifikation mit dem Schmerzkörper auf und gibt ihm keine Energie mehr. Allein die Tatsache, dass man die Verbindung mit dem Denken und dem Schmerzkörper durchtrennt, beginnt er, an Energie zu verlieren, denn es ist nicht einfach, ihn unter Kontrolle zu halten. Die Durchtrennung des Denkens vom Schmerzkörper bedeutet auch, dass das Denken nicht mehr von den Empfindungen getrübt wird und die gegenwärtigen Wahrnehmungen werden nicht von der Vergangenheit verzerrt. Dann wird die Energie, die vom Schmerzkörper eingenommen wurde in eine andere Schwingungsfrequenz gebracht und in Präsenz umge-

---

[495][495] Koran 5; 32 http://islamische-
datenbank.de/index.php?option=com_quran&action=display

wandelt. So wird der Schmerzkörper zur Bewusstseinsnahrung. Daher hatten viele der weisesten und erleuchteten Menschen einen sehr starken Schmerzkörper. Zum großen Weltenplan gehört, dass die Menschen sich zu bewussten Wesen entwickeln, und wer das nicht tut, der wird unter den Folgen seiner Unbewusstheit leiden müssen, weil solche Leute nicht mit dem evolutionären Impetus des Universums übereinstimmen. Und sogar das ist relativ, denn aus höherer Sicht ist es unmöglich, nicht mit der Evolution des Universums übereinzustimmen, da selbst die Unbewusstheit und das Leiden Teil der Evolution sind. Um hier einige Beispiele zu nennen: Oft passieren Dinge, wonach man sich erst im Nachhinein bewusst macht, was man eigentlich getan hat. Denn wenn der Schmerzkörper über einen kommt, dann wird man zu einer anderen Person. Vor Gerichtsverhandlungen hören sie oft Verteidiger sagen, das ist eigentlich gar nicht üblich für meinen Mandanten, oder die Angeklagten sagen, ich weiß gar nicht, was über mich gekommen ist. Im Grunde genommen könnte der Verteidiger aber sagen: „Hier liegt eine verminderte Zurechnungsfähigkeit vor, da der Schmerzkörper meines Mandanten aktiviert war, sodass er nicht wusste, was er gemacht hat. Eigentlich war er es nicht, sondern sein Schmerzkörper.“

„Vater, vergib ihnen, denn sie wissen nicht, was sie tun.“ (Bibel LK 23,34)

„Deshalb, weil sie ihren Bund brachen, haben Wir sie verflucht und haben ihre Herzen verhärtet. Sie entstellten die Schrift an ihren richtigen Stellen und sie haben einen Teil von dem vergessen, woran sie gemahnt wurden. Und du wirst nicht aufhören, auf ihrer Seite – bis auf einige von ihnen – Verrat zu entdecken. Also vergib ihnen und wende dich (von ihnen) ab. Wahrlich, Allah liebt jene, die Gutes tun.“[496]

---

[496] Koran 5; 13 http://islamische-datenbank.de

Wenn man gegenwärtig ist, dann spürt man den Raum um sich. Damit fangen wir an zu erwachen. Der Sinn der Existenz des Menschen ist es, diese Bewusstseinsdimension in der Welt zu manifestieren. Wenn wir uns dessen bewusst machen, dass wir unglücklich sind und das vom Schmerzkörper verursacht wird, dann gewinnen wir langsam die Oberhand darüber und können uns erst davon befreien. Wie hängt denn nun Ego und Schmerzkörper zusammen? Sie brauchen einander. Daher wird das auslösende Ereignis, die auslösende Situation durch die Brille eines stark emotionalen Egos gesehen und interpretiert und entsprechend reagiert man darauf. Man betrachtet den gegenwärtigen Augenblick durch die Brille der emotionalen Vergangenheit in uns. D.h. das, was wir sehen, ist nicht das betreffende Ereignis oder die Situation, sondern etwas in uns. Man kann einen Menschen, der einen starken Schmerzkörper hat, unmöglich von seiner Fehlinterpretation von seiner emotionalen Geschichte lösen. Die negativen Gefühle, die mit der Geschichte verbunden sind, übernehmen die Oberhand und führen dazu, dass man die Geschichte für die Wahrheit hält. Wenn man in diesen Gedanken gefangen ist, dann kann man da nicht heraus, weil man nicht erkennt, dass es ein Außen gibt. Man macht daraus die Realität und eine andere gibt es nicht, und wenn man die Dinge so betrachtet, gibt es nur eine mögliche Reaktion.

Menschen mit einem aktiven Schmerzkörper nimmt man als negatives Energiefeld wahr. Sie werden oft gemieden oder verbal angegriffen oder erfahren Gewalt oft durch solche, die auch ein negatives Energiefeld haben. Daher geraten Menschen mit einem starken Schmerzkörper in Konfliktsituationen. Nur solche Menschen mit einer hohen Bewusstheit schaffen es, auf solche Leute nicht zu reagieren. Wenn man es selbst schafft, neben solchen Menschen mit einem starken Schmerzkörper präsent zu sein, dann kann man sogar durch seine eigene Präsenz schaffen, dass der andere seinen Schmerzkörper aufgibt und sogar erwacht. Das kann manchmal von kurzer Dauer sein, aber zumindest ist das ein Anfang für eine Bewusstheit.

„und Wir ließen die Wolken über euch Schatten werfen und sandten euch Manna und Wachteln herab: „Esset von den guten Dingen, die Wir euch gegeben haben“; sie schadeten Uns aber nicht; vielmehr schadeten sie sich selbst.“[497]

Es ist wichtig, den Schmerzkörper in dem Moment seines Entstehens zu erkennen. Die Auslöser können bestimmte Situationen, Gegenstände sein oder das, was andere sagen oder tun. Wenn sich ein Auslöser meldet, dann kommt man in einen Zustand erhöhter Alarmbereitschaft, dann kommt die emotionale Reaktion, mit der sich der Schmerzkörper meldet. Wenn wir aber wachsam sind und präsent, dann erkennen wir ihn als solchen und wir identifizieren uns nicht mit ihm. Wenn z.B. der Partner etwas sagt oder tut, dann kann man sagen, „deine Aussage oder dein Tun hat jetzt meinen Schmerzkörper aktiviert“. Allein wenn Partner sich darauf einigen, den anderen darauf hinzuweisen, dass gerade sein Schmerzkörper durch sein Verhalten aktiviert ist, kann das eine gute Basis dafür sein, Beziehungsdramen zu vermeiden. Denn dadurch verhindert man unbewusst zu sein und geht in die Präsenz. Denn durch das Erkennen des Schmerzkörpers verwandelt man die emotionale Energie in Präsenz. Der Schmerzkörper zieht sich dann für eine Weile zurück und wartet darauf, bis sich eine bessere Gelegenheit ergibt, wo man nicht so bewusst handelt, wieder aktiv zu werden. Solche Momente sind, wenn man sich betrunken hat oder einen brutalen Fernsehfilm geschaut hat. Jede kleine Regung, Verärgerung kann den Schmerzkörper aktivieren.

---

[497] Koran 2: 57 http://islamische-
datenbank.de/index.php?option=com_quran&action=display

Auf den ersten Blick erscheint es so, als wären wir Menschen etwas ausgeliefert, das uns daran hindert, bewusst zu werden. Es ist verantwortlich für unser Unglück, es beherrscht unseren Geist, kontrolliert und verzerrt unser Denken, zerstört Familien und Beziehungen und fühlt sich an wie dunkle Wolken, die unser gesamtes Energiefeld überlagern. Es ist der Auslöser dafür, dass wir spirituell unbewusst sind. Es sorgt dafür, dass wir das Gefühl des Unglücklichseins in uns und der Welt nur noch steigern wollen. Wir zerstören dadurch auch unser eigenes Leben, geschweige denn das Leben anderer und auch die Umwelt. Wir werden krank oder entwickeln Funktionsstörungen im Körper, erleiden Unfälle, geraten in Konflikte oder erleben Tragödien. Alles nur, weil der Schmerzkörper nach einem schlimmen Ereignis verlangt. Wenn wir den Schmerzkörper nicht als das, was es ist, erkennen, wird er Teil des Egos, weil sich das Ego damit identifizieren kann und der Schmerzkörper braucht das Ego, um sich ständig zu erneuern. Irgendwann aber gelangen wir an einen Punkt, an dem wir sagen: „So, jetzt ist Schluss, ich will nicht mehr unglücklich sein." Wir finden unser Leben unerträglich und können keinen weiteren Schmerz, keine weitere Tragödie ertragen. In dem Moment erkennen wir, dass wir weder die unglückliche Geschichte noch ihre Empfindung sind. Der Schmerzkörper wird damit zum Erwecker, der uns in den Zustand der Präsenz zwingt. Wir geben unseren Widerstand auf, sind still und wachsam und werden eins mit dem, was ist, innen wie außen. Das ist der Frieden, nach dem jeder strebt. Das ist Bewusstsein, das sich seiner selbst bewusst wird. Du erkennst, dass dein wahres Wesen eins ist mit dem Wesen Gottes. Das Wesen Gottes ist die Quelle, mit dem unser wahres Selbst und alles, was existiert, verbunden ist.

Und genau an dieser Stelle gewinnt das Wort Gläubiger, Moslem, Christ, Jude eine ganz andere Bedeutung. Diese Bezeichnungen sollen eigentlich genau das wiedergeben: die Bewusstheit eines Menschen bzw. der Seinzustand. Daher ist der Islam keine Institution oder keine Religion, sondern ein Zustand, in dem sich ein Mensch befinden kann. Wenn wir uns die Bedeutung des Wortes Islam genauer anschauen, dann bedeutet es im Grunde genommen eins sein mit Gott, eins sein mit seinem wahren Selbst, Bewusstheit. Der Islam definiert sich mit „sich der Tatsache zu unterwerfen, dass es einen Gott gibt". Das ist der Gedanke, aber die Wahrheit dahinter ist Bewusstheit ohne sich mit einer Institution zu identifizieren. Bewusst kann jeder Mensch sein, der die Bewusstheit erlangt hat, egal, zu welchem Glauben er gehört bzw. egal welcher Glaube oder welche Ideologien ihn zu diesem Punkt gebracht haben. Der Islam ist ein Konstrukt, welches die Rahmenbedingungen umfasst, dass Menschen zu Bewusstheit finden. Ähnliche Rahmenbedingungen sind im Christentum, im Judentum, ja, sogar im Buddhismus und Hinduismus zu finden.

„Und sie sprechen: „Keiner soll je in den Himmel eingehen, er sei denn ein Jude oder ein Christ." Solches sind ihre eitlen Wünsche. Sprich „Bringt her euren Beweis, wenn ihr wahrhaftig seid." Nein, wer sich gänzlich Allah unterwirft und Gutes tut, ihm wird sein Lohn bei seinem Herrn. Keine Furcht soll auf solche kommen, noch sollen sie trauern."[498]

Genau das wollte der Prophet Mohammed den Menschen klar machen, weil er seine Aufgabe darin sah, die Religionen zu vereinen. Wenn Bewusstheit nun auf den Schwingungsstufen der „Nafs" also Seele ganz oben ist, wo Hass, Gewalt, Neid, Anklage, Verurteilung nicht hinkommen, weil sie niedrigschwingende Energien sind, dann kann ein Hassprediger kein Statussymbol des Islam sein. Dann kann keiner, der zu Mord aufruft, ein Moslem sein. Er kann sich als solcher sehen und definieren, aber dem Sinne nach ist er es nicht.

---

[498] Koran 2; 111-112http://www.kuran.gen.tr/?x=s_main&y=s_middle&kid=7&sid=2

„Man sagt, du verkündest Gottes Wort, doch ich höre nur von Gut und Böse – nichts von Liebe oder Wahrheit.“[499]

Und wenn wir weiter der Sache auf den Grund gehen, dann zählen nicht die Worte, etwas zu sein, sondern Taten, und wenn wir das weiter spinnen, dann muss man erst etwas sein, um es wirklich in die Welt hinaustragen zu können, was mit Spiritualität einhergeht. Und spirituell ist nicht jeder, denn sie ist im Sein verwurzelt. Wenn Spiritualität bei einem Menschen vorliegt, dann kann dieser Mensch nur die göttliche Seite des Baumes der Erkenntnis des Guten und Bösen in die Welt hinaustragen.

Die Ideologien, Dogmen, Religionen sind lediglich Mittel zum Zweck. Sie sind verschieden, doch am Ende gleich, weil sie zum selben Ergebnis führen. Sie sind ein Konstrukt aus Gedanken, die lediglich auf die Wahrheit deuten. Dieses Ergebnis ist die Erkenntnis des einen und wahren Gottes, der die Urquelle für alles ist, was existiert. Der Islam ist also universell und gehört nicht nur einem Teil der Menschheit. Er ist ein Konzept und Hilfe für jedermann. Ganz deutlich wird dies im Sufismus, der mystischen Dimension des Islam. Der Sufismus ist die innere Dimension des Islam. Der Sufismus ist in Orden aufgebaut und gleicht bei den Christen mit den Templern oder Gnostikern oder im Judentum der Kabbala. Der Sufi (Anhänger eines Sufi-Ordens) ist ähnlich eines Mönches, der sich nur Gott widmet, wobei im Sufismus z.B. kein Zölibat existiert. Die Sufis leben nach der Devise „Bist du unglücklich, dann mache einen anderen Menschen glücklich, dann wirst du auch glücklich“. Die Sufi-Orden unterscheiden sich in den Meditationstechniken. Die einen führen regelmäßige Zikr-Zeremonien[500] – Gedenken an Gott – durch, die anderen drücken ihre Meditation durch Malerei

---

[499] Rumi: Das Lied der Liebe, München: Knaur, 2005, S. 81
[500] Es gibt unterschiedliche Schreibweisen dafür: Dhikr findet man in Wikipedia

wie Ebru[501] oder Musik aus und die anderen tanzen. Berühmt sind bei den Sufis die sogenannten Derwische des Mevlevi-Ordens, der auf den berühmten Muhammed Celalleddin Rumi (auch als Mevlana bekannt) zurückzuführen ist, die sich in ihren weißen „Kleidern" drehen und dabei den Namen Gottes zitieren. Als man Rumi gefragt hat, warum man sich drehen solle, antwortete er: „Zeige mir etwas auf der Welt, was sich nicht dreht." Die Drehungen sind das Abbild der Planeten bzw. des Sonnensystems und die stehen symbolisch für das Leben und wenn die Derwische sich drehen, sind sie eins mit Gott. Unsere Lebenserfahrungen sind auch Dinge, die sich so lange wiederholen, bis wir aus ihnen gelernt haben.

Wer bin ich?

Bevor unsere Seele sich entschieden hat, in einem Körper auf die Welt zu kommen, war es mit dem Einen verbunden. Dieser Bestandteil, das sich vom Ganzen teilt und in Form eines Körpers sichtbar wird, trägt sämtliches Wissen über das Universum in sich. Es trägt auch alle Eigenschaften, die wir dem Einen und wahren Schöpfer zusprechen. Daher weiß jede Seele, dass sie die körperlichen Erfahrungen machen muss, um ihre persönliche und kollektive Entfaltung und Freude zu erreichen. Dafür bedarf es, sich in die Welt der Gegensätze zu begeben. Jede Seele weiß auch, dass es auf die Welt kommt, um zu erschaffen. Der Prophet des Islam hat gesagt: „Das Gute, das der Mensch in dieser Welt schafft, ist sein wirklicher Reichtum!"
Jede Seele weiß auch, dass ihre gegensätzlichen Beziehung zu den Menschen in ihrer Umgebung sowohl die Grundlage für ihre Entfaltung als auch die Grundlage ihres enormen Beitrags zur Entfaltung des Ewig Gültigen bildet. Diese Entfaltung erfolgt voller Freude. Jede Seele weiß auch, dass jede neue Vorliebe,

---

[501] Ebru ist eine Malerei auf Wasser, auch als Marmorpapier bekannt.

Sehnsucht oder Idee aus dem Gegensatz hervorgeht, und sie weiß auch, dass dieser Gegensatz die Grundlage für die Entfaltung und eine freudige Erfahrung darstellt. Jede freudige Erfahrung ist der Grund für jeden Teil eines noch so kleinen Teils aller existierenden Teile dieses Seins. Alles existiert für der die freudigen Augenblicke des Lebens. Der Gegensatz stellt Vielfalt dar, auf dessen Grundlage wir unsere Entscheidungen treffen. Unsere Umgebung stellt ein Büffet dar, das vor uns ausgebreitet wurde, an dem wir uns bedienen können und nichts ist an dieser Umgebung beständig, weil unsere unablässigen neuen Entscheidungen sie immer wieder verändern. Wir tragen in uns das Wissen, dass alles Körperliche oder nicht-Körperliche (oder Materielle oder nicht-Materielle oder jede Form oder alles Formlose) Energien sind, die auf Schwingungen beruhen. Diese Energien ziehen Gleiches an, d.h. dass wenn wir unsere Aufmerksamkeit auf etwas richten, wir es dazu einladen, ein Teil von uns zu werden.[502] Das gilt sowohl für Positives als auch für Negatives. Wir wissen aber auch, dass auf dem Planeten Erde die Vielfalt vorherrscht und nicht Übereinstimmung, was das Gegenteil davon wäre. Und wir wissen auch, dass wir aus der Umgebung der Gegensätze all unsere Schöpfungen herausmeißeln werden. Und jeder Mensch wird mit einem Schicksal (Qadr) geboren, was sein Leitsystem/Leitfaden ist, der dem Menschen durch Warnsignale hilft, nicht von seinem Verständnis von Leben abzuweichen. Das Ziel jedes Menschen ist es, sich seines Schicksals bzw. Leitsystems bewusst zu werden und sich wieder mit dem zu verbinden, der er wirklich ist, nämlich seiner Quelle, also seinem wahren Selbst. Der Mensch soll das Geheimnis anscheinend unmöglicher Beziehungen lösen und herausfinden, wie er seinen Planeten mit Milliarden von anderen teilen kann, die

---

[502] Besonders interessant ist dies im Zusammenhang mit dem Gebet im Islam, was arabisch Salah bedeutet, und Salah bedeutet übersetzt „sich verbinden". Im Gebet rezitiert man in erster Linie Suren aus dem Koran, die über Gott erzählen. D.h. wenn man seine Aufmerksamkeit im Gebet auf Gott richtet, indem man über ihn rezitiert, dann wird man ein teil von Ihm.

Schönheit der Unterschiede neu zu entdecken und besonders die wichtigste Beziehung von allen wieder herbeizuführen, nämlich die Beziehung zur Ewigen Gültigen Quelle, die Beziehung zu seinem wahren Selbst, die man wirklich ist.

„Ich war ein verborgener Schatz und wollte erkannt werden. Darum erschuf ich die Welt." *(Hadithu'l'Qudsi).*

Das Selbst ist das Leben und die einzige Realität, und wer in Harmonie in der Quelle lebt, was nichts anderes bedeutet, als sich selbst vollkommen bewusst zu werden, liebt alles und alle Gleich, denn er ist Eins mit Allem.

„Wahrlich, diejenigen, die glauben, und die Juden, die Christen und die Sabäer, wer an Allah und den Jüngsten Tag glaubt und Gutes tut - diese haben ihren Lohn bei ihrem Herrn und sie werden weder Angst haben noch werden sie traurig sein."[503]

Der Mensch inmitten der Schöpfung

Der Mensch ist das Abbild des Baumes der Erkenntnis des Guten und Bösen. Er handelt in dieser Welt wie ein Transformator. Der freie Wille, der dem Menschen gegeben wurde, ist der Auslöser dafür, ob sich dieser Mensch für die positive Seite des Baumes oder der negativen Seite des Baumes entscheidet.

Da alles, was auf dieser Welt existiert, in seiner Grundbasis aus Energie besteht, hat jedes Wesen eine Energiefrequenz, also eine Schwingung. Aufgrund der Beschaffenheit des Menschen, der sowohl aus der Materie, also seinem Körper, und seiner Seele, die den Körper belebt, besteht, ist der Mensch mit zwei Gefüh-

---

[503] Koran 2; 62 http://islamische-datenbank.de/index.php?option=com_quran&action=display

len konfrontiert. Es sind Gefühle, die ihn entweder hoch schwingen lassen oder niedrig. Die niedrigen Energien werden erzeugt, wenn der Mensch sich Neid, Hass, Anklage, Eifersucht, Habgier, Geiz, Wollust, Begehren, Völlerei, Eitelkeit, Hochmut, Arroganz, Missgunst, Faulheit, Ignoranz, Zorn, Rachsucht, Wut, Vergeltung, Missgunst, Anmaßung, Verschwendung, Lästerei und Tratsch etc. hingibt. Lebt der Mensch hauptsächlich diese Gefühle, dann befindet er sich in der Hölle, weil die Hölle „unten", also in der Niedrigschwingphase, ist. Diese Ebene wird Satan zugesprochen bzw. dem Ego. Ist der Mensch also eher seinem Ego unterworfen, schwingt er niedrig; er ist somit Satan in personifizierter Form. Wenn ein Mensch sich eine dieser Eigenschaften aneignet, sind die übrigen Eigenschaften nicht weit entfernt, denn nach kurzer Zeit wird er mit den nächsten Eigenschaften aus dieser Reihe zusammenkommen. Er kommt in einen Teufelskreis, aus dem rauszukommen sehr schwierig ist. Erst wenn er diese Eigenschaften an sich als für ihn schlecht erkennt und daran arbeitet, diese abzulegen wird er zunehmend bewusster. Bewusstheit ist die Erlösung. Als Hilfestellung zur Bewusstheit gibt es in den verschiedenen Glaubensrichtungen Meditationsformen wie das fünfmalige Gebet bei den Moslems oder das Fasten im Ramadan. Man darf nicht außer Acht lassen, dass es im Christentum oder bei den Buddhisten auch Fastenme-thoden gibt, die hier als Hilfestellung das Ego zu überwinden dienen soll. Es gibt auch die Empfehlung, dass der Mensch sich einen Tag in der Woche in eine stille Ecke zurückziehen sollte, um seine Gedanken zu ordnen bzw. in sich zu gehen und mit Gott zu kommunizieren (Tefekkür). Bei den Christen ist die Sonntagsruhe heilig und bei den Juden der Sabat. Gläubige wer-den Ihnen immer berichten, dass sie sich nach ihrer Meditation glücklich fühlen.

Im Kampf gegen sein Ego kann der Mensch in die Hochschwin-gungsphase geraten, in der er Glück erfahren wird, wie er es nie zuvor erfahren hat, Freude erfahren wird, wie er sie nie zuvor erfahren hat. Denn dieses Glück und diese Freude werden im Seinzustand erfahren und sind nicht an weltliche Dinge gebunden.

„Es ist möglich, dass euer Herr Sich eurer erbarmt; doch wenn ihr zurückkehrt, so wollen (auch) Wir zurückkehren; und Wir haben Dschahannam zu einem Gefängnis für die Ungläubigen gemacht.“ [504]

„Wenn einer das Irdische begehrt, bereiten Wir ihm schnell das, was Wir wollen – dem, der Uns beliebt; danach haben Wir Dschahannam für ihn bestimmt, in der er brennt, verdammt und verstoßen.“ „Und wenn aber einer das Jenseits begehrt und es beharrlich erstrebt und gläubig ist – dessen Eifer wird mit Dank belohnt. Ihnen allen, diesen und jenen, gewähren Wir die Gabe deines Herrn. Und die Gabe deines Herrn ist keinesfalls beschränkt. [505]

Der Koran beinhaltet Informationen und Beschreibungen von verschiedenen Eigenschaften der Seele eines Menschen. Diese wird als Nafs bezeichnet.

Lt. Definition in Wikipedia bedeutet Nafs folgendes: „Nafs ist ein arabischer Begriff, der schon im Koran vorkommt und für die Person oder das Selbst steht, aber auch die Bedeutung von Seele hat. Eine besondere Ausarbeitung hat die Idee der Nafs im Sufismus erfahren. Nafs ist mit dem hebräischen Wort nefesch etymologisch verwandt. Ein verwandtes Wort im Arabischen ist nafas („Atem“)“.

Wir unterscheiden die Seele eines Menschen (hier als Nafs/Nefs bezeichnet) hinsichtlich ihres Grades der Nähe zum Ego. Je mehr sich ein Mensch vom Ego entfernt, umso klarer und reiner wird seine Seele, d.h. umso näher kommt er seinem Selbst. Die

---

[504] Koran 17; 8 http://islamische-
datenbank.de/option,com_quran/action,viewayat/surano,17/
[505] Koran 17; 18-20 http://islamische-
datenbank.de/option,com_quran/action,viewayat/surano,17/min,10/show,10/

Seele (Nafs/Nefs) kann auf einer dieser Stufen liegen bzw. die Schwingung des Menschen kann mit Hilfe dieser Beschreibungen festgestellt werden. Man kann die Stufen hochgehen oder sogar jederzeit wieder zurückfallen.[506]/[507] In seiner Abschiedsrede hat der Prophet Mohammed deutlich gemacht, dass der Mensch sich nicht in der Hautfarbe, Rasse, Geschlecht oder Religion unterscheidet, sondern nach dem Grad seiner Frömmigkeit, d.h. nach dem Grad seiner Bewusstheit. Denn Bewusstheit ist die Nähe zu Gott, zum wahren Selbst. Und je öfter der Mensch den Namen Gottes wiederholt, wird er zunehmend ein Teil von Gott, also er wird zunehmend bewusster; denn das, was man häufig wiederholt, das wird man.

„Und Allahs sind die Schönsten Namen; so ruft Ihn mit ihnen an. Und lasset jene sein, die hinsichtlich Seiner Namen eine abwegige Haltung einnehmen. Ihnen wird das vergolten werden, was sie getan haben.“[508]

Der Prophet Mohammed sagt nach einer Überlieferung: "Es gibt neunundneunzig Namen, die nur Allah gehören. Derjenige, der sie erlernt, der sie versteht und aufzählen kann, wird eintreten ins Paradies und das ewige Heil erlagen.“[509]

Daher gibt es im Islam sogenannte Zikr-Zeremonien, in denen sich Menschen versammeln und dabei die Namen Gottes wiederholen. Denn die Attribute Allahs sind dem Menschen hilfreich auf den Weg zur Wahrheit. Durch die Wiederholungen der Namen Gottes bist du im Sein. Sie sind eine Hilfe, sich Allah anzunähern, und verbessern den Seelenzustand. Die Meditation

---

[506] http://www.konyamevlevi.com/?p=173
[507] http://www.zehirliok.net/klm/nefsin-mertebeleri.html
[508] Koran 7:180 http://islamische-datenbank.de/option,com_quran/action,search/?text=Namen
[509] Quelle: Muslim

in Zikr-Zeremonien ist der Weg der Verwirklichung der eigenen Person hin zum vollkommenen Menschen.

Im Laufe der Zeremonie kommen einige in Trance oder andere rezitieren die Namen vor sich hin. Es erscheint am Anfang sehr unheimlich, aber es ist sehr interessant, Teil einer solchen Zeremonie zu sein. Mit dem Glaubensdogma „La illahe illa llah" (Es gibt keine Gottheit außer Gott) begibt sich der Muslim in Tiefen, die man nur durch den „Zikr" erleben kann, denn es ist ein Erlebnis, Teil des einzig Wahren zu werden.

„Das Wort, das aus der Seele kommt, das setzt sich ganz bestimmt ins Herz!" (Rumi)

Wer dieses Geheimnis über Allahs Namen nachvollziehen will, dem bleibt nichts anderes übrig, als sich der Meditation hinzugeben.

Die Schwingunsstufen der Seele[510]

Die Schwingungsstufe der Seele ist die Energiefrequenz eines jeden Menschen. Im Sufismus unterteilt man die Schwingungsstufen der Menschen in sieben Stufen. Sie beschreiben die Seele, die als „Nafs" übersetzt wird. Sie spiegeln eigentlich die Entwicklungsstufen eines jeden Menschen im Laufe seines Lebens wider, wenn er die Bewusstheit als Ziel sieht. Es geht darum, das Ego zu erziehen, mit dem Ziel, Allahs Wohlgefallen zu erlangen. Diese Schwingungsstufen sind im Grunde genommen die Stufen zum Paradies, das nicht nur nach dem Tode erreicht wird, sondern auch in diesem Leben. Denn Paradies und Hölle sind keine Orte, worauf mancher Theologie bereits hingewiesen

---

[510] Teilweise aus: „Das Menschen- und Seelenbild im Islam" oder „Grundzüge einer islamisch-pädagogischen Psychologie" von Dr. Samir Suleiman und Dipl. Psychologin Chawla Muhammad" kopiert aus http://www.ahlu-sunnah.com/threads/25066-Die-Triebseele-(an-Nafs)-und-die-Stufen-ihrer-Erziehung

hat, sondern sie sind Zustände, in denen sich der Mensch befinden kann auch im Laufe seines Lebens. So wie vieles wurden im Koran oder anderen heiligen Schriften diese Zustände symbolisch beschrieben, wie in diesem Falle mit einem Garten, der unvorstellbar schön sei (Garten Eden).

Die Selbsterziehung der Seele wird in der folgenden Koranstelle klar:

„Und gedulde dich zusammen mit denjenigen, die ihren Herrn morgens und abends anrufen – im Trachten nach Seinem Wohlgefallen; und laß deine Blicke nicht über sie hinauswandern, indem du nach dem Schmuck des irdischen Lebens trachtest; und gehorche nicht dem, dessen Herz Wir achtlos für die Erinnerung an Uns machten, (und gehorche nicht dem,) der seinen Gelüsten folgt und kein Maß und Ziel kennt. [511]*

„sieben Tore hat sie, und jedem Tor ist ein Teil von ihnen zugewiesen. [Surah Al-Higr 15:44]“*

„Die sieben Himmel und die Erde und alle darin lobpreisen Ihn; und es gibt nichts, was Seine Herrlichkeit nicht preist; ihr aber versteht deren Lobpreisung nicht. Wahrlich, Er ist Nachsichtig, Allverzeihend.“ [512]

„Er ist es, Der für euch alles auf der Erde erschuf; alsdann wandte Er Sich den Himmeln zu und richtete sie zu sieben Himmeln auf; und Er ist aller (Dinge) kundig.“ [513]

„Sprich: "Wer ist der Herr der sieben Himmel und der Herr des Gewaltigen Throns?“ [514]

---

[511] Koran 18; 28 http://islamische-datenbank.de/index.php?option=com_quran&action=display
[512] Koran 17; 44
[513] Koran 2; 29
[514] Koran: 23; 86

„Allah ist es, Der sieben Himmel erschuf und von der Erde die gleiche Anzahl. Der Befehl steigt zwischen ihnen herab, auf dass ihr erfahren möget, dass Allah über alle Dinge Macht hat und dass Allahs Wissen alle Dinge umfaßt. " [515]

„Habt ihr nicht gesehen, wie Allah sieben aufeinander geschichtete Himmel geschaffen hat [516] *"*

Im Internet habe ich einen Auszug aus „Das Menschen- und Seelenbild im Islam oder Grundzüge einer islamisch-pädagogischen Psychologie von Dr. Samir Suleiman und Dipl. Psychologin Chawla Muhammad" gelesen, welches ich hier reinkopiere:

„Betrachten wir nun also das EGO (arab.: An-Nafs), so ist zunächst einmal festzuhalten, dass dies jener Teil des Menschen ist, der ihn insofern zur Person werden lässt, als er ihm ein „Ich" verleiht. Auch ist es jener Bereich, der in besonderem Maße mit dem Körper verknüpft ist und den Menschen dazu bewegt, seine körperlich-biologischen Bedürfnisse zu stillen. Auf diese Weise kommt dem Ego hier zum Beispiel im Rahmen des Selbsterhaltungstriebs eine sinnvolle Aufgabe zu, indem der Mensch sich als eine Person begreift, die es zu erhalten gilt. Das Ego hat jedoch auch seine Tücken im „System Mensch". Es ist nämlich auch das Einfallstor des Schaitan (des Teufels) in das Innere des Menschen. Über das Triebhafte versucht der Schaitan den Menschen von seiner eigentlichen Aufgabe – dem Dienst gegenüber Allah (t) – abzubringen, ihm das Schlechte schönzureden, auf das Ego entsprechend einzuwirken, es gegenüber der Ratio (dem Verstand arab. al-Aql) und dem Herzen zu stärken und zugleich auch von diesen beiden Besitz zu ergreifen. Zur

---

[515] Koran 65; 12
[516] Koran 71; 15

Vorgehensweise des Schaitan lesen wir im Qur`an z. B.: {„ (...) und der Schaitan hat ihnen ihre Werke ausgeschmückt und hat sie vom Weg Allahs abgehalten (...)"27:27}Und mit Blick auf diejenigen, die sich den niederen Gelüsten ihres Nafs hingeben, und andererseits diejenigen, die Allah (t) gegenüber mit Taqwa begegnen und ihr Nafs entgegen dem Willen das Schaitan vom Triebhaften fernhalten, liest man im Qur`an in ungefährer Übersetzung z.B.: {„Wer (aber aufsässig) war und das irdische Leben vorzog – so wird wahrlich al-Dschahim (Höllenfeuer) seine Herberge sein. Wer aber das Stehen vor seinem Herrn gefürchtet hatte und sein Nafs von niederem Gelüst abhielt – so wird al-Dschannat (das Paradies) sicherlich (seine) Herberge sein."79:40}Problematisch wird das Ego (arab.: An-Nafs) also, falls es durch die Einwirkungen des Schaitan darauf ausgerichtet wird, sich in Übertretung der Gebote Allahs der Erfüllung egoistischer, körperlicher Triebe zu widmen und in diesem Kontext danach bestrebt ist, sich zum herrschenden Element im Menschen zu machen, indem es, geleitet von der Gier nach Trieb- und Selbsterfüllung, den GEIST und dessen oben genannten Bestandteile einschließlich der angeführten Instrumente des GEWISSENS unter seine Kontrolle bringt. In diesem Fall wird der Mensch maßgeblich von seinem Ego geleitet. Der eigentliche, und als einziger den Tod überdauernde Bestandteil – also der Geist – wird in einem solchen Fall regelrecht versklavt. Weder die Ratio noch das Gewissen und dessen Instrumente können sich entsprechend ihrer göttlichen Sinngebung entfalten. Vielmehr werden sie so zur Stillung an sich niederer Gelüste missbraucht. Das Gewissen wird systematisch abgetötet, seine Instrumente (Gedächtnis, Gefühle und Wille) werden vom Ego zur Befriedigung seiner eigenen Gelüste missbraucht – und die Ratio schließlich wird für die Planung von Schlechtigkeiten instrumentalisiert, sofern sie nicht gar völlig berauscht und somit mundtot gemacht wird. [Eben deshalb hängt das islamische Verbot von Berauschendem eng zusammen mit dem von der

Neben dem Schaitan existieren jedoch im Menschen auch positive Kräfte, die auf das Ego erzieherisch einwirken. Diese gehen vom Geist aus. So ist es zum Beispiel insbesondere die Ratio, die das Ego zurechtweist. Die Taqwa als das Ergebnis der schöpfungsgemäßen Verwendung der Instrumente des Gewissens wirkt auf das Ego in Form des Dschihadu-n-Nafs (dem Kampf gegen das Ego) ein. Je besser der Geist in diesem Kampf gewappnet ist, desto besser kann er sich zum eigentlichen Herrscher des menschlichen Individuums machen. Seine Waffen sind dabei seine Ratio, sein Wissen um Allah (t), seine Gefühlswelt, die auf die Liebe zu Allah (t) ausgerichtet ist und schließlich auch sein Wille, mit dem der Muslim der Zielsetzung des Gottesdienstes gerecht zu werden versucht. Je stärker der Iman und damit die Taqwa sind, desto kleiner und schwächer wird das Ego und damit auch die Angriffsfläche für den Schaitan. In diesem inneren Kampf des Menschen, der sich zwischen dem Schaitan und der Taqwa abspielt, wobei jede Seite versucht, die Oberhand für sich zu gewinnen, werden dem Ego von islamischen Gelehrten oft insgesamt acht Erziehungsstufen zugeschrieben, in denen sich die Erziehung dieses Nafs abspielt, wobei der Iman des Muslim dabei erheblichen Schwankungen unterliegen kann. ´´[517]

In dem folgenden Kapitel widme ich mich den einzelnen Schwingungsstufen der Nefs:

1) Nefs-i Emmare – die sündige Seele
Die erste und niederste Stufe wird völlig vom Ego beherrscht. Hier hat Satan/das Ego die völlige Kontrolle über den Men-

---

[517] http://www.ahlu-sunnah.com/threads/25066-Die-Triebseele-(an-Nafs)-und-die-Stufen-ihrer-Erziehung

schen. Der Mensch sieht als einzigen Sinn seiner Existenz die Erfüllung seiner Begierden, Triebe und Gelüste. Es handelt sich hierbei um einen Zustand der völligen Widerstandslosigkeit gegenüber dem Satan/Ego. Das Ego herrscht über den Rest des Menschen. Dieser Mensch gibt sich den weltlichen Dinge hin. Er lebt nur für heute und denkt nicht an die Zukunft. Er kennt die Liebe nicht und ist eher mit einem Tier zu vergleichen. Er ist Opfer seiner Triebe, ihm ist die Würde und das Recht der anderen Menschen völlig gleichgültig. Zu seinen Charaktereigenschaften zählen alle Eigenschaften, die das Ego beschreiben, wie Hochmut, Ehrgeiz, Wollust, Neid, Eifersucht, Geiz, Rachsucht etc. Vom Rang her würde man diesen Menschen eher unter der Erde wie eine Rübe sehen, die im Dunkeln tappt. (Daher wird die Hölle auch immer als dunkel beschrieben). Damit diese Seele sich befreien kann, wird empfohlen, das Kelimei Tevhid immer wieder zu rezitieren. „La illahe illallah" (es gibt keine Gottheit außer Gott). Da diese Seele sehr weit von seinem wahren Selbst ist, wird dieser Mensch als Ungläubiger bezeichnet, weil dieser sich oft als Gottesleugner offenbart.

Diese Stufe bezieht sich in erster Linie auf die folgende Stelle im Koran:

„Und ich behaupte nicht, daß ich unschuldig bin; denn das (Menschen-)Wesen gebietet oft Böses; davon sind jene ausgenommen, derer mein Herr Sich erbarmt. Wahrlich, mein Herr ist Allverzeihend, Barmherzig. "[518]

„Und Wir haben wahrlich viele Dschinn und Menschen erschaffen, deren Ende Dschahannam sein wird! Sie haben Herzen, mit denen sie nicht begreifen, und sie haben Augen, mit denen sie nicht sehen, und sie haben Ohren, mit denen sie nicht hören; sie

---

[518] Koran 12; 53 http://islamische-datenbank.de/option,com_quran/action,viewayat/surano,12/min,50/show,10/

sind wie das Vieh; nein, sie irren noch eher (vom Weg) ab. Sie sind wahrlich unbedacht.[519] "

"Wenn einer das Irdische begehrt, bereiten Wir ihm schnell das, was Wir wollen – dem, der Uns beliebt; danach haben Wir

"Darum wende dich von dem ab, der Unserer Ermahnung den Rücken kehrt und nichts als das Leben in dieser Welt begehrt."[526]

"Wahrlich, denjenigen, die Unsere Zeichen für Lüge erklären und sich mit Hochmut von ihnen abwenden, werden die Pforten des Himmels nicht geöffnet werden, noch werden sie in das paradies eingehen, ehe denn ein Kamel durch ein Nadelöhr geht. Und so belohnen Wir die Verbrecher."[527]

"die ihre Religion als Zerstreuung betrachteten und ihr Spiel mit ihr trieben und vom irdischen Leben betört waren." An diesem Tage nun vergessen Wir sie, wie sie die Begegnung an diesem ihrem Tage vergaßen und wie sie Unsere Zeichen zu leugnen pflegten."[538]

"Wenn einer das irdische begehrt, bereiten Wir ihm schnell das, was Wir wollen – dem, der Uns beliebt; danach haben Wir Dschahannam für ihn bestimmt, in der er brennt, verdammt und verstoßen."[543]

"Dieses irdische Leben ist nichts als ein Zeitvertreib und ein Spiel; die Wohnstatt des Jenseits aber – das ist das eigentliche Leben, wenn sie es nur wüßten!"[546]

---

[519] Koran 7: 179 http://islamische-
datenbank.de/index.php?option=com_quran&action=display
[526] Koran 53; 29 www.islamische-datenbank.de
[527] Koran 7; 40 www.islamsiche-datenbank.de
[538] Koran /; 51 www.islamische-datenbank.de
[543] Koran 17; 18 www.islamische-datenbank.de
[546] Koran 29; 64 www.islamische-datenbank.de

Rumi hat diesen Rang wie folgt beschrieben: „Er hat Durst, trinkt aber Meerwasser."

Weitere Hinweise im Koran: ."[549] *und .*[550] [551] [552] [553] [554] [555] [556] [557] [558] [559]

2) Nefs-i Levvame – die misbilligende, reumütige Seele
Dieser Mensch überwindet sein Ego dadurch, indem er erkennt, gesündigt zu haben, und sich Vorwürfe macht. Er hinterfragt, warum er so oder so gehandelt hat und empfindet Reue für seine Taten. Auf dieser Stufe beginnt zum ersten Mal das eigentlich menschliche des Menschen, nämlich das Gewissen, zu wirken, während in der vorhergehenden Stufe der Geist vom Ego geradezu unterjocht wurde und folglich keine ernstzunehmende Aufgabe wahrnehmen konnte. Dieser Mensch kann das Gute vom Bösen unterscheiden. Hier beginnt der Mensch, ob nun Muslim oder Nicht-Muslim, unter der Einwirkung seines Gewissens sich selbst bzw. sein Verhalten zu tadeln. Es beginnt, ihm leid zu tun, er hat ein schlechtes Gewissen, dass er seine Mitmenschen zum Beispiel verletzte, sie belog oder beklaute. Im Gegensatz dazu versucht er dann mehr oder minder erfolgreich unter Anleitung seines Gewissens vielleicht Gutes zu tun bzw. Fehler zu korrigieren. Problematisch ist in dieser Stufe, dass er dies eventuell auch nur wieder zur Beruhigung seines Egos tut und somit wie-

---

[549] Koran 4; 74 www.islamische-datenbank.de
[550550] Koran 3; 14 www.islamische-datenbank.de
[551] Koran 9; 38 www.islamische-datenbank.de
[552] Koran 4; 37-39 http://www.kuran.gen.tr/?x=s_main&y=s_middle&kid=7&sid=4
[553] Koran 11; 15 www.islamische-datenbank.de
[554] Koran 42; 20 www.islamische-datenbank.de
[555] Koran 3; 117 www.islamische-datenbank.de
[556] Koran 46; 20 http://www.kuran.gen.tr/?x=s_main&y=s_middle&kid=7&sid=46
[557] Koran 17; 18 www.islamische-datenbank.de
[558] Koran 9; 55 www.islamische-datenbank.de
[559] Koran 18; 28 www.islamische-datenbank.de

der in dessen Dienst ist. Allerdings hat dieser Mensch noch nicht die Stärke, sich von seinen schlechten Taten vollkommen zu lösen. Mal sündigt er und mal entscheidet er sich für das Gute.

Typische Eigenschaften sind Hang zur Askese, Frömmigkeit, Enthaltsamkeit, Gottesgläubigkeit, Verpflichtung zu religiösen Geboten, Übergebührliche Ausübung, religiöser Pflichten, geistiger Kampf, Heuchelei, Bosheit, Ärger, Gesetzestreue / Paragrafengläubigkeit.

„und Ich schwöre bei jeder reumütigen Seele."[560]
„Und wer Böses tut oder sich gegen sich selbst vergeht und dann Allah um Vergebung bittet, der findet Allah Allvergebend, Barmherzig."[561]

Dieser Mensch sollte immer wieder den Namen Gottes mit „Celal" (der Majestätische) rezitieren, um seine Seele zu reinigen.

„Und was euch auch an Dingen gegeben wurde - es ist nur eine zeitweilige Nutznießung des irdischen Lebens und sein Schmuck; und das aber, was bei Allah ist, ist besser und bleibender. Wollt ihr denn nicht begreifen?"[562]

„und Prunk. Doch all das ist nichts (anderes) als eine Versorgung für dieses irdische Leben. Und das Jenseits bei deinem Herrn ist den Rechtschaffenen (vorbehalten)."[563]
Rumi beschreibt diesen Rang wie folgt: „Er merkt, dass er Meerwasser trinkt."

---

[560] Koran 75; 2 http://islamische-datenbank.de/index.php?option=com_quran&action=display
[561] Koran 4; 110 http://islamische-datenbank.de/index.php?option=com_quran&action=display
[562] Koran 28; 60 www.islamische-datenbank.de
[563] Koran 43; 35 www.islamische-datenbank.de

3) Nefs-i mülhime – die Seele, die Eingebungen erhält
Die Menschen auf dieser Stufe zeichnen sich durch einen gewissen Grad an Reinheit von Schlechtigkeiten und Sünden aus. In dieser Stufe gelingt es dem Menschen zum Beispiel, sich von größeren Sünden komplett fernzuhalten. In ihr wird dem Menschen durch Gott der Weg zu Ilham, also zur geistigen Eingebung, eröffnet. Dies ist noch nicht damit gleichzustellen, wie Propheten göttliche Offenbarungen erhalten hatten. Vielmehr handelt es sich bei der Eingebung im Sinne des arabischen Wortes „Ilham" um eine göttliche Hilfestellung, etwa dadurch, dass dem Menschen in dieser Stufe gute Einfälle in Form von aufrichtigen Gefühlen im Herzen oder zum Beispiel in Form von Geistesblitzen zukommen.

Dieser Mensch erhält Botschaften, Intuitionen, Hinweise und Eingebungen. was richtig und falsch ist. und hält sich an die Gebote und Verbote, was wir Bauchgefühl nennen. Er empfindet Liebe, insbesondere empfindet er die Liebe zu seinem Schöpfer, die er ggf. mit der Liebe zu seiner Umwelt definiert. Denn wenn er lernt, das Werk des Schöpfers zu lieben, dann liebt er den Schöpfer umso mehr. Dieser Mensch ist auf dem Weg der Wissenschaft unterwegs, ist bescheiden, geht mit seiner Umwelt sanft und verständnisvoll um, ist geduldig, er ist von sich überzeugt, schlägt sich wacker durch das Leben und kommt auch mit Schwierigkeiten klar. Insgesamt nimmt sein Charakter sehr positive Züge an. Das „tierische" an dieser Seele ist bereinigt. Allerdings muss er sich nach wie vor mit seinem Ego stark auseinandersetzen. Er neigt dazu, angeberisch zu werden, wird hochmütig, hat Zweifel und verliert ggf. seine Hoffnung. Dieser Mensch ist stark gefährdet, wieder zurückzufallen, wenn er nicht bewusst genug ist. Er sollte den Namen Gottes „Hu" immer wieder rezitieren.

„ ... und bei einer (jeden menschlichen) Seele und bei Dem, Der sie gebildet und ihr den Sinn für ihre Sündhaftigkeit und für ihre Gottesfurcht eingegeben hat! Erfolgreich ist derjenige, der sie rein hält und versagt hat derjenige, der sie verkommen läßt. "[564]

4) Nefs-i mutmeinne – die zufriedene Seele

Diese Seele hat keine Zweifel und ist mit seinem Schöpfer völlig zufrieden. Diese Seele ist in Frieden mit sich und seiner Umwelt. Der Mensch ist selbstbewusst, ausgeglichen und hat seinen Glauben verstanden. Er hat keinen Drang Böses zu tun. Wenn er etwas erreichen will, dann gibt er sein Bestes und überlässt den Rest seinem Schöpfer. Zu seinen Charaktereigenschaften gehören Feingefühl, Großzügigkeit, Sympathie, Barmherzigkeit, Dankbarkeit, Ergebenheit und Einverständnis.

„O du ruhige Seele! Kehre zurück zu deinem Herrn wohlzufrieden und mit (Allahs) Wohlwollen. So schließ' dich dem Kreis Meiner Diener an. Und tritt ein in Mein Paradies. ".[565]
Die Rezitation des Namen Allahs wäre „Hakk" (andere Schreibweise Haqq bedeutet der Wahre).

„Jene Wohnstatt im Jenseits! Wir geben sie denen, die weder Selbsterhöhung auf Erden noch irgendein (anderes) Verderbnis begehren. Und der Ausgang ist für die Gottesfürchtigen. "[566]

„Und wisset, daß der Gesandte Allahs unter euch ist. Würde er sich in so vielen Dingen nach euren Wünschen richten, würdet ihr sicher in Bedrängnis kommen; jedoch Allah hat euch den Glauben lieb gemacht und sehr begehrenswert für eure Herzen; und Er hat euch Unglauben, Widersetzlichkeit und Ungehorsam

---

[564] Koran 91 7-10 http://islamische-
datenbank.de/option,com_quran/action,viewayat/surano,91/
[565] Koran 27-30 http://islamische-
datenbank.de/option,com_quran/action,viewayat/surano,89/min,20/show,10/
[566] Koran 28; 83 www.islamische-datenbank.de

verabscheuenswert gemacht. – Das sind jene, die der rechten Bahn folgen. "[567]

„Sind sie es, die die Barmherzigkeit deines Herrn zu verteilen haben? Wir Selbst verteilen unter ihnen ihren Lebensunterhalt im irdischen Leben, und Wir erhöhen einige von ihnen über die anderen im Rang, auf daß die einen die anderen in den Dienst nehmen mögen. Und die Barmherzigkeit deines Herrn ist besser als das, was sie anhäufen".[568]

5) Nefs-i Radiye – die mit Gott einverstandene Seele
Diese ist die Stufe der völligen Zufriedenheit des Menschen mit sich selbst und mit Gott. Auf dieser Stufe ist der Mensch einerseits in sich selbst in Harmonie und in Frieden, und andererseits auch Gott, der Schöpfer und einzige wirkliche Sinngeber des Menschen zufrieden mit ihm. Diese Stufe zu erreichen ist das eigentliche Ziel jedes Menschen, der nach Gottes Wohlgefallen (arab.: Ridha) strebt. Auf dieser Stufe ist es der Geist (arab.: Ar-Ruh), der im Menschen in Gottergebenheit regiert, während das Ego auf seine selbsterhaltenden und auch auf die Selbsterkenntnis ausgerichteten Aufgaben reduziert und zurechtgewiesen wurde.

Diese Seele akzeptiert alles Gute und Schlechte, was von Gott kommt, als Prüfung und gibt sich völlig seinem Schicksal hin. Die Zikr ist „Hayy" (der Ewiglebende, der Lebendige).

Um diesen Rang am besten zu beschreiben, gibt es eine Geschichte dazu. Ein Mann muss mit seiner Frau und seinen zwei Söhnen von einer Stadt in die andere Stadt zu Fuß durch die Wüste gehen. Während der Reise tritt der Mann auf eine Pflanze mit Dornen, die, wie es sich im Nachhinein herausgestellt hat,

---

[567] Koran 49; 7 www.islamische-datenbank.de
[568] Koran 43; 32 www.islamische-datenbank.de

giftig war. Denn nach einigen Tagen Wanderschaft ist sein Bein zunehmend angeschwollen. Als er an seinem Ziel angekommen ist, kann er endlich einen Arzt aufsuchen, der feststellen muss, dass das Bein völlig abgestorben ist und amputiert werden muss. Anstatt sein verlorenes Bein zu beklagen betet er zu Gott: „Lieber Gott, danke, dass du mir das andere Bein gesund erhalten hast." Während er im Bett liegt, ist auch eins seiner Kinder verstorben, aber man hat es ihm zunächst nicht gesagt. Irgendwann hat man ihm dann doch sagen müssen, dass sein Kind verstorben ist. Anstatt sein Kind zu beklagen, hebt der Mann seine Hände und bedankte sich bei Gott, dass Er ihm sein zweites Kind verschont hat.

Diejenigen aber, die glauben und gute Werke tun – Wir belasten keine Seele über ihr Vermögen hinaus –, sie sind die Bewohner des paradieses; darin sollen sie auf ewig verweilen.[569]

6) Nefs-i Merdiyye – die von Gott akzeptierte Seele
Diese Seele weiß, dass Gott mit ihm völlig einverstanden ist, und fühlt sich geborgen. Das ist der Rang der Weisen. Er ist äußerlich ein Mensch wie jeder andere, aber aufgrund seines Wissens kann er die Wahrheit erkennen. Er gibt sein Wissen an die Menschheit weiter. Er ist dem göttlichen Wissen sehr nahe. Er sieht und weiß alles mit seiner Seele. Wenn er eine Botschaft hat, dann weiß er, wie er seine Stimme auch in die weite Ferne bringen kann. Die Farbe der Aura ist weiß und der Zikr ist „Kayyum" (der Ewige, der sich selbst erhaltene).

„Keiner wird sterben ohne Allahs Erlaubnis; (denn dies geschieht) gemäß einer zeitlichen Vorherbestimmung. Und dem, der den Lohn der Welt begehrt, geben Wir davon, und dem, der

---

[569] Koran 7; 42 www.islamische-datenbank.de

den Lohn des Jenseits begehrt, geben Wir davon; wahrlich, Wir werden die Dankbaren belohnen. "[570]

"(Er ist) der Erhabene über alle Rangstufen, der Herr des Thrones! Nach Seinem Geheiß sendet Er das offenbarte Wort demjenigen Seiner Diener, dem Er will, auf daß er vor dem Tag der Begegnung warne. "[571]

"O ihr, die ihr glaubt, wenn in Versammlungen zu euch gesagt wird: "Macht Platz!" – dann macht Platz; Allah wird ausgiebig Platz für euch machen. Und wenn gesagt wird: "Erhebt euch!" - dann erhebt euch; Allah wird die unter euch, die gläubig sind, und die, denen Wissen gegeben wurde, um Rangstufen erhöhen. Und Allah ist dessen wohl kundig, was ihr tut. "[572]

"und begehre die Nähe deines Herrn. "[573]

"Jede Seele wird den Tod kosten, und euch wird euer Lohn am Tag der Auferstehung vollständig gegeben; und wer da vom Feuer ferngehalten und ins Paradies geführt wird, der soll glücklich sein. Und das irdische Leben ist nichts als ein trügerischer Nießbrauch. "[574]

7) Nefs-i Kamil (insanil kamil) – die vollkommene Seele

Das Ego dieser Seele ist völlig bereinigt und hat sich aufgelöst, die Seele ist so, wie sie von Gott eingehaucht wurde. Sie hat ihr Ziel erreicht. Die Seelen, die sich hier befinden, sind die engsten Freunde des Schöpfers. Sie sind die Bewusstheit. Sie sind in ständiger Rezitation und auch in ständiger Verbindung mit

---

[570] Koran 3; 145 www.islamische-datenbank.de
[571] Koran 40; 15 www.islamische-datenbank.de
[572] Koran 58; 11 www.islamische-datenbank.de
[573] Koran 94; 8 www.islamische-datenbank.de
[574] Koran 3; 185 www.islamische-datenbank.de

ihrem Schöpfer. Sie haben alle zuvor genannten positiven Eigenschaften. Gott kann durch diese Seelen das Gute oder die Ermahnung in die Welt tragen. Das. was diese Menschen wollen, ist der Wille Gottes. Daher haben sie keine Skrupel. ihre Umwelt zu ermahnen oder zu kritisieren. Durch sie lässt der Schöpfer Menschen Gaben zukommen oder beschützt sie vor Gefahren. Sie betrachten alles, was Gottes Werk ist, mit Barmherzigkeit und Güte. Sie sind glücklich mit allem, was ihnen zukommt. Sie schauen über die Fehler ihrer Mitmenschen hinweg, plädieren für das Gute und bewahren sie vor dem Bösen und Schlechten. Daher hat diese Seele keine Farbe und ist in Licht aufgegangen. Das Zikr ist „Kahhar" (der Unterwerfer, der Allmächtige, der Bezwinger, der Allgegenwärtige, der Unbesiegbare).

Und wenn wir diese Stufen der Seele als die Stufen zum Paradies beschreiben, so dürfen wir nicht vergessen, dass die höchste Stufe der Garten Eden ist, der nach Überlieferungen von Gott allein erschaffen wurde und dessen Schönheit mit nichts zu vergleichen ist. *„Gärten von Eden! Sie werden sie betreten. Geschmückt werden sie darin sein mit Armspangen aus Gold und Perlen, und ihre Kleidung darin wird aus Seide sein."*[575]

„Beim Stern[576]*, wenn er heruntersaust! Euer Gefährte ist weder verwirrt, noch befindet er sich im Unrecht, noch spricht er aus Begierde. Vielmehr ist es eine Offenbarung, die (ihm) eingegeben wird. Gelehrt hat ihn einer, der über starke Macht verfügt , dessen Macht sich auf alles erstreckt; darum stand er aufrecht da , als er am obersten Horizont war."*[577]

---

575 Koran 35; 33 http://islamische-datenbank.de/Quran-al-Kareem/
576 Gemäß der Mystikerin Cemalnur Sargut aus ihrem Werk „Höre" Verlag Nefes, Ausgabe 13, S. 79, ist mit dem Stern der Prophet Mohammed gemeint.
577 Koran 53; 1-7 www.islamische-datenbank.de

„Bevor der Verstand sich entschließt, einen Schritt zu tun, hat die Liebe den siebenten Himmel erreicht." (Rumi)

„Und Er ist es, Der euch zu Nachfolgern auf der Erde machte und die einen von euch über die anderen um Rangstufen erhöhte, um euch durch das zu prüfen, was Er euch gegeben hat. Wahrlich, dein Herr ist schnell im Strafen; und wahrlich, Er ist Allvergebend, Barmherzig. "[578]

„Dies sind die Gesandten. Wir haben einigen von ihnen den Vorrang über andere gegeben. Unter ihnen sind welche, zu denen Allah gesprochen hat, und einige, die Er um RangStufen erhöht hat. Und Wir gaben Jesus, dem Sohn Marias, die klaren Beweise und unterstützten ihn durch heilige Eingebung, und wenn Allah es so gewollt hätte, dann hätten sich diejenigen, die nach ihnen kamen, nicht gegenseitig bekämpft, nachdem klare Beweise zu ihnen gekommen waren. Sie wurden jedoch uneins. Die einen von ihnen waren gläubig, die anderen ungläubig. Wenn Allah es so gewollt hätte, dann hätten sie sich nicht gegenseitig bekämpft. Doch Allah tut, was Er will. "[579]

„Du wirst die Frevler in Furcht sehen wegen dem, was sie begangen haben, und es wird sicherlich auf sie hereinbrechen. Jene aber, die glauben und gute Werke tun, werden in den Paradiesgärten sein. Sie sollen bei ihrem Herrn alles finden, was sie begehren. Das ist die große Huld. "[580]

„Und Wir wollen alles hinwegräumen, was an Groll in ihren Herzen sein mag. Unter ihnen sollen Bäche fließen. Und sie werden sagen: „Alles Lob gebührt Allah, Der uns zu diesem (Paradies) geleitet hat! Wir hätten den Weg nicht zu finden ver-

---

[578] Koran 6; 165 www.islamische-datenbank.de
[579] Koran 2; 253 www.islamische-datenbank.de
[580] Koran 42; 22 www.islamische-datenbank.de

mocht, wenn Allah uns nicht geleitet hätte. Die Gesandten unseres Herrn haben in der Tat die Wahrheit gebracht." Und es soll ihnen zugerufen werden: „Das ist das Paradies, das euch zum Erbe gegeben wird für das, was ihr getan habt."[581]

„Allah hat von den Gläubigen ihr Leben und ihr Gut für das Paradies erkauft: Sie kämpfen für Allahs Sache, sie töten und werden getötet; eine Verheißung – bindend für Ihn – in der Thora und im Evangelium und im Qur'an. Und wer hält seine Verheißung getreuer als Allah? So freut euch eures Handels, den ihr mit Ihm abgeschlossen habt; denn dies ist wahrlich die große Glückseligkeit."[583]

„(Dies ist) die Beschreibung des Paradieses, das den Gottesfürchtigen versprochen worden ist: Bäche durchfließen es; seine Früchte wie sein Schatten sind immerwährend. Das ist der Lohn derer, die gottesfürchtig sind; und der Lohn der Ungläubigen ist das Feuer."[585]

„Und jene, die glauben und gute Werke tun, beherbergen Wir in den oberen Gemächern des Paradieses, durch das Bäche fließen.,

„Da erhörte sie ihr Herr (und sprach): „Seht, Ich lasse kein Werk der Wirkenden unter euch verlorengehen, sei es von Mann oder Frau; die einen von euch sind von den anderen. Und diejenigen, die da auswanderten und aus ihren Häusern vertrieben wurden und auf Meinem Weg litten und kämpften und fielen - wahrlich, tilgen will Ich ihre Missetaten, und wahrlich, führen will Ich sie in Gärten, durch die Bäche eilen, als Lohn von Allah." Und bei Allah ist die beste Belohnung."[590]

---

[581] Koran 7; 43 www.islamische-datenbank.de
[583] Koran 9; 111 www.islamische-datenbank.de
[585] Koran 13; 35 www.islamische-datenbank.de
[590] Koran 3; 195 www.islamische-datenbank.de

Auf der Suche nach den Attributen Allahs in den Himmeln, auf Erden und in uns selbst können wir erst die schönsten Gottesnamen begreifen und rezitieren. Die schönen Namen Allahs sind der Beweis für die Existenz Allahs – sie beschreiben die Welt – und je nachdem, wie aufrichtig wir sind, werden wir Seelentrost finden, je nachdem, wie sehr wir zweifeln, Gewissheit erlangen, und je nachdem, wie unwissend wir sind, Kenntnis erlangen. Der Geizige wird großzügig, Tyrannen werden das Haupt beugen, die Glut im Herzen der Missgünstigen wird erlöschen.

Gott ist „undefinierbar", aber durch die 99 Attribute, die Ihm zugeschrieben werden, reflektiert sich Allah in den meditierenden Menschen. Somit kann der Mensch Allah erkennen, obwohl Er über diesen Eigenschaften steht. Es sind nur Namen, aber wichtig für diejenigen, die ihren Schöpfer erkennen wollen.

Wenn die Seele eines Menschen noch nicht so entwickelt ist und sich auf den ersten beiden Stufen befindet und ein Mensch, der auf den übrigen Stufen befindet seine Weisheiten weitergibt, dann wird es mit Sicherheit passieren, dass der Mensch auf der unteren Stufe den anderen als hirnlos, realitätsfremd und krank bezeichnet. Er kann nichts mit den Worten und Taten des anderen anfangen.

Daher heißt es auch „sie haben Ohren, aber hören nichts …" Ein Mensch in den untersten Ebenen wird auch niemals einen anderen verstehen, der seine Zeit, sein Geld und andere Dinge im Namen Gottes aufopfert wie die Zakat als Almosen. Wenn Krankheiten und Schicksalsschläge als von Gott gegeben akzeptiert werden oder so kommuniziert werden, wird der Mensch auf der untersten Ebene diesen Menschen als unterwürfig und primitiv sehen. Solche Menschen sehen in Abraham auch einen Verrückten, weil er seinen Sohn für Gott opfern wollte, da er es Ihm so versprochen hatte (Koran 37; 100-109) Das ist ein Verhalten, das der durchschnittliche Mensch nie verstehen kann und wird, weil er die Leichtigkeit und das Vertrauen nicht kennt, was zu den Eigenschaften der Menschen auf den oberen Stufen gehört. Die meisten Menschen bleiben in den unteren beiden Stufen stecken. Sie sind oft mit denselben Problemen und Auseinandersetzungen beschäftigt, weil sie es nicht schaffen, sich von diesen Dingen zu lösen. Dabei wäre Bewusstheit der Ausweg aus diesem Teufelskreis. Ab der dritten Stufe fängt die metaphysische Ebene an. Das ist eine Dimension, in die die „unbewussten Menschen sich nicht hineinversetzen können.

Da die Liebe, Freude, Freiheit, Glück, Dankbarkeit, Zufriedenheit, Vertrauen etc. hochschwingende Gefühle sind, können die Menschen auf den unteren Stufen diese Gefühle nicht haben. Sie versuchen ihre Freude, Freiheit oder Glück, in weltlichen Dingen zu finden, aber werden immer wieder enttäuscht. Das, was sie Liebe nennen, ist eigentlich Besitzgier oder das Jemand-Haben-Wollen, was oft am Ende mit einer Enttäuschung und Leid endet. Liebe fängt mit einer Leidenschaft an, ob daraus später wirklich Liebe wird, ist schwer. Es gibt aber auch Beziehungen solcher Menschen, die funktionieren, weil man sich an etwas festhält, was für einen wichtig ist. Entweder ist es u.a. ein gemeinsames Haus zu bauen oder es ist die gemeinsame Leidenschaft für Teures und Luxuriöses. Solche Menschen suchen sich ihre Partner nach der Attraktivität, nach der gesellschaftlichen Stellung oder nach dem finanziellen Status aus und nennen es Liebe, wobei das gewiss keine Liebe ist, denn sobald diese Dinge wegfallen, ist auch die Liebe dahin. Wenn diesen Menschen Gaben zukommen, weil Gott so großzügig und barmherzig ist, dann sehen sie nicht diese Chance, die ihnen gegeben wird. Sie lehnen es sogar ab, weil sie den Wert dieser Gabe nicht erkennen. Wenn also ein Mensch, der auf der untersten Ebene der Schwingungsstufe schwebt z.B. einem besonderen Menschen begegnet, dann wird er diesen Menschen enttäuschen und ihn nicht schätzen können, weil ihm der Wert dieses Menschen nicht bewusst ist. Er sieht die Geschenke des Lebens, die ihm geschickt werden. Er ist in allen Dingen und Situationen unbewusst. Der Kampf gegen diese Unbewusstheit, also gegen sein Ego, und der Versuch, die Seele zu reinigen, ist der Heilige Kampf (Djihad, Cihad) oder, wie oft falsch übersetzt, der Heilige Krieg. Der Heilige Kampf ist ein Gebot im Islam, d.h. jeder Moslem muss diesen Kampf kämpfen und hat nichts mit irgendwelchen Kriegen zu tun.

„Wo die Liebe erwacht, stirbt das Ich, der dunkle Despot." Zitat von Rumi[591]

Menschen auf den oberen Stufen ab Stufe 3 werden von ihrer Umwelt oft als seltsam, realitätsfremd und komisch empfunden, weil sie eine Sicht auf die Dinge in der Welt von einer anderen Dimension haben. Sie bewegen sich auf der metaphysischen Ebene, zu der die beiden unteren Stufen kaum Zugang haben und für das sie auch kein Verständnis haben. Sie sind besonders, weil sie alles anders wahrnehmen als der durchschnittliche Mensch, und daher sind sie besonders erfolgreich in Musik, Kunst, Wissenschaft etc. wobei ihnen Erfolg oft gar nicht wichtig ist. Sie können aufgrund ihrer Ausstrahlung Menschen für sich schnell gewinnen und für sich begeistern. Sie sind erfolgreich in allem, was sie tun, weil sie dabei die Bewusstheit selbst sind und Energie in die Arbeit stecken, die so viel Macht und Bewegung auslöst, dass sie selber das nicht wahrnehmen können. Wenn sie Fußballer sind, dann sind sie besonders erfolgreich, weil sie ein Tor nicht in Hektik, sondern in der Ruhe selbst schießen. Sie fällen wichtige geschäftliche Entscheidungen und sind dabei erfolgreich, weil sie die Entscheidungen mit Bewusstheit, Vertrauen, Gelassenheit und mit voller Energie fällen. Es heißt nicht umsonst „in der Ruhe liegt die Kraft".

---

[591] http://www.aphorismen.de/suche?f_autor=3231_Dschelal+ed-Din+Rumi

Auf der obersten Stufe der insanil-kamil gehören Persönlichkeiten u.a. wie Jesus und der Prophet Mohammed. Daher waren sie in der Lage, Segen zu bringen. Z.B. konnte Jesus mit etwas Brot tausende Menschen sattessen lassen. Der Prophet Mohammed hat mit einigen wenigen Datteln ein Heer von 70 Soldaten sattmachen können.

„Und als Moses für sein Volk um Wasser bat, da sagten Wir: „Schlag mit deinem Stock auf den Felsen." Da sprudelten aus ihm zwölf Quellen heraus. So kannte jeder Stamm seine Trinkstelle. „Esset und trinkt von dem, was Allah euch gegeben hat, und richtet auf Erden kein Unheil an."[592]

„Sie machten für ihn, was er begehrte: Paläste und Bildwerke, Becken wie Teiche und feststehende Kochbottiche: „Wirkt ihr vom Hause Davids in Dankbarkeit." Und nur wenige von Meinen Dienern sind dankbar."[593]

„Wer da Erhabenheit begehrt (, der wisse), daß alle Erhabenheit Allah gehört. Zu Ihm steigt das gute Wort empor, und rechtschaffenes Werk wird es hochtreiben lassen. Und diejenigen, die Böses planen – für sie ist eine strenge Strafe (bestimmt); und ihr Planen wird unwirksam sein."[594]

Es wird berichtet, dass Jesus eine Himmelfahrt gemacht hat wie auch der Prophet Mohammed, d.h., sie waren in der Lage, ihren irdischen Körper zu verlassen, und gingen in andere Dimensionen. Dass Jesus z.B. über Wasser gelaufen ist, ist ein Zeichen dafür, dass er auf der höchsten Stufe der Bewusstheit angekommen ist, weil er in der Lage war, die Materie zu überwinden. Es

---

[592] Koran 2; 60 http://islamische-datenbank.de/index.php?option=com_quran&action=search&text=Allah&min=10&show=10
[593] Koran 34; 13 www.islamische-datenbank.de
[594] Koran 35; 10 www.islamische-datenbank.de

heißt, dass heute in Tibet Mönche in der Lage sind zu schweben. Wenn die Menschen ihr Bewusstsein weiterentwickeln, dann wird es in der Zukunft vieles möglich sein, was wir uns heute noch nicht vorstellen können.

Es gibt Menschen, die so weit erwacht sind, dass sie sich auf den unteren Entwicklungsstufen nicht mehr wohl fühlen, weil sie eine viel größere Möglichkeit in sich spüren und somit aufgeschlossen für Belehrung sind. Diese Menschen können sich durch bestimmte Methoden schneller und viel höher entwickeln, als wenn sie auf dem natürlichen Wege einfach abwarten, dass sie sich durch die alltäglichen Kämpfe des Lebens automatisch höher entwickeln. Dabei entstehen Widerstände der Nerven, die den Menschen zu einem höheren Bewusstsein führen. D.h. ein Mensch kann nur so weit kommen, wie die äußerste Entwicklungsstufe seines Körpers, also seines Nervensystems, reicht. Man bedenke, der Mensch muss den Niedergang erleben, damit er hochsteigen will. Die beschleunigte Entwicklung kann durch bewusste geistige und körperliche Übungen (unter anderen durch Gebetsablauf im Islam und Yoga als Form von Meditation) möglich sein. Was ein Mensch aushalten kann oder ertragen kann, ahnt man zunächst gar nicht. In den entsetzlichen Prüfungen des Lebens wie im Krieg oder Naturkatastrophen offenbaren wir ungeahnte Fähigkeiten und Möglichkeiten und die unvorstellbare Widerstandskraft des Menschen. Man bedenke, welches Leid wir ertragen haben, als wir erkennen mussten, dass unsere erste große Liebe für uns warum auch immer unerreichbar geworden ist.

Ist nun das Ego nur schlecht? Wir dürfen nicht vergessen, wir erkennen das Gute nur dann, wenn wir das Böse erkannt haben. Das eine geht nicht ohne das andere. Von daher muss man das Ego und Satan auch von einem anderen Blickwinkel betrachten.

Auch Satan wurde von Gott erschaffen und dient Gott, indem er Menschen hilft, Gott zu erkennen:

„Mit Blick auf das Ego als ein Mittel zur Selbsterkenntnis sollte angemerkt werden, dass das Ego nicht nur als ein durchweg negatives Element zu begreifen ist, das es ausschließlich abzutöten und mundtot zu machen gilt. Schließlich hat das Nafs wie alles Geschaffene auch einen Sinn. Zum einen kommt ihm die Aufgabe zu, dass es den Muslim dazu befähigt, sich im Rahmen der Gebote Allahs neben sinnlichen auch an körperlichen Genüssen erfreuen zu können, wobei man dafür sogar Lohn erhält. Ein weiterer interessanter Aspekt des Egos besteht darin, dass es dem Menschen sogar dazu dienen kann, eine Vielzahl der Namen Allahs zu begreifen. Als Beispiel sei hier Sein Name „Al-Malik“ angeführt. Al-Malik könnte als „der absolute Herrscher“, „der absolut souverän über Sein Eigentum, und damit über Alles Verfügende“ übersetzt werden. Um den Namen Al-Malik zu begreifen, wurde dem Menschen durch sein Ego die Möglichkeit gegeben zu erfahren, was Eigentum überhaupt ist. Denn erst durch die Existenz eines „Ich“ ist der Mensch überhaupt dazu in der Lage, dass er sagt: „Dies ist mein, es gehört mir!“, um damit einen Gegenstand zu seinem Eigentum zu erklären. Ohne ein Nafs wäre er also gar nicht befähigt, bestimmte Dinge seinem „Ich“ und damit seiner Person zuzuordnen. Nun ist es eben diese Eigenschaft des Nafs, die den Menschen unter Verwendung seiner Ratio und seines Herzens erkennen lässt, welch armselige Besitztümer er doch für sein Eigen erklären kann, und zwar im Vergleich zu seinem Schöpfer, dem der Kosmos, die Menschen und all ihre Besitztümer selbst gehören. So kann der Mensch über sein Ego z.B. den Namen „Al-Malik“ und damit die Großartigkeit und absolute Souveränität Allahs (t) begreifen.“[595]

---

[595] http://www.ahlu-sunnah.com/threads/25066-Die-Triebseele-(an-Nafs)-und-die-Stufen-ihrer-Erziehung Auszug aus „Das Menschen- und Seelenbild im Islam oder Grundzüge einer islamisch-pädagogischen Psychologie von Dr. Samir Suleiman und Dipl. Psychologin Chawla Muhammad“

„Uns aber hat es Gott offenbart durch seinen Geist; denn der Geist erforscht alle Dinge, auch die Tiefen der Gottheit. Denn welcher Mensch weiß, was im Menschen ist, als allein der Geist des Menschen, der in ihm ist? So weiß auch niemand, was in Gott ist, als allein der Geist Gottes. Wir aber haben nicht empfangen den Geist der Welt, sondern den Geist aus Gott, dass wir wissen können, was uns von Gott geschenkt ist. Und davon reden wir auch nicht mit Worten, wie sie menschliche Weisheit lehren kann, sondern mit Worten, die der Geist lehrt, und deuten geistliche Dinge für geistliche Menschen. Der natürliche Mensch aber vernimmt nichts vom Geist Gottes; es ist ihm eine Torheit und er kann es nicht erkennen; denn es muss geistlich beurteilt werden. Der geistliche Mensch aber beurteilt alles und wird doch selber von niemandem beurteilt. "[596]

„Wir gaben Moses fürwahr das Buch und ließen Gesandte folgen in seinen Fußstapfen; und Jesus, dem Sohn der Maria, gaben Wir offenkundige Zeichen und stärkten ihn mit dem Geiste der Heiligkeit. Wollt ihr denn, jedesmal da ein Bote zu euch kommt mit dem, was ihr selbst nicht wünschet, hoffärtig sein und einige als Lügner behandeln und andere erschlagen? "[597]

Damit ist gemeint, dass, wenn wir nicht Mensch wären, wir nicht wissen könnten, was in dem Menschen ist. Wenn wir nicht den Teil Gottes in uns trügen, dann würden wir auch nie wissen können, dass es einen Gott gibt und was Gott ist. Dadurch, dass wir den Geist Gottes empfangen haben und ihn in uns bewusst gemacht haben, so wissen wir auch über göttliche Dinge Bescheid. Wir haben Zugang zum Allwissen. Der unbewusste Mensch aber weiß noch nicht, was hinter seinem Bewusstsein ist, so sieht er geistige Wahrheiten als Torheit. Diese Weisheit

---

[596] Bibel 1. Kor. 10-15
[597] Koran 2; 87 http://www.kuran.gen.tr/?x=s_main&y=s_middle&kid=7&sid=2

müssen auch die alten Ägypter gehabt haben. Es gibt im Grab von Ramses eine Wandmalerei, die Ramses in kleiner Abbildung vor einem großen Ramses zeigt.

Wir müssen uns immer vergewissern, dass alle Lebewesen alles was existiert durch Gott lebt und alles Gott ist also in der Einheit zusammengehört. Daher steht im Koran immer wieder, dass es einen Gott gibt. Alsob der Koran den Menschen immer wieder klar machen will, dass wir alle eins sind und es keinen Sinn macht einander wegen der Hautfarbe, Religion, Meinung zu verurteilen oder sich von anderen abheben zu wollen oder zu differenzieren. Wir mögen andere Augenfarben haben oder eine andere Hautfarbe, aber dennoch sind wir am Ende in der Einheit eins miteinander. Wenn ein Blatt nicht ohne Seinen Willen vom Baum fällt, dann ist es kein Zufall, dass Menschen unterschiedlich sind. Das ist nur so, weil er es so will. Wie können wir Menschen ihn dann dafür verurteilen, dass es so viele unterschiedliche Religionen, Rassen, Meinungen etc. gibt. Wie können wir sein Werk beleidigen, herabsetzen oder niedermachen.

„Allah – es gibt keinen Gott außer ihm, dem Herrn des gewaltigen Thrones."[598]

---

[598] Koran 27; 26

Und wenn Du liebst, dann geh auf die Liebe zu, auch wenn du weißt, dass du verletzt werden wirst …!

Ist es nicht so, als wären wir dafür geboren, um zu lieben? Als ob die Liebe auch eine gewisse Intelligenz hat. Wir lieben unsere Eltern, wir lieben uns, wir lieben unseren Partner und unsere Kinder, wir lieben den Erfolg, wir lieben unsere Freunde und Kollegen, wir lieben Tiere, wir lieben die Natur, wir lieben unser Vaterland, wir lieben Gott den Schöpfer und wir lieben unsere Vorbilder wie Propheten, Philosophen, Stars, Künstler etc. Was wäre ein Leben ohne Liebe?

„Besitztum und Kinder sind Schmuck des irdischen Lebens. Die bleibenden guten Werke aber sind lohnender bei deinem Herrn und hoffnungsvoller. "[599]

Unsere Eltern gehören zu den einzigen Menschen auf der Welt, die sich über unseren Erfolg ohne Hintergedanken freuen können. Wenn wir den Segen unserer Eltern haben, dann kann sich uns auf der Welt nichts mehr in den Weg stellen. Wenn wir ein Jahr alt sind, dann denken wir, dass unsere Eltern für uns alles sind. Wenn wir drei sind, können wir keine Sekunden ohne Vater und Mutter auskommen. Wenn wir sechs Jahre alt sind, dann kommen Sprüche wie „Mein Vater kann das besser als dein Vater“. Wenn wir acht sind, dann sagen wir, „ich weiß auch was“. Mit zehn sagen wir, „ich weiß viel“. Wenn wir siebzehn sind, sagen wir: „Meine Eltern sind so zurückgeblieben, ich bin besser als sie, bin sogar größer als sie.“ Mit zwanzig sagen wir: „Meine Eltern haben keine Ahnung.“ Mit 25 denken wir: „Könnten die mir doch die Freiheit lassen, ich würde so viel schaffen.“ Mit dreißig denken wir: „Eigentlich sind meine Eltern gar nicht so dumm.“ Mit 35 wissen wir, dass unsere Eltern für uns viel gemacht haben. Mit 40 sagen wir, „ich bin meinen El-

---

[599] Koran 18; 46 www.islamische-datenbank.de

tern viel schuldig". Mit 45 sagen wir „meine Eltern sind meine besten Freunde und Kumpel". Mit 50 denken wir „ich werde euch das nie zurückzahlen können, was ihr für mich getan habt". Mit 60 denken wir, „Mama und Papa, wie sehr ihr mir fehlt, ich fühle mich allein".. Diese Lebenslinie gehen wir alle durch. Der Prophet hat gesagt: „Gott verlängert einem das Leben aufgrund seiner guten Taten den Eltern gegenüber."

Wir lieben uns und wir lieben den Menschen, warum nicht? Wer sich nicht lieben kann, der denkt, dass er an sich nichts Liebenswertes hat. Kann ihn dann ein anderer Mensch lieben? Wohl kaum. Der Prophet hat gesagt: „Liebe deinen Geliebten in Maßen, da er eines Tages vielleicht von dir gehasst wird, und hasse deinen Gehassten in Maßen, da er eines Tages vielleicht von dir geliebt wird."

Der Mensch ist etwas Besonderes. *„Er ist es, Der für euch alles auf der Erde erschuf; alsdann wandte Er Sich den Himmeln zu und richtete sie zu sieben Himmeln auf; und Er ist aller (Dinge) kundig."* Die Besonderheit des Menschen liegt auch in erster Linie darin, dass er einen freien Willen hat, der ihm die Macht gibt, in einer Situation zu entscheiden – für das Göttliche oder das Satanische. Was ist denn nun göttlich und was satanisch? Um das herauszufinden kann der Mensch entweder seine Erfahrungen im Leben nutzen oder er orientiert sich nach großen Meistern und Persönlichkeiten wie Jesus, Mohammed oder sogar Buddha. Wenn wir uns dessen bewusst sind, dann würden wir alles Gute und Göttliche in uns sehen und lieben können, wir würden nur die positive Seite des Baumes der Erkenntnis in der Welt umsetzen.

Das Streben nach Erfolg ist auch eines der wichtigsten Dinge im Leben eines Menschen. Der Erfolg zeigt sich oft materiell gesehen in Geld, Vermögen und sozialer Stellung und immateriell gesehen u.a. in Wissen, Fähigkeiten und Glück. Suchen wir nicht in unserem Leben alle nach diesen Werten? Diese Dinge haben wir nur für unsere Zeit auf dieser Welt. Kein Herrscher, kein Mensch konnte diese Dinge in sein Leben nach dem Tode mitnehmen. Es kommt immer darauf an wie man an sein Geld, sein Vermögen und seine soziale Stellung gekommen ist. Wenn wir auch jede Auseinandersetzung in unserem Leben, jeden Krieg genauer unter die Lupe nehmen, dann stellen wir fest, dass ihre Gründe immer hierunter zu finden sind. Aber tragen diese Dinge nicht dazu bei, dass wir ein glücklicheres Leben führen können und somit auch viel Gutes sowohl für dieses Leben haben als auch für das Leben nach dem Tod? Wir können den materiellen Wohlstand somit auch zum Positiven nutzen. Es liegt nicht immer Gier dahinter. Es ist keine Schande, reich zu sein. Es ist für uns eine Möglichkeit einer uns gereichten Hand evtl. zu helfen. Wir sind es, die aus diesem Wohlstand etwas Gutes oder Schlechtes machen. Doch wann ist der Hang zur Materie gut. Solange wir uns nicht damit identifizieren, uns davon abhängig machen und uns daran festmachen. Aber nehmen wir das dankbar an und identifizieren uns nicht damit – d.h. wir können auch mit dem Gedanken leben, wenn wir diesen Wohlstand nicht haben, dann herrschen wir über die Materie und somit lösen wir uns von der satanischen Seite des Materialismus.

Aber warum wollen wir Liebe, Zweisamkeit, Macht, Geld, Zuneigung? Es ist so, als ob wir gezwungen sind, danach zu streben.

Wie wir in den vorherigen Ausführungen gesehen haben, ruhen in Gott die zwei Pole in einer vollkommenen Einheit als absolutes Gleichgewicht und Ruhezustand ineinander. Im Gegensatz dazu sind wir in der Welt der Gegensätze, wo Spannung und Schöpfung vorherrscht. Denn die Schöpfung beginnt in dem Moment, wenn der negative Pol aus der Einheit hinausgeschleudert wird, und dennoch nie ganz getrennt ist und ihm gegenüber steht Kraft und Widerstand gegenüber. Die beiden Pole aber sind immer miteinander verbunden, mögen sie noch so weit voneinander entfernt sein, und die Einheit besteht zwischen den beiden weiter als eine unermessliche starke, magische Spannung, die die zwei Pole ununterbrochen, ohne Unterlass, zueinander zurückzieht, um den Urzustand des Ineinanderruhens wieder zu erreichen. Alles steuert auf die Einheit zu, denn auf dieser Spannung ist die ganze Schöpfung aufgebaut, sonst wäre sie keine Schöpfung, wäre kein Leben möglich, denn diese Spannung selbst ist das Leben. Jedes Lebewesen trägt diese Pole in sich. Diese Spannung ist das Verlangen nach etwas und unter anderem auch die sexuelle Kraft, die im Bereich des Steißbeines des Menschen sitzt und von dort aus aktiv ist. Wie wir in der vorherigen Ausführungen gelesen haben, ist nach dem Judentum Eva von einer Schlange verführt worden, um vom Baum der Erkenntnis des Guten und Bösen zu essen. Die Schlange kommt nach meinen Recherchen nicht im Koran vor. Denn im Koran war es Satan, der Eva verführt hätte. Wenn wir auf die Schlange zurückkommen, dann muss nicht damit das Tier gemeint sein, sondern wenn die sexuelle Kraft am Steißbein sitzt, die Wirbelsäule, die die Form einer Schlange hat. Interessant oder?

„er macht ihnen Versprechungen und erweckt Wünsche in ihnen, und was Satan ihnen verspricht, ist Trug.“[600]

Es gibt also nur ein einziges, unteilbares, grenzenloses, unendliches Selbst, dass Gott selbst ist und wir und alle Lebewesen dieses Selbst als das innerste Wesen haben. *„Denn da Gott befahl, dass aus der Finsternis Licht wird, er selbst ist es, der in unser Herz leuchtet ...“ (Bibel: 2. Kor. 4, 6)*
Gott ist der Geist der ganzen Schöpfung und das sichtbare Weltall sein Körper. Die Menschen sind die Zellen dieses gigantischen Körpers, die das Höchste zu offenbaren fähig ist. Jedes

---

[600] Koran 4; 120 http://islamische-datenbank.de

Lebewesen trägt in seinem Unbewussten, wo es ein Ganzes ist, die Einheit des Selbst in sich. Diese Einheit offenbart sich dahingehend, dass der Mensch den unbewussten Drang hat, mit dem ganzen All, mit allen Lebewesen, wieder als eine Einheit zu verschmelzen und mit ihnen eins zu werden. Der Drang nach Einheit manifestiert sich durch die zwei großen Triebe Selbsterhaltung und Arterhaltung. Beim Selbsterhaltungstrieb geht es darum, dass die größeren Lebewesen die kleineren aus Drang nach Einheit verschlingen. Dadurch werden die Geschöpfe auch ernährt, aber sie tun es auch, ohne Hunger zu haben, z.B. wenn man Katzen beobachtet, die eine Menge Mäuse bereits gefressen hatten, dennoch mit leidenschaftlicher Gier nach weiteren Mäusen greifen, auch wenn sie nicht hungrig sein dürften. Damit steckt hinter der Fressgier eine größere Kraft, nämlich der Drang nach Einheit. Die Lebewesen haben den Drang, auch ohne Geschlechtsverkehr mit anderen eins zu werden, indem sie sie in den Mund nehmen, essen und verschlingen. Die Tiere fressen sich regelrecht auf, wir tun es auch, aber kochen und braten diese vorher. Kleinkinder nehmen auch ohne sexuellen Drang alles in den Mund. „Ich liebe dich so sehr, dass ich dich auffressen könnte" kommt nicht von ungefähr. Das ist unbewusster Drang nach Einheit und auch das Zusammenpressen von Energien.

Bei dem Arterhaltungstrieb offenbaren Lebewesen ihren Drang nach Einheit, indem sie die Einheit Gottes mit Hilfe der Geschlechtsorgane nachahmen. Man bedenke, dass in der Tierwelt Spinnen ihre Männchen nach dem Geschlechtsakt auffressen. Das ist die Weisheit Gottes, ein System zu errichten, indem der Drang, die Einheit Gottes zu verwirklichen, durch beide Triebe die Lebewesen zwingt, einerseits das Leben zu erhalten, indem sie ihren Körper ernähren und andererseits essen, um neue Lebewesen zu zeugen. Ein interessantes Phänomen zu der Zerstörung der Materie sind die Schwarzen Löcher. „Ein Schwarzes Loch ist ein astronomisches Objekt, dessen Gravitation so extrem stark ist, dass aus diesem Raumbereich nichts – auch kein Lichtsignal – nach außen gelangen kann. Nach der Allgemeinen Relativitätstheorie verformt eine ausreichend kompakte Masse die Raumzeit so stark, dass sich ein Schwarzes Loch bildet. Der Begriff „Schwarzes Loch" wurde 1967 durch John Archibald Wheeler etabliert (nicht aber erfunden, wie oft behauptet). Er verweist auf den Umstand, dass sich im Außenraum von hinreichend kompakten Massen oder Energieanhäufungen ein durch den Ereignishorizont charakterisiertes Raumgebiet bildet, in das Materie nur hineinfallen, aber nicht wieder hinausgelangen kann („Loch") und das insbesondere auch eine elektromagnetische Welle, wie etwa sichtbares Licht, niemals verlassen kann (daher „schwarz")."[601]

Auf der geistigen Ebene gibt es also keine geschlechtliche Trennung, wo die zwei Pole der Schöpfung, der positive und negative, der gebende und nehmende, die Kraft und der Widerstand, in vollkommenem Gleichgewicht ineinander ruhen.
Die materielle Welt, also die Schöpfung, ist nichts anderes als dass der negative Pol aus der Einheit geschleudert wird. Das Gesetz der Materie ist Luzifer/Satan, also eine Schöpfung Gottes.[602] Die Einheit zwischen beiden Polen offenbart sich als eine Spannung, die beide Pole zu- und ineinander zieht. Die körperlich geschlechtliche Einheit spiegelt lediglich die Einheit wider. Die Zielerfüllung ist aber in der materiellen Welt nicht möglich, da die Materie isoliert und die Pole voneinander fernhält. Die Geschlechter versuchen, sich zu vereinigen, aber fallen dann doch wieder auseinander, immer und immer wieder. Der Mensch aber ist in der Lage die Vereinigung der Pole in sich selbst als einen rein geistigen Bewusstseinszustand zu erleben, auch wenn sein Körper nach den heutigen Gesetzen der Natur nur ein Geschlecht offenbart, wenn er gesund ist. Lediglich in

---

[601]Quelle: http://de.wikipedia.org/wiki/Schwarzes_Loch
[602] Nachfolgender Text stammt aus: Yoga und Sex von Elisabeth Haich, ab S. 26 ff

der materiellen Ebene sind die Geschlechter getrennt. Der Körper offenbart nur einen Teil der Ganzheit und versucht die Einheit nicht nach innen, wie im Geiste, sondern nach außen, mit einem außenstehenden, zu einem anderen Wesen gehörenden Körper wieder herzustellen. Somit entsteht der schöpferische, lebensspendende Zeugungsakt. Satan, also das Gesetz der materiellen Welt, trennt die zwei Geschlechter voneinander und versucht diese nicht durch den Geist nach innen, sondern durch den Körper nach außen zu vereinigen. Satan treibt somit die Geschlechter wie Sklaven in die Unendlichkeit äußerlich zueinander, ohne dass sie sich in ihrer inneren ursprünglichen göttlichen Einheit erreichen können. Das Gesetz der materiellen Welt ist die Trennung, die Isolation, die Welt des Guten und Bösen, des Gebenden und Nehmenden. Ziel ist es aber mit unserem Bewusstsein aus der Welt der Endlichkeit, wo unser Körper hingehört, in die Welt der Unendlichkeit, wohin unser Selbst gehört, hinzugelangen. Nur in seinem Bewusstsein kann der Mensch die beiden Pole vereinigen. Gelangen wir auf den höchsten, geistigen Bewusstseinszustand, so erleben wir den Drang nach der inneren, göttlichen Einheit und nach deren Erfüllung als ein sehr merkwürdiges Gefühl.

„Unser Herr, Du umfassest alle Dinge mit Barmherzigkeit und Wissen. Vergib darum denen, die bereuen und Deinem Wege folgen; und bewahre sie vor der Strafe der Hölle. Unser Herr, lasse sie eintreten in die Gärten der Ewigkeit, die Du ihnen verheißen hast, wie auch jene ihrer Väter und ihrer Frauen und ihrer Kinder, die rechtschaffen sind. Gewiß, Du bist der Allmächtige, der Allweise. ...“[603]

Jeder Durchschnittsmensch findet es nicht merkwürdig, weil sie es alle kennen und in sich haben oder weil sie wenigstens den Wunsch haben, es von anderen zu bekommen, in sich tragen. Sie

---

[603] Koran 40; 7-9 http://kuran.gen.tr/?x=s_main&y=s_middle&kid=7&sid=40

haben sich so sehr daran gewöhnt, dass sie es für selbstverständlich halten und gar nicht darüber nachdenken, dass dieses Gefühl nicht selbstverständlich ist, sondern eher merkwürdig. Die unbewussten Menschen bzw. die Menschen, die dieses Gefühl noch nicht bewusst gemacht haben, sind aus diesem Grund unfähig, zu verstehen, was und wie es ist. Dieses merkwürdige Gefühl hat mit dem Körper nichts zu tun. Wir nennen es Liebe aber eher die universelle Liebe (göttliche Liebe9. Um Klarheit zu schaffen, wird in der sufistischen Literatur das Wort „Ask" (im türkischen, gelesen „Aschk") dafür verwandt. Wobei die Übersetzung für „Ask" im Deutschen sowohl Liebe als auch Leidenschaft ist, wenn man das Wort „Sevgi", welches wirklich Liebe bedeutet, davon abgrenzen würde. Leidenschaft aber ist eher mit Besitzgier, Verlangen gleichzusetzen, was in diesem Kontext nicht passen würde. Denn jede Begierde endet mit Leid.

D.h. die universelle Liebe, ist mit „As(ch)k" gleichzusetzen, um die Literatur von Muhammed Celalleddin Rumi (auch bekannt als Mevlana oder Rumi) besser zu verstehen.
Das Verständnis eines jeden Menschen für diese universelle Liebe ist eine andere je nachdem, auf welcher Bewusstseinsstufe er sich befindet. Die Liebe wird als „Wärme" empfunden, auch wenn wir sie nicht mit dem Thermometer messen können. Diese Wärme strahlen wir aus, ohne Absicht, auch wenn sie unsichtbar, unmessbar und unbeweisbar sind. Dennoch fühlen wir diese Ausstrahlung der Liebe aus uns und auch aus anderen Lebewesen so deutlich, dass sie kein Mensch leugnen kann. Dieses Gefühl erhebt in uns den Wunsch, unser Wesen mit dem ganzen All oder mit etwas, was wir „lieben", zu vereinigen. „Ich bin so glücklich, dass ich die ganze Welt umarmen kann." Hier hört man den Drang nach Einheit ohne körperliche Reaktion, weil dieses Gefühl mit sexuellen Wünschen nichts zu tun hat, weil es mit dem Körper nichts zu tun hat. Es ist ein rein geistiges Gefühl, ein geistiger Zustand. Das ist ein Gefühl, als ob man mit

dem All zusammenschmelzen, in ihm aufgehen, mit ihm eins werden will. Diese rein geistige Liebe kann nur der hochstehende Mensch empfinden, der seine höheren Nerven- und Gehirnzentren aktiviert hat, somit rein geistige Hochfrequenzen zu ertragen fähig ist. Der niedrigstehende Mensch aber projiziert seine göttliche Liebe in den Körper und macht daraus eine sexuelle Attraktion. D.h auch, dass er geistige Frequenzen noch nicht ertragen kann und somit mit seinem Verstand nicht begreifen. Er kann die metaphysische Ebene nicht begreifen, weil er es noch nicht kennt. Die geistige Stufe bzw. die metaphysische Ebene zeigt nicht das, was ein Mensch weiß, denn man kann einen glänzenden Verstand haben auch ohne hohe geistige Stufe. Sie hängt auch nicht davon ab, ob ein Mensch wohltätig, großzügig, dankbar ist, denn wohltätig, großzügig, dankbar kann man auch mit dem Verstand sein, indem man einen Menschen, der voller Liebe ist, nachahmt.

„Der Verstand ist machtlos angesichts der Liebe. Liebe allein ist fähig, die Wahrheit der Liebe zu enthüllen und Liebende zu sein. Der Weg unserer Propheten ist ein Weg der Wahrheit. Wollt Ihr leben, so sterbt in Liebe. Sterbt in Liebe, wenn Ihr am Leben bleiben wollt." (Rumi)

Die geistige bzw. metaphysische Stufe zeigt sich im Reichtum der Liebe, die ein Mensch in sich hat. Das nennt man auch Spiritualität. Daher gibt es im Islam die Unterscheidung zwischen Mumin und Munafiq. Diese Liebe ist die Basis dafür, dass ein Mensch all die 99 Attribute Gottes, die auch die positive Seite des Baumes der Erkenntnis des Guten und Bösen darstellen und die er im Herzen trägt, in die Welt hinaustragen kann. Er kann dieses Attribute sein, weil sie im Sein verwurzelt sind.

Maulana Dschelaleddin Rumi (1207-1273)
(in der Übersetzung von Friedrich Rückert 1819)

Zum Himmel thu' ich jede Nacht den Liebesruf,
Der Schönheit Gottes voll, mit Macht den Liebesruf.
Mir jeden Morgen Sonn' und Mond im Herzen tanzt,
Zu Sonn' und Mond thu' ich erwacht den Liebesruf.
Auf jeder Au erglänzt ein Strahl von Gottes Licht;
Ich thu' an Gottes Schöpferpracht den Liebesruf.
Die Turteltaub' im Laub, erweckt von meinem Gruß,
Thut mir entgegen girrend sacht den Liebesruf.
Dem Felsen, der zu deinem Preis mit Licht sich krönt,
Zuruf' ich, und er nimmt in Acht den Liebesruf.
Dir thu' ich für die Blum' im Feld, die schüchtern schweigt,

Fürs Würmlein, das du stumm gemacht, den Liebesruf.
Das Weltmeer preist mit Rauschen dich, doch ohne Wort;

Ich hab' in Worte ihm gebracht den Liebesruf.
Dir thu' ich als das Laub am Baum, als Tropf' im Meer,
Dir als der Edelstein im Schacht, den Liebesruf.
Ich ward in allem alles, sah in allem Gott,
Und that, von Einheitglut entfacht, den Liebesruf.[604]

„Ich versuchte, ihn zu finden am Kreuz der Christen, aber er war nicht dort. Ich ging zu den Tempeln der Hindus und zu den alten Pagoden, aber ich konnte nirgendwo eine Spur von ihm finden. Ich suchte ihn in den Bergen und Tälern, aber weder in der Höhe noch in der Tiefe sah ich mich imstande, ihn zu finden. Ich ging zur Kaaba in Mekka, aber dort war er auch nicht. Ich befragte die Gelehrten und Philosophen, aber er war jenseits ihres Verstehens. Ich prüfte mein Herz, und dort verweilte er, als ich ihn sah. Er ist nirgends sonst zu finden."[605]

---

[604] http://hwww.deutsche-liebeslyrik.de/rumi/rumi91.htm
[605] Dschelal ed-Din Rumi (1207 - 1273), auch Mevlana Dschelaluddin Rumi, persischer Mystiker und Dichter, Begründer des Sufismus, stiftete den Derwischorden der Mewlewije

Bei den unbewussten Menschen herrscht dieser Drang nach Einheit des Selbst auch, aber da sie sich mit dem Körper identifizieren, also dem Irrtum unterlegen sind, dass sie die geistige Einheit, den Drang, sich mit der ganzen Welt zu vereinigen, im Körper erleben und offenbaren wollen. Folglich werfen sich diese Menschen weg, auch wenn sie im Grunde genommen die Liebe suchen. Sie geben ihre menschliche Würde auf, verlieren und prostituieren sich. Daher sieht man Prostituierte oft mit Verachtung, insbesondere durch höherstehende Menschen. Mit Prostituierten sind nicht diejenigen gemeint, die aufgrund von Elend so tief gesunken sind, dass sie dem nachgehen. Hier sind mit Prostituierten diejenigen gemeint, die ohne Zwang des Elends sich mehr oder weniger wahllos einem jeden hinwerfen. Wenn man mit Prostituierten spricht, nimmt man oft ihr trauriges Gefühl der Verwahrlosung, der Wertlosigkeit und des hoffnungslosen Zugrundegehens, ihre tiefe Verzweiflung und Selbstverachtung wahr. Wenn man sie fragt, warum sie so leben, dann bekommt man immer die Antwort: „Ich suche doch nur ein bisschen Liebe". Dabei verraten sie damit ihre Liebe, also auch ihr Selbst, da sie es nicht aus einer inneren zwei Menschen verbindenden Zusammengehörigkeit tun.

„ ... Er sprach: „Gehet aus von hier allzumal, dieweil einer von euch des andern Feind ist! Und wenn von Mir Führung zu euch kommt, dann wird, wer Meiner Führung folgt, nicht zugrunde gehen, noch wird er elend. "[606]

„Und diejenigen, die keine (Gelegenheit) zur Ehe finden, sollen sich keusch halten, bis Allah sie aus Seiner Fülle reich macht. ... Werden sie aber (zur Prostitution) gezwungen, dann wird Allah

---

[606] Koran 20; 120-123; http://kuran.gen.tr/?x=s_main&y=s_middle&kid=7&sid=20

Wenn ein Mensch auf der niedrigen Stufe ohne innere Zuneigung, ohne Wahl, ohne dass er gegenüber seinem Partner Liebe empfindet und eine körperliche Einheit, nur als sexuelle Entladung erlebt, fällt er früher oder später in fürchterliche Angst und Leere. Diese Menschen wissen nicht, was für eine tiefgehende Verbindung eine geschlechtliche Vereinigung zwischen Mann und Weib schafft. Denn bei jeder Vereinigung nehmen Mann und Weib von dem unsichtbaren Wesen des anderen einen Teil in sich auf. Jeder Mensch hinterlässt seine Ausstrahlung da, wo er war. Man bedenke, wie viel stärker die gegenseitige Einwirkung von Menschen ist, wenn sie einen geschlechtlichen Akt erlebt haben. Wie oft sieht man Menschen, die aus welchen Gründen auch immer sich auf einen Partner einlassen, der absolut nicht zu ihnen passt und sie sich in ihrer Natur, ihren Charakter, oft in schlechter, aber auch in guter Richtung allmählich verändern, verwandeln und sich die Eigenschaften des Partners aneignen. Es herrschen zwischen zwei Menschen enorme unsichtbare Kräfte, wenn sie miteinander ein Liebesleben führen oder auch nur einmal einander sexuell begegnet sind, weil die sexuelle Kraft eben schöpferisch ist, sie ist der Mensch selbst. Auch wenn Menschen behaupten, dass manche Menschen auf sie „uninteressant" oder „unbedeutend" wirken, so tragen sie dennoch ungeahnt eine tiefe Prägung in sich über diese Menschen in ihrem Unbewusstsein. Wenn Menschen sich nur körperlich verbinden, also die Begegnung dem tierischen Selbstzweck und aus roher Sinnlichkeit stattgefunden hat, dann bindet ihre verunreinigte seelische Aura und auch die fortgesetzte unauslöschbare Erinnerung an ihre Tat sie für die Unendlichkeit miteinander. Das unsichtbare Wesen des Menschen wird nicht nur dadurch verunreinigt, wenn sie mit niedrigstehenden Men-

---

[607] Koran 24; 33 www.islamische-datenbank.de

schen, unreinen Menschen sexuellen Verkehr erleben, sondern sie wird auch dann verunreinigt, wenn sie sich auf Menschen einlassen, die zwar nicht unbedingt schlechte, charakterlose oder unreine Menschen sind. Die Menschen, die einfach aus Unwissenheit mit vielen Liebespartnern nacheinander ohne Wahl kreuz und quer sexuellen Verkehr hatten, sind ebenfalls zu meiden. Denn wenn man aus einer Palette die schönsten und reinsten Farben miteinander vermischt, dann kommt am Ende ein trostloser Schmutz heraus. Die vormals schönsten Farben verlieren ihren Charakter und man erkennt sie nicht mehr. Daher kann man Prostituierten diese typische trostlose und unreine Ausstrahlung ansehen, weil sie ihren individuellen menschlichen Charakter vollkommen verloren haben. Wenn sich noch unwissende, reine junge Menschen auf Liebesbeziehungen ohne zu überlegen einlassen, dann kann man nur erahnen, was sie damit ihrem unschuldigen und reinem Wesen antun, indem sie sich mit dem erstbesten Partner einlassen.

„Darin sind gute und schöne (Mädchen)."[608]
„(Es sind) Huris, wohlbehütet in Zelten. „[609]
„Welche der Wohltaten eures Herrn wollt ihr beide da leugnen?"[610]
„Vor ihnen haben weder Menschen noch Dschinn sie (die Mädchen) berührt."[611]

Es benötigt sehr viel Zeit, Geduld und Mühe und Liebe, bis die schlechten Eindrücke, die gesammelten seelischen Unreinheiten und das Minderwertigkeitsgefühl aus so einer jungen gebrochenen Seele zu entfernen und eine neue Selbstachtung wiederaufzubauen. Wenn die Partner durch wahllosen Geschlechtsakt aktiv sind, dann bemerken sie gar nicht, dass sie sich be-

---

[608] Koran 55; 70, 73-74 http://islamische-datenbank.de
[609] Koran 55; 72 http://islamische-datenbank.de
[610] Koran 55; 73 http://islamische-datenbank.de
[611] Koran 55; 74 http://islamische-datenbank.de

schmutzt und verwahrlost fühlen und diese schlechten Eindrücke sogar mit nach Hause tragen. Denn nicht die Personen beschmutzen einander, da niemand ein unreines Wesen war, sondern der miteinander wahllos und ohne Liebe erlebte sexuelle Verkehr als solcher. Die jungen Menschen haben in der heutigen Zeit kaum Gelegenheit und Möglichkeiten, Heldentaten zu vollbringen. Also bleibt ihnen entweder Sport zu treiben oder die meisten können sich nur durch sexuelle Eroberung behaupten, um höhere Spannungen zu erleben. Sie werden in sexuelle Erlebnisse und andere Süchte aus purer Langeweile getrieben. Somit wirken sie auch gegenseitig aufeinander verunreinigend und herunterziehend. Sie bemerken diese gegenseitige Beeinflussung nicht, weil sie alles das, was sich nicht in ihrem Bewusstsein, sondern im Unterbewusstsein abspielt, nicht erkennen können. Und wenn sie es nicht erkennen, wissen sie nicht, was sich gerade abspielt oder mit ihnen geschehen ist. Dinge im Unbewussten wirken tausendfach, denn im Bewussten kann man solche Dinge besser verarbeiten, sie sind ja sogar Gift für den Menschen. Die giftige Wirkung des Geschlechtsverkehrs mit einem unwürdigen Partner führt oft dazu, dass man unbewusst die Angelegenheit dem Körper überlässt und das Bewusstsein zurückzieht. Da man aber somit nicht ganz dabei ist, kann der Mensch auf diese Weise nicht einmal körperlich eine gesunde und befriedigende Erfüllung erleben. Dem folgen dann seelische und körperliche Störungen, die scheinbare Impotenz verursachen können. Die Seele und der Körper sind untrennbare Einheit, auch wenn sie nach dem Tod getrennt werden, aber im Leben gehören sie zusammen. Es ist falsch anzunehmen, dass der Körper etwas erlebt, ohne dass der Geist etwas mitbekommt oder andersherum, da es der Geist ist, der den Körper baut, lebendig macht und alles im Körper und durch den Körper selbst erlebt. Wenn der Geist nicht ist, ist der Körper eine leblose Leiche, d.h. der Mensch fühlt und erlebt das, was er in seinem Körper erlebt, nur im Geist, in seinem Selbst, in seinem Bewusstsein. Wenn der Körper narkotisiert ist, dann nimmt der Mensch das, was mit seinem Körper geschieht, nicht wahr. Das bedeutet, dass es keine voneinander getrennten körperlichen und geistigen Erlebnisse und Wahrnehmungen gibt, sondern nur geistige Erlebnisse. Wir projizieren diese Erlebnisse in den Körper, d.h. wir erleben nur das, was unser Bewusstsein – das rein Geist ist – wahrnimmt.

Um dies nun auf die sexuellen Erlebnisse zu beziehen, bedeutet das, dass, wenn ein Mensch nur denkt, dass er nur aus rein körperlichem Wunsch eine sexuelle Einheit schafft und erlebt, wird sein Erlebnis dennoch kein nur körperliches sein können, da das Erlebnis im Geist, im Bewusstsein möglich ist. Eine Frau kann Geschlechtsverkehr haben, was nur körperlich ist, nämlich wenn sie betäubt und narkotisiert ist, aber bei einem Mann ist das unvorstellbar.

Wenn nun ein Mensch beim Geschlechtsakt seinen Geist versucht fernzuhalten, weil es sich nicht aus geistiger Einheit manifestiert und aufgeblüht ist, so entsteht im Wesen des Menschen eine Spaltung, ein Riss, ob er es weiß oder nicht, ob er es anerkennt oder nicht.

„Eure Frauen sind ein Saatfeld für euch; darum bestellt euer Saatfeld wie ihr wollt. Doch schickt (Gutes) für euch voraus. Und fürchtet Allah und wisset, daß ihr Ihm begegnen werdet. Und verheiße den Gläubigen die frohe Botschaft."[612]

Bewusste Menschen können das fühlen und somit halten sie sich von solchen körperlichen Entladungen auch fern. Unbewusste Menschen sind dem Irrtum ausgesetzt, dass eine sexuelle Vereinigung aus rein körperlichen Bedürfnissen geschehen kann, ohne dass ihr Geist mitgerissen wird. Wenn ein Mensch befriedigt oder unbefriedigt ist, oder sich über etwas ärgert oder schämt, dann nimmt er daran teil. Denn dies bedeutet, dass es

---

[612] Koran 2; 223 www.islamische-datenbank.de

innere Bewusstseinszustände sind und nicht körperliche Reaktionen. Die sexuelle Energie ist das Wesen des Menschen und somit ist es unmöglich, eine sexuelle Vereinigung ohne das wahre Selbst erleben zu wollen. Es bedarf keiner weiteren Erklärung, dass der Mensch erst dann von einer wirklichen körperlichen Freude, von körperlicher Erfüllung und von sexuellem Liebesglück sprechen kann, wenn die körperliche Einheit aus wahrer Liebe, aus wahrer geistiger Zusammengehörigkeit aufblüht und er sich also mit seinem ganzen Wesen dem sexuellen Glücksgefühl überlassen kann, ohne nachträglich Scham empfinden zu müssen.

Für den primitiven Menschen reicht es vollkommen aus, dass der Partner dem anderen Geschlecht angehört und er seinem einfachen Geschmack körperlich entspricht. Ihm ist nicht wichtig, dass der Partner eine geistige, innere Einheit besitzt, da er selbst nicht geistig, wach und bewusst ist. Ein Mensch auf hohem entwickeltem Bewusstsein kann wirklich Liebesfreude und wahre Befriedigung – körperlich wie seelisch – nur mit einem Partner erleben, der mit ihm vor allem im Geist harmoniert und die Liebe in jeder Hinsicht mit Gegenliebe erwidert.

Wenn Menschen in jungen Jahren und auch als erwachsene Menschen sich mit dem Erstbesten zusammentun, führt das dazu, dass die Menschen Tiere aus sich machen. Das sind sie aber nicht. Die Erfahrung seit Jahrtausenden hat gezeigt, dass das nicht nur aus sentimentaler oder religiöser Scheinmoralität heraus gesagt wird. Sexuelle Verdrängungen können bei Menschen schwere seelische und körperliche Störungen verursachen. Seelische Störungen kann man aber nicht damit in Ordnung bringen, dass sexuelle Wünsche ohne Maß und Wahl ausgelebt werden oder nur rein seelisch bedingte Hemmungen mit übertriebenen sexuellen Erlebnissen zu überwinden versucht wird. Die Menschen müssen vom künstlich gezüchteten Tierwesen wieder zu einem sauberen Menschentum zurückgeführt werden. Nur verirrte Menschen meinen, dass die einzige Rettung aus den verschiedenen seelischen Nöten unbedingt und allein eine zügellose sexuelle Lebensweise und wahllose Kraftverschwendung sei. Was die Menschen aber suchen, ist Liebe und das auch in der Sexualität, was aber ein Irrtum ist. Die Sexualität kann Lebensangst und Daseinsprobleme nie lösen.

Es ist die Aufgabe der Menschheit, das Leben in neuen Lebewesen weiterzuführen. Dazu ist es notwendig, dass die beiden entgegengesetzten Pole untereinander eine neue Lebensspannung bilden, auf der das neue Lebewesen aufgebaut wird. Auch wenn der Mensch beide Pole in sich trägt, offenbart es in seinem Körper dennoch nur einen Pol als ein Geschlecht, um die Ergänzung von außen her erwartend, um das Leben in einem neuen Lebewesen weitergeben zu können. Als Mensch im körperlichen Zustand aber weiß er nicht, dass er beide Pole in seinem Geist, also in seinem wahren Wesen trägt. Der Mensch identifiziert sich mit seinem Körper, der nur einen Pol manifestiert, und sucht seine Ergänzung von außen, von einem anderen Menschen her im anderen Geschlecht, der den entgegengesetzten Pol in seinem Körper offenbart. Da aber das vollkommene Einswerden der zwei Pole im Körper unmöglich ist, weil die Materie isoliert, trennt und Widerstand leistet, streben die zwei Pole dennoch danach, im anderen Körper eins zu werden. Wenn es schon durch die materiellen Gesetze unmöglich ist, dann sucht man sich einen Ausweg, um das Ineinanderruhen doch zu erreichen und den Urzustand wenigstens nachzuahmen. Die zwei Pole offenbaren sich in den Geschlechtern und mittels Geschlechtsorganen vollbringen sie das körperliche Einswerden auf kurze Zeit. Das Ineinanderruhen der zwei Pole ist der Urzustand Gottes, des Seins, des Lebens und führt dazu, dass durch die Begegnung der Geschlechter in einer dazu geeigneten Zelle eine neue Spannung entsteht, nämlich ein neues Leben. Dieses neue Leben trägt die göttliche Spannung des Lebens wieder in sich, aber offenbart nur einen Pol – ein Geschlecht – durch welches das Leben mittels wiederholender Vereinigung der Geschlechter weitergegeben wird. Das ist die Sexualität. Die Kraft, die sich durch die Sexualität offenbart und das Bindeglied zwischen Geist und Materie ist, also einem Geist verhilft, in den Körper zu gelangen, und somit ein neues Leben entstehen lässt, nennt man die sexuelle Kraft.

Auf die heiligen Schriften bezogen, hier auf die Bibel bezogen, wird dies durch die Erschaffung von Adam und Eva dargestellt (Genesis 2:21-23). Zunächst war Adam ein „Mannweib" und dann wurde während seines tiefen Schlafes (hier verlor er seinen göttlichen Bewusstseinszustand) aus seiner Rippe Eva erschaffen. Hier wurde er ein unbewusstes Lebewesen. D.h. in seinem Urzustand war Adam sowohl Frau als auch Mann. Erst durch die Trennung entstanden die Geschlechter. Dann wurden die Geschlechter mit einem „Kleid" versehen, was den materiellen Körper darstellen soll und somit bekamen sie geschlechtliches Bewusstsein. Sie dachten, sie seien Mann und Frau und vergaßen, dass ihr wahres Selbst Gott also ein Ganzes ist.
Im Koran wird die Schöpfungsgeschichte anders dargestellt, die über mehrere Stellen im Koran verstreut ist. (Koran 2: 30-34, 7: 12-27, 15;42 und 20:115-124). Da geht es in erster Linie darum, wieso Gott Adam und Eva erschuf und dass sie ungehorsam wurden, indem sie seinen Befehl nicht befolgt haben. Die interessanteste Stelle aber ist in Vers 4; 1) zu finden, die auch die. o.g. Aussage unterstreicht.
„O ihr Menschen, fürchtet euren Herrn, Der euch erschaffen hat aus einem einzigen Wesen; und aus ihm erschuf Er seine Gattin, und aus den beiden ließ Er viele Männer und Frauen entstehen. Und fürchtet Allah, in Dessen Namen ihr einander bittet, sowie

(im Namen eurer) Blutsverwandtschaft. Wahrlich, Allah wacht über euch. "[613]

„So verführte er sie durch Trug. Und als sie von dem Baum kosteten, wurde ihnen ihre Scham offenbar und sie begannen, sich mit den Blättern des Gartens zu bekleiden; und ihr Herr rief sie: „Habe Ich euch nicht diesen Baum verwehrt und euch gesagt: „Wahrlich, Satan ist euer offenkundiger Feind?" "[614]

Im paradiesischen Urzustand, aus dem der Mensch aber mit seinem Bewusstsein herausgefallen ist, waren beide Pole ineinander geruht. Er fühlt, wenn auch ganz unbewusst, die Möglichkeit dieses Urzustandes und sehnt sich aus der Offenbarung der Hälfte in die Ganzheit zurück, die er im Geiste, in seinem eigenen Leben, trägt, die er immer selbst war und ist und immer sein wird. Der Mensch aber ahnt nicht, dass er diesen Urzustand, noch im irdischen Leben erreichen kann, und noch weniger ahnt er, dass das einzige Mittel, das ihm dazu verhilft, seine eigene sexuelle Kraft ist. Das Geheimnis der sexuellen Kraft ist also nicht das Erzeugen neuer Lebewesen, sondern sie hilft dem Menschen vollkommen bewusst in seinen göttlichen Urzustand zurück.

Das bedeutet aber auch, dass, wenn der Mensch diese lebensgebende und lebenszeugende Kraft nicht ausgibt, sondern für seinen Körper behält, er auf der einen Seite seinen Körper mit neuem Leben füllen, die Lebensenergie in ihm höher steigern lassen kann, ihn in frischer Jugend erhalten oder regenerieren kann, auf der anderen Seite aber auch durch die gesteigerte Lebensenergie er seine höheren Nerven- und Gehirnzentren, die bis dahin in einem latenten Zustand waren, erwecken, anheizen und aktivieren kann. In der indischen Yoga-Philosophie nennt man die

---

[613613] Koran 4; 1 www.islamische-datenbank.de; allerdings muss hier angemerkt werden, dass einige Übersetzungen von „erschaffen aus einer Seele" schreiben.
[614] Koran 7; 22 http://islamische-datenbank.de/Quran-al-Kareem/

Nervengeflechte und Gehirnzentren im Körper „Tschakras[615]",
die dazu dienen, die geistigen Brennpunkte als Widerstand zu
tragen und sie zu manifestieren. Wenn man also seine sexuelle
Kraft für sich behält und die Tschakras manifestiert, dann erlangt der Mensch die Herrschaft über die Kräfte der Natur, in
seinem eigenen wie auch durch seine bewusst entwickelte, sug-
gestiv-hypnotische Kraft in jedem Lebewesen. Er kann damit
das göttliche Allbewusstsein erlangen, wird ein Ganzes, ein
Erleuchterer, ein magischer Mensch, ein weißer Magier.

*„Und wisset, daß euer Gut und eure Kinder nur eine Versu-
chung sind und daß bei Allah großer Lohn ist.* "[616]

*„Wisset, daß wahrlich das diesseitige Leben nur ein Spiel und
ein Zeitvertreib ist und ein Prunk und Geprahle unter euch und
ein Wettrennen um Vermehrung von Gut und Kindern. Es gleicht
dem reichlichen Regen, dessen Pflanzenwuchs den Säern gefällt.
Dann verdorrt er, und du siehst ihn vergilben; hierauf wird er
brüchig. – Und im Jenseits gibt es eine strenge Strafe, aber auch
Vergebung von Allah und Wohlgefallen. Und das diesseitige
Leben ist nichts anderes als eine Nutznießung, durch die man
sich betören läßt.* "[617]

Das wäre ein Punkt für das Zölibat. Wenn wir dies nun im Hin-
blick auf den Islam betrachten, dann kommen wir zu der folgenden Schlussfolgerung. Im Islam wird eindeutig darauf hingewiesen, dass Gläubige sich paaren sollen und Nachwuchs zeugen
sollen. In diesem Zusammenhang bin ich auf ein interessantes

---

[615] Der Begriff der Tschakras war für mich immer aus dem buddhistischem bekannt.
Allerdings bin ich im Werk von Annemarie Schimmel Sufismus – eine Einführung in die
islamische Mystik Verlag C.H. Beck auf eine Stelle aufmerksam geworden (S. 84), die
mir die Ähnlichkeit der Begriffe Tschakra und Zikr vor Augen gehalten hat. Beim Zikr
lernt der Jünger eines Ordens die sieben Feinpunkte in seinem Körper zu entwickeln und
nach und nach zu sensibilisieren, bis der Zikr den ganzen Menschen erfüllt.
[616] Koran 8; 28 www.islamische-datenbank.de
[617] Koran 57; 20 www.islamische-datenbank.de

Werk von Dr. Rosina Sonnenschmidt gestoßen, die die Bewusstseinszustände der Menschen vor dem Hintergrund der Kulturen
und Musik beschreibt.[618] Auf einer Bewusstseinsebene der Menschen gibt es einen Typus, der tiefschürfend über den Sinn des
Lebens nachdenkt und einen Halt in den religionsphilosophi-
schen Sphären sucht. Es handelt sich um Menschen, die sich
nicht der Unterhaltungsmusik zuwenden, sondern eher der erns-
ten und klassischen Musik. Diese Menschen sind von Natur aus
ernst und wollen tief in ihrem Herzen auf der Suche nach dem
Sinn des Lebens den Tod begreifen. Diese Menschen neigen
dazu, depressiv zu werden – sie nennt dies sogar spirituelle Depression. Diese Depression kann sogar zu dem Wunsch führen,
aus dem Leben scheiden zu wollen. Diese Depression entstehe
aus dem Gefühl, dass man erkennt, dass die hohen spirituellen
Ziele aufgrund des weltlichen Lebens nicht erreichbar seien.
Dies entstünde aus der Erkenntnis, dass, wenn man sich von den
weltlichen Dingen losreißen würde, am Ende die große Leere
oder das Nichts entstehen würde. Der Depressive ahnt diese
Zusammenhänge und sucht nach einer Lösung und möchte frei
sein von irdischer Verhaftung. Wenn er nicht in der Lage ist, den
spirituellen Weg zu finden, bei dem er sowohl auf der Erde
bleibt, aber dennoch die Schwingungsstufen hoch geht, so kann
es sein, dass bei ihm pathologische Erscheinungen wie z.B. Le-
bensüberdruss, Todessehnsucht, Fatalismus und Schwermut
auftreten. Bei diesem Bewusstseinszustand eines Menschen fühlt
sich derjenige sowohl im Inneren als auch im Äußeren eingeengt. Je tiefer die innere Sammlung wird, desto mehr wird man
in die Enge geführt. Man hat das Gefühl, zwischen zwei Back-
steinen eingeengt zu werden oder in einem Tunnel zu stecken.
Das haben wir immer dann, wenn wir tragische Erlebnisse und
Erfahrungen in unserem Leben machen. Wenn dieser Druck so
stark ist, dass sie an einem kritischen Punkt angekommen ist,
dann kann man entweder nur nach oben oder nach unten raus.

---

[618] Miasmen und Kultur, Dr. Rosina Sonnenschmidt, S. 450 ff.

An diesem Punkt ist das Ego seinem Ende nahe, denn man sprengt damit seine illusionären Wände. Unser wahres Wesen offenbart sich. Wenn das Bewusstsein innerlich emotional und mental in der Enge ist, dann kann sie sich erst äußerlich manifestieren. Der spirituell Depressive aber nimmt das genau andersherum wahr. Er ist der Meinung, dass da draußen eine feindliche, einengende und Schuld tragende Welt herrscht, die ihn an der Selbst-Verwirklichung hindert. Solche Menschen neigen deshalb zu Fanatismus, Dogmatismus und das Postulieren der „einen Wahrheit". Das Verbot kommt an erster Stelle, um Grenzen zu ziehen. Eng verbunden mit Fanatismus ist die Askese. Es ist immer ein schmaler Grat, ob man bei der Ausübung seiner Wahrheit zu einem positiven Ergebnis kommt oder nicht. Wenn z.B. die Askese aus dem Zustand der Fülle aus eingenommen wird, dann kann das sehr heilsam sein, wie z.B. das bewusste Fasten, um Körper, Geist und Seele eine Ruhepause zu gönnen. Wenn die Askese aber aus dem Zustand des Mangels eingenommen wird, dann wirkt sie zerstörerisch, wie z.B. Magersucht oder Bulimie.

Aus dem Zustand der Fülle zu kommen, ist auch im Islam in vielen Dingen zu finden, wie z.B., dass man eine Familie gründen muss, Kinder zeugen muss, sich mit den weltlichen Dingen auseinandersetzen muss, obwohl diese Dinge im Koran eindeutig als irdisch beschrieben werden. Erst wenn man die Erfahrung mit Ehe, Partnerschaft, Kindern, Macht etc. gemacht hat, können wir die Erkenntnis, dass es weltliche Dinge sind, mitnehmen und uns finden. Daher hat der Prophet Mohammed ein gewöhnliches Leben geführt. Er hat geheiratet und hatte Kinder und in islamischen Ländern und Gesellschaften legt man großen Wert darauf, zu heiraten, eine Familie zu gründen, Kinder zu zeugen.

„Allah hat keinem Mann zwei Herzen in seinem Inneren gemacht. Und Er hat eure Gattinnen, von denen ihr euch durch den Rückenschwur trennt, nicht (wirklich) zu euren Müttern

gemacht. Und Er hat eure angenommenen Söhne nicht (wirklich) zu euren Söhnen gemacht. Das sind eure Worte aus eurem (eigenen) Mund. Aber Allah sagt die Wahrheit, und Er leitet den (rechten) Weg."[619]

Es gibt bewusste Menschen, die ein gesundes auf Liebe basierendes Geschlechtsleben führen, sich aber immer bewusst sind, dass die Sexualität und alle Probleme, die aus der Sexualität entspringen, nur aus dem Körper stammen, nur dem Körper zugehören, nicht aber ihrem wahren Wesen, ihrem Geist, ihrem Ich. Das wahre Selbst hat kein Geschlecht, folglich sucht ein bewusst gewordener Mensch in allem nicht das Halbe, sondern das Ganze, das Absolute, nicht mehr das Vergängliche, das Körperliche, sondern das Ewige, das Göttliche. Wenn er Probleme hat, dann stammen diese nicht aus der Geschlechtlichkeit des Körpers, sondern höchstens aus dem Gegensatz zwischen dem Irdisch-Körperlichen und dem Geistig-Göttlichen. Er will im Geiste bewusst werden und über den Körper und über alle Kräfte, die ihm in seinem wahren Wesen zur Verfügung stehen, die absolute Herrschaft erlangen. Sie stehen über der Sexualität, über dem Geschlecht und sind Menschen, auch wenn sie ihre Geschlechtlichkeit ausleben. Sie wollen kein Geschlecht mehr offenbaren, da sie beide Geschlechter in sich bewusst gemacht haben und folglich ein Ganzes sind. Die Menschen, die eigentlich tot sind, sind unbewusst und führen ein rein körperliches Dasein, sie leben nicht, sondern ihr Körper. Sie sind getrennte Geschlechtswesen und denken nur in den Grenzen des Geschlechts.

„Und Allah gab euch Gattinnen aus euch selbst, und aus euren Gattinnen machte Er euch Söhne und Enkelkinder, und Er hat

---

[619] Koran 33;4

euch mit Gutem versorgt. Wollen sie da an Nichtiges glauben und Allahs Huld verleugnen?"[620]

"Und es ist weder euer Gut, noch sind es eure Kinder, die euch Uns nahe bringen werden; die aber, die glauben und gute Werke tun, sie sollen den zweifachen Lohn für das, was sie getan haben, erhalten. Und in den Obergemächern (des Paradieses) werden sie sicher wohnen."[621]

Sie wirken wie kleine Marionetten und spielen ihre Rollen. Sie sind „Frauen" oder „Männer" und für sie existiert nur Sex, sonst gar nichts. Sogar der Selbsterhaltungstrieb existiert für sie als Diener der Sinnlichkeit und des Sex. Alles, was sie trinken, essen und naschen, ist nur des Genusses willen, um aus dem Körper so viel sexuelle Kraft wie möglich herauszupressen und auszugeben zu können. Es geht ihnen immer darum, sich eine Existenz zu schaffen, Geld zu verdienen, Karriere zu machen, Kontakt mit anderen Menschen herstellen, d.h. alles, was sie denken, sprechen, sagen, schreiben und tun, hat nur einen einzigen Beweggrund: den sexuellen Trieb. Ihr Ziel, Ehrgeiz und Stolz ist es, auf der allerhöchsten Stufe der sexuellen Potenz und Eroberungsfähigkeit zu stehen. Und wenn der Körper durch übermäßige Abnutzung seine Fähigkeiten zunehmend verliert oder diese nachlassen, fallen diese Menschen in eine unendliche Leere, Finsternis und Senilität, weil sie nie bewusst waren. Ihr Geist war schon tot, als er in ihre Körper geboren wurde, weil ihr Bewusstsein mit dem Tod lebt und stirbt. Das muss Jesus mit den folgenden Worten gemeint haben

"Lass die Toten ihre Toten begraben, du aber folge mir nach!" *(Bibel: Mt 8,22/Lk 9,60)"*

---

[620] Koran 16; 72 www.islamische-datenbank.de
[621] Koran 34; 37 www.islamische-datenbank.de

*„Und Allah wünscht Sich in Gnade zu euch zu kehren, die aber
den niedern Gelüsten folgen, wünschen, daß ihr euch erniedrigt."*[622]

Bei unbewussten bzw. toten Menschen wirkt die sexuelle Kraft
als ein rein tierisch-körperlicher Drang, der ihn dazu treibt, die
durch die geladene Zeugungskraft Spannung in seinen Nerven
loszuwerden. Er ist in einem Bewusstseinszustand mit tieri-
schem Entladungsdrang. Noch hat er von Liebe keine Ahnung,
da er als niedrigschwingender Mensch die hochschwingende
Liebe, die aber in ihm schlummert, noch nicht erreichen kann.
Er will aus diesem Scheintod raus und nur die sexuelle Kraft
drängt ihn instinktiv, sich auf die Suche nach einem Partner oder
einer Partnerin zu machen. Er wird eigentlich von der Natur
überlistet, weil in der sexuellen Erregung des Lebewesens nur
der Zweck steckt, Nachkommenschaft zu zeugen, den Strom des
Lebens weiterzuführen, um das Ziel der Vergeistigung der Materie, also der Erde, zu erreichen. Genau hier erkennt man die
Notwendigkeit, für Nachwuchs zu sorgen, so wie es auch der
Prophet Mohammed vorgelebt hat. Im Gegensatz dazu steht die
Meinung der buddhistischen Mönche und das Zölibat der katholischen Kirche.

Der primitive Mensch weiß das nicht, aber er wird durch die
sexuelle Kraft und den Wunsch nach Befriedigung dazu getrieben. Wenn Tiere sich befriedigen wollen, dann können sie das in
den meisten Fällen tun. Allerdings ist es bei den Menschen
durch die allgemeinen Sitten nicht möglich, sich sofort sexuell
zu entladen, wenn ihnen danach ist. Der Mensch ist oft gezwungen, mit der Befriedigung seines Körpers zu warten. Sogar in
den einfachen Buschmannstämmen müssen herangewachsene
Jungen oft mit der sexuellen Befriedigung bis zum großen Fest

---

[622] Koran 4; 27 http://www.kuran.gen.tr/?x=s_main&y=s_middle&kid=7&sid=4

warten. So ist es auch im Orient. Heiraten junge Paare, wird oft erwartet, dass sie jungfräulich sind. Der Sinn dahinter ist, dass der Mensch mit seinen Trieben zunächst warten muss, weil sich in dieser Wartezeit die Spannung in ihm steigert, und wenn sie nicht entladen wird, sucht diese Kraft durch die Nervenkanäle einen anderen Weg, sich zu entladen. Dadurch, dass sich die unbefriedigende Spannung automatisch selbst steigert, wird der Mensch mit immer höheren Schwingungen, immer höheren Frequenzen aufgeladen. Wenn die Frequenzen einer Kraft sich steigern, dann ist die Kraft nicht mehr dieselbe, die sie vorher war. Somit kann die Sexualenergie umgewandelt werden. Die neue Spannung, die dann im Menschen herrscht, wirkt mit ihren höheren Frequenzen nunmehr nicht nur auf seine geschlechtlichen, sondern auch auf seine höheren Organe, die fähig sind, die erhöhten Frequenzen zu tragen und zu offenbaren. Der innere Trieb weckt seinen Verstand und will eine Lösung. Durch den nun entstandenen körperlichen Wunsch wird sein Bewusstsein geweckt und somit beginnt die Bewusstwerdung. Die sexuelle Kraft in uns hilft uns, die sexuelle Kraft umzuwandeln. Irgendwann ergibt sich auch die Gelegenheit, seinen sexuellen Wunsch auszuleben, er braucht ihn nicht zu verdrängen. Diese Beschreibung ist einfach gehalten, auch wenn das in der Realität nicht immer so einfach und rasch verläuft. Die Auswirkung ist bei jedem Individuum verschieden, doch das Resultat ist dasselbe.

Wenn Menschen, die ihre höheren Nervenzentren noch nicht in aktiviertem Zustand haben, ihre sexuelle Kraft noch nicht in schöpferische Energie umwandeln können und dennoch enthaltsam leben, können sich u.U. krankhafte nervöse, oft gefährliche Zustände, welche die heutige Psychiatrie „Verdrängungen" nennt, entwickeln. Wenn der Mensch aber in demselben Entwicklungszustand seinen sexuellen Trieb nur auf kürzere Zeit zurückhält und dann ungehindert auslebt, verursacht er keine Verdrängung. D.h. auch ohne dass der Mensch noch bewusst ist, kann er mithilfe der sexuellen Kraft ihre Umwandlung erzeugen, ohne es zu wollen. Was zwingt den Menschen dazu? Die sexuelle Kraft. Gerade durch die fehlende Befriedigung hat sie ihre Spannung höher geheizt und lässt den Menschen Schritt für Schritt jedes mal höher steigen, immer wenn er seine sexuellen Wünsche nicht sofort erfüllt bekommt, bis er den Grad erreicht, bis er nicht nur seines körperlichen Wunsches, sondern auch seines Selbst bewusst wird. Auf der höchsten Stufe empfindet er nicht mehr diesen reinen tierischen Entladungsdrang, sondern erlebt und offenbart den ersten Schimmer einer menschlichen Zusammengehörigkeit. Es kann leidenschaftliche Besitzgier und Hörigkeit sein, aber sie sind der Vorläufer der Liebe und lassen ein totes Herz erwecken. Er wächst auf die Stufe der Verliebtheit. Und da der Mensch aus dem unbedeutendem Massenmenschen zunehmend ein Individuum wird, so ist er nicht mehr wahllos mit jeder Partnerin zufrieden, sondern geht auf die Suche nach einer besser zu ihm passenden Partnerin, die seinem sich entwickelten Geschmack entsprechend ist. Die Verliebtheit wird durch das Feuer seiner vom Warten gesteigerten sexuellen Kraft geheizt und sein sexueller Wunsch wird gesteigert, sodass er die von ihm ausgewählte Person zu bekommen hofft. Es gibt Menschen, die aufgrund ihrer höher getriebenen sexuellen Kräfte besondere Leistungen erbringen, wenn sie auf dem Weg der Entladung auf Hindernisse stoßen. Weil diese höher getriebenen Kräfte auf die höheren Zentren im Körper stark anspornend wirken, sind Liebende zu scharfsinnigen und spitzfindigen Leistungen wie auf den Verstand im Stande, so wie auch die Geschichte gezeigt hat. Wie Leila und Mejnun[623] oder Romeo und Julia. Der angespornte Verstand verspricht den Liebenden das höchste Glück und kann sogar die Gründung einer Familie herbeiführen, nur um seine sexuellen Wünsche befriedigt zu bekommen. Haben diese Liebenden geheiratet, dann findet die sexuelle Kraft

---

[623] Eine traurige Liebesgeschichte zwischen Leila und Majnun, siehe auch unter http://de.wikipedia.org/wiki/Madschn%C5%ABn_Lail%C4%81

ungehindert ihre Befriedigung. Aus den scharfsinnigen Liebeshelden und -heldinnen werden dann zufriedene und langweilige Spießbürger, bis Schicksalsschläge sie zu erneuerter Kraftumwandlung zwingen. Der Mann fängt mehr an, an seine Arbeit zu denken und widmet sich der Karriere, um seiner Familie ein sicheres Heim und Leben zu bieten. Er versucht immer mehr zu leisten und wird dazu gezwungen, mehr Kraft in die höheren Kanäle zu lenken und er lebt einen größeren Teil seiner schöpferischen Kräfte durch diese Kanäle aus. Somit wird er der Durchschnittsmensch durch seine sexuelle Kraft, seine Verliebtheit dazu gezwungen, seine Triebkraft teilweise auf die Mentalebene zu lenken und in Gedankenkräfte umzuwandeln. So lernt er die Freude an der schöpferischen Arbeit kennen und gewinnt an Selbstvertrauen. Sein Selbstbewusstsein dehnt sich. Die Besitzgier und Begierde seiner Lebensgefährtin gegenüber, die mittlerweile die Mutter seiner Kinder geworden ist, verwandelt sich in eine seelisch-menschliche Verbindung, in eine liebevolle, familiäre Zusammengehörigkeit, in eine höhere, selbstlose Form der Liebe. So lenkt dieser Mensch unbemerkt und unbewusst seine sexuellen Kräfte immer mehr in höhere Zentren und erreicht somit die nächste Stufe des Bewusstwerdens. Er strahlt und nimmt immer mehr Frequenzen, die immer höhere Nervenzentren reizen. Dadurch fängt er an, noch mehr zu denken und nicht nur darüber, wie er seine Triebe befriedigen könnte oder wie er für sich noch mehr sinnlich-sexuelle Freuden und Genüsse schaffen könnte. Er versucht, seinem Leben mehr Inhalt zu geben, indem er immer individueller wird, und er beginnt sich für höhere Dinge zu interessieren. In der körperlichen Liebe weiß er auch, dass nur eine zu ihm seelisch passende verständnisvolle Partnerin ihn befriedigen kann. Also erwartet er von der Partnerin eine ähnliche Denkungsart, den ähnlichen Geschmack. Da aber seine Ansprüche in der Liebe gesteigert sind, findet er immer seltener die richtige Partnerin und damit findet er immer seltener die volle sexuelle Befriedigung. Die unbefriedigten sexuellen Kräfte zwingen sein Bewusstsein rascher, noch höher zu steigen und auch höhere Frequenzen wahrzunehmen, und aktivieren somit das nächsthöhere Nervenzentrum. Sein Interesse für das Wissen steigt. Er fängt an zu studieren, zu lernen, um die Geheimnisse der Welt zu enträtseln. Er versucht den Sinn des Lebens herauszufinden. Sein geistiger Horizont erweitert sich. Nun offenbaren sich seine schöpferischen Kräfte nicht mehr nur durch den Körper als sexuelle Kraft, sondern als Gefühls- und Mentalkräfte und als verstärkte Willenskraft. Dadurch macht er evtl. Karriere und ragt aus den Massenmenschen heraus. Nun trägt er eine höhere Lebensspannung in sich und wird auf höheren Frequenzen bewusster und kann so höhere Schwingungen in seine höheren Organe lenken und stärkt zusätzlich seine körperlich-sexuelle Potenz. Je höher ein Mensch in den Bewusstseinsstufen steht, desto höhere und stärkere Energien kann er auch in seine tieferen Nervenzentren und Organe lenken und somit höhere Freuden in der sexuellen Einheit erleben. Um das aber erleben zu können, braucht er eine ebenso hochbewusste Partnerin. Also sucht er eine ebenbürtige, verständnisvolle, wertvolle Frau, mit der er eine tiefe seelische und geistige Verbindung haben kann. Sie muss ihm bis in die gleich hoch gesteigerten Frequenzen folgen können und in der Lage sein, mit ihrem Wesen eine leidenschaftliche und doch erhabene Liebe erwidern können. Für ihn zählt in der Partnerschaft nicht mehr Quantität sondern Qualität. Der primitive Mensch würde viele Partnerinnen finden, mit denen er in Frieden leben könnte. Sie würden die Lasten des Lebens in Frieden miteinander tragen können. Je geistiger aber, je differenzierter und individueller Menschen werden, desto wichtiger wird es für sie, dass der Ehepartner in jeder Hinsicht zu ihrer Entwicklungsstufe passt. Sie würden sich Partner auswählen, die auf derselben geistigen Stufe sind, dieselbe Intelligenz besitzen, dieselbe Denkungsart und denselben Geschmack bis zu jedem Teil der Liebe und sogar in ihrer ganzen Natur zu ihm passen. So entwickelt der Mensch sich auf die nächste Stufe, wo er seine schöpferischen Kräfte als sexuelle wie als seelische, mentale und geistigen Energien und auch in immer steigernde Willenskraft offenbaren kann. Seine Kräfte strahlt er teilweise rein geistig, seelisch und auch körperlich aus. Er aktiviert seine Nerven- und Gehirnzentren. Der Widerstand seines Körpers ist soweit gesteigert, dass er die hohen geistigen Frequenzen problemlos ertragen kann und die sexuelle Kraft offenbaren kann. Die erlebt er leidenschaftlich und offenbart sie in einer inneren geistigen Zusammengehörigkeit. Bisher ist er durch die Umwandlung seiner sexuellen Kraft fünf Stufen hochgeklettert. Er ist schöpferisch geworden, denn alle Ventile auf den fünf Ebenen – von der Geistigkeit bis zu den körperlichen Offenbarungen – sind offen. Es sind nur noch zwei Gehirnzentren, die ihn zur vollkommenen Bewusstheit bringen in latentem Zustand. Wenn Menschen alle ihre Kräfte gleichmäßig ausstrahlen, dann sind alle ihre Offenbarungsorgane automatisch gleichmäßig entwickelt und somit leben hochgeistige Menschen in einem sehr schön geformten, gesunden, starken Körper. Auf dieser Stufe kann der Mensch das erste Mal ohne Schaden, ohne krankhafte Nervosität seine sexuelle Offenbarung – wenn er will – aufgeben, weil er seine Kräfte auf den höheren Ebenen ungehindert manifestieren könnte. Seine hohe schöpferische Kraft kann er durch Kinderzeugen als Liebe erleben oder er widmet sich der Kunst und Wissenschaft. Aus der Geschichte wissen wir, dass große Genies während des Schaffens oft viele Monate ohne Liebesoffenbarungen lebten. Nachdem ihre Arbeit getan war, konnten sie sich der Auslebung ihrer sexuellen Kraft in körperlicher Hinsicht hingeben. Die Menschen auf der fünften Stufe erleben die schöpferische Kraft als Seinzustand und erleben sie in sich als Freude am Schaffen, als Dasein und wirken in jeder Hinsicht schöpferisch. Sie können diese Kräfte als Wissenschaftler, Politiker, Herrscher, Philosoph oder als Künstler, Komponist, Kunstmaler, Bildhauer oder Schriftsteller manifestieren. Die Durchschlagskraft des Wirkens dieser Menschen zeigt ihre Größe. Diese Menschen wirken über Zeit und Raum, weil sie als göttliches Licht über die ganze Erde wirken. Weil diese großen Persönlichkeiten in der Lage waren, in die Schöpfung hineinzublicken, konnten sie dieses herunterbringen und den Menschen offenbaren. Eigentlich ist damit gemeint, dass die Menschen, die den Rang ihrer Seelen auf die höheren Stufen bringen konnten, Gott immer näher kamen und somit das, was sie an ihm sehen und fühlen konnten und lernen konnten, in das Leben gebracht haben. Man bedenke die Weisen, die über Geheimnisse wissen, die sie nur durch die Nähe zum Allwissenden erfahren haben können. Man bedenke auch, dass der Prophet Mohammed, der nicht lesen und schreiben konnte, über Wissen verfügte, welches er nicht in seinem Leben hätte gelernt haben können. D.h. ihm wurde dieses Wissen durch seine Bewusstheit und seinen höheren Rang zuteil, in der Form von Träumen, Inspirationen o.ä. Man bedenke auch, dass heutzutage kein Mensch etwas Wunderbares vollbringen kann, sei es ein Musikstück zu komponieren, sei es in der Wirtschaft ein Unternehmen erfolgreich zu führen, sei es ein Profifußballspieler zu sein, sei es einfach einen passenden Partner zu finden, wenn er nicht bewusst ist, also nicht in seiner Mitte steht.

„Wahrlich, schon vor dir entsandten Wir Gesandte und gaben ihnen Frauen und Kinder. Und es ist für einen Gesandten nicht möglich, ein Zeichen zu bringen, es sei denn auf Allahs Geheiß. Alles geschieht zu einem vorbestimmten Termin.“[624]

In allen Dingen, die wir uns sehr wünschen oder die wir lieben, liegt eine Botschaft an uns. Wir sollen unser Ego reinigen, damit wir uns von diesen Befangenheiten loslösen können. Denn die Art Liebe, die wir heutzutage als Liebe bezeichnen, ist irdische

---

[624] Koran 13; 38 http://islamische-datenbank.de/option,com_quran/action,viewayat/surano,13/min,30/show,10/

Liebe. Sie hat Erwartungen und Hoffnungen. Merkmale der irdischen Liebe sind:

- Sie will den anderen ändern, deshalb übt sie Kritik
- Sie kann Druck auf den anderen ausüben
- Sie gibt eine Leistung in Erwartung einer Gegenleistung
- Sie verursacht Verpflichtungen
- Sie klammert, hält fest
- Sie kennt falsche Opferbereitschaft (ich opfere mich auf für dich, dafür erwarte ich von dir ...)
- Sie ist sentimental
- Sie kennt Berechnung und Kalkulation jeglicher Art
- Sie gibt nach, ohne wirklich zu wollen (aus Angst, nicht geliebt zu werden)
- Sie tut etwas wider Willen zwecks Anerkennung
- Sie kennt Mitleid und Selbstmitleid
- Sie handelt aus Angst und macht Anderen Angst
- Sie benutzt Überredung
- Sie bringt Abhängigkeit
- Sie bemitleidet sich selbst
- Sie hat Angst, den Anderen zu verlieren...
- Sie ist geprägt durch Verstand, Karma und geprägte Muster

und deshalb führt diese Art irrdische Liebe

- zu Bindungen
- Eifersucht
- Enttäuschungen, Frustration
- Trennung, Verlust, Einsamkeit
- Verbitterung
- Aggression gegen Selbst und Andere
- Gewalt
- Krankheit und
- Tod

Jemand sagte zum Propheten: „Ich liebe Dich."[625] Der Prophet antwortete ihm: „Sei vernünftig, weißt du, was du da sagst?" Er wiederholte „Ich liebe dich." Der Prophet sprach zu ihm: „Dann musst du darauf bestehen, damit ich dich jetzt mit meinen eigenen Händen töten werde, Weh Dir!"

Aus der Brille von jemandem, der der Mystik nicht bewusst ist, würde man nun den Propheten als einen Mörder bezeichnen. Schließlich droht er ihm. Aber mit dem Satz „Ich werde dich töten" meint er, er werde ihn nicht loslassen, bevor er nicht sein Hab und Gut oder sein Leben, seine Idole, seine Liebe zu seinem Kind und alles aus ihm herausgeholt habe. Er wird das Unheil und das Leid über ihn herablassen. Denn zu sagen, „ich liebe den Gottesgeliebten, ich liebe die Offenbarung der Essenz Gottes", bedeutet, dass man etwas von sich behauptet. Man verlangt ein Zeugnis, einen Beweis für eine Liebe. Der Prophet meint, „ich werde dich nicht loslassen, bis keine weitere Liebe außer Gottes Liebe übrig bleibt." Somit verlieren wir alles, was uns gut und lieb auf der Welt ist, bis wir am Ende Gott selbst erkennen. Diese Botschaft ist in dem Wort Gottes, *„ich war ein verborgener Schatz und wollte erkannt werden; darum schuf Ich die Welt"*(Hadithu'l'Qudsi), verborgen.

---

[625] Cemalnur Sargut, Höre, Verlag Nefes Yayinlare, ISBN: 978-605-9901-07-9, 1. Ausgabe S. 17 f.

Kapitel V

Erkenntnisse aus der Sicht des Alltags

Die Umsetzung

Der Islam und alle anderen Religionen, die Menschen als ihren Halt leben und lieben, sind so konzipiert, dass die Menschen ihr Ziel bewusst zu werden lernen. Wir Menschen wissen es aber eigentlich gar nicht, dass wir die Bewusstheit anstreben. Die Lebensumstände bringen uns dorthin. Wir setzen uns das Ziel, eine glückliche Beziehung zu führen. Doch dies ist mit vielen Opfern und Herausforderungen verbunden. Unser Partner nörgelt an uns herum, will dies und das anders haben. Die Kinder haben ihre Forderungen. Wir wollen uns innerlich glücklich fühlen, also tun wir alles dafür, dass die Umwelt zufrieden ist, weil wir denken, dass, wenn die Umwelt glücklich und zufrieden ist, wir selber dann glücklich und zufrieden sein werden. Pustekuchen. Dann entdecken wir, dass wir zunächst selber das Glück, die Liebe selbst sein müssen, damit wir mit unserem Leben glücklich sind, um die Liebe selbst zu sein. Wir wollen auch immer geliebt werden: ein Gefühl, das wir von unseren Eltern mitbekommen haben. Wir wollen dann von unserem Partner und unseren Freunden und Kindern geliebt werden. Aber wir werden dann geliebt, wenn wir selber lieben und die Liebe selbst sind. Die Liebe selbst zu sein, geht mit Bewusstheit einher. Wir tun alles, um erfolgreich zu sein und von unseren Vorgesetzten akzeptiert zu werden. Aber wir kommen auch hier zu einem Punkt, wo wir denken, dass die Opfer, die man gebracht hat, niemals anerkannt werden. Wir sind enttäuscht, dass man all die Jahre Arbeit und Zeit, die man in seine Karriere gesteckt hat, nicht honoriert bekommt und ohne ein Augenzucken seinen Job verliert. So hart und ungerecht kann die Arbeitswelt sein. Wir denken zunächst, dass wir dann nicht mehr sind, bis wir das, womit wir uns all die Jahre identifiziert haben, verlieren und entdecken, dass es weiter geht, und irgendwann feststellen müssen, dass die Tür, die sich danach uns geöffnet hat, uns viel mehr Glück und Zufriedenheit gebracht hat. Vielleicht erkennen wir, dass all die Dinge, an denen wir so festgehalten haben, uns nie glücklich gemacht haben, weil wir uns davon abhängig gemacht haben und dies eher als Last zu sehen war.

Die Religion des Islam, womit ich mich mein Leben lang auseinandergesetzt habe, ist da ein ganz interessantes Beispiel, weil sich über die Jahre sehr viele Bräuche und Gewohnheiten gefestigt haben, die wir untersuchen wollen. Vieles, was heute als Islam vorgelebt wird, ist nicht Islam, sondern einfach die Fortsetzung der ursprünglichen Traditionen und Bräuche vor dem Islam als auch der Traditionen, die in jedem Land gelten, gelebt wurden. Wenn man allein bedenkt, dass es vor dem Islam üblich war, Mädchen nach ihrer Geburt bei lebendigem Leib zu begraben, weil es als Schande gesehen wurde, Töchter zu bekommen, dann erkennt man, dass der Islam zu seiner Zeit sehr fortschrittlich und gerecht war. Der Prophet Mohammed hat diesen Brauch abgeschafft. Er sagte dazu: „Wisst ihr denn nicht, dass ihr die zukünftigen Mütter damit tötet?“ Der zum Muttertag oft zitierte Satz „Das Paradies ist unter den Füßen der Mütter“ stammt ebenso vom Propheten Mohammed.

In der Welt des Moslems z.B. sind viele Rituale eingebettet, um dem Menschen die Möglichkeit zu geben, präsent zu sein. Präsent, damit der Mensch die Herausforderungen im Leben meistern kann und sein für das Leben gestecktes Ziel – Bewusstheit zu erlangen – erreichen kann. Dieses Ziel ist die Erkenntnis Gottes, die mit der Bewusstheit einhergeht.

An erster Stelle steht das fünfmalige Gebet, was im Islam Pflicht ist. Es gehört zu den Grundpfeilern, auf denen der Islam gebaut ist. Im Gebet muss der Betende sämtliche seiner Gedanken bezüglich Alltag abschalten, denn das wird Satan zugerechnet. Man sagt, dass Satan versucht, die Menschen im Gebet durch die Gedanken abzulenken, damit sie sich nicht vollständig auf das Gebet konzentrieren können. Satan wird als der Zuflüsterer bezeichnet. Das Ego (Satan) steht im Gegensatz zur Präsenz (Bewusstheit). Präsent zu sein ist nicht einfach. Um seine Präsenz zu erhöhen, bedarf es jahrelangen Trainings, was mit dem Gebet eingeübt wird. Der Moslem soll bereits mit der Pubertät durch die Verpflichtung fünf mal am Tag mit dem Gebet Bewusstheit so früh wie möglich lernen. Man begegnet durchaus Menschen, die seit Jahren beten, aber nicht als präsent bezeichnet werden können. Sie sind eher das Gegenteil. Und wenn man sich mit diesen Menschen unterhält, dann weiß man, warum. Sie beschäftigen sich im Gebet mit Alltagsproblemen. Sie haben Schwierigkeiten, den Moment im Gebet festzuhalten und schweifen stattdessen in ihre Gedankenwelt. Im Gebet muss man sich lediglich bewusst machen, dass man eins ist mit allem, was um uns herum ist. Der Betende wird in dem Moment Teil des Ganzen. Eine Hilfe dafür ist auch, dass man während des Gebetes auf einen Punkt auf dem Boden gucken muss, um sich die Präsenz klar zu machen. Wer Yoga praktiziert, weiß, wie man die Präsenz einüben kann. Jede Übung, die ausgeführt wird, muss bewusst gemacht werden. Man spürt das Leben, was in unseren Armen, Beinen und Organen ist. So ist auch das Gebet auszuführen.

Das Menschsein besteht nicht nur aus dem Verrichten von Ritualen oder bestimmte Bewegungen, wie es im Gebet (Salah) üblich ist, sondern sie richtet sich auch und besonders auf die spirituelle Energie, die im Herzen dabei umgesetzt wird. Die Propheten Adam oder Noah haben auf eine andere Art ihre Gebete verrichtet, als wir es vom Propheten Mohammed (s.a.s) beigebracht bekommen haben. Aber was die inhaltlichen, also spirituellen Bedeutungen dieser Gebete angeht, waren sie gleich.

Der Schöpfer hat aber das Leben so konzipiert, dass auch Menschen, die nicht das fünfmalige Gebet kennen, wie es im Islam üblich ist, die Bewusstheit lernen. Wenn ein Mensch sehr ehrgeizig ist, z.B. Karriere zu machen, dann wird er in seinem Kampf erfolgreich zu sein und irgendwann zu dem Punkt kommen, dass er oder sie präsenter wird, weil dies der Weg zum Erfolg ist. Wenn man Erfolgsmenschen beobachtet, sieht man oft bei ihnen Präsenz. Denn sie müssen jede Entscheidung, die sie treffen mit voller Bewusstheit treffen, nachdem sie selbstverständlich alle Maßnahmen überprüft haben und dann erst zu einer Entscheidung gekommen sind. Diese Maßnahmen sind auch ein Mittel, um präsent zu sein. Denn das, was man als „von der Sache überzeugt sein" bezeichnet, ist ein Hinweis auf Präsenz. Unser Versagen ist oft auf unbewusste Entscheidungen zurückzuführen.

Ein anderes Beispiel ist die Partnerschaft. Zu einer Partnerschaft gehören zwei Menschen, die in völlig verschiedenen Kosmen aufgewachsen sind. Denn jede Gemeinschaft wie Familie ist ein Kosmos für sich. Dann treffen diese Kosmen zusammen und es entsteht ein neuer Kosmos. Damit diese Kosmen aber zusammen wirken können, muss das Entscheidende vorliegen – nämlich Bewusstheit, Liebe, Toleranz. Wenn das nicht vorliegt, leben diese beiden Menschen nebeneinander und irgendwann auch auseinander und jeder zieht sich in seinen alten Kosmos zurück. D.h. um einen neuen Kosmos entstehen zu lassen, muss Bewusstheit, Liebe und Toleranz vorliegen, damit man über die Fehler und die Andersartigkeit des anderen hinwegschauen kann. So kann nur etwas Neues entstehen. Denn dann wird das Ego ausgeschaltet. Eine bewusste Partnerschaft ist voller Aufmerksamkeit, Respekt, Wertschätzung. Das Ego dagegen ist oft

Grund für Streitigkeiten, Vorwürfe, Verurteilungen, Neid, Eifersucht, Hochmut. D.h., wenn jemand den Wunsch hegt, eine glückliche Partnerschaft zu führen, dann lernt er im Laufe der Zeit bewusst zu sein. Er beginnt möglicherweise alle negativen Eigenschaften wie Neid, Eifersucht, Verurteilung, Hochmut zu vermeiden und sich positiv zu stimmen und positiv zu sein. Wie paradox, oder? Das Ego ist der Grund dafür, dass Menschen sich für den Weg der Bewusstheit entscheiden, wenn sie sich entscheiden. Andere wiederum stecken darin fest, weil sie sich irgendwie nicht von ihrem Ego loslösen können.

Das Menschsein baut auf drei Bausteine auf, die nach jedem Gebet mit dem sogenannten Tesbih rezitiert werden müssen. Sie ist so dem in der christlichen Welt bekannten Rosenkranz ähnlich. Diese stellt auch Präsenz dar. Das Tesbih wurde in den Alltag mit eingebaut. Man kann immer wieder beobachten, wie Menschen, die zusammenkommen, ein Tesbih in der Hand halten und dabei Gott lobpreisen und sich Gott bewusst machen, was mit dem Versuch, präsent zu sein einhergeht. Ziel ist es hier, jede Sekunde dazu zu nutzen, Gottes Namen zu rezitieren und somit bewusst zu werden.

Lt. Wikipedia wird das Tesbih wie folgt definiert: Als Misbaha (arabisch) oder Subha wird eine im Islam gebräuchliche Gebetskette bezeichnet. In nicht-arabischen Sprachen bzw. Ländern wird sie auch Tasbih, Tesbih oder Tespih genannt, was jedoch nicht ganz korrekt ist, da diese Namen in der arabischen Sprache eigentlich den Vorgang der Lobpreisung bezeichnen.

Man sagt dabei jeweils 33 mal „Sübhanallah", „Elhamdülillah" und „Allahu akbar".

Erstens: „Sübhanallah" ist die Entdeckung des unendlichen Schöpfers und das von ihm erschaffene außergewöhnliche und unglaubliche kosmische Werk. All das geht mit Präsenz einher, weil damit Anpreisung, Dankbarkeit und Demut einhergeht.

Man stelle sich vor, welch wunderbare Dinge in der Natur von Gott geschaffen sind. Alles ist perfekt aufeinander abgestimmt und passt hundertprozentig. Wenn man bedenkt, welche Hürden überwältigt werden müssen, bis ein Kind auf die Welt kommt, ist im Grunde genommen jede Geburt eines Babys ein Wunder für sich.

Zweitens: „Elhamdülillah", ist die Entdeckung des Schöpfers in seiner unendlichen Großzügigkeit, seiner Gaben und Güte.

„Elhamdülillah" ist der Ausdruck des Dankes an Gott für alles, wofür man dankbar ist, sei es für die eigene Gesundheit, für das Dach über dem Kopf, für eine wunderbare Familie und Freunde ja sogar für das warme Wasser unter der Dusche, was genau dann nicht mehr selbstverständlich ist, wenn der Boiler ausgefallen ist. Wenn man sich ständig darüber Gedanken machen muss, für etwas dankbar zu sein, dann werden einem solche Dinge besonders dann bewusst, wenn sie gerade fehlen.

Drittens: „Allahu akbar", also Gott ist groß, ist die Bewunderung über das Werk Gottes, das aus einem Universum aus Millionen von Sternen besteht, und die Anerkennung seiner Unendlichkeit und Allmächtigkeit.

Diese Rezitation hat auch einen weiteren Effekt. Wenn man seine Dankbarkeit ausspricht und diese sich immer wieder bewusst macht, dann kommt man auf der Leiter der Schwingungsstufen auf die oberen Stufen und gleichzeitig verhindert man, dass das Ego in den Vordergrund kommt. Da Schwingung ein auf und ab ist, wird die Schwingung durch dieses sich Bewusstmachen oben gehalten. Die Rezitation des Namen Gottes holt den Menschen auch in die oberen Stufen der Schwingung, denn je mehr man sich Gott bewusst macht, was mit Präsenz einhergeht, kommt man auf die oberen Stufen, weil man seinem wahren Selbst – was Gott ist – näher kommt. Bedenke, wir sind

Gott, weil das uns zugehauchte Leben von Gott stammt; aber Gott ist paradoxerweise größer als wir.

„Das Wort, das aus der Seele kommt, das setzt sich ganz bestimmt ins Herz!" (Rumi)

Was genau meint Rumi damit? Wenn du am Ufer eines Flusses sitzt und das Wassser beobachtest und dich auf das Wasser konzentrierst. Du denkst darüber nach, was das Wasser ist. Du denkst, dass das Wasser aus Gasen besteht, dass es eine Temperatur hat und bei 0 Grad sogar fest wird. Dein Verstand wird sogar erfassen, dass das Wasser Farben und viele Eigenschaften hat. Bis hier war das eine „verstandesmäßige Konzentration".

Im nächsten Schritt stehst du auf und gehst in das Wasser. Du fühlst, dass das Wasser flüssig ist, weil es deinen Körper umfasst. Du fühlst die Temperatur; nun musst du es nicht mehr messen. Du kannst im Wasser herumpantschen und alle Eigenschaften des Wassers erleben. Das ist „gefühlsmäßige Konzentration".

Dann hörst du auf, ein vom Wasser abgetrenntes Wesen zu sein, weil du mit dem Wasser verschmilzt. Du hast keinen menschlichen Körper mehr, weil du Wasser geworden bist. Jetzt denkst du nicht über das Wasser nach und welche Eigenschaften es hat. Du brauchst auch nicht mehr zu fühlen, wie und was Wasser ist, sondern jetzt bist du selbst Wasser. Du bist mit dem Gegenstand deiner Konzentration eins geworden. Alle anderen Konzentrationsphasen setzen ein Getrenntsein voraus, während der Seinzustand die vollkommene Einheit, somit auch vollkommenes Verständnis und absolute Erkenntnis aus innerer Schau ist. Dein Körper als die Materie kann kein Wasser werden, aber in deinem Bewusstsein kannst du es vollkommen erleben.

Je öfter wir die Namen Gottes rezitieren, desto eher können wir unser wahres Selbst, was Er ist, werden. Das ist der Zustand eines spirituellen Menschen. Religiöse Menschen reden immer davon was sie sind, aber spirituelle Menschen sind im Seinzustand (Unterschied Mümin und Munafiq).

Es gibt Menschen, die ständig über Liebe und Güte sprechen, sie tragen ein süßes, nettes Lächeln und bei jeder Gelegenheit stellen sie zur Schau, wie liebevoll und gut sie sind. Sie tragen die Maske der Liebe, aber wenn es um Taten geht, verraten sie ihre Selbstsucht, weil sie die Selbstsucht sind.

Andere, die nie über Güte sprechen, denken nicht daran, dass sie gut sein wollen, und doch stammen viele Gedanken und Worte von ihnen aus der Güte, weil Gott die Güte selbst ist. Was man ist, darüber denkt man nicht nach, das fühlt man auch nicht, sondern alles, was man denkt, sagt und tut, ist Äußerung dessen, was man ist – die Offenbarung seines eigenen Seins! Schau auf dich selbst und konzentriere dich darauf: Denke nach, was du bist, dann fühle, was du bist, und schließlich musst du sein, was du bist!

In dem Moment, in dem wir auf die Erde kommen und in unsere Körper „reingeboren" werden, fallen wir in unsere Gedanken und Gefühle und wir denken und fühlen nur. Aber wir konnten nie das sein, was wir sind. Wenn wir Menschen beobachten, dann sehen wir oft nur, dass sie sich mit ihren Gedanken, Gefühlen und Rollen identifizieren, die sie auf Erden spielen. Sie sind Scheinwesen, weil sie aus sich selbst rausgefallen sind. Wir beobachten bei Kindern den Glanz, das Licht des Seins, bis ihr Verstand erwacht, welches sie von ihrem göttlichen Wesen entfernt. Der Mensch als Person muss aber die Offenbarung des Selbst sein und somit die Eigenschaften des einzig wahren Gottes in die Welt hinaustragen. Stattdessen verlassen die Menschensöhne ihr Selbst, was der König ist, steigen vom Thron ab, identifizieren sich mit ihrer Maske und spalten sich von ihrem wahren Wesen ab. Ihr höheres Selbst wird ins Exil (ins Unbewusste) geschickt. Der Verstand ist die Ursache für die Spaltung, aber aus dem gespaltenen Herausgefallensein hilft wieder der Verstand heraus, nämlich durch Konzentrationsübungen und Bewusstwerdung.

„In der Wiedervergeltung liegt Leben für euch, o die ihr Verstand besitzt, auf dass ihr gottesfürchtig werden möget!"[626]

In der Welt des Moslems spielt die Präsenz im gesamten Alltag eine wichtige Rolle. Wenn man aus dem Bett steigen will, tut man das mit dem rechten Fuß und sagt dabei „Bismillahirrahmanarrahim" (Im Namen Allahs, des Allerbarmers, des Barmherzigen). Alles, was man beginnt, beginnt man mit diesen Worten; sei es, den Löffel in die Hand zu nehmen, um eine Speise zu kochen, sei es eine Klausur, einen Brief zu schreiben, sei es aus dem Haus zu gehen oder die Wohnung zu betreten etc. Jedes mal gedenkt man Gottes. Dieses Gedenken ist Bewusstheit und wird mit der Nennung des Namens des Schöpfers unterstrichen, weil der Moment der Bewusstheit die geistige Verbindung mit dem Schöpfer bedeutet. Dies setzt dann positive Energie um. Alles, was man mit diesen Worten umsetzt, kann nur positiv enden. So beginnt der Moslem auch mit diesen Worten seine Mahlzeiten, wenn er seine Wohnung verlässt, wenn er in sein Auto einsteigt etc. Wichtig ist es noch, dass ein Moslem beim Verlassen seiner Wohnung die Sure „Ayet'el Kürsi" rezitiert.

<u>Ayet'el Kürsi</u> -

„Allah – es gibt keinen Gott außer Ihm, dem Lebendigen, dem aus Sich Selbst Seienden und Allerhaltenden. Schlummer ergreift Ihn nicht noch Schlaf. Sein ist, was in den Himmeln und was auf Erden ist. Wer ist es, der bei Ihm fürbitten will, es sei denn mit Seiner Erlaubnis? Er weiß, was vor ihnen ist und was hinter ihnen; und sie begreifen nichts von Seinem Wissen, außer was Ihm gefällt. Sein Thron umfaßt die Himmel und die Erde;

---

[626] Koran 2; 179 und weitere Koran 2; 269 u.v.a.

und ihre Erhaltung beschwert Ihn nicht; und Er ist der Erhabene, der Große.[627]"

Dieses Gebet bzw. dieser Psalm aus dem Koran gehört zu den wichtigsten Gebeten im Islam. Es heißt, dass in diesen Worten viel positive Energie steckt und diese Fürbitte den Menschen vor dem Bösen bzw. negativen Energien beschützt.

Denn es heißt, dass Gott den Rezitierenden vor allem Unheil, Krankheiten, schlechten Angewohnheiten beschützt. In ein Haus, in dem dieser Koranvers gelesen wird, kommt der Teufel nicht rein. Der Prophet des Islam (s.a.s.) hat dazu gesagt, dass, wenn jemand beim Verlassen seiner Wohnung diese rezitiert, er den ganzen Tag von 70 Engeln begleitet wird und diese für ihn gute Wünsche aussprechen und für die Vergebung seiner Sünden beten. Und wer diese Fürbitte rezitiert, wenn er nach Hause kommt, bei dem schwindet die Armut aus seinem Haus und dieser Mensch wird der beste Freund des Schöpfers und wird vom Allmächtigen beschützt.

Und wer diese Fürbitte vor dem Zubettgehen rezitiert, dessen Haus und das der Nachbarn wird vom Schöpfer beschützt. (Beyhaki – Hadis, ein außerkoranisches Wort).[628]

Omar (ein Weggefährte des Propheten) sagte:
„Wenn jemand nach dem Aufwachen jeweils ein Ayet'el Kürsi rezitiert und dabei jeweils nach vorne, nach hinten, nach rechts, nach links, nach unten, nach oben ausatmet, beim siebten Mal einatmet und beim letzten Rezitieren sich einen Bogen um sich vorstellt, wird an dem Tag kein Mensch ihm etwas Böses antun und er ist vor allem Leid geschützt und er gewinnt an Kraft und Energie." (Hadis- ein außerkoranisches Wort).

---

[627] Koran 2; 255 http://kuran.gen.tr/?x=s_main&y=s_middle&kid=4&sid=2
[628] Beyhaki ein Gelehrter (994-1066)

Mit Ayet'el Kürsi zusammen, wird auch Sure Nas und Sure Felak rezitiert.

Sure Nas - die Menschheit

„Sprich: „Ich nehme meine Zuflucht beim Herrn der Menschen, Dem König der Menschen, Dem Gott der Menschen, Vor dem Übel des schleichenden Einflüsterers - Der da einflüstert in die Herzen der Menschen - unter den Jinn und den Menschen." "[629]

Sure Felak – die Morgendämmerung

„Sprich: „Ich nehme meine Zuflucht beim Herrn der Morgendämmerung, Vor dem Übel dessen, was Er erschaffen, Und vor dem Übel der Nacht, wenn sie sich verbreitet, Und vor dem Übel derer, die auf die Knoten blasen (um sie zu lösen), Und vor dem Übel des Neiders, wenn er neidet." "[630]

Wer diese drei Fürbitten auch beim Zubettgehen rezitiert, den beschützen die Engel Person an seinem Bett bis zum Sonnenaufgang.

Interessant ist hier noch zu erwähnen, dass die Worte „ich nehme Zuflucht" in dem Sinne zu verstehen sind, dass man mit Gott eins wird, sich verbindet und somit die Bewusstheit gemeint ist und die Entfernung vom Ego.

Wünsch' dir was!

Ein besonderes Augenmerk können wir auf den Aspekt der Wünsche legen. In der Welt der Religionen sind Wünsche nichts

---

[629] Koran 114, 1-6 http://kuran.gen.tr/?x=s_main&y=s_middle&kid=7&sid=114
[630] Koran 113; 1-5 http://kuran.gen.tr/?x=s_main&y=s_middle&kid=7&sid=113

anderes als Fürbitten, die in den Momenten des Gedenkens an Gott gesprochen werden. Sie sind oft nach einem bestimmten Schema aufgebaut. Sie klingen positiv, beinhalten Namen von Heiligen und/oder die Namen des Schöpfers.

Wir Menschen neigen dazu, für alle Probleme, Sorgen und Katastrophen auf der Welt den Schöpfer verantwortlich zu machen. Wir denken, dass wir nicht die Macht und die Möglichkeit haben, dass wir viele Missstände auf der Welt vermeiden oder abschaffen können. Aber wenn der Mensch wüsste, dass er einen Willen als Geschenk erhalten hat und die Kraft und Macht hat, die Dinge positiv zu beeinflussen, dann würde es auf der Welt weniger Kriege, Mord und Hass geben. Es ist nicht der Schöpfer, der den Menschen sagt, zieht los und bekriegt euch. Es ist nicht der Schöpfer, der Menschen aufträgt Intrigen zu spinnen, um an der Börse viel Geld zu verdienen. Es ist auch nicht der Schöpfer, der den Menschen sagt, behaltet alle Rohstoffe und Nahrungsmittel bei euch, und auf der anderen Seite der Welt verhungern Menschen. Es ist auch nicht der Schöpfer, der den Menschen sagt, rottet die Tiere aus, weil sie euch keinen Nutzen bringen oder damit ihr durch sie Geld verdient, indem die Menschen an ihren Zähnen oder an ihrem Fell Geld verdienen. Es ist nicht der Schöpfer, der den Menschen sagt zerstört die Natur, damit ihr darauf mehr Autobahnen oder Betonklötze baut. Wir können durch unsere Gedanken, durch unsere Wünsche und Gebete diese Dinge vermeiden und vieles ändern, nur wenn wir darauf vertrauen, dass es einen Schöpfer gibt und an unsere Kraft in uns glauben. Wir müssen wünschen, aber richtig wünschen und das mit Bewusstheit. Denn durch Bewusstheit können wir eine neue Erde schaffen, die besser ist als die, die heute ist.

Das Universum ist vom Schöpfer aus dem Nichts erschaffen mit Seinem Wissen, Seiner Macht und Seiner Kraft. Davor gab es nur den Schöpfer. Wir müssen immer wieder feststellen, dass sich alles im perfekten Gleichgewicht befindet und alles in Harmonie zueinander steht. Um das alles so zu schaffen, bedarf es doch zweifellos Wissen, Macht und Kraft?

Und im ganzen Universum mit all seinen Geheimnissen und Wahrheiten steht der Mensch als zentraler Bestandteil der Schöpfung und ist auserwählt, in besonderer Art und Weise geehrt zu werden, sofern er sich nicht „weigert".

Denn nicht Gott braucht unseren Gottesdienst, sondern wir brauchen den Gottesdienst. Daher ist im Islam das fünfmalige Beten am Tag Pflicht. Bei jedem Gebet, bei jeder Meditation, verbinden wir uns mit Gott und „tanken" Energie. Der Allmächtige versorgt uns mit allem, was wir zum Leben benötigen. Zu allem, was Er beschließt, sagt Er „Sei", und es ist.

Der Prophet (s.a.s.) hat zu Wünschen folgendes gesagt:
„Der kraftloseste Mensch ist der, der von Fürbitten fernbleibt. "[631]
„ ... der am meisten geschätzte Gottesdienst ist die Fürbitte. "[632]

„Für Gott gibt es nichts Wertvolleres als die Fürbitte selbst. "[633]

„Gott liebt diejenigen, die beharrlich beten. "[634]

In einer Stelle im Koran heißt es: „ ...Sprich: *„Was kümmert Sich mein Herr um euch, wenn ihr nicht (zu Ihm) betet?"*[635]

.

Gott hat den Menschen als einen guten geschaffen. *„Wahrlich, wir erschufen den Menschen in schönster Gestalt. "*[636]

---

[631] Hadis no. 1145 Cemail Saur
[632] Hadis no. 1129 Cemail Saur
[633] Hadis no. 7602 Cemail Saur
[634] Hadis no. 1876 Cemail Saur
[635] Koran 25, 77 http://kuran.gen.tr/?x=s_main&y=s_middle&kid=7&sid=25
[636] Koran 95, 4

Gott hat dem Menschen die Freiheit gegeben, selbst zu entscheiden, und ist in der Vergebung seiner Sünden großzügig. Was ist Sünde? Sünde ist ein Wort aus dem Griechischen und bedeutet „daneben treffen". D.h., immer wenn Menschen etwas tun, was sie von ihrem Lebensziel entfernt, sündigen sie. Diese Großzügigkeit wird in den Überlieferungen so beschrieben: *„Die Freude Gottes über die Bitten seiner Geschöpfe um Vergebung für ihre Sünden ist so groß, wie die Freude eines, der in der Wüste sein verlorengegangenes Kamel wieder findet."*[637]

„Drum gedenket mein, dass ich eurer gedenke, und danket mir und seid nicht undankbar gegen Mich."[638]

Wir Menschen sind uns oft nicht bewusst, wie nah uns Gott der Schöpfer ist. Wir fühlen uns oft einsam und allein, obwohl das nicht der Realität entspricht.

„Und wenn Meine Diener dich nach Mir fragen (sprich): „Ich bin nahe. Ich antworte dem Gebet des Bittenden, wenn er zu Mir betet. So sollten sie auf Mich hören und an Mich glauben, auf dass sie den rechten Weg wandeln mögen.""[639]

Nicht zu beten bzw. zu bitten ist einmal gegen die Natur des Menschen und ist nichts anderes als Gott zu leugnen und damit sich selbst zu leugnen. Denn es liegt in der Natur des Menschen, Energie zu geben in Form von Fürbitten und im Gegenzug bekommt der Mensch Energie zurück, da das Universum so ausgerichtet ist, dass ein Ausgleich stattfinden muss. Es operiert in Zyklen ähnlich unseres Ein- und Ausatmens. Wenn wir nur Ausatmen (geben) oder nur Einatmen (empfangen), geraten wir aus dem Rhythmus mit dem Universum. Wir müssen im Leben für ein kontinuierliches Gleichgewicht zwischen Einatmen

---

[637] Hadis no. 7192 Cemail Saur
[638] Koran 2, 152
[639] Koran 2, 186; übernommen
http://kuran.gen.tr/?x=s_main&y=s_middle&kid=7&sid=2

(Empfangen) und Ausatmen (Geben) sorgen. Machen Sie den Test: Machen Sie jemandem ein Kompliment, eine Freude. Nach einer Zeit wird Ihnen diese Freude von einem anderen Kanal zurückkommen.

Im Gegensatz zu Tieren, die die einfachsten Bedürfnisse haben, muss der Mensch in seinem Leben mit Höhen und Tiefen kämpfen. Wie er diese Höhen und Tiefen bewältigen soll, ist ihm überlassen. Diejenigen, die sich nichts wünschen bzw. nicht beten, können sich auch mit dem zufriedengeben, was ihnen der Schöpfer gegeben hat. Aber es ist ein großer Unterschied zwischen dem, der sich beharrlich Dinge erbittet und dem, der sich mit dem abgibt, was er hat. Wir sind geschaffen zu beten, und wenn der Schöpfer es für uns als gut sieht, dann erfüllt Er unsere Bitten. Es gibt einen chinesischen Fluch, der da heißt, „mögen all deine Wünsche in Erfüllung gehen". Fluch? Denn wir wünschen uns oft auch Dinge, die nicht so gut für uns sind, daher kann man hinzufügen „soweit sie für dich gut sind".
Unsere seelische Kraft wird durch unsere psychophysische Energie ernährt. Die Entwicklung dieser Energie ist ein Ergebnis der Entwicklung unserer Persönlichkeit. Diese psychophysische Energie ist dann blockiert, wenn dieser Mensch nicht betet, nicht meditiert. Eine blockierte Seele vermeidet auch, dass dieser Mensch mit positiver Energie umhüllt wird. Diese Blockaden löst man dann auf, wenn man regelmäßig wünscht und bittet.

„Wer antwortet denn dem Bedrängten, wenn er Ihn anruft, und nimmt das Übel hinweg und macht euch zu Nachfolgern auf Erden? Existiert wohl ein Gott neben Allah? Geringfügig ist das, was ihr (davon) bedenkt."[640]

---

[640] Koran 27; 62 www.islamische-datenbank.de

*„Und wenn sie ein Schiff besteigen, dann rufen sie Allah an -
aus reinem Glauben heraus. Bringt Er sie dann aber heil ans
Land, siehe, dann stellen sie (Ihm) Götter zur Seite"*[641]

*„Und euer Herr sprach: "Bittet Mich; Ich will eure Bitte erhö-
ren. Die aber, die zu überheblich sind, um Mir zu dienen, werden unterwürfig in Dschahannam eintreten."*[642]

Im Rahmen einer Studie über 2.700 Patienten wurde festgestellt,
dass 57 % der Patienten, für die ohne ihr Wissen von ihren Verwandten und Angehörigen gebetet wurde, eine Heilung erzielt
wurde.[643]

Der gleiche Effekt wurde im Rahmen einer Studie für Pflanzen-
kunde festgestellt. Hier wurden Pflanzen mit Wasser begossen,
das mit Gebeten „verseucht" war, und andere Pflanzen wurden
mit einfachem Wasser begossen. Es hat sich herausgestellt, dass
die „verseuchten" Pflanzen sich besser entwickelt haben als die
anderen. Also können auch Gebete/Fürbitten nicht nur Menschen nutzen bringen, sondern nutzen allen Lebewesen und auch
sogar leblosen Gegenständen.[644]

Kann die Zerstörung der Umwelt und Tierwelt auch ein Ergebnis dessen sein, dass Menschen nicht beten und wünschen?

Durch aufrichtige Fürbitten werden Energien erschaffen, die so
wirken, damit unser Wunsch in Erfüllung geht. Es heißt *„Die
aufrichtige und reine Absicht des Menschen und seine in den
Himmel gesandten Worte werden lebendig."*[645]

---

[641] Koran 29; 65 www.islamische-datenbank.de
[642] Koran 40; 60 www.islamische-detenbank.de
[643] Annals of Internal Medicine 2000; 132:903-910
[644] Debra Williams, „Scientific Research of Prayer: Can power of prayer be proven?;
http://www.plim.org
[645] Risale-i Nur, Lern'alar, 25, Lern'a, 3. Sebep (Eigenübersetzung)

In diesem Zusammenhang wird deutlich, dass Engel nichts anderes sind als positive Energien, die wir Menschen aktivieren können. D.h. wir haben die Macht, diese positive Energie zu beeinflussen. Im Gegensatz dazu gibt es die Dämonen, Satan als das Gegenstück der Engel, die negative Energien sind. Im Buddhismus kennt man diese als Yin und Yang.

Die Gebete erzeugen spirituelle Energie, die auch die Aufgabe haben können, uns vor Unglück und anderem zu beschützen. Daher ist es wichtig, dass wir unsere Wünsche und Gebete vorsichtig auswählen. Wünsche könnten einem auch schaden, statt zu nutzen.

D.h. durch die Bewusstheit, die wir im Gebet ausüben, ändern wir unser Energiefeld. Die Aura, die oft in der Esoterik zur Sprache kommt, spielt hier eine besondere Rolle. Denn mittlerweile gibt es Möglichkeiten, die Aura eines Menschen zu sehen bzw. zu messen. Im Islam wird oft nicht davon gesprochen, aber im Koran gibt es ausdrücklich Hinweise darauf.

„Oder (die Ungläubigen sind) wie Finsternisse in einem tiefen Meer: Eine Woge bedeckt es, über ihr ist (noch) eine Woge, darüber ist eine Wolke; Finsternisse, eine über der anderen. Wenn er seine Hand ausstreckt, kann er sie kaum sehen; und wem Allah kein Licht gibt - für den ist kein Licht."[646]

Das heißt, wenn Menschen eine tiefe Schwingung haben, dann sind sie von negativen Energien umzingelt. Sie befinden sich auf der ersten oder zweiten Stufe der Schwingungsstufen und werden mit weltlichen Dingen beschäftigt. Wenn sie sich aber durch die richtige Auswahl ihrer Gedanken in die höheren Schwingungsstufen begeben, dann werden sie von Licht umgeben.

„Am Tage, wenn die Heuchler und die Heuchlerinnen zu den Gläubigen sagen werden: "Wartet auf uns! Wir wollen ein we-

---

[646] Koran 24; 40 http://quran.al-islam.com/Targama/DispTargam.asp?nType=1&nSeg=0&l=eng&nSora=24&nAya=40&t=ger

nig von eurem Lichtstrahl bekommen", da wird (zu ihnen) gesprochen werden: „Kehrt zurück und sucht (dort) Licht." Dann wird zwischen ihnen eine Mauer mit einem Tor darin errichtet werden. Innerhalb davon befindet sich die Barmherzigkeit und außerhalb davon die Strafe."[647]

Nach Ömer (einem Weggefährten des Propheten) heißt es: „Gott lässt dank des Koran manche Menschen emporsteigen und manche erniedrigen."[648]

„Allah ist der Beschützer derjenigen, die glauben. Er führt sie aus den Finsternissen ins Licht. Diejenigen aber - die ungläubig sind, deren Freunde sind die Götzen. Sie führen sie aus dem Licht in die Finsternisse. Sie werden die Bewohner des Feuers sein, darin werden sie ewig bleiben."[649]

„Für diejenigen aber, die böse Taten begangen haben, ist eine Strafe in gleichem Ausmaße (wie dem der bösen Taten) bereitet. Schmach wird sie bedecken; keinen Schutz werden sie vor Allah haben, (und es soll so sein,) als ob ihre Gesichter mit Fetzen einer finsteren Nacht bedeckt wären. Sie sind die Bewohner des Feuers; darin werden sie auf ewig bleiben."[650]

Im geistigen Universum findet die Kommunikation nicht durch Worte, sondern durch Gedankenübertragung statt. Unsere Gebete werden in Form von Gedanken-Energien ins Universum ab-

---

[647] Koran 57; 13 http://quran.al-islam.com/Targama/DispTargam.asp?nType=1&nSeg=0&l=eng&nSora=57&nAya=13&t=ger

[648] Cami'üs sagir 2:302, Hadis Nor. 1909 http://www.darulkitap.com/hadis/camiussagir/indexana.htm

[649] Koran 2; 257 http://quran.al-islam.com

[650] Koran 10; 27 http://quran.al-islam.com/Targama/DispTargam.asp?nType=1&nSeg=0&l=eng&nSora=10&nAya=27&t=ger

gegeben. Wenn die Gebete (Energien) schwach gesendet werden, dann werden sie von Engeln in Form von positiver Energie weitergereicht. Die Gebete eines Unterdrückten werden gewiss wie ein Blitz direkt ins Universum geschickt. Im Gebet spürt man die spirituelle Energie, die eine Antwort für die Zusammenkunft zwischen Schöpfer und dem Menschen ist. Beim Gebet ist der Mensch bewusst und diese Bewusstheit geht damit einher, dass der Mensch in dem Moment der Präsenz mit dem gesamten Universum eins geworden ist. Daher spürt der Mensch eine gewisse Leichtigkeit wenn er Fürbitten ausspricht. *„Die Herzen verrosten wie Eisen. Ihre Politur erhalten sie durch ihre Fürbitten um Vergebung."*[651]

Denn kann es denn falsch sein für seine Nachbarn und Freunde das Beste zu wünschen? Ist es falsch, jeden Abend zu sagen: „Lieber Gott, die Welt ist voller Ungerechtigkeiten, bitte verbreite Deinen Namen des „Gerechten" auf der ganzen Welt, so dass die Welt gerechter wird. Lieber Gott, lass die Anzahl der bewussten Menschen in dieser Welt immer größer werden, damit diese Deine schönen Namen in die Welt hinaustragen können. Lieber Gott, beschütze die Kinder und Menschen dieser Welt vor Gewalt, Folter, Armut und Missbrauch. Wenn irgendwo auf der Welt Hass ist, dann lasse Deinen Namen die Liebe dort vorherrschend sein. Lass dort, wo Gewalt vorherrscht, Deinen Namen der Barmherzigkeit herrschen, und lass dort, wo Kriege sind, Deinen Namen des Friedens vorherrschen. Lieber Schöpfer, gebe denen, die in diesem Moment nichts zu essen haben, Essen und denen, die in diesem Moment nichts zu trinken haben, Wasser. Gib denen, die ihren Mut verloren haben, Kraft und zeige denen, die verzweifelt sind, einen Weg, um da raus zu kommen."

Kann das falsch sein? Wenn wir nicht wünschen und Fürbitten aussprechen, dann können wir auch keine neue Erde schaffen. Die Wünsche ermöglichen uns, uns darüber im Klaren zu sein,

---

[651] Hadis No. 2389

wo Missstände auf der Welt sind. Uns wird klar, wo etwas verändert werden muss. Wir sind uns das nicht immer bewusst. Erst durch unsere Wünsche wird uns klar, was wir genau wollen. Es ist auch bewiesen, dass Menschen, die sich über ihre Zukunft nie Gedanken machen und sich nicht im Klaren darüber sind, was sie wollen, dass diese Menschen oft im Leben nicht viel schaffen. Erfolgreiche Menschen haben sich bereits vor Jahren gewünscht, dass sie gewisse Ziele erreichen wollen und deshalb werden ihre Wünsche und Träume auch irgendwann wahr.

Rhonda Byrne hat in ihrem Buch „The Secret" und auch in anderen Literaturen wird empfohlen, sich ein sogenanntes Dream Board zu kreieren, d.h. eine Tafel mit all den Dingen, die man sich für das Leben wünscht. Man empfiehlt, sich Träume so vorzustellen, als wären sie schon wahr. Wer das mal ausprobiert hat, der wird voller Überraschung feststellen, dass das eintrifft.

Erklärt wird das folgendermaßen: Die Grenzen zwischen Wahrheit und Träumen werden in unserem Geist unkenntlich. Unsere lang gelebten Träume, manifestieren sich in uns und werden ein Teil der Realität. Wenn wir nach unserem Glauben leben, ändert sich auch unser äußeres Erscheinungsbild. Daher ist es in jeder Religion üblich eine bestimmte Kleidung zu tragen. Bei den Christen ist es die Tracht der Nonnen und Mönche, bei den Rabbis ihr schwarzes Gewand und bei den Moslems der Schleier bei den Frauen und der Bart bei den Männern. D.h. dass diese Gläubigen sich durch ihre Kleidung auch jedes Mal bewusst machen, woran sie glauben. Wenn wir unser Leben mutig bestreiten wollen, setzt das voraus, an Mut zu glauben. Wenn wir intelligent sein wollen, setzt das auch voraus, dass wir an die Intelligenz glauben. Wer also nicht an das Glück und an die Zufriedenheit glaubt, der kann auch nicht glücklich leben. Wie können wir Glauben aufbauen, damit wir an unsere Träume glauben, um sie in die Realität umzusetzen?

Unsere Träume sind die architektonische Grundlage unserer Zukunft. Daher ist es notwendig, dass wir diesen Rahmen bewusst abstecken und definieren, andernfalls gehört unsere Zukunft nicht uns. Es sind konkrete Träume gemeint und nicht irgendwelche wechselhaften Träumereien, die unsere analytischen Fähigkeiten verkümmern lassen. Träume müssen in ihren Gerüchen, Geschmacksnuancen visualisiert werden. Leben Sie Ihre Träume, wenn Sie an sie denken.

Denken Sie sich jedes einzelne Detail ihres Wunsches aus. Stellen Sie es sich vor. Ist es ein Haus am Meer mit weißen Möbeln? Ist es ein Ferrari, in dem sie an einem lauwarmen Sommerabend fahren? Ist es eine schöne Figur? Ist es ein netter, gutaussehender und liebevoller Partner? Ist es eine glückliche Familie? Sind es gesunde und glückliche Kinder? Wie wäre es, wenn ich ein Astronaut wäre, der zum Mond fliegt und darauf hüpft? Wie wäre es wenn ich eine Königin wäre? Wie wäre es, wenn ich es schaffen würde, mich für die Frauenrechte auf der Welt einzusetzen? Wie wäre es, wenn ich die Macht hätte, den hungernden Menschen in Afrika zu helfen? Es kann auch etwas ganz einfaches sein. Seien Sie ein Vogel, der über die Wiesen, den Bäumen und über die Berge herumfliegt. Werden Sie zu einem Schmetterling, der von einer Blüte zur nächsten fliegt.

Und wenn wir unsere Träume und Wünsche immer wieder wiederholen, „graben" sie sich in jeden Winkel unseres Stammhirns ein. Bestätigen Sie sich jeden Tag, was Sie werden wollen. „Ich bin schlau." „Ich bin schön." „Ich bin erfolgreich." „Ich kann es schaffen."

Die Antwort vom Schöpfer

Manchmal, wenn man sehr verzweifelt ist, wenn man versucht, von jemandem Hilfe zu bekommen, findet man eine dicke Wand vor, die man nicht durchbrechen kann: Auch wenn man diese Wand durchbricht, erwarten einen vielleicht peinliche Momente, nach der Überwindung um Hilfe zu bitten, vielleicht bekommt man auch kein Wort heraus, um jemanden um Hilfe zu bitten. Und wenn man sich überwunden hat, auszusprechen, was man auf dem Herzen hat, dann werden die anderen möglicherweise keine Zeit haben oder nicht die Möglichkeit haben, uns zu helfen, und wenn sie die Möglichkeit haben zu helfen, dann erwarten sie Verbundenheit bzw. Dankesschuld.

Doch wenn man den Schöpfer um Hilfe bittet, dann lässt er uns nicht vor der Tür warten. Ihn zu erreichen, bedarf nicht einmal einer Sekunde. Er ist 7 Tage 24 Stunden bereit, sich unsere Wünsche anzuhören. Sobald wir sagen „Oh du mein Schöpfer" oder „Lieber Gott" dann hat Er schon längst „Ja, bitte" geantwortet. Sobald wir uns zu Ihm wenden, so wendet Er sich zu uns. Sobald wir zu Ihm rennen, rennt er auf uns zu. Wenn wir Ihn lieben, dann liebt Er uns auch. Wenn wir Ihn nicht vergessen, dann vergisst Er uns auch nicht. Wenn wir von Ihm auf Erden erzählen, erzählt Er es denen im Himmel. Wenn wir Ihn anflehen, dann hört Er uns zärtlich und beschützend an und, wenn gewünscht, stundenlang.

Er ist nicht nur der Zuhörer und Trostspendende, Er ist der Weise, der Gebende, der Liebende und der Schöpfer. Und in dem Moment, in dem der Mensch sagt, „Lieber Gott", „Lieber Gott", „Lieber Gott", antwortet er „Sprich meine Schöpfung", „Sprich meine Schöpfung", „Sprich meine Schöpfung". Und die Engel, die Zeuge dieser Unterhaltung sind, warten ungeduldig darauf, welchen Wunsch der unendlich hilflose Mensch von dem unendlich großzügigen Schöpfer wünschen wird.

„Und wenn Meine Diener dich nach Mir fragen (sprich): „Ich bin nahe. Ich antworte dem Gebet des Bittenden, wenn er zu Mir betet. So sollten sie auf Mich hören und an Mich glauben, auf dass sie den rechten Weg wandeln mögen.“ “[652]

„Die den Thron tragen und die ihn umringen, sie verkünden den Preis ihres Herrn und glauben an Ihn und erbitten Vergebung für jene, die gläubig sind: „Unser Herr, Du umfassest alle Dinge mit Barmherzigkeit und Wissen. Vergib darum denen, die bereuen und Deinem Wege folgen; und bewahre sie vor der Strafe der Hölle. Unser Herr, lasse sie eintreten in die Gärten der Ewigkeit, die Du ihnen verheißen hast, wie auch jene ihrer Väter und ihrer Frauen und ihrer Kinder, die rechtschaffen sind. Gewiß, Du bist der Allmächtige, der Allweise. Und bewahre sie vor Übel, denn: wen Du vor Übel bewahrst an jenem Tage - ihm hast Du wahrlich Barmherzigkeit erwiesen. Und das ist die höchste Glückseligkeit.“[653]

---

[652] Koran 2, 186; übernommen
http://kuran.gen.tr/?x=s_main&y=s_middle&kid=7&sid=2
[653] Koran 40; 7-9 http://kuran.gen.tr/?x=s_main&y=s_middle&kid=7&sid=40

Der Islam als Religion

Der Islam ist keine Institution, sondern ein Konzept für jeden Menschen, sich dahingehend zu entwickeln, sein wahres Selbst zu finden, was Ziel eines jeden Menschen ist. Alle Religionen sind zu diesem Zweck entstanden. Das interessanteste aber ist die Tatsache, dass man im Westen vergeblich versucht, den Islam zu institutionalisieren. Warum? Da kann man nur mutmaßen; Damit man die Personen direkter angreifen kann, weil der Islam heute weit verstreut ist und unterschiedlich interpretiert wird. Den Menschen ist es frei, ihren Glauben so zu leben, wie sie meinen, aber in dem Rahmen der Verbote und Gebote, die der Koran und die Sunna vorgeben, und den üblichen Regeln, die in den islamischen Ländern nun gelten. Der Islam ist ein Konzept, wie man den Weg zum wahren Selbst meistern kann, so wie es der Prophet Mohammed den Menschen vorgelebt hat. Er hat alles erlebt, was jeder Mensch heute auch erlebt – er hat geheiratet, Kinder gezeugt, gearbeitet und ist auf natürliche Weise gestorben. Er hatte die alltäglichen Probleme zu bewältigen und hatte sogar auch Stress mit seinen Ehepartnerinnen, die er versucht hat, auf seine Weise vorbildlich zu lösen. Selbstverständlich führen viele Wege dahin, um sein wahres Selbst zu finden. Manche Menschen finden ihr wahres Selbst ohne eine Religion, nämlich durch ihre Erfahrungen im Leben, aber mit Hilfe der Religionen, wo es um die Erkenntnis Gottes geht, ist es einfacher, all die Schicksalsschläge und Erfahrungen im Leben zu meistern, weil es ein Konstrukt ist, Geduld, Dankbarkeit, Barmherzigkeit, positives Denken zu lernen. Dazu ein Beispiel: Da gibt es eine Person, die weiß, dass ein Sturm aufkommen wird. Die eine wird sein Haus mit Sandsäcken beschützen und die andere Person tut nichts. Die Person, die sein Haus mit Sandsäcken beschützt, ist zu vergleichen mit einer Gläubigen, die sich auf die Schicksalsschläge (Vergleich Sturm) vorbereitet, indem sie sich im Vertrauen, dass alles gut verlaufen wird, vorbereitet. Und auch wenn sie einen Schaden davon nimmt, dann bedeutet es für sie, dass sie dennoch allen Grund dafür hat, dankbar zu sein, denn es hätte noch schlimmer kommen können. Sie sieht in allem das Positive. Die andere Person wiederum findet womöglich ihr Haus in Schutt und Asche vor, beklagt sich über ihr Schicksal und wird vielleicht irgendwann depressiv. Man hört immer wieder, dass Menschen sagen, dass sie aus ihrem Glauben Energie schöpfen. Und das kann man nur dann verstehen, wenn man es selbst lebt. Der Islam besteht aus einem Konstrukt, was aus den 5 Grundpfeilern und den 6 Glaubensgrundsätze besteht. Dann gibt es aber die Mystik, was den Inhalt des Islam ausmacht. Um das zu verstehen, bedarf es viel Herz, Spiritualität und ein Verständnis für das Ganze. Und genau da scheitert der Islam in der Realität oft, aber nicht immer.

Wir dürfen eins nie aus den Augen verlieren. Es handelt sich dabei um Menschen, die sich im Leben durchwurschteln und um einen Halt zu finden, sich an eine Ideologie oder ein Konstrukt halten, um die Antworten auf ihre Fragen über ihr Leben, Erfahrungen etc. zu bekommen. Es geht auch nur darum, glücklich zu sein und den Weg zu seinem Glück zu finden. Was ist es, was mich glücklich macht? Was muss ich tun, um glücklich zu sein? Wir müssen viele Frösche küssen, um das Glück in der Liebe zu finden. Wir müssen viele Hürden nehmen, um im Leben, das Glück in Händen zu halten. Ohne den Niedergang zu erleben können wir nicht hochsteigen.

Da der Grat zwischen dem Guten – göttlichen – und dem Bösen – dem satanischen – sehr schmal ist, kommt es auch oft zu Fehlinterpretationen der Botschaften/Wahrheiten. Aus der Geschichte haben sich viele große Meister erlaubt, die Koranverse und Überlieferungen zu interpretieren und haben dadurch lediglich ihr Gedankengerüst zurückgelassen. Viele denken, dass deren Interpretationen Worte des Propheten seien oder sogar aus dem

Koran stammen. Dem ist aber nicht so. Wenn man eine Aussage liest, dann ist es wichtig zu schauen, von wem diese stammt. Man muss aber auch bedenken, dass die Koranübersetzungen oft unterschiedlich sind. Das wird sich im Laufe dieses Kapitels auch zeigen. Bei meinen kritischen Analysen habe ich auch oft Erkenntnisse aus „Nehmt den Männern den Koran!" von Nahed Selim miteingebracht, die sich mit dem Islam sehr kritisch auseinandergesetzt hat, die aber eine gläubige Muslime ist. Das ist wichtig. Kritik kann jeder am Islam finden, insbesondere die, die keine Berührung damit haben.

Wir dürfen auch eins nie vergessen, jeder versteht aus manchen Sätzen ganz andere Dinge, weil jeder seine Meinung auf Basis seiner Bildung und seiner Erfahrungen bildet. So auch manche Überlieferungen aus dem Islam, die in der islamischen Welt umgesetzt werden, aber auch oft aus Traditionen kommen. Wenn in der islamischen Welt etwas so interpretiert wird, dass am Ende eine Gruppe, wie z.B. die Frauen, dadurch benachteiligt werden, dann liegt nicht immer böse Absicht dahinter. Die Menschen denken, das war schon immer so und das wird schon richtig sein. Denn wenn den Menschen klar ist, dass Gott es nie wollte, dass ein Mensch durch Gebote oder Verbote benachteiligt wird, dann werden die Umsetzungen der Überlieferungen entsprechend umgesetzt. Es muss ein Verständnis dafür geben, dass die Gebote und Verbote dazu dienen, das Lebensziel, sein wahres Selbst zu finden, zu erreichen. Sie dienen nicht dazu, Menschen in ihrer Würde zu verletzen, ihnen ihr Selbstbestimmungsrecht zu nehmen und sie zu erniedrigen. Wenn aber die Umsetzungen der islamischen Richtlinien so realisiert werden, dass es dazu kommt, dann liegt ganz klar eine Fehlinterpretation vor. Um dem aber vorzubeugen, müssen alle Menschen das Recht haben zu protestieren, wenn die Umsetzungen das Ergebnis einer Fehlinterpretation sind. Man muss aber auch darauf hinweisen, dass dies sogar eine Prüfung des Schöpfers sein kann. Hat jemand das Böse in sich und ist nur Opfer seines Egos, so wird er zweifellos eine Fehlinterpretation hervorbringen, weil hier das Ego vorherrscht; hat er gute Absichten, dann wird die Interpretation das Resultat haben, dass Menschen voller Liebe, Toleranz, Wertschätzung, Barmherzigkeit und Dankbarkeit sein werden und somit auch ein friedliches Gesellschaftssystem hervorbringen.

In den islamischen Ländern ist der Islam mit der Sharia die gesellschaftliche Form. Alles wird danach ausgerichtet und gelebt. Die Menschen werden dort direkt auf ihr Ziel geführt. Sie müssen als Frau und Mann funktionieren, Kinder erziehen, sich dem Gottesdienst widmen und sich mit dem Tod auseinandersetzen. Für diese Menschen stellt sich nicht die Frage, trage ich ein Kopftuch, trinke ich Alkohol, führe ich ein abschweifendes Leben. Wenn man aber als Moslem im Westen in einer Gesellschaft aufwächst, in der man die Wahl hat, dann trifft man oft auf ungewöhnliche Konstellationen, wie Menschen sich nach dem Islam richten. In westlichen Ländern, wo viele Moslems in den letzten Jahrzehnten hinzugewandert sind, findet man oft Frauen, die zwar kein Kopftuch tragen, aber streng nach dem Islam leben. Man trifft auch auf Konstellationen wie Mutter trägt kein Kopftuch, aber die 18jährige Tochter schon. Weil es keinen Zwang gibt (jedenfalls nicht staatlich reguliert), nehmen sich die Menschen hier die Freiheit, wie sie ihren Glauben leben. Weil dort kein Zwang ist, ist auch oft tiefe Überzeugung da. Wenn Frauen in westlichen Ländern sich zum Kopftuch bekennen und sie tragen, dann ist es oft freiwillig und gewollt. Viele Westliche denken oft, dass Frauen mit Kopftuch oft dazu gezwungen werden. Diese Möglichkeit haben wir in einer gesellschaftlichen Form, in der die Menschen frei sind, zu tun, was sie für richtig halten, und das innerhalb eines Rechtstaates. Selbstverständlich ist ein islamisches System, wo viel vorgedacht wird, eine Hilfe für die Menschen, diese Erkenntnis schnell zu erlangen, aber das System darf nicht so ausgelegt sein, dass Gedanken und Vorschriften von alten bärtigen Predigern, Regulierungen, die Menschen einengen kreativ zu sein, für sich frei zu entscheiden und um ihre natürlichen Rechte gebracht zu werden. Wenn Sie aber Menschen, die in islamisch geprägten Ländern leben, fragen, dann werden sie oft zufriedene Meinungen hören. Sie beklagen sich nicht und haben sich mit dem System „geeinigt". Nur wir empfinden es als Einschränkung weil wir es nicht anders kennen. In den islamischen Gesellschaften können Jugendliche nicht so einfach zu Alkoholikern werden, weil es oft schwierig ist, dort an Alkohol zu kommen. Solche Bilder von sich betrinkenden Jugendlichen, die in der Öffentlichkeit randalieren, findet man kaum oder gar nicht. Braucht man denn das sich betrinken? Wohl kaum, oder? Von daher ist der Verbot von Alkohol ein Punkt, der für eine islamische Gesellschaft spricht, insbesondere für diejenigen, die keinen Alkohol trinken. Für solche aber, denen Alkohol im Leben wichtig ist, ist es durchaus schwierig, in solch einer Gesellschaft zurechtzukommen. Es ist auch nicht verwunderlich, dass im Westen die Politiker sich zunehmend mit dieser Frage herumschlagen müssen. Auf der einen Seite steht die Legalisierung von Cannabis und auf der anderen Seite die Verschärfung des Alkoholverbots. Das ist doch widersprüchlich, oder?

In der islamischen Welt aber hat man als Frau oft das Gefühl, als ob sich das männliche Geschlecht die Verschleierung als Vorwand nimmt, um sich über das weibliche Geschlecht zu stellen. Eine Frau, die verhüllt ist, wird automatisch als eine solche Frau gesehen, die sich einem Mann unterwirft. Jedenfalls erlebt man das oft hautnah, wenn man in solch einer Gesellschaft lebt. Man begegnet oft Menschen, die der Meinung sind, dass eine verhüllte Frau nicht zu selbstbewusst sein darf, schon gar nicht erfolgreich im Beruf, und sich niemals mit einem Mann messen geschweige denn besser sein darf als er. Sogar Menschen aus dem

Westen sehen in einer Frau das, wenn es um das Thema Kopftuch geht. Sie denken auch oft, dass eine Frau, die Kopftuch trägt, auch nicht intelligent sein kann und zurückgeblieben ist; das vielleicht nur, weil sie sich allein einem Dogma unterwirft, nämlich dem Dogma des Kopftuchtragens. Schaut man aber in die Statistiken in Deutschland für studierende Frauen aus der Gruppe der Migrantinnen aus der Türkei, dann ist die Zahl der Frauen mit Kopftuch, die studieren, verhältnismäßig viel höher als gedacht. In der Türkei selbst wurden diese Frauen von der Bildung und der Teilnahme an der Gesellschaft Jahrzehntelang ferngehalten. Die aktuelle Regierung in der Türkei hat Maßnahmen ergriffen, damit Frauen mit Kopftuch auch die Möglichkeit haben, am gesellschaftlichen Leben teilzunehmen und sich zu bilden. Sie dürfen mittlerweile an Universitäten studieren, was ihnen Jahrzehnte lang verboten war. Die Bildungsrate der Fragen in der Türkei hat sich in den letzten 20 Jahren von 45% auf 85% gesteigert. Auch wenn eine Frau eine Hochschulausbildung hat, wenn nicht sogar eine bessere Ausbildung hat als der Mann, wird von ihr dennoch Unterwürfigkeit erwartet. Das hat sich in den Köpfen der Menschen festgehaftet und ist schwer wegzukriegen. Denn sobald eine Frau Forderungen stellt, egal ob in der Beziehung oder in der Gesellschaft, wird sie als feministisch eingestuft, was oft einen negativen Touch hat. Eine solche Frau wird auch selten als potentielle Partnerin gesehen, weil damit dann das Ego des Mannes verletzt werden könnte. Wenn wir nun beim Ego des Mannes angekommen sind, dann ist dies wieder ein Widerspruch in sich. Denn wir Menschen, also Mann und Frau, haben die Aufgabe, im Leben unser Ego zu besiegen, damit wir am Ende zu uns finden. Solange es aber das Patriarchat gibt, nimmt sich der Mann die Möglichkeit, sich über sein Ego zu stellen. Denn anstatt sich der Frau zu stellen, allein sich der Stärke und Macht einer Frau zu stellen und das andere Geschlecht so zu nehmen, wie es ist, zieht das Ego es vor, sich über die Frau zu stellen und sie zu unterdrücken. In der arabischen

Gesellschaft ist das sogar viel mehr ausgebreitet, indem man die Frau in der Gesellschaft versteckt. Wenn es Hochzeiten oder Versammlungen gibt, dann werden Frauen und Männer getrennt. Die Männer sind unter sich und die Frauen unter sich. Denn eine Frau wird aus deren Sicht deshalb versteckt oder verhüllt, damit der Mann vor dem Sündigen – nämlich vor dem Begehren – beschützt wird. Daher bezeichnet man das „Nicht-Kopftuchtragen" als Zina, was Ehebruch bedeutet (übrigens eine Fehlinterpretation von Ibn-Abbas, auf die ich später eingehen werde). Die wahre Stärke und der wahre Sieg über das Ego ist es aber, sich ihm zu stellen und so den Sieg über das Ego davonzutragen. Denn Cihad (der heilige Kampf) ist ein Muss, es ist ein Gebot. Wir wollen aber nicht nur den Männern in der islamischen Welt Vorwürfe machen, sie würden die Frauen unterdrücken. Im Westen muss zwar die Frau kein Kopftuch tragen, aber viel besser hat sie es auch nicht als im Orient. Es gibt wissenschaftliche Studien, wonach Frauen, die z.B. Karriere machen wollen, oft von ihren Männern nicht die Unterstützung bekommen, wie es eine Frau einem Mann bei der Karriere gönnt.[654] Daher sind Frauen in Führungspositionen entweder alleinerziehende Mütter oder Singles, Verheiratete mit Kindern sind eher die Seltenheit und die Ausnahme. Da ist auch das Ego des Mannes Schuld. In den arabischen bzw. islamischen Ländern kommt es auch vor, dass Frauen im Berufsleben wichtige Positionen belegen. Einen Haken gibt es aber da auch: da die Frau als Sexobjekt gilt und in den Männern Begierde auslösen könnte, muss sie sich bei geschäftlichen Versammlungen unter Frauen aufhalten und die Männer bleiben unter sich. Denn es wäre ja lt. der bärtigen alten Prediger Zena (Ehebruch), wenn Frauen und Männer sich in Gesellschaft vermischen. Der eine könnte die Frau des anderen begehren oder umgekehrt. Um aber auch eins klarzustellen, Frauen sehen in einer Frau, die sich für das Kopf-

---

[654] http://www.spiegel.de/karriere/berufsleben/studie-rollenverstaendnis-heute-konservativer-als-in-den-neunzigern-a-935522.html

411

tuch entschieden hat, auch, dass sie sich unterwirft. Das ist nicht nur aus der Sicht des Mannes so, sondern es kommt auch vor, dass Frauen so denken. Oft liegt das daran, dass – wenn man die Türkei betrachtet –Frauen, die keine Bildung hatten (sie konnten ja keine Bildung haben, weil ihnen nicht gestattet war zu studieren) oft einfache Jobs angenommen haben wie z.B. zu putzen. Sie trugen Kopftuch, was den Menschen zu der Aussage veranlasste, dass nur Putzfrauen Kopftuch tragen würden. Wie beschämend und menschenunwürdig, oder? Noch beschämender ist es aber, dass es in der heutigen Türkei wirklich Menschen gibt, die das auch offen aussprechen, dass eine Frau mit Kopftuch minderwertig sei.

Ich persönlich finde den Islam als ein gelungenes Konzept, um sein Lebensziel zu erreichen, ohne dabei andere Glaubensrichtungen als falsch oder minderwertig betrachten zu wollen. Der Islam ist ein Geschenk an die Menschheit und nicht nur für die Männer. Wieso haben die Frauen nicht den Mut und die Kraft, sich den Islam nicht aus der Hand nehmen zu lassen und sich keinerlei Unterdrückung gefallen zu lassen, die im Namen des Islam auf sie ausgeübt wird? Wieso solidarisieren sich die Frauen nicht? Ich kann das nur von meiner Sichtweise erklären: weil die Gesellschaft in den islamischen Ländern so aufgebaut ist, dass die Frauen gar nicht die Möglichkeit haben, einerseits alles kritisch zu beäugen – weil Kritik nach Meinung einiger bärtiger Theologen am Islam nicht erlaubt ist – und auf der anderen Seite die Gesetze so konzipiert sind, dass die Frauen keine Möglichkeit haben, etwas gegen ihre Unterdrückung zu tun. Ihnen ist oft gar nicht bewusst, dass sie benachteiligt und unterdrückt werden. Das wird ihnen erst dann klar, wenn sie im Westen ihre Freiheit genießen und sehen, wie es auch anders zugehen kann. Alle Rituale im Islam werden von Männern umgesetzt und vorgegeben. Prediger sind oft Männer, obwohl es im Islam erlaubt ist, dass Frauen predigen. Man trifft halt oft selten auf sie, weil sie meistens Predigen vor Frauen halten.

Wenn wir nun bei der Kritik am Islam angekommen sind, möchte ich dazu auch einige Meinungen abgeben. Ich bin gläubig und liebe und respektiere meinen Glauben sehr. An manchen Stellen des Koran bin ich manchmal sehr überrascht, wie ein Konzept, das vorher ganz klar die Position der Frau auf die Ebene eines Mannes erhebt, an anderer Stelle, in den sogenannten Sunna und Überlieferungen, widersprüchliche Aussagen insbesondere in der Frage zu den Frauen widergibt. Daher habe ich den Verdacht, dass im Laufe der Zeit Überlieferungen entweder fälschlicherweise in den Islam importiert wurden oder falsch ausgelegt wurden.

Hier einige Beispiele aus dem sehr interessanten Werk von Nahed Selim, „Nehmt den Männern den Koran!":[655]
Angeblich hätte der Prophet folgende für einen Propheten unwürdige Aussage zu den Frauen gemacht: „Einmal besuchte der Prophet das Gebetshaus, um das Gebet für den Feiertag zu verrichten. Er kam an einigen Frauen vorbei und sagte: ‚O ihr Frauen, gebt Almosen, ich habe nämlich gesehen, dass die meisten Bewohner der Hölle Frauen sind.' Er erwidert: ‚Ihr Flucht oft, und ihr seid euren Männern gegenüber undankbar. Mir ist noch niemand begegnet, dessen Intelligenz und Glauben schwächer entwickelt sind als eure. Manche von euch können einen vorsichtigen, vernünftigen Mann völlig vom Weg abbringen.' Die Frauen fragen: ‚O Prophet Allahs! Was ist an unserer Intelligenz und unserem Glauben schwach entwickelt?' Er sprach: ‚Sind die Zeugenaussagen von zwei Frauen nicht eben so viel wert wie die eines einzigen Mannes?' Sie erwiderten: ‚Ja.' Er sprach: ‚Das ist die Schwäche eurer Intelligenz. Und stimmt es etwa nicht, dass eine Frau während ihrer Menstruation nicht beten oder fasten

---

[655] Nahed Selim, Nehmt den Männern den Koran! S. 104 ff.

kann?' Die Frauen bestätigten seine Worte. Er sprach: ‚Das ist demnach die Schwäche eures Glaubens.'"

Jetzt nehmen wir uns mal diese Überlieferungen ernsthaft vor:

1) ein Prophet, insbesondere der Prophet Mohammed, würde niemals sich in irgendeiner Form einem Wesen gegenüber derartig negativ äußern. Das liegt nicht in seiner Natur. Er war nicht umsonst schon immer so beliebt bei seinen Mitmenschenauch lange bevor er zum Propheten ernannt wurde.

2) Für mich ist es etwas ganz neues, dass Frauen oft fluchen sollen. Haben Sie mal die Gespräche unter Männern gehört? Männer fluchen viel öfter. Wenn das ein Grund ist, jemanden in die Hölle zu schicken, dann würde die Hölle voller Männer sein.

3) „Und ihr seid euren Männern gegenüber undankbar." Sind Männer ihren Frauen gegenüber denn dankbar?

4) Warum sollen denn nun Frauen weniger Verstand und Glauben haben? Wieso hat dann der Prophet die Frauen explizit zum Islam eingeladen? Für ihn waren die Frauen sehr wichtig. Kann man aufgrund einer Koranaussage, dass die Zeugenaussagen zweier Frauen eben so viel wert seien wie die eines Mannes darauf schließen, dass Frauen deshalb weniger intelligent seien? In dem Koranvers geht es nicht um Intelligenz, sondern um die schriftliche Fixierung von Schulden und Autorisierung von Schriftstücken. Früher war es üblich, unter den Arabern solche Geschäfte mündlich festzuhalten. Oft kam es später zu Meinungsverschiedenheiten. Daher hat der Koran in dem folgenden Vers folgendes festgelegt:

„O ihr, die ihr glaubt, wenn ihr eine Anleihe gewährt oder aufnehmt zu einer festgesetzten Frist, dann schreibt es nieder. Und ein Schreiber soll es in eurem Beisein getreulich niederschreiben. Und kein Schreiber soll sich weigern zu schreiben, so wie Allah es gelehrt hat. So schreibe er also, und der Schuldner soll es diktieren und Allah, seinen Herrn, fürchten und nichts davon weglassen. Und wenn der Schuldner schwachsinnig oder

schwach ist oder unfähig, selbst zu diktieren, dann soll sein Sachwalter getreulich für ihn diktieren. Und lasset zwei Zeugen unter euren Männern es bezeugen, und wenn es keine zwei Männer gibt, dann (sollen es bezeugen) ein Mann und zwei Frauen von denen, die euch als Zeugen geeignet erscheinen, damit, wenn sich eine der beiden irrt, die andere von ihnen sie (daran) erinnert. Und die Zeugen sollen sich nicht weigern, wenn sie gerufen werden. Und verschmäht nicht, es niederzuschreiben - (seien es) große oder kleine (Beträge) - bis zur festgesetzten Frist. Das ist rechtschaffener vor Allah und zuverlässiger, was die Bezeugung angeht und bewahrt euch eher vor Zweifeln, es sei denn es handelt sich um eine sogleich verfügbare Ware, die von Hand zu Hand geht unter euch; dann ist es kein Vergehen für euch, wenn ihr es nicht niederschreibt. Und nehmt Zeugen, wenn ihr miteinander Handel treibt. Und weder dem Schreiber noch dem Zeugen soll Schaden zugefügt werden. Und wenn ihr es tut, dann ist es wahrlich ein Frevel von euch. Und fürchtet Allah. Und Allah lehrt euch, und Allah ist über alles kundig."[656]

Damals wurden Frauen von geschäftlichen Angelegenheiten oft ferngehalten. Das war Männersache. Sollte in einer Angelegenheit erforderlich sein, eine Frau als Zeuge zu nehmen, hat man eine weitere Person herangezogen, die die Aussage der anderen Frau bekräftigen sollte, falls diese vergessen hat, was vereinbart wurde. Bei Zeugenaussagen in anderen Angelegenheiten wie z.B. Ehebruch, wofür man vier Augenzeugen benötigte, wurde kein Unterschied zwischen Männern und Frauen gemacht. Das heißt wiederum, dass der Unterschied aus funktionalen Gesichtspunkten gemacht wird und keine grundsätzliche Sache ist. Bei anderen Angelegenheiten wie Dinge zu Menstruation, Schwangerschaften, Geburt und Stillen hat der Mann überhaupt kein Recht für eine Zeugenaussage. Ist nun ein Mann weniger intelligent?

---

[656] Koran 2; 282 www.islamische-datenbank.de

Eine Fehlinterpretation des letzten Koranverses führt in der heutigen Zeit zu einer Diskriminierung der Frauen in vielen gesellschaftlichen Dingen. Stellen Sie sich vor, da gibt es eine Finanzberaterin und ihre Aussage zu der finanziellen Situation eines Unternehmens ist halb so viel wert wie die irgendeines Mannes. Diese Behauptung kann heute nicht mehr gelten. Ein solches Vorgehen führt zu vielen Ungerechtigkeiten Frauen gegenüber. Beispiel: Eine Frau wird misshandelt. So etwas findet nie in Anwesenheit einer anderen Person statt. Also sollte die Frau vor Gericht gehen, steht ihre halbe Aussage gegen die volle Aussage eines ganzen Mannes, der sie misshandelt hat. Eine solche Regelung passt auch nicht mehr in eine Zeit, wo Frauen alle möglichen Berufe wie Ingenieurinnen, Richterinnen, Ärztinnen ausüben.

5) Ein weiterer fraglicher Punkt ist die Behauptung, dass Frauen weniger Glauben hätten, weil sie nicht während der Menstruation beten oder fasten können. Das sind Maßnahmen, die Frauen gewisse Dinge erleichtern sollen. Wenn sie ihre Menstruation hat, ist sie nicht verpflichtet das fünfmalige Gebet auszuführen, sie kann es aber später nachholen. Dass sie nicht zu fasten braucht hat auch gesundheitliche Gründe, denn in der Zeit ihrer Menstruation braucht sie Flüssigkeit und wenn sie fastet, darf sie nichts trinken. Was hat das denn nun mit dem Glauben zu tun? In der heutigen Zeit sind einige Theologen sogar der Meinung, dass Frauen beten und fasten können, wenn Sie ihre Menstruation haben.

6) „Manche von euch können einen vorsichtigen, vernünftigen Mann völlig vom Weg abbringen." Das muss ich mit einer Gegenfrage beantworten. „Haben die Männer so viel Angst vor den Frauen?" Diese Aussage soll von dem Propheten stammen? Wer kann das beweisen? Wie authentisch die Überlieferungen

(Hadithe) und die Sunna sind, ist ein Problem der islamischen Traditionswissenschaft – schon immer gewesen. Die Sammlungen von al-Buchari und Muslim sind die offiziell anerkanntesten, allerdings handelt es sich dabei um 10.000 Überlieferungen und zusätzlich noch 600.000 Überlieferungen, die sich im Umlauf befinden. Wenn wir diese Anzahl auf die 23 Jahre aufteilen, in denen der Prophet ein Prophet war, hätte er täglich 4 Überlieferungen pro Stunde reden müssen. Wie konnten sich auch die Leute, die sich die Überlieferungen gemerkt haben, so lange alle Informationen behalten. Erst 4 Generationen später wurden die Überlieferungen schriftlich festgehalten. Noch heute überprüft man die Überlieferungen auf ihre Glaubwürdigkeit hin.

Jede Frau sollte sich klar mit den Koranversen auskennen und jederzeit diese frauenfeindlichen Aussagen, die im Namen des Propheten fälschlicherweise gemacht wurden, widerlegen können.

Eine weitere absurde Überlieferung, die angeblich vom Propheten kommen soll, ist diese: „Kraft Meiner Gnade kommt dieser Mensch in den Himmel, und es interessiert Mich nicht. Der hier kommt in die Hölle, und es interessiert Mich nicht."
Dieser Text wird von vielen Muslimen für fragwürdig und unglaubwürdig gehalten, denn es ist die Frage, ob es im Jenseits wirklich so zugeht. Das wäre ja auch ein Gipfel der Willkür und Gleichgültigkeit Gottes. Der Islam ist aber von Gottes Gerechtigkeit überzeugt. Dazu einige Beispiele aus dem Koran:

„Es ist weder nach euren Wünschen noch nach den Wünschen der Leute der Schrift. Wer Böses tut, dem wird es vergolten werden; und er wird für sich außer Allah weder Freund noch Helfer finden."[657]

---

[657] Koran 4; 123 www.islamische-datenbank.de

„Diejenigen aber, die handeln, wie es recht ist - sei es Mann oder Frau - und dabei gläubig sind, werden ins Paradies eingehen und nicht im geringsten Unrecht erleiden. "[658]

„Da erhörte sie ihr Herr (und sprach): „Seht, Ich lasse kein Werk der Wirkenden unter euch verlorengehen, sei es von Mann oder Frau; die einen von euch sind von den anderen. " "[659]

„Hast du nicht jene gesehen, die sich selber reinsprechen? Allah ist es aber, der reinspricht, wen Er will, und ihnen wird kein Fädchen Unrecht getan. "[660]

"Dies ist für das, was deine Hände vorausgeschickt haben: denn Allah ist nicht ungerecht gegen Seine Diener. "[661]

Es ist nun ganz klar, dass die o.g. Überlieferung in Frage zu stellen ist, zumal sie auch gegen viele wichtige Koranverse verstößt. Der große Theologe Al-Ghazali hatte aber diese Überlieferung zitiert, obwohl sie bestehenden Koranversen widerspricht. Es ist bekannt, dass er sich sehr für die Mystik interessiert hat. Wenn er damit sagen wollte, dass Belohnung und Strafe nicht wörtlich zu nehmen sind, so wie Mystiker in der Regel argumentierten, dann kann man seine Handlung verstehen, diese Überlieferung zu zitieren, obwohl sie den Koranversen widerspricht.

Dies zeigt uns nur, dass wir uns nicht zurücklehnen können und uns von den Interpretationen von alten Generationen beeinflussen lassen sollten, deren Bildungsstand heute dem eines Zehntklässlers entsprechen würde. Die Zeiten ändern sich und wir müssen gemäß des Korans nachdenken:

---

[658] Koran 4; 124 www.islamische-datenbank.de
[659] Koran 3; 195 www.islamische-datenbank.de
[660] Koran 4; 49 www.islamische-datenbank.de
[661] Koran 22; 10 www.islamische-datenbank.de

„Es ist ein Buch voll des Segens, das Wir zu dir herabgesandt haben, auf dass sie über seine Verse nachdenken, und auf dass diejenigen ermahnt werden mögen, die verständig sind.“[662]

Nachdenken sollten wir über noch weitere frauendiskriminierende Überlieferungen, die angeblich vom Propheten kamen.

„Eine gute Frau unter den Frauen zu finden ist genauso schwer, wie einen weißen Raben (Krähe) unter hundert Raben (Krähen) zu finden.“

Gute Menschen sind selten, aber gilt das nicht auch für Männer? Ferner hängt die Güte nicht vom Geschlecht ab, sondern ist etwas Menschliches.

„Das Ehebüdnis ist eine Art Sklaverei für Frauen.“

Im Koran steht über die Beziehung von Mann und Frau aber folgendes:

„Und unter Seinen Zeichen ist dies, dass Er Gattinnen für euch aus euch selber schuf, auf dass ihr Frieden bei ihnen finden möget; und Er hat Zuneigung und Barmherzigkeit zwischen euch gesetzt. Hierin liegen wahrlich Zeichen für ein Volk, das nachdenkt.“[663]

Hier wird ganz klar auf die Ebenbürtigkeit von Mann und Frau hingewiesen. Im Übrigen, wie kann eine Ehe glücklich sein, die im Normalfall auf Liebe, Harmonie beruht, wo ein Teil dieses Bündnisses, nämlich die Frau, eine Sklavin sein soll?
Ferner hat der Islam es zu seinem Verdienst gemacht die Menschen von der Sklaverei zu befreien.

---

[662] Koran 38; 29 www.islamische-datenbank.de
[663] Koran 30; 21 www.islamische-datenbank.de

Weil diese Überlieferung noch in den Köpfen der Menschen steckt, wird dies im Alltag im Islam oft noch gelebt. Von einer Frau wird in der Ehe Unterwerfung vor dem Mann erwartet, aber ist die Ehe nicht dafür da, damit Mann und Frau sich in der Ehe entfalten und ihr wahres Selbst finden? Denn alle Werte in der Welt sind lediglich Mittel zum Zweck. Dies kann nur durch Bewusstheit erlangt werden, die man in der Zweisamkeit lernt. Alles ist für die Erkenntnis Gottes erschaffen: Partnerschaft, Kinder kriegen, Karriere, Familie, Freundschaft etc. Alles, was aud den ersten Blick als weltlich zu sehen ist, ist nur Mittel zum Zweck – nämlich Mittel, um die Erkenntnis Gottes zu erlagen. Rumi hatte dazu gesagt: „Der Köder der Welt ist sichtbar, der Strick aber ist verborgen – auf den ersten Blick erscheinen ihre Gnaden süß." Aber wie soll das klappen, wenn eine Ehe durch die Dominanz der einen Seite bestimmt wird, wenn das Ego ständig zugegen ist? Wenn man aber in der islamischen Welt die Männer fragt, ob ihre Frauen fair und gerecht behandelt werden und ihre Freiheiten genießen, dann wird ihnen der Mann mit Sicherheit sagen, dass er seiner Frau alle Freiheiten geben würde und sie frei ist in ihren Entscheidungen. Vielleicht meint er aber damit, dass sie entscheidet, was heute Abend gekocht werden darf oder was sie sich zu Hause anziehen kann, um es mal ein wenig übertrieben darzustellen. Was ich aber damit meine ist, dass dem Mann das Verständnis dafür fehlt, seine Partnerin als gleichwertig zu sehen. Das ist von Tradition zu Tradition weitergegeben worden. Viele Freiheiten, die Frauen in der westlichen Welt heute genießen, sind für die Männer oft in den islamisch geprägten Ländern unverständlich. Weil ihre Wahrnehmungen von Freiheit für die Frau eine andere ist. Oft hört man auch, dass man in den islamisch geprägten Ländern die Frauen in der westlichen Welt bemitleidet für ihr tragisches Schicksal, allein zu sein, für sich selbst sorgen zu müssen und oft die Rolle des Mannes übernehmen zu müssen, weil sie die gleiche Ver-

antwortung tragen wie ein Mann. Alles eine Frage der eigenen Wahrnehmung, weil es nicht der Islam ist, dass die Frauen ungerecht behandelt werden, sondern das Ego des Mannes, oder wir drücken es so auch: Es ist die Schwäche des Mannes für sein Ego. Er kann seinem SATAN einfach nicht widerstehen.
Der nächste Koranvers weist darauf hin, dass sich die Menschen abhängig von ihren Taten und Glauben voneinander abheben können und dies nichts mit dem Geschlecht zu tun hat.

„Diejenigen aber, die handeln, wie es recht ist - sei es Mann oder Frau - und dabei gläubig sind, werden ins Paradies eingehen und nicht im geringsten Unrecht erleiden.“[664]

Eine weitere absurde Überlieferung, die angeblich vom Propheten stammen soll, aber nie sein kann ist:

„Wenn von irgendjemand verlangt werden kann, sich vor jemand anderem als vor Gott niederzuwerfen, dann könnte von der Frau verlangt werden, sich vor ihrem Ehemann niederzuwerfen.“
„Selbst wenn der Körper des Ehemannes mit Eiter bedeckt wäre und seine Frau würde diesen mit ihrer Zunge ablecken, hätte sie noch nicht genug getan, um ihre Schuld vor ihrem Mann abzutragen.“

Diese Überlieferungen sind eines Propheten unwürdig und kommen sogar in den Sammlungen von Al-Buchari und von Muslim vor (ohne Angaben der Fundstellen). Auch wenn Al-Buchari und Muslim diese wiedergeben, heißt es nicht, dass sie wahr sind und vom Propheten stammen.

Denn die Überlieferungen wurden damals dahingehend geprüft, von welcher Person diese stammten und wie zuverlässig diese

---

[664] Koran 4; 124 www.islamische-datenbank.de

Person als Quelle war. Auch wenn die Gelehrten die Überlieferungen als „schwach", „seltsam" oder „von anderen Quellen nicht überliefert" deklariert hatten, wurden diese immer wieder zitiert und übernommen. Oft wurden auch kurz nach dem Tod des Propheten Fälschungen in den Überlieferungen in Umlauf gebracht. Die Frau des Propheten Aischa hat erzählt:

„Die Dinge, die das Gebet annullieren, wurden in meiner Anwesenheit genannt. Man sagte: „Ein Gebet wird durch einen Hund, einen Esel und eine Frau annulliert (wenn diese an dem Betenden vorbeigehen)." Ich sagte: „Setzt ihr uns (die Frauen) mit Hunden gleich?" Ich sah, wie der Prophet sein Gebet verrichtete, während ich normal im Bett lag, zwischen ihm und der Kible (der Gebetsrichttung). Wenn ich etwas brauchte, schlich ich mich leise zur anderen Seite davon, weil ich mich nicht (während seines Gebets) zu ihm umdrehen wollte."[665]

Eine weitere Überlieferung von Ibn Abbas, die auch, wenn sie in den offiziellen Sammlungen steht und in Frage gestellt werden kann, ist die folgende:

Der Prophet sagte: „Ich durfte einen kurzen Blick aufs Höllenfeuer werfen und sah, dass die meisten Bewohner undankbare Frauen waren." Man fragte ihn: „Glaubten sie nicht an Allah?" (oder waren sie Allah gegenüber undankbar?) Er erwiderte: „Sie waren ihren Männern gegenüber undankbar, trotz der Gunst und der guten Taten, die ihnen erwiesen worden waren. Wenn du zu einer von ihnen immer gut warst und sie etwas an dir sieht (was ihr nicht gefällt), dann sagt sie: „Ich habe nie etwas Gutes von dir bekommen."

Mit dieser Überlieferung wollte man ganz klar Frauen einschüchtern und sie untertänig ihrem Mann gegenüber machen.

---

[665] Nahed Selim, Nehmt den Männern den Koran!, S. 119

Hier stellt sich der Mann ganz klar auf die Ebene Gottes, was im Islam nicht erlaubt ist.

„Wahrlich, Allah wird es nicht vergeben, daß Ihm Götter zur Seite gestellt werden; doch Er vergibt das, was geringer ist als dies, wem Er will. Und wer Allah Götter zur Seite stellt, der hat wahrhaftig eine gewaltige Sünde begangen."[666]

„Wenn ihr euch von den schwereren unter den euch verbotenen Dingen fernhaltet, dann werden Wir eure geringeren Übel von euch hinwegnehmen und euch an einen ehrenvollen Platz führen."[667]

Wenn du dich im Islam frauenfeindlich positionierst, wirst du mit Sicherheit einen riesen Karrieresprung in Puncto islamische Theologie, Journalismus, Politik machen; das garantiere ich dir. Je mehr frauenfeindliche Parolen kommen, umso angesehener ist der Geistliche, Politiker in der Gesellschaft. Anstatt, dass sich die Politiker um die Hungersnot und Armut im eigenen Land kümmern und die Arbeitslosigkeit, die Korruption bekämpfen, beschäftigen sie sich allzu gerne und oft mit der Frage, wie eine Frau sich zu kleiden hat, wie man sie als das Böse abstempelt und ihnen ihre Rechte wegnimmt oder diese in Frage stellt. Sie werden aber immer Männer reden hören, dass sie es doch gut meinen mit den Frauen und sie froh sein sollen, dass sie einen Mann haben, der für sie sorgt. Man hat den Eindruck, dass der Mann der Meinung ist, als ob er allein entscheidet, ob eine Frau Gottes würdig ist oder nicht; ja, sogar positioniert sich der Mann als Richter, ob er seinen Segen dafür gibt, ob eine Frau in den Augen Gottes gläubig ist und er das „GO" dafür gibt, ob sie ins Paradies darf. Ich sage hier nur „EGO!".

---

[666] Koran 4; 48 www.islamische-datenbank.de
[667] Koran 4; 31 www.islamische-datenbank.de

Klar ist, dass der Koran den Frauen gegenüber eine sehr positive Stellung einnimmt, während aber die frauenfeindlichen Stellen oft in den Überlieferungen festgehalten wurden. Klar ist aber auch, dass viele Meinungen und Bräuche aus den anderen Religionen wie dem Christentum und Judentum in den Islam importiert wurden. Das Judentum ist Frauen gegenüber immer schon sehr kritisch gewesen, insbesondere die Andersbehandlung von Frauen, wenn sie ihre Regel haben und somit als unrein bezeichnet werden, ist eine Meinung, die viele zum Islam konvertierte Juden mitgenommen haben müssen. Die Koranverse 4; 24/ 4; 19/ 30; 21/ 2; 187/ 4; 19/ 65; 1 zeigen eindeutig, wie positiv der Islam Frauen gegenüber eingestellt ist. Man darf keinen Zweifel an der Authentizität der Überlieferungen haben; dies wird von den Orthodoxen abgelehnt. Mehrere Jahrhunderte nach dem Tod des Propheten, nachdem viele der Überlieferungen in ihrem Wahrheitsgehalt geleugnet wurden und ihnen widersprochen wurde, beschränkte sich die Kritik nicht auf die Zuverlässigkeit der Überlieferungen und auf deren religiösen und ethischen Inhalt, sondern es wurde aus wissenschaftlichen Kreisen auf historische Fehler und Unwahrheiten hingewiesen. Dies insbesondere von dem Stolz der Muslime vom Gelehrten Ibn Khaldun (Tunis 1332-Kairo 1406). Lt. Ibn Khaldun machten sich viele Historiker der Unwahrheit schuldig, weil sie sich auf Berichte stützten, die von als zuverlässig geltenden Informanten stammten, obwohl das, was diese mitteilten, faktisch unmöglich sei.[668]

Wir müssen aber auch immer wieder feststellen, dass diese Missverständnisse und falschen Überlieferungen, die oft aufgrund von Hass und Hochmut entstanden sind, letztendlich dem Ego zu verdanken sind. Denn anstatt zunächst über sein Ego Herr zu werden, beschäftigt man sich immer wieder mit der Fragestellung, wen man um seine Rechte bringen oder verurteilen kann, hier insbesondere die Frauen.

---

[668] Al-Ichlas – Reinheit des Vertrauens 112

Wenn der Islam dahingehend interpretiert wird, dass sich die Herren der Schöpfung ihn zu Nutze machen, um sich ihrem Ego zu unterwerfen und sich über der Frau zu stellen, dann kann das gesellschaftlich zu einem Niedergang führen. Es wird sogar von der Frau erwartet, diese Situation so hinzunehmen, weil die Aufmüpfigkeit als satanisch tituliert wird. D.h. eine Frau, die aufschreit und um ihr Recht kämpft, wird als Satan oder als böse dargestellt. Wenn die Gerechtigkeit zu den Eigenschaften Gottes gehört und der Mensch die Aufgabe hat, diese in die Welt hinauszutragen, um eine neue Erde zu erschaffen, dann ist es satanisch vom Menschen, Gottes Worte aus dem Koran so zu interpretieren, dass am Ende der Name des Gerechten nicht umgesetzt wird. Es ist aber die Aufgabe des Menschen, die Namen Gottes – also die rechte Seite des Baumes der Erkenntnis des Guten und Bösen – umzusetzen. Im Koran steht es immer wieder, dass wir nachdenken müssen. Auch wenn Offenbarungen im Koran stehen, die ggf. widersprüchlich zueinander stehen, dann muss der Mensch am Ende bei der Umsetzung seines freien Willens zuerst über „satanisch" oder „göttlich" nachdenken und entscheiden. Die Rahmenbedingungen, was gut oder schlecht ist, weiß der Mensch durch die Verbote und Gebote und durch unsere Vorbilder wie u.a. dem Propheten, der uns gezeigt hat, wie wir uns zu einem „insanil-kamil" entwickeln können. Denn jeder Mensch kann gemäß des Islams zum vollkommen bewussten Menschen (insanil-kamil) werden.

Doch wie steht es um das umstrittene Thema Kopftuch? Woher kommt das Kopftuch? Wie hat sich das Kopftuch in den Islam eingeschlichen? Denn zu der Zeit des Propheten, als der Islam entstanden ist, gab es keine Kopftücher. Zum Thema der Kleidungsvorschriften im Islam gibt es nur zwei Verse aus dem Koran:

*„O Prophet! Sprich zu deinen Frauen und deinen Töchtern und
zu den Frauen der Gläubigen, sie sollen ihre Übergewänder
reichlich über sich ziehen. So ist es am ehesten gewährleistet,
dass sie (dann) erkannt und nicht belästigt werden. Und Allah
ist Allverzeihend, Barmherzig."*[669]

Offenbar zielt diese Offenbarung zunächst auf die Frauen und
Töchter des Propheten und dann erst auf die übrigen Frauen. In
diesem Vers steht genau beschrieben, zu welchem Zweck sie es
tun sollen, nicht wegen der Sittlichkeit, sondern zu ihrem
Schutz. In der Zeit, als die Moslems sich in Medina niedergelassen hatten, waren sie in Häusern untergebracht, die in schmalen
Gassen waren und damals keine Toiletten hatten. Wenn es dann
dunkel wurde und die Frauen ihrer Notdurft nachgehen mussten,
wurden sie oft von Kriminellen belästigt, wenn nicht sogar vergewaltigt. Dieser Befehl aus dem Koran deutet darauf, dass diese Frauen als Muslime erkannt werden sollten und man sie in
Ruhe lassen sollte. Somit sollten Vergewaltiger und Kriminelle
gewarnt sein. Wir erkennen aber hieraus, dass die Bekleidungsvorschriften in erster Linie als Schutzmaßnahme gegen Gewalt
und Schändung zu verstehen sind, unter denen Frauen damals zu
leiden hatten. Das heißt auch, dass die muslimischen Frauen sich
von anderen Frauen dahingehend unterschieden haben, indem
sie ihre Umschlagtücher über sich zogen und herabhängen ließen. In manchen Übersetzungen des Korans heißt es, die Kapuze
ihres Überkleides (dem sogenannten Dschilbab) herunterziehen.
Die Frauen trugen damals bei den Temperaturen dünne Kleider
im Haus. Wenn sie das Haus verlassen haben oder Besuch bekamen, zogen sie eine Art Überkleid über ihr Hauskleid an. Das
Überkleid war ein großes Umschlagtuch, das sogenannte Khimar. Manche Frauen aber trugen einen Dschilbab, ein schwarzes
Überkleid mit Kapuze, die bis über die Stirn gezogen werden
konnte. Wenn man dem arabischen Wortlaut im Koran nach-

---

[669] Koran 33; 59 www.islamische-datenbank.de

geht, heißt es, dass sie ihr Dschilbab in die Stirn ziehen sollen, damit jeder erkennt, dass sie aus dem Hause des Propheten waren oder gläubige Frauen sind und nicht belästigt werden dürfen. Über die Zeit der Entstehung des Korans war es also den Frauen frei überlassen, wie sie sich zu kleiden hatten, selbstverständlich im Rahmen der damals geltenden Sitten und Bräuche. Sie konnten entweder ein langes Kleid mit einem dünnen Schal um den Kopf oder ein dünnes buntes Umschlagtuch über dem Kleid und über dem Kopf, andere wiederum ein langes Überkleid mit Kapuze tragen. Damals hatten die muslimischen Frauen nichts dagegen, sich durch ihre Kleidung von anderen Frauen zu unterscheiden: Diese Kleidung bedeutete ein hoher Rang, Schutz und Respekt. Welche Frau täte das nicht gerne, wenn die Gesellschaft barbarisch, unzivilisiert und extrem männlich war? Diesen Koranvers dafür zu nehmen, dass muslimische Frauen ein Kopftuch tragen müssen, ist abwegig, denn der Vers zielt darauf ab, dadurch gläubige Frauen zu erkennen, damit man sie in Ruhe ließ. Es ging nur darum, eine sichere Kleidung zu tragen, d.h. die Sittlichkeit spielt eher eine rudimentäre Rolle. Aus diesem Vers erkenne ich aber nicht, dass Mädchen im Alter von neun bis zehn Jahren schon Kopftuch tragen sollen, weil einige fanatische, bärtige Prediger dies in den Moscheen propagieren. Man bedenke, dass die Kleidervorschriften erst in den letzten Lebensjahren des Propheten kamen. Für die damalige Zeit war diese Bekleidung ein Schutz für die Frauen, aber in der heutigen Zeit gibt es gesellschaftliche Systeme, die jedem Bürger, egal, ob Mann oder Frau, Gläubiger oder Atheist, mit oder ohne Kopftuch ausnahmslos den gleichen Schutz garantieren. Dazu gibt es Grundrechte. Ein Nebeneffekt aus dem Vers war es auch, dass Männer davon ausgingen, dass nur verhüllte Frauen Respekt verdienten, und andere Frauen als Huren betrachtet wurden. Diese Meinung herrscht bei der überwiegenden Mehrheit der Muslime immer noch vor. Von daher ist es wichtig, Kindern in kleinem Alter Respekt vor Frauen und ihren individuellen Rechten beizubringen. Gewalt gegen Frauen sollte unter Strafe stehen und ist inakzeptabel. Auch wenn eine Frau anders ist, sich anders kleidet, muss ihre Integrität geschützt werden. Nichts rechtfertigt Gewalt gegen einen Menschen, auch wenn sie sich knapp anzieht. Diese Werte sollten auch die Muslime der ganzen Welt beherzigen und in ihre Gesellschaft einbringen.

In Bezug auf Kleidung hinsichtlich der Sittlichkeit spielt die folgende Sure eine wichtige Rolle:

„Und sprich zu den gläubigen Frauen, daß sie ihre Blicke zu Boden schlagen und ihre Keuschheit wahren und ihren Schmuck nicht zur Schau tragen sollen – bis auf das, was davon sichtbar sein darf, und daß sie ihre Tücher um ihre Kleidungsausschnitte schlagen und ihren Schmuck vor niemand (anderem) enthüllen sollen ...“[670]

Zunächst einmal muss man das Wort „Zina(t)" unter die Lupe nehmen, welches in diesem Vers im Original vorkommt. Dieses Wort sollte nicht verwechselt werden mit „Zena" (Ehebruch)[671]. „Zina(t)" spielt hinsichtlich der Bekleidungsvorschriften eine große Rolle. In den Koranübersetzungen gibt es verschiedenen Begriffe für „Zina(t)": Pracht, Gepränge, Zier, Verzierung. Das Wort kann man nicht einfach übersetzen, sondern es umfasst alles, was die Schönheit einer Frau unterstreicht. Das bedeutet, dass dieser Vers nicht davon handelt, dass man sich die Haare bedecken, sondern seinen Schmuck und alles was die Schönheit unterstreicht bedecken soll und nur das, was „sichtbar" ist.

---

[670] Koran 24; 31 www.islamische-datenbank.de
[671] Es ist verblüffend, wie ähnlich sich diese Worte sind und dass es nicht zu vermeiden ist, dass diese Worte miteinander verwechselt werden. Im Türkischen heißt Ehebruch Zina und hier spricht man von Zena. Den Schmuck nennt man Zina(t) wobei das t stumm gehalten wird. Also ist es nicht verwunderlich, dass man bezüglich dieser Begriffe zu einer falschen Interpretation kommt, so auch der Zeitgenosse des Propheten Mohammed, Herr Ibn Abbas. Denn ihm haben wir es zu verdanken, dass heute Millionen von Frauen unter einem Kopftuch versteckt werden, weil er die Begrifflichkeiten nicht korrekt auseinanderhalten konnte.

Für das Wort Tücher findet man auch in einigen Übersetzungen „Schleier". Doch was ist damit gemeint? Es ist anzumerken, dass zu Lebzeiten des Propheten Kopftuch und Schleier in der Form, wie wir sie heute kennen, nicht getragen wurden. Das Kopftuch wurde nach der Eroberung Syriens im 7. Jahrhundert in den Islam „importiert". Damals galten die Kopftücher als würdevoll und vornehm. D.h. der Schleier wurde von den Christen abgeschaut. Im Arabischen wurde aber das Wort Khimar genutzt, was ein „Umschlagtuch" ist. D.h., die Frauen damals haben lediglich ein Teil ihrer Haare, ihres Halses und des Busen bedeckt, so wie es die sudanesischen und somalischen Frauen heute tragen. Aus dem Vers entnehme ich nicht, dass die Frauen jeden Millimeter ihres Körpers bedecken sollen, so wie es die alten hysterischen bärtigen Männer auslegen, sondern dass es ein Appell an die Frauen ist, sich nicht allzu sehr mit ihrem Äußeren zu identifizieren bzw. sich zu mäßigen.

Eine sehr typisch männliche Übersetzung dieses o.g. Koranverses ist die Übersetzung der Ahmadiyya-Bewegung: „ ... *und daß sie ihre Schönhiet nicht zeigen, ausgenommen das, was davon sichtbar sein muß, und daß sie ihre Kopftücher über ihren Busen fallen lassen und daß sie ihre Schönheit niemenadem zeigen als ihren Egegatten ...* "

Hier wird „Zina(t)" als Schönheit übersetzt, was falsch ist, sondern alles, was die Schönheit unterstreicht wie Schmuck, Juwelen, Make-up etc. Wenn man „Zina(t)" mit Schönheit übersetzt, dann will man erstens, dass Frauen sich ihres Körpers schämen und sich damit komplett verhüllen und zweitens kollidiert diese Übersetzung mit dem folgenden Teil aus demselben Vers:

„ Und sie sollen nicht ihre Füße zusammenschlagen, damit nicht ihre verborgene Schönheit bekannt wird. "

Wie kann eine Frau ihre verborgene Schönheit bekannt werden lassen, indem sie die Füße zusammenschlägt? In der arabischen Welt trugen damals Frauen den Fußring, der Geräusche gemacht hat, wenn man gelaufen ist. Das muss damit gemeint sein. Diesen Schmuck haben die Frauen gerne gezeigt und mit diesem Vers sollten sie das unterlassen. D.h. dass das Wort „zina(t)" als Schmuck zu nehmen ist und etwas anderes als die männliche Interpretation Schönheit.

eine andere Übersetzung gibt es auch:
„Und sie sollen ihre Füße nicht so (auf den Boden) stampfen, daß bekannt wird, was sie von ihrem Schmuck verbergen. "

Ein anderes Beispiel ist die Tatsache, dass in den Moscheen Frauen hinter den Männern stehen dürfen. Warum ist das so? Weil Frauen minderwertig sind? Nein. Der Grund ist, dass Mann und Frau zusammen in einem Raum oft die Aufmerksamkeiten auf den anderen lenken. D.h. man ist, statt sich der Meditation hinzugeben, verstreut. Um das zu vermeiden, halten sich Frauen und Männer in getrennten Räumen auf, damit sie sich dem Gebet hingeben können. Verständlich ist das durchaus, wenn meditiert wird. Aber was man nicht verstehen kann, ist, dass in der Gesellschaft – also wenn man auf einer Hochzeit ist oder bei einem Empfang – die Geschlechter auch getrennt werden. Man sieht oft Männer unter sich und Frauen unter sich. Verfremdet das nicht die Geschlechter voneinander? Diese Rudelbildung beobachtet man in den letzten 15 Jahren auch im Westen. Wenn man abends ausgeht, sieht man fast immer Gruppen aus nur Männern oder nur Frauen. Was ist los mit den Geschlechtern? Sind sie einander überdrüssig geworden?

Eine Gesellschaft, die ihre weibliche Seite völlig ignoriert und unterdrückt, verliert auch ihre Kreativität und die Potenziale, die diese Frauen in sich tragen. Eine Gesellschaft, in der die

Frau völlig unterdrückt wird, kann ohne Liebe und voller Hass und Aggressivität sein. Schaut man in die islamischen Länder, dann sind die Menschen oft voller Hass und Machtstreben, auch untereinander. Wie viele Stammeskriege unter Clans werden heute noch ausgetragen? Solche Gesellschaften sind voller Aggression und oft in kriegerischen Auseinandersetzungen sowohl untereinander als auch gegen ein anderes Feindbild (Westen) verwickelt. Ihr Ego versucht über diesen Kanal aktiv zu werden. Eine Gesellschaft, die voller Ego ist, kann nur das Satanische in die Welt tragen und wird selber nie das Glück erfahren, wozu es eigentlich nach islamischem Verständnis verpflichtet ist. Denn wer Gott nicht nah ist, der kennt weder Liebe noch Glück noch Harmonie. Und genau diesen Menschen hat es die islamische Welt zu verdanken, dass sie sich oft verstecken muss oder sich sogar regelmäßig Vorwürfe machen lassen muss, weil der Islam bei irgendwelchen Auseinandersetzungen Islam als Täter beschuldigt wird: z.B. „islamische Fundamentalisten haben einen Anschlag auf eine Moschee verübt". Ja, richtig gelesen. Wie kann jemand als Moslem bezeichnet werden – denn das will man mit diesem Satz aussagen, der einen Anschlag auf Gottes Haus ausübt? Ich will diese Frage nicht beantworten, aber das können Sie, meine lieben Leser, doch bestimmt!

Wenn man aber selbst in der islamischen Welt aufgewachsen ist, kann man die Hintergründe von Anschlägen erahnen, weil man in der Sache drin ist. Wenn ein Anschlag auf eine Moschee verübt wird, dann ist es im Westen einfach zu behaupten, das wären islamische Fundamentalisten. Aber ein Moslem weiß ganz genau, dass ein Moslem nie eine Moschee zerstören würde, wo Gottes gedacht wird. Da ist es auch egal, zu welcher Religionsgemeinschaft die Moschee gehört.

„Und Wir werden ihre Herzen und ihre Augen verwirren, weil sie ja auch das erste Mal nicht daran glaubten, und Wir lassen sie sodann in ihrer Widerspenstigkeit verblendet irregehen.“[672]

„Die aber ungläubig sind – nieder mit ihnen! Er läßt ihre Werke fehlgehen.“[673]

Man stellt sich bestimmt auch die Frage, ob sich der Islam als Glaube einfach so verbreitet hat. Nein, dem war nicht so. Die Moslems mussten in der Entstehungsphase des Islam sehr viel Folter und Ungerechtigkeiten durch Christen, Juden und Heiden über sich ergehen lassen. Von daher waren die Moslems gezwungen, auch Krieg zu führen, um sich zu verteidigen. Infolgedessen sind viele Männer verstorben und somit waren viele Frauen entweder verwitwet oder es gab keine Männer, mit denen man eine Ehe hätte eingehen können. Somit wurde damals erlassen, dass ein Mann bis zu vier Frauen ehelichen darf, sofern er in der Lage ist für alle gleich zu sorgen. Wenn ein Mann mehrere Frauen nehmen will, dann muss er auf jeden Fall darauf achten, dass er sie gleich behandelt. Wenn er allein befürchtet, er könnte die eine der anderen vorziehen, dann sollte er es lieber lassen und nur eine Frau heiraten.

„Und wenn ihr fürchtet, nicht gerecht gegen die Waisen zu sein, so heiratet, was euch an Frauen gut ansteht, zwei, drei oder vier; und wenn ihr fürchtet, nicht billig zu sein, (heiratet) eine oder was im Besitz eurer rechten (Hand ist). So könnt ihr am ehesten Ungerechtigkeit vermeiden.“[674]

Auf der anderen Seite hat der Prophet dazu folgendes gesagt: *„Wenn jemand zwei Frauen hat und der Mann behandelt sie*

---

[672] Koran 6; 110 www.islamische-datenbank.de
[673] Koran 47; 8 www.islamische-datenbank.de
[674] Koran 4; 3 http://islamische-datenbank.de/option,com_quran/action,viewayat/surano,4/

nicht gerecht, dann wird er am jüngsten Tag mit einer gelähmten Seite kommen. Das ist eine ganz deutliche Warnung für die Ungerechten."[675]

Genau dieser Auszug aus dem Koran (4;3) zeigt aber auf, dass der Islam eher für die Monogamie ist. Die Vier-Frauen-Ehe ist eher die Ausnahme, die damals gegolten hat. Was hat aber das Ego heutzutage daraus gemacht? Durch die Mehr-Ehe eines Mannes hat sich sein Ego das Recht herausgenommen zu behaupten, dass er über der Frau steht, weil er allein gleich vier Frauen nehmen kann. Diese Art von Ungerechtigkeit kann nicht im Sinne des Korans und des Islam sein, sondern eher ein Vorwand des Egos, sich wieder in den Vordergrund zu spielen. Wie schade, dass der Mann das aber nicht erkennt.

Der Prophet Mohammed hat in Bezug auf Frauen folgende Überlieferungen hinterlassen:[676] „In der Frage der Frauen fürchtet Euch vor Gott. Denn ihr habt sie als Relique erhalten." „In Bezug auf Frauen empfehle ich euch das Gute." „Ich ermahne euch in Bezug auf zwei schwache Wesen: die Waisen und die Frauen." „In Bezug auf Geschenke behandelt eure Kinder gleich. Wenn ich unter ihnen einen Unterschied hätte machen können, dann würde ich die Töchter vorziehen."

Was man aber auch oft beobachtet, ist, dass man die Frau als Besitzobjekt betrachtet. Wir wissen, dass auch das vom Ego hervorgerufen wird. Man kann in vielen Korantexten die Denkweise der jeweiligen Zeit finden, zu der der Koran entstanden ist; nämlich welche Einstellung Männer zu ihren Frauen und Söhnen hatten, nämlich genau dieselbe wie zu ihren Mobilien und Reichtümern.

---

[675] Koran 4; 3
[676] Sunna-Hadith / Abschiedspredigt (al-Khutba al-Wada)

„Besitztum und Kinder sind Schmuck des irdischen Lebens. Die bleibenden guten Werke aber sind lohnender bei deinem Herrn und hoffnungsvoller.“[677]

Es gibt in der islamischen Welt auch die Auffassung, dass der Mann Gott näher sei und dann erst die Frau käme, was aber nirgends in den heiligen Büchern geschrieben steht. Folgender Vers deutet auf die Entstehung von Mann und Frau: *„O ihr Menschen, fürchtet euren Herrn, Der euch erschaffen hat aus einem einzigen Wesen; und aus ihm erschuf Er seine Gattin, und aus den beiden ließ Er viele Männer und Frauen entstehen. Und fürchtet Allah, in Dessen Namen ihr einander bittet, sowie (im Namen eurer) Blutsverwandtschaft. Wahrlich, Allah wacht über euch.“[678]*

In manchen Koranübersetzungen hält man sich an den arabischen Wortlaut: *„O ihr Menschen, fürchtet euren Herrn, Der euch aus einer einzigen Seele erschaffen hat, und aus dieser erschuf Er ihren Gatten.“*
Wenn man diese Sure genau durchliest, dann denkt man, dass Eva zuerst erschaffen wurde und dann Adam oder andersherum. Eine andere Möglichkeit ist aber, dass Adam und Eva gleichzeitig aus der Seele entstanden sind. Dieser Vers unterstreicht diese Auffassung: *„Und von jeglichem Wesen haben Wir Paare erschaffen, auf dass ihr euch vielleicht doch besinnen möget.“[679]*
Wenn Gott alles paarweise erschaffen hat, dann ist davon auszugehen, dass sie gleichzeitig, synchron und simultan entstanden sind. Denn in dem Moment, in dem eins in Erscheinung tritt, ist das andere auch vorhanden. Jedenfalls sagt der Koran eindeutig, dass Eva nicht aus der Rippe des Mannes entstanden sei. Der Prophet Mohammed aber hat in einer Überlieferung folgendes

---

[677] Koran 18; 46; http://islamische-
datenbank.de/index.php?option=com_quran&action=display
[678] Koran 4; 1 www.islamische-datenbank.de
[679] Koran 51; 49 www.islamische-datenbank.de

gesagt, was hier zur Verwirrung führt: „Behandle Frauen freundlich, denn Frauen sind erschaffen aus einer Rippe, und der krummste Teil einer Rippe ist ihr oberster Teil. Wer versucht, die Rippe geradezubiegen, würde sie brechen, aber wenn man sie läßt, wie sie ist, bleibt sie krumm. Also behandle Frauen freundlich." Es gibt viele Überlieferungen, die Unstimmigkeiten enthalten und aber auch Texte im Koran reimen sich nicht mit anderen. Der Grund hierfür sind insbesondere die islamischen Rechtschulen, philosophischen Richtungen und Strömungen, die sich alle zu Recht auf die ursprünglichen Quellen des Glaubens berufen. Wenn nun jemand die Gleichheit von Mann und Frau anspricht, zitiert er aus dem Koran und wenn jemand die „Krummheit" oder Minderwertigkeit der Frauen zu illustrieren versucht, zitiert er aus den Überlieferungen. Solche Unstimmigkeiten im Islam führen bei vielen Nichtmuslimen zu Missverständnissen über den Islam. Das ist verständlich, denn solche Undeutlichkeiten führen auch bei Muslimen zur Verwirrung. Ich persönlich befürworte, die Interpretationen nach seinen Erfahrungen und seinem Wissen vorzunehmen. Das wäre eine Reform im Denken im Islam, denn es gibt genug sture Köpfe, die meinen, es gäbe nur einen Weg der Interpretation.

Interessant ist auch, dass, wenn Sie einen Moslem fragen, was Islam zu bedeuten ist, dann fangen die Männer sofort an aufzuzählen, was die Aufgabe einer Frau im Islam sei. Vielleicht hängt es auch davon ab, wer fragt. Fragt eine Frau, die nicht nach islamischen Vorgaben gekleidet ist, dann kann es sein, dass eine solche Laudatio beginnt. Aber auf die eigenen Aufgaben, was ein Mann tun darf oder nicht darf, davon will oft keiner sprechen. D.h. in den Augen der Männer bedeutet Islam oft Aufgaben für die Frau, aber der Mann kann all seine Freiheiten weiter genießen – würde man nun schlussfolgern. Mir ist bewusst, dass das etwas pauschalisiert ist, aber ich hoffe, dass der Leser versteht, dass ich damit sagen will, dass man auch auf dieses Phänomen trifft. Wenn eine Frau aus Überzeugung ein Kopftuch trägt und an der westlichen Gesellschaft teilnehmen möchte, dann muss sie sich oft Benachteiligungen gefallen lassen. Sie kann z.B. nicht im Vertrieb im direkten Kundenkontakt arbeiten, aber im Callcenter könnte sie evtl. eine Chance haben. Einem Mann aber, der nach dem Islam lebt, kann man nicht ansehen, ob er praktizierender Moslem ist. Somit haben wir hier wieder eine Diskriminierung der Frau, die in der westlichen Welt Praxis ist.

In den meisten arabischen Ländern dürfen Frauen nicht arbeiten. Männer haben die Pflicht, für ihre Familien zu sorgen – na wenn die Frau nicht arbeiten darf, dann ist das selbstverständlich, oder? Denn erst, wenn ein Mann damit einverstanden ist, darf eine Frau arbeiten. Die Praxis ist aber oft eine andere. Entweder findet ein Mann keine Anstellung oder die Arbeit ist zu schwer; dann kann es durchaus sein, dass eine Frau arbeitet, um die Familie zu ernähren. Das wird aber oft geheimgehalten. Einerseits rühmen sich die Frauen in solchen Gesellschaften damit, dass sie nicht arbeiten müssen, um die Familie zu ernähren andererseits hält sie es deshalb geheim, weil vielleicht die verrichtete Arbeit ihrer Stellung in der Gesellschaft nicht entspricht oder sie sich deshalb schämt. Es steht aber nirgends im Koran geschrieben, dass eine Frau nicht arbeiten darf. Ein Mann darf keine Seide und keinen Goldschmuck tragen. Das soll nicht gut für das Ego sein. Aber stattdessen sind die Schaltknüppel der Autos der Scheichs aus purem Gold. Wenn das nicht wieder das Ego ist!

Wenn es diese traditionellen Vorrechte für den Mann nicht gäbe, was man heutzutage als Islam vorlebt (was es ja nicht ist), dann frage ich mich oft, ob es dann je einen Mann gegeben hätte, der das Haupt vor Gott erniedrigen würde, um in Demut zu beten, und sich zum Islam bekennen würde?

*„Dem, der recht handelt – ob Mann oder Frau – und gläubig ist,
werden Wir gewiß ein gutes Leben gewähren; und Wir werden
gewiß solchen (Leuten) ihren Lohn nach der besten ihrer Taten
bemessen.“*[680]

Ein anderes Beispiel für die Fehlinterpretation mancher Überlieferungen ist das folgende Beispiel:[681]

Eines Tages fragte die Tochter des Propheten Mohammed Fatima, wer denn die erste Frau sein würde, die ins Paradies kommt. Er beschrieb ihre Straße und ihr Haus, in dem eine Frau leben würde, die als erste Frau ins Paradies kommen würde. Da Fatima ein sehr gläubiger Mensch war und davon ausgegangen ist, dass sie zu den ersten Frauen gehören würde, die ins Paradies kommen, war sie überrascht, dass es eine andere Frau war. Sie wurde neugierig und wollte diese Frau unbedingt kennenlernen. Sie wollte wissen, wie diese Frau lebte und was sie so besonders machte. Sie hat sich auf der Straße durchgefragt und stand schließlich vor ihrer Tür und klopfte an. Eine alte Frau stand hinter der Tür und fragte nach, wer da sei. Fatima stellte sich als die Tochter des Propheten vor und die Frau war sehr froh und fühlte sich geehrt, dass sie von der Tochter des Propheten besucht wurde. Sie bedauerte es, dass sie ihr leider keinen Zutritt gewähren konnte, da sie nicht von ihrem Ehemann die Erlaubnis dazu hatte, und bat sie, am nächsten Tag noch einmal zu kommen, wenn sie das Einverständnis von ihrem Ehemann eingeholt haben würde. Sie sagte noch, dass sie bisher noch nie jemanden ins Haus geholt hätte ohne das Einverständnis ihres Mannes.
Fatima kehrte nach Hause zurück und machte sich am nächsten Morgen auf den Weg, die Frau nochmal aufzusuchen. Da ihr Sohn Hasan quengelte, war sie gezwungen, ihn diesmal mitzu-

---

[680] Koran 16; 97 http://islamische-
datenbank.de/option,com_quran/action,viewayat/surano,16/min,90/show,10/
[681] Inhaltliche Übersetzung aus dem Türkischen Text aus
http://www.mumsema.org/islamda-kadin/13952-cennete-ilk-girecek-kadin.html

nehmen. Sie klopfte an der Tür der Frau und nach einer Zeit hörte sie die Stimme der alten Frau hinter der Tür. Sie bemerkte, dass diesmal Fatma in Begleitung ihres Sohnes Hasan hinter der Tür stand, und bedauerte mehrmals, dass sie sie nicht reinlassen könne, da sie lediglich bei ihrem Ehemann die Erlaubnis hatte, nur sie ins Haus zu lassen und keine Erlaubnis für ihren Sohn hatte. Sie möchte doch bitte morgen wiederkommen, wenn sie die Erlaubnis von ihrem Mann hatte. Nun musste Fatima noch einmal zurückkehren, ohne die Frau gesprochen zu haben. Und wie es das Schicksal wollte, wollte ihr zweiter Sohn Huseyin sie unbedingt begleiten, als sie am nächsten Tag aufbrechen wollte, um die alte Frau zu besuchen. Also war sie diesmal gezwungen ihn auch mitzunehmen. Als sie wieder an der Tür der Frau stand, bemerkte diese, dass diesmal eine weitere Person, nämlich ihr zweiter Sohn Huseyin, dabei war. Sie bedauerte und entschuldigte sich mehrmals und teilte ihr mit, dass sie sie nicht hereinlassen könne, da sie erst die Erlaubnis von ihrem Ehemann für den zweiten Sohn einholen müsse, um sie hereinlassen zu können. Fatima hatte Verständnis dafür und ging ein weiteres Mal nach Hause, ohne mit der Frau gesprochen zu haben. Am nächsten Tag gingen sie zu dritt und diesmal machte die Frau die Tür auf und sie konnten endlich hereintreten. Sie nahm alle herzlich und voller Freude in ihr Haus auf. Fatima dachte aufgrund der Stimme der Frau, es handele sich um eine recht alte Frau, aber sie war überrascht, dass die Frau sehr jung, hübsch und attraktiv war. Fatima fragte sie, warum ihre Stimme hinter der Tür anders klang als jetzt. Die Frau erklärte Fatima, dass sie immer einen Stein in den Mund nahm, wenn sie vor der Tür sprach, um ihre Stimme zu verändern, falls ein anderer Mann sie hörte und nach ihr begehrte und sie damit sündigen würde. Fatima (radiyallahu anha) war von der Frau sehr beeindruckt und verstand, warum diese Frau auserwählt wurde, ins Paradies zu gehen. Die Frau selber war sich nicht sicher, ob sie ihrer Aufgabe gerecht war und ihrem Mann gegenüber ihre Pflichten richtig erfüllen würde.

Daraufhin sagte ihr Fatima, dass der Prophet Mohammed, ihr Vater, ihr bereits mitgeteilt hätte, dass sie, die Frau, auserwählt für das Paradies sei.

Was sagt uns nun diese Überlieferung? In der islamischen Welt liest man aus dieser Überlieferung, dass eine Frau ihrem Mann gehorsam und treu zu sein habe, um ins Paradies kommen zu können. Dass sie sich ihrem Mann unterzuordnen habe. Aber wenn man diese Überlieferung aus einer anderen Perspektive lesen würde, so würden wir daraus lesen, dass diese Frau deshalb für das Paradies auserwählt wurde, weil sie bewusst in ihren Entscheidungen und Handlungen war. Sie war jederzeit präsent und hielt, was sie versprach. Sie ist ehrlich und aufrichtig zu ihren Mitmenschen. Wir haben in unseren bisherigen Ausführungen gelernt, dass das Paradies im Leben erreicht wird, nämlich durch den Bewusstseinszustand im Leben. Diese Frau hatte eine hohe Schwingung und bewegte sich in den oberen Rängen, wo es um Dankbarkeit, Ehrlichkeit, Treue, Bewusstheit geht. Sie hatte ihrem Mann versprochen, niemanden ohne seine Erlaubnis ins Haus zu lassen, also hielt sie sich daran. Sie hat sich nicht einen Moment von ihrem Versprechen abbringen lassen. Sie stand über ihrem Ego, denn sie war eine durchaus attraktive Frau und hätte ihre Stimme nutzen können, um jeden von ihrer Schönheit wissen zu lassen, stattdessen hat sie ihr Ego im Zaum gehalten und scherte sich nicht um ihre Schönheit. Sie wollte sich nicht in den Mittelpunkt der Aufmerksamkeit stellen, obwohl sie durch ihre schöne Stimme und durch ihre Schönheit hätte problemlos alle Aufmerksamkeiten auf sich lenken können.

Ein anderer interessanter Aspekt ist es auch, dass diese Geschichte davon handelt, dass es sich um die erste Frau handele, die ins Paradies kommen würde. Wahrscheinlich ist aber hier gemeint, dass die Frau zu der besagten Zeit bereits den Status des Paradieses erreicht hätte bzw. sie eine Bewusstheit erreicht hatte, was keine andere Frau inne hatte. Das kann unterschiedlich interpretiert werden. Wir dürfen nicht vergessen, dass es zuvor auch andere Frauen gab, die ins Paradies gekommen sind, wie z.B. Eva, Mutter Maria etc.

Anscheinend gibt es in der islamischen Welt ein Fehlwissen über das Ego oder wie man umgangssprachlich Satan nennt. Wenn wir uns die Ausführungen in dem Kapitel „Gespräch zwischen dem Propheten Mohammed (s.a.s.) und dem Teufel auf Befehl und Anweisung Gottes" genauer durchlesen, dann können wir sämtliche Eigenschaften, die wir dem Ego zuschreiben in der genannten Ausführung nachlesen. Aber am Ende ist es eine Sache der Interpretation, wie man das umsetzt. Ich gebe einige Beispiele:

„Ich habe noch einen Sohn, der die Aufgabe hat, Frauen zu schikanieren. Teufel sorgen dafür, dass die Frauen besonders schön auf andere wirken. Diese flüstern den Frauen ein, sie mögen sich immer mehr entblößen bzw. freizügiger werden, damit sie weiter sündigen."

Auf den ersten Blick erscheint das sich Entblößen allein als Sünde, aber nein, die Tatsache, dass hier die Identifikation mit dem eigenen Äußeren der Weiblichkeit vom Ego kommt und als Sünde zu sehen ist. Denn wie wir wissen ist Sünde gleich „danebentreffen".

In der islamischen Welt tituliert man oft die Frau als Satan oder das Böse (streng genommen haben das Christentum und Judentum einen ähnlichen Ruf), weil um sie herum laut dieser Aussage der Teufel umherschwirren würde. Manche behaupten sogar, sie seien Satan. Aber das Interessante hier ist, dass der Teufel die Frau dazu bringt, sich zu entblößen und damit zu sündigen. D.h. der Teufel sagt hier nicht, die Frau sei er. Im Übrigen muss diese Aussage auch für einen Mann gelten, der sich mit seinen Äußerlichkeiten identifiziert. Wenn in irgendeiner Ausführung von Frauen die Rede ist, dann belässt man die Aussage bei den Frauen, aber man denkt nicht daran, dass diese Aussage auch für einen Mann gelten würde, weil dieser Teil einfach ausgeschaltet wird. Alles eine Frage der Interpretation. Damit kein Misverständnis vorliegt: Das Geschriebene deutet auf die Wahrheit hin – keine Frage, aber es ist die Frage der Interpretation.

„Bald aber werden Wir Uns um euch kümmern, ihr beiden Gewichtigen!"[682]
„Entsandt werden soll gegen euch eine lodernde Flamme aus Feuer und Kupfer; dann werdet ihr beide euch nicht zu helfen wissen."[683]

Eine andere interessante Stelle im Koran ist die folgende:
„Zum Genuß wird den Menschen die Freude gemacht an ihrem Trieb zu Frauen und Kindern und aufgespeicherten Mengen von Gold und Silber und Rassepferden und Vieh und Saatfeldern. Dies ist der Genuß des irdischen Lebens; doch bei Allah ist die schönste Heimkehr."[684]

Nun stelle ich mir das so vor, dass auf der einen Seite die Menschen und auf der anderen Seite die Verlockungen stehen. Überraschend ist hier, dass die Frauen nicht auf der Seite der Menschen stehen, sondern auf der Seite der Verlockungen. Wenn nun der Mensch hier die Frau begehrt, dann handelt es sich um einen Mann. Aber begehren Frauen nicht auch? In diesem Vers übersehen wir also wenn wir das zu genau lesen, dass der Koran sich nicht nur an den Mann, sondern auch an die Frauen richtet. Wir gehen doch bestimmt nicht davon aus, dass das Verlangen aller Menschen an Frauen gilt, also auch der Frauen auch den

---

[682] Koran 55; 31 www.islamische-datenbank.de
[683] Koran 55; 35 www.islamische-datenbank.de
[684] Koran 3; 14 www.islamische-Datenbank.de

Frauen gilt. Es ist unwahrscheinlich, dass der Koran die Frauenliebe als wahre Natur der Frauen ansieht.

Ein weiterer Aspekt, der zu Missverständnissen führt, ist die Tatsache, dass der Koran – wie bereits erwähnt – in einer Zeit der Sklaverei, der uneingeschränkten Polygamie, der Ermordung neugeborener Mädchen, der nicht enden wollenden Stammesfehden und der Blutrache entstanden ist, in der Zeit, in der eine Frau bei vielen Stämmen ein rechtloses Wesen war.
Glücklicherweise beendete der Islam diese Praktik der Ermordung neugeborener Mädchen mit diesem Koranvers:
„Und wenn einem von ihnen die Nachricht von (der Geburt) einer Tochter überbracht wird, so verfinstert sich sein Gesicht, und er unterdrückt den inneren Schmerz. Er verbirgt sich vor den Leuten aufgrund der schlimmen Nachricht, die er erhalten hat: Soll er sie behalten trotz der Schande, oder (soll er sie) in der Erde verscharren? Wahrlich, übel ist, wie sie urteilen!"[685]

„und wenn das lebendig begrabene Mädchen gefragt wird: "Für welch ein Verbrechen wurdest du getötet?"[686]

Der Koran verurteilt damit jegliche Diskriminierung der Frau.
Man muss aber auch darauf hinweisen, dass in manchen Korantexten nur von Söhnen die Rede ist, in anderen Übersetzungen aber von Söhnen und Töchtern.

Ich bin ein gläubiger Mensch. In der islamischen Welt ist man aber der Meinung, dass gläubige Menschen nicht kritisch seien. Tiefgläubige Menschen akzeptieren alles, was in einem Text steht. Sie analysieren nicht, weil sie bereit sind, dem Text zu glauben und nicht ihrer Kritikfähigkeit. Ich aber kritisiere hier die Menschen und nicht den Koran, weil der Koran zwar auf den

---

[685] Koran 16; 58-59 www.islamische-datenbank.de
[686] Koran 81; 8-9 www.islamische-datenbank.de

ersten Blick vielleicht nur Männer anspricht, aber seine Weisheit deutet auf die Wahrheit, die Wahrheit, die nicht jeder auf Anhieb erkennen kann oder will.

Leider beinhaltet der Koran auch einige Stellen, die aus der Sicht einer Frau nicht positiv sind. Man kann es drehen und wenden und man findet einfach keine Erklärung, wie eine so schöne, gut durchdachte Religion, die Gottes Wort offenbart, es zulassen kann, dass Frauen im Vergleich zu Männern schlechter dargestellt werden. Wenn man diese Texte isoliert betrachtet und auf die damalige Zeit bezogen liest, dann kann man den einen oder anderen Grund für ihre Offenbarung finden.
Ein Beispiel ist :

„Eure Frauen sind ein Saatfeld für euch; darum bestellt euer Saatfeld wie ihr wollt.[687]

Eine schreckliche Vorstellung für eine Frau, ein Leben lang dazuliegen und von ihrem Mann gepflügt, besät und bewässert zu werden. Sie soll also mit sich machen lassen, was ein Mann will. Da steigt in jeder Frau doch Wut auf, auch wenn sie eine tiefe Überzeugung zu ihrem Glauben hat. Jede Gläubige würde sich verraten und enttäuscht fühlen. Ich kann mir auch vorstellen, dass einige moderne Frauen sich wegen solcher Äußerungen vom Islam abwenden, weil sie dies nicht akzeptieren wollen. Wie kommt es, dass niemand je etwas dagegen unternommen hat? In der Tat gab es Kritik, aber insbesondere nach dem Tode des Propheten war es sehr gefährlich, Kritik am Islam zu üben. Solche Kritiken wurden mit eiserner Hand unterdrückt und sind untergegangen. Durch die Gründung von unterschiedlichen Schulen, Strömungen und Koranschulen, die im Islam vorhanden sind, kann man erkennen, dass die Meinungen zu bestimmten Themen auseinandergehen und nicht alle die Meinung des

---

[687] Koran 2; 223 www.islamische-datenbank.de

orthodoxen Islam teilen. Wichtig wäre es zu erkunden, wieso dieser Vers offenbart wurde. Es geht in erster Linie um Sexualität zwischen den Geschlechtern. In manchen Überlieferungen wird erzählt, dass es damals üblich war, dass die Frauen Geschlechtsverkehr ausschließlich auf der Seite liegend hatten. Das kann mehrere Gründe haben, weil sie sich nicht auszuziehen brauchten, den Ehepartner nicht ansehen mussten etc. Diese Stellung kam unter den jüdischen Frauen häufig vor, die damals in Medina weit verbreitet waren. Die Araber übernahmen viele Gewohnheiten der Juden. Als sich dann Männer aus Mekka zunehmend in Medina breit machten und Mischehen entstanden sind, gab es Diskussionen zwischen den Geschlechtern, weil Frauen das nicht gewohnt waren und es als pervers ansahen, dass Männer mit ihnen unterschiedliche Stellungen ausprobieren wollten. Also gingen sie zum Propheten, um sich zu beschweren, und die Männer taten das auch. Daraufhin wurde Vers 2; 223 offenbart. Dies führte dann aber zu Diskussionen, dass auch Analverkehr erlaubt sei. Nein, dem ist nicht so. Es gibt eine Übereinstimmung in den Überlieferungen, dass Geschlechtsverkehr ausschließlich vaginal zu erfolgen habe. Wieso hat sich der Prophet nun auf die Seite der Männer gestellt, obwohl er in vielen Ungerechtigkeiten den Frauen Recht zugesprochen hat? Musste er sich fürchten, dass man sein Wort nicht ernst nimmt, und somit hat er aus einem politischen Beschluss eine Offenbarung gemacht? Man bedenke, dass es damals auf der arabischen Halbinsel viele Stämme gab und sie nie einen König oder eine Zentralregierung hatten. Musste der Prophet sich in dieser Frage durchsetzen, indem er es Befehl Gottes genannt hat? Warum ist es dann Gott so wichtig, dass die Frage des Geschlechtsverkehrs geklärt sein muss? Orthodoxe Muslime aber nehmen alles wortwörtlich und akzeptieren keine Kritik am Koran, weil Gottes Wort höher ist als der Verstand. Wenn es heißt, dass Männer den Frauen überlegen seien, dann nehmen diese Muslime jedes Wort ernst. Hier die entsprechende Stelle aus dem Koran.

„ ... Und den (Frauen) stehen die gleichen Rechte zu wie sie (die Männer) zur gütigen Ausübung über sie haben. Doch die Männer stehen eine Stufe über ihnen. Und Allah ist Allmächtig, Allweise.[688]

Dass wir aber dennoch unseren Verstand nutzen sollen, steht in den folgenden Versen:

„ Und unter Seinen Zeichen ist dies, daß Er Gattinnen für euch aus euch selber schuf, auf daß ihr Frieden bei ihnen finden möget; und Er hat Zuneigung und Barmherzigkeit zwischen euch gesetzt. Hierin liegen wahrlich Zeichen für ein Volk, das nachdenkt".[689]

„Wahrlich, im Erschaffen der Himmel und der Erde und im Wechsel von Nacht und Tag und in den Schiffen, die im Meer fahren mit dem, was den Menschen nützt, und in dem, was Allah vom Himmel an Wasser herniedersandte – und Er gab der Erde damit Leben, nachdem sie tot war und ließ auf ihr allerlei Getier sich ausbreiten – und im Wechsel der Winde und den dienstbaren Wolken zwischen Himmel und Erde, (in all dem) sind Zeichen für Leute, die begreifen."[690]

„Und zu Seinen Zeichen gehört dies, dass Er euch den Blitz zu Furcht und Hoffnung zeigt und Wasser vom Himmel herniedersendet und damit die Erde nach ihrem Tod belebt. Hierin sind wahrlich Zeichen für ein Volk, das begreift. "[691]

„Er prägt euch ein Gleichnis aus eurer eigenen Lage. Habt ihr unter denen, die ihr von Rechts wegen (als Sklaven) besitzt, Teilhaber an dem, was Wir euch beschert haben? Seid ihr darin

---

[688] Koran 2; 228 www.islamische-datenbank.de
[689] Koran 30; 21 www.islamische-datenbank.de
[690] Koran 2; 164 www.islamische-datenbank.de
[691] Koran 30; 24 www.islamische-datenbank.de

also gleich (und) fürchtet sie, wie ihr einander fürchtet? So machen Wir die Zeichen klar für ein Volk, das begreift.[692]

Offenbar will Gott den Koran nicht als ein blindes Dogma sehen, sondern er will, dass wir nachdenken. Der Koran ist nicht dafür offenbart worden, damit wir in den Koranschulen alles auswendig lernen und nachplappern sollen und das in einer Sprache, die wir gar nicht verstehen, sondern er ist für intellektuelle, vernünftige Menschen offenbart worden, damit sie nachdenken und die Weisheiten erkennen können.

Wenn einem Mann die Frau fügig sein muss, also er sie wie ein Saatfeld jederzeit nutzen kann, wie er will, wo bleibt dann die Romantik, dass galante Umwerben des Partners. In jeder Beziehung gibt es neben Liebe, Zuneigung, Respekt auch eine Konkurrenz zwischen den Geschlechtern. Aber in der islamischen Gesellschaft ist das Ganze so aufgestellt, dass die Frau bei diesem Kampf immer allein steht, während der Mann vom Propheten, vom Koran, von Gott unterstützt wird, hinzu kommt noch die Familie, das soziale Umfeld, die Traditionen und Bräuche, die Politik und die Gesellschaft. Liest man solche Dinge als junges Mädchen dann erschreckt man sich in erster Linie, insbesondere im folgenden Vers: *[4:34] Die Männer stehen den Frauen in Verantwortung vor, weil Allah die einen vor den anderen ausgezeichnet hat und weil sie von ihrem Vermögen hingeben. Darum sind tugendhafte Frauen die Gehorsamen und diejenigen, die (ihrer Gatten) Geheimnisse mit Allahs Hilfe wahren. Und jene, deren Widerspenstigkeit ihr befürchtet: ermahnt sie, meidet sie im Ehebett und schlagt sie! Wenn sie euch dann gehorchen, so sucht gegen sie keine Ausrede. Wahrlich, Allah ist Erhaben und Groß.*

Orthodoxe Muslime aber deuten den Koran als sehr human und wohlwollend gegenüber den Frauen, weil der Mann erst versuchen muss, mit ihr zu reden. Wenn sie widerspenstig wird, muss

---

[692] Koran 30; 28 www.islamische-datenbank.de

er auf der Couch schlafen, erst wenn das nicht hilft, darf er sie schlagen, wobei er ihr nicht zu sehr weh tun darf. Ist doch nett, oder? Der Prophet hat einmal gesagt, dass die Männer die Frauen nicht schlagen dürften. Daraufhin kam ein Weggefährte des Propheten und eines der mächtigsten Männer der Stadt Omar (Ömer, Umar, der später Khalif wurde) und beklagt, dass deswegen nun die Frauen widerspenstig geworden wären. Daraufhin erlaubte der Prophet, dass die Männer ihre Frauen schlagen durften. Dann aber beklagten sich die Frauen bei ihm und er überlieferte: „Viele Frauen aus der Familie Mohammeds klagen, dass ihre Männer sie schlagen. Diese Männer sind nicht die besten unter euch."

Der Grund, weshalb der Islam sich nicht gegenüber vieler Ungerechtigkeiten, insbesondere Frauen gegenüber, durchsetzen konnte, kann darin liegen, dass eine bessere Stellung der Frauen bei Widerstand bei den Männern ausgelöst hätte und somit die Zahl der Korananhänger deutlich niedriger gewesen wäre. Man bedenke auch, dass die Bibel auch keine gute Meinung von Frauen hat:

„Ihr Weiber, seid unterwürfig euren eigenen Männern, als dem Herrn. 23 Denn der Mann ist das Haupt des Weibes, wie auch der Christus das Haupt der Versammlung ist; er ist des Leibes Heiland. 24 Aber gleichwie die Versammlung dem Christus unterworfen ist, also auch die Weiber ihren Männern in allem."[693]

In dem folgenden Vers, der auch die Frau hinter den Mann stellt, wird gesagt, dass die Männer deshalb so vorgehen, weil sie ihr Vermögen hingeben:

„Die Männer stehen den Frauen in Verantwortung vor, weil Allah die einen vor den anderen ausgezeichnet hat und weil sie von ihrem Vermögen hingeben. Darum sind tugendhafte Frauen

---

[693] Bibel Epheser 5; 22-24

die Gehorsamen und diejenigen, die (ihrer Gatten) Geheimnisse mit Allahs Hilfe wahren. "[694]

Dann heißt es für mich, dass, wenn eine Frau auch ihren Beitrag der Familie beisteuert, dann ist sie vor Gott gleich mit dem Mann?

Eine Frau namens Umm Salma ist zum Propheten gekommen und hat sich beklagt: „Gesandter Gottes, Männer dürfen kämpfen, doch wir dürfen das nicht, sodass wir keine Märtyrer werden können, und wir dürfen nur die Hälfte dessen erben, was die Männer bekommen." Als Antwort wurde folgender Koranvers offenbart: *„Und begehrt nicht das, womit Allah die einen von euch vor den anderen ausgezeichnet hat. Die Männer sollen ihren Anteil nach ihrem Verdienst erhalten, und die Frauen sollen ihren Anteil nach ihrem Verdienst erhalten. Und bittet Allah um Seine Huld. Wahrlich, Allah hat vollkommene Kenntnis von allen Dingen.* "[695]

Nach einer weiteren Überlieferung fragte eine Frau den Propheten: „Gesandter Gottes, ein Mann erbt zweimal so viel wie eine Frau im Nachlass. Und die Zeugenaussagen von zwei Frauen sind ebensoviel wert wie die eines Mannes. Gilt für uns dann auch, dass die heilsame Tat einer Frau nur als halbe Tat belohnt wird?". Auf diese Frage wurde folgender Vers zitiert:

„Da erhörte sie ihr Herr (und sprach): „Seht, Ich lasse kein Werk der Wirkenden unter euch verlorengehen, sei es von Mann oder Frau; die einen von euch sind von den anderen. Und diejenigen, die da auswanderten und aus ihren Häusern vertrieben wurden und auf Meinem Weg litten und kämpften und fielen - wahrlich, tilgen will Ich ihre Missetaten, und wahrlich, führen

---

[694] Koran 3; 34 www.islamische-datenbank.de
[695] Koran 4; 32 www.islamische-datenbank.de

will Ich sie in Gärten, durch die Bäche eilen, als Lohn von Al-
lah." Und bei Allah ist die beste Belohnung."[696]

Diese menschenunwürdigen Verse aus dem Koran sind nun mal
da und für mich kann ich sagen, dass diese zu der damaligen
Zeit seine Berechtigung gehabt haben können. Aber die Zeiten
haben sich geändert. Wir Menschen haben uns geändert, da wird
es überflüssig sein, seine Frau zu schlagen, wenn sie nicht gehorsam ist. Nun ein Hirnloser würde sich erlauben – nur weil der
Koran es sagt – das umzusetzen. Der Koran birgt seine Weisheiten. Dieser Glaube, der in den schönsten Stellen von Barmherzigkeit, von Liebe, Gerechtigkeit spricht, kann nicht ungerecht
und unfair sein. Als ich genau diese Stellen analysierte und mir
die Ungerechtigkeit im Koran Frauen gegenüber bewusst machte, bin ich in dem Moment zufällig auf eine Stelle im Koran
gestoßen, die für mich wieder alles gut macht:
„Dem, der Gutes vollbringt, wird Besseres als das zuteil sein,
und sie werden vor dem Schrecken an jenem Tag sicher sein.
Und die Gesichter derjenigen, die Schlechtes vollbringen, sollen
ins Feuer gestürzt werden: „Seid ihr für das belohnt worden,
was ihr getan habt?""[697]
Wenn man die Worte Gottes dafür benutzt, um Menschen zu
unterdrücken, sie ungleich zu behandeln, ihnen Unrecht zu tun,
dann bezichtigt man die Barmherzigkeit, die Liebe, die Toleranz
selbst der Unterdrückung, der Unfairnis und des Unrechtes. Wie
wollen diese je Zeugnis ablegen?

Ich möchte noch hinzufügen, dass diese negativen Seiten in der
islamischen Welt Gott sei Dank noch gering sind, d.h. die Menschen werden nicht immer unterdrückt, sie sind nicht immer
unglücklich in dem ganzen Konstrukt, als Moslem nach dem
Islam zu leben. Die Mehrheit der Muslime glaubt aus vollem

---

[696] Koran 3; 195 www.islamische-datenbank.de
[697] Koran 27; 89-90 www.islamische-datenbank.de

Herzen an Gott, an die Liebe, die Barmherzigkeit, die Schönheit und alles Positive, was der Islam mit sich bringt. Wir dürfen auch nie außer Acht lassen, dass es seine Gründe hat, weshalb fast eine Milliarde Menschen an den Islam glaubt. Denn nicht alle können böse sein. Sie werden auch oft Menschen in der islamischen Welt antreffen, die ungebildet sind, nie erklären können, warum man im Islam beten muss, fasten muss oder die Wallfahrt machen muss. Man wird ihnen die einfachen typischen Antworten geben wie durch das Fasten die Lage eines armen und hungernden Menschen zu kennen oder im Gebet mit Gott zu sprechen. Das sind einfache Erklärungen, aber diese Menschen erkennen auch, dass ihnen das Gebet und das Fasten gut tun, warum auch immer. Diese Menschen erleben den Islam auf eine einfache Art und sehen darin einen Nutzen für sich. Hinsichtlich der Frauen muss ich hinzufügen, dass sie oft nicht wissen, was der Koran konkret sagt. Sie haben ihr Wissen von Predigten oder von ihren Eltern und können oft auch nicht lesen. Sie machen sich auch nicht viel Mühe, den Koran selbst zu lesen, wenn sie lesen können. Wenn diese Frauen den Koran lesen, dann lesen sie ihn von dem männlichen Blick, in dem der Koran geschrieben wurde. Ein gebildeter Mensch aber will oft Erklärungen für alles, weil er alles hinterfragt. Um diesen Menschen aber Antworten zu geben, muss man den Sufismus als die Mystik des Islam heranziehen, über die oft nur unter spirituellen Menschen Wissen ausgetauscht wird. Denn für den einfachen Menschen ist die Mystik als die innere Dimension des Islam oft zu unverständlich. Deshalb werden die Predigten in den Moschen oft sehr einfach gehalten. Hasspredigen gehören nicht zum Islam, denn Hass trennt den Menschen von seinem Schöpfer als die Einheit und ist Ego pur. Hassprediger haben nichts anderes im Sinn, als das Satanische in die Welt hinauszutragen, indem sie ihre Position dafür nutzen, Menschen zu manipulieren und viel schlimmer, indem sie Menschen von ihrem wahren Selbst entfernen. Solche Prediger titulieren alles als satanisch, was den

Menschen Spaß macht, weil sie es als sinnlosen Zeitvertreib sehen und die Leute lieber im regelmäßigen Gottesdienst sehen würden. Für sie gibt es nur den Glauben bzw. die Religion. Die Hassprediger verurteilen andere Menschen für ihren Glauben, für das, was sie anziehen, was sie sagen, was sie tun und denken sogar, dass sie dazu berechtigt seien, weil sie aus dem Koran rezitieren. Sie geben sich als die Experten in Sachen Islam aus und verurteilen das Weltliche und alles, was Spaß macht. Aber was sie außer Acht lassen ist, dass Dinge, die Menschen Spaß machen, ihre Schöpfungskraft aktivieren und oft als Akt des Energieausstoßes dienen, den sie in sich tragen. Ein Mensch, der nicht schöpferisch aktiv sein kann, ist blockiert, vegetiert vor sich hin und wird irgendwann schwer krank. Er vergeudet damit sein Leben und seine Energie, die ihm mitgegeben wurde, um im Leben die Namen Gottes in die Welt hinauszutragen. Dies kann er nur dann machen, wenn er sich mit weltlichen Dingen auseinandersetzt und seine Erfahrungen macht, um im nächsten Moment spirituell aktiv zu werden, weil er durch seine Erfahrungen sein Nervensystem auf die oberen Ebenen bringen kann. Die einfachen Predigten in den Moscheen zielen in erster Linie darauf ab , über das Leben des Propheten zu erzählen oder aus dem Koran zu rezitieren. Der Austausch aber auf den höchsten Ebenen unter weiterentwickelten Gelehrten findet oft unter Spirituellen statt, die einen ganz anderen Charakter haben. Ein solcher spiritueller Moslem, der in der Mystik (Sufismus) unterwegs ist, macht keinen Unterschied zwischen den Religionen. Für ihn sind die Menschen alle Werke des einen wahren Schöpfers. Er liebt sie alle gleich, weil er weiß, dass sie das Werk ihres Schöpfers sind. Warum sollen sie dann sein Werk verurteilen? Wenn es im Koran heißt, dass sogar ein Blatt von einem Baum nicht ohne Seinen Willen fällt, wie können wir Menschen dafür verurteilen, dass sie Juden, Christen sind oder gar keinen Glauben haben? Diese Menschen orientieren sich stark an dem Propheten Mohammed, der als Vorbild für jeden Moslem/Menschen gilt. Er hatte sich zum Ziel gemacht, die Religionen zu vereinen. Für sie ist jeder Mensch ein Moslem, was nichts anderes heißt, als ein guter Mensch zu sein.

„Ich versuchte, ihn zu finden am Kreuz der Christen, aber er war nicht dort. Ich ging zu den Tempeln der Hindus und zu den alten Pagoden, aber ich konnte nirgendwo eine Spur von ihm finden. Ich suchte ihn in den Bergen und Tälern, aber weder in der Höhe noch in der Tiefe sah ich mich imstande, ihn zu finden. Ich ging zur Kaaba in Mekka, aber dort war er auch nicht. Ich befragte die Gelehrten und Philosophen, aber er war Jenseits ihres Verstehens. Ich prüfte mein Herz, und dort verweilte er, als ich ihn sah. Er ist nirgends sonst zu finden.“[698]

Diese Menschen am großen Werk unterscheiden sich vielleicht in ihren Rängen/Schwingungsstufen, weil sie vielleicht noch auf dem Weg zu den oberen Rängen sind. Aber sie arbeiten daran.

Diese Menschen auf den hohen Stufen machen keinen Unterschied zwischen den Geschlechtern, denn z.B. tanzen unter den Derwischen (das sind Angehörige des Sufi-Ordens Mevlevi) Frauen und Männer zusammen. Sie sind auch so angezogen, dass man gar nicht unterscheiden kann, ob Mann oder Frau. Denn Gott ist geschlechtlos. Auf den hohen Rängen und mit zunehmendem Alter und Erfahrungen verliert das Ego seine Kraft, indem der Mensch aufhört, sich mit seinem Geschlecht zu identifizieren. In der materiellen bzw. körperlichen Welt macht sich das durch die Veränderung der Sexualhormone bei Mann und Frau bemerkbar. Der weitentwickelte Moslem hat es nicht nötig, sich zu erklären, warum er betet, sich verhüllt, weil er in sich ruht. Er hat damit seinen ersehnten Frieden gefunden, er hat einfach losgelassen. Er will nicht in Organisationen wirken, um

---

[698]Zitat von Rumi http://www.aphorismen.de/suche?f_autor=3231_Dschelal+ed-Din+Rumi

irgendetwas auf der Welt zu verändern, weil er weiß, dass er durch seine Bewusstheit die Welt bereits verändert hat. Jede Energie der Bewusstheit bewirkt eine Veränderung in der Umwelt, die sich auf der Welt verteilt. Je mehr Menschen diese Bewusstheit erlangen, desto mehr wandelt sich die Welt zum Positiven, die wiederum das Ego immer mehr verdrängt. Diese Menschen sind auch nicht auf der Welt unterwegs, um ihren Glauben zu verteilen oder zu verteidigen, weil sie losgelassen haben und voller Vertrauen sind. Wenn man sie vielleicht um Rat fragt, dann antworten sie aber in dem Wissen, ihnen etwas mitzugeben, damit sie ihren eigenen Weg finden, ihr Rat aber ist keine Anweisung oder ein Befehl – sie lassen immer los; denn am Ende geschieht immer nur der Wille Gottes – das wissen sie. Sie wissen, dass das Böse auf der Welt ein Wink für uns ist, uns für das Gute zu entscheiden, denn solange wir das Böse nicht erkennen, können wir uns auch nicht für das Gute entscheiden. Wir müssen uns für das Gute entscheiden, weil unser freier Wille ein Geschenk des Schöpfers ist. Sie wissen aber auch, dass durch ihre ständigen positiven Gedanken, Fürbitten und Worte sie ihre Gedanken in der Welt der Materie wahr machen. Sie wissen, dass wir im Leben fallen müssen, um hochzusteigen. Dafür sind die Elemente im Leben uns mitgegeben: wir machen als Kinder und Jugendliche Erfahrungen im Leben, wir heiraten, wir haben Sex, wir bekommen Kinder, wir machen Karriere, wir verlieren unsere geliebten Eltern, unsere Freunde und Liebsten, unseren Job und alles, was uns einmal viel wert war. Sie wissen, dass das, was wir am meisten lieben und wollen, zu unserer Prüfung wird. Einer Prüfung, die wir bestehen müssen. Wenn wir beim ersten Mal gescheitert sind, dann bekommen wir eine weitere Chance, die gleiche Erfahrung zu machen, bis wir es losgelassen haben. Sie wissen, dass all dies zwar weltliche Dinge sind, aber dafür da sind, damit wir die Vergänglichkeit des Weltlichen (der Materie) erkennen und uns uns zuwenden, um das wahre Selbst zu erkennen. Um das wahre Selbst aber zu erkennen, müssen wir all diese weltlichen Dinge (verbotene Frucht) gekostet haben. „Ich war ein verborgener Schatz und wollte erkannt werden. Darum erschuf ich die Welt", wird für sie damit wahr. Diese weisen, spirituellen Menschen wissen auch, dass, wenn es ihnen nicht gut geht, sie ein Waisenkind umarmen oder einen Kranken besuchen oder auf den Friedhof gehen, um den Waisenkindern für einen Moment Liebe zu schenken, die sie nicht von ihren Eltern bekommen, sie durch die Kranken erkennen, dass es Menschen gibt, denen es viel schlechter geht und sich den Tod bewusst machen, um zu erkennen, dass das Leben jeden Moment erlöschen kann. Denn der Prophet hat gesagt, „wenn du dich unglücklich fühlst, dann gehe und mache einen anderen Menschen glücklich, dann wirst du auch glücklich". Sie wissen auch, dass alles, woran man sich fest im Leben bindet oder leidenschaftlich liebt, irgendwann zu unserer Prüfung wird und dass das, was wir am meisten hassen oder meiden wollen, zu unserem Schicksal wird. Sie wissen aber auch, dass sie im Leben für das Glück erschaffen sind, und erkennen in jedem Schicksalsschlag das Gute, weil sie wissen, dass es nicht im Sinne des Schöpfers ist, dass seine Geschöpfe unglücklich und unzufrieden sind. Sie sind fern von Neid, weil sie gebührend anerkennen, dass der Schöpfer andere mit seinen Gaben beglückt hat, und sind dennoch mit ihrer Lage glücklich und zufrieden, denn sie sind davon weit weg, den Schöpfer dafür anzuklagen anderen mehr gegeben zu haben als ihnen selbst. Hass, Intoleranz, Groll, Grimm, Unbarmherzigkeit, Undankbarkeit sind für sie fremd. Eine andere interessante Philosophie der Sufis ist es, dass wenn man von einem Menschen um Hilfe gebeten wird, man diesem Menschen dafür dankbar sein sollte, weil Gott das Gebet des hilfsbedürftigen erhört hat und dich als den Helfenden auserwählt hat, um den Wunsch dieses Menschen zu erfüllen. Wenn also jemand um Hilfe gefragt wird, dann ist er vom Universum auserwählt Hilfe zu leisten. Tut er es nicht, so wird dieses Los eines anderen Glück.

Diese spirituellen Menschen sind nicht nur dadurch zu erkennen, dass sie Bärte oder Kopftuch tragen oder sich Löckchen wachsen lassen; sie sind gewöhnliche Menschen, die Familien haben, arbeiten und Karriere machen. Wenn sie in ihrer Bewusstheit weit gekommen sind, sind sie in allem, was sie tun, erfolgreich, weil sie in ihre Taten, die Energie und den Willen des Schöpfers einbringen; denn Bewusstheit und Präsenz ist die Einheit mit dem Ganzen. Sie sind auch Künstler, die die Bewusstheit des Schöpfers in ihre Werke bringen, die sie in Seinem Namen erschaffen. Einen Stuhl zu malen bringt ein Werk hervor, das die Präsenz wiedergibt, in der der Künstler war, als er das Bild gemalt hat. Wenn sie Musikwerke komponieren, dann bringen sie ihre Bewusstheit in die Musik ein, sodass der Zuhörer sich dem bewusst wird. Sie realisieren all die Namen des einzigen wahren Schöpfers in der Welt. Sie agieren als die Hand Gottes, weil sie genau wissen, dass alles Materielle nur eine Illusion ist und irgendwann erlöschen wird, aber nur Sein Angesicht bleibt bestehen (Koran 55; 26-27), weil nur Er existiert.

Wenn sie sportlich unterwegs sind, wissen diese Menschen, wie sie erfolgreich in ihrem Tun sind. Sie lernen Erfolg durch Präsenz. Wenn sie als Fußballspieler vor dem Tor stehen, dann lassen sie sich nicht von dem Durcheinander um sie herum irre leiten, behalten die Ruhe und setzen ihre volle Energie in den Schuss und kein Spieler um sie herum schafft es, sie von dem Schuss abzubringen. Und es wird ein Tor und was für eins, weil sie es in der Präsenz als Einheit mit dem Allmächtigen und Gan-

---

[699] Koran 22; 75 http://islamische-datenbank.de/index.php?option=com_quran&action=search&text=engel&min=50&show=10

zen geschossen haben. „Wenn Er ein Ding will, lautet Sein Befehl nur: „Sei!" – und es ist."[700]

Sie wissen auch, dass, wenn sie die Schönheit der Natur anschauen, sie Gottes Werk mit Gottes Augen betrachten. Sie wissen auch, dass sie in vollkommen bewusstem Zustand eins mit dem einzig Wahren sind, eins mit der Natur, mit der Tierwelt und mit allem, was sie sehen oder nicht sehen. Einem Lebewesen oder einem Menschen wehzutun ist für sie so, als ob sie sich selber wehtun würden. Sie sind mit der Welt so eins geworden, dass sie die Schmerzen nachempfinden können, die man auf der Welt einander antut. Sie können nicht einmal einer Fliege etwas antun. Aus Liebe zu ihrem Schöpfer weinen sie Tränen im Gebet, weil sie sich nach ihm sehnen, denn sie wissen, dass nichts auf der Welt ihnen das Glück beschert, was sie im Eins mit ihrem Schöpfer empfinden. Sie haben einfach nicht das Bedürfnis, nach weltlichen Dingen zu streben, aber werden oft mit Erfolg, Geld und Macht beschert, damit durch ihre Hand die Namen Gottes in die Welt getragen werden. Doch wissen sie aber, dass sie immer wieder in die Prüfung geschickt werden, um ihre Position in der Bewusstheit zu festigen und das Ego vollständig aufzulösen und vollkommen bewusst zu werden. Denn solange sie ihr wahres Selbst in dem materiellen Körper haben, wird sie das Ego als das Gesetz der Materie nie in Frieden lassen. Sie wissen, dass ihnen der heilige Kampf (Kampf gegen das Ego) befohlen wurde.

Diese Menschen begegnen Menschen, die besonders sündigen – was nichts anderes heißt, als von ihrem Ziel sehr weit zu sein – sehr offen und voller Verständnis, weil sie wissen, dass jeder Mensch durch seine gemachten Erfahrungen am Ende eine Erkenntnis für sich erlangen wird. Sie wissen das, weil sie selber einmal Sündiger waren. Sie verurteilen Menschen nicht dafür,

---

[700] Koran 36; 82 www.islamische-datenbank.de

dass sie sündigen. Sie erkennen, dass jeder seine eigene Wahrheit hat und jeder aus seiner Perspektive nach der Wahrheit agiert.

Wenn diese Menschen am großen Werk sehen, dass Menschen woanders auf der Welt hungern und sterben, dann zögern sie nicht einen Moment und versuchen durch Spenden oder anderen Möglichkeiten, ihnen zu helfen, um das Elend dieser Menschen zu lindern. Wenn sie die Möglichkeit haben, dann gehen sie hin und geben Waisenkindern ein Obdach und etwas zu essen, indem sie sie adoptieren. Diese Menschen am großen Werk können auch nicht mitansehen, wie Tiere bei der Jagd oder anders einfach abgeschlachtet werden, weil man entweder aus ihnen Kapital schlagen will, oder sie los werden will, weil sie keinen Nutzen bringen. Sie engagieren sich in Organisationen für Tierschutz. Auch die Vernichtung der Bäume und der Natur ist ihnen ein Greuel. Also machen sie das den Menschen bewusst, indem sie sie darauf hinweisen und sich für ihre Erhaltung und Schutz einsetzen.

Und egal, welche Aufgaben sie im Leben bewältigen, leben diese Menschen am großen Werk nach der Devise von Rumi: „Du hast eine Aufgabe zu erfüllen. Du magst tun, was du willst, magst hunderte von Plänen verwirklichen, magst ohne Unterbrechung tätig sein – wenn du aber diese eine Aufgabe nicht erfüllst, wird alle deine Zeit vergeudet sein."[701]

Diese Menschen am großen Werk können wir alle sein, egal, welcher Religion und Rasse wir angehören und egal, ob wir es wollen oder nicht, wir sind darauf programmiert, als hätten wir einen Vertrag unterschrieben, nachdem wir paradoxerweise aus freiem Willen handeln. Dadurch zeigt der einzig wahre Schöpfer seine Allmächtigkeit, seine Größe und seine Unendlichkeit. Wir können nur einen winzigen Teil von ihm erkennen und verstehen.

---

[701] http://www.aphorismen.de/suche?f_autor=3231_Dschelal+ed-Din+Rumi

Und wir sind Diener wie alles, was existiert, nur ihm dient. Denn alles, was wir im Leben tun, lieben, erschaffen ist dafür da, ihm zu dienen.

Wir lieben unseren Partner und lieben ihn so sehr, dass wir alles im Leben vergessen und unsere Aufmerksamkeit nur auf ihn richten, er oder sie unser ein und alles ist, bis dieser Partner eines Tages aus unserem Leben geht, warum auch immer. Das muss sein, um deine Seele von der Last der Materie zu befreien, die sich an die Materie geklammert hat und dein wahres Wesen erniedrigt. Dann aber bleibt uns nichts anderes, als dieses Gefühl der Liebe geliebt zu haben. Wir lernen dadurch, ihn zu lieben, indem die Materie aus uns die Liebe empor kommen lässt und verschwindet. Dann stellen wir fest, dass wir fähig sind zu lieben und das Leid, was wir anfangs erlitten haben, hat uns wie Teig geknetet, zu einem Laib gebacken und dann sind wir bereit für Gottes Mahl, erleuchtet und voller Liebe, die uns in die Höhen schwingen lässt. Schau ins Leben und du wirst parallelen in der Liebe zu den Kindern sehen, zur Karriere, zur gesellschaftlichen Stellung, zu Geld und Macht. Auch hier dient die Materie ihm, so wie wir ihm dienen. Die Materie löst sich dann aber auf und was bleibt, ist nur Er.

„Alles, was auf (Erden) ist, wird vergehen. Aber das Angesicht deines Herrn bleibt bestehen - des Herrn der Erhabenheit und der Ehre. Welche der Wohltaten eures Herrn wollt ihr beide da leugnen? Ihn bitten alle, die in den Himmeln und auf Erden sind. Er ist tagtäglich in jeglichem Einsatz."[702]

„Dies sind jene, die dem Gesandten, dem Propheten folgen, der des Lesens und Schreibens unkundig ist; dort in der Thora und im Evangelium werden sie über ihn (geschrieben) finden: er gebietet ihnen das Gute und verbietet ihnen das Böse, und er erlaubt ihnen die guten Dinge und verwehrt ihnen die schlech-

---

[702] Koran 55; 26-29 http://quran.al-islam.com/Targama/DispTargam.asp?nType=1&nSeg=0&l=eng&nSora=55&nAya=26&t=ger

ten, und er nimmt ihnen ihre Last hinweg und die Fesseln, die auf ihnen lagen. Diejenigen also, die an ihn glauben und ihn stärken und ihm helfen und dem Licht folgen, das mit ihm herabgesandt wurde, die sollen erfolgreich sein.[703]

Man kann sehr lange überlegen, warum es die Menschheit gibt. Der Schöpfer dieser unendlichen Welt hatte keinen Grund, die Menschen und diese Welt zu erschaffen. Von daher kann es nur eine Erklärung geben, warum es uns Menschen und jedes Lebewesen auf Erden gibt: Das ist die Liebe selbst!

Für die, welche lieben, gibt es nicht Moslems, Christen und Juden. Für die welche lieben, gilt weder Glaube noch Gottlosigkeit. (Rumi)

„Ein Schritt zu deinem eig'nen Herzen ist ein Schritt zu dem Geliebten."[704]

„Alles, was du sehen kannst, hat seine Wurzeln in der Unsichtbaren Welt. Es mögen sich die Formen ändern, das Wesen bleibt dasselbe."[705]

„Ohne die Liebe ist jedes Opfer Last, jede Musik nur Geräusch, und jeder Tanz macht Mühe."[706]

„Niemals sucht in Wahrheit der Liebende, ohne von dem Geliebten gesucht zu werden. Wenn das Licht der Liebe in dieses Herz gesenkt wurde, muß man wissen, dass es auch in jenes Herz gesenkt wurde. Wenn die Liebe zu Gott in deinem Herzen wächst, hat Gott auch zweifellos Liebe zu dir. Kein Händeklatschen stammt allein von einer Hand."(Rumi)

„Wäre der Himmel nicht in Liebe, hätte seine Brust keine Reinheit. Wäre die Sonne nicht in Liebe, hätte ihre Schönheit kein

---

[703] Koran 7; 157 www.islamische-datenbank.de
[704] Rumi: Das Lied der Liebe, München: Knaur, 2005, S. 110
[705] Rumi: Das Lied der Liebe, München: Knaur, 2005, S. 190
[706] Rumi: Das Lied der Liebe, München: Knaur, 2005, S. 72

Licht. Wären Erde und Berge nicht in Liebe, würde kein Gras aus ihrer Brust wachsen.“ (Rumi)

„Ich kann die Rätsel alle dir der Schöpfung sagen: denn aller Rätsel Lösungswort ist mein, die Liebe.“ (Rumi)

Schlusswort

Die alten Chaldäer[707] hatten den einzelnen Zahlen bestimmte Energien zugeordnet. Darunter gab es eine Weltformel, die folgende Botschaft beinhaltete: Die Zahl 6 steht für Frieden, Liebe, Weiblichkeit, Harmonie, wogegen die Zahl 9 für Krieg, Hass, Männlichkeit stehe. Addiert man diese Zahlen zusammen, ergibt das die Zahl 15. Wenn Sie aber aus der 15 die Quersumme bilden 1+5, dann ergibt sie wieder 6. D.h. dass für die Lösung aller Meinungsverschiedenheiten, Probleme, Herausforderungen und Auseinandersetzungen immer am Ende die LIEBE sein wird. Sie ist das einzige Resultat, was daraus hervorgeht.

Es ist also nur eine Frage der Zeit, dass das Gute und die Gerechtigkeit triumphieren werden. Die Religionen sind behaftet durch Verdunkelung Ihrer Lehren der Meister durch Ergänzungen, Abweichungen, Fehlinterpretationen durch die Menschen. Am Ende werden die Menschen sich auf das Prinzip der Liebe einigen müssen, die die gemeinsame Basis aller Glaubenssysteme ist. Schlechte Menschen werden erkennen, dass die Intenistät ihres Tuns am Ende ihnen auch schadet und sie werden das Schlechte in sich vernichten wollen. Nur die Hinwendung zum einzig Wahren, der die Liebe selbst ist, wird das Resultat sein. Die Liebe war der Grund für das Erschaffen der Menschheit und sie wird auch am Ende das Resultat der Menschheit sein.

„Und Er ist Allah. Es gibt keinen Gott außer Ihm. (Alles) Lob gehört Ihm in der diesseitigen und in der jenseitigen Welt! Ihm gehört das Urteil, und zu Ihm werdet ihr zurückgebracht."[708]

„Und bittet euren Herrn um Vergebung und hierauf bereut vor Ihm! Gewiss, mein Herr ist Barmherzig und Liebevoll."[709]

---

[707] https://de.wikipedia.org/wiki/Chald%C3%A4er
[708] Koran 28; 70

Gewiss, denjenigen, die glauben und rechtschaffene Werke tun, wird der Allerbarmer Liebe bereiten. "[710]

„ Und Er ist der Allvergebende und liebevolle, "[711]

„ Und er ist in seiner Liebe zum (eigenen) Besten wahrlich heftig. "[712]

„ So legen Wir die Zeichen verschiedenartig dar, - und damit sie sagen können: "Du hast (es) erlernt" und damit Wir ihn Leuten klar machen, die Bescheid wissen. "[713]

---

[709] Koran 11; 90
[710] Koran 19; 96
[711] Koran 85; 14
[712] Koran 100; 18
[713] Koran 6; 105